黄泰岩教授在长白山天池

作者简介

黄泰岩 经济学博士、教授、博士生导师,现为教育部首届人文社会科学长江学者特聘教授;辽宁大学教授;中国人民大学中国民营企业研究中心主任。曾任中国人民大学经济学院副院长、经济研究所所长、中国经济改革与发展研究院院长、《经济理论与经济管理》杂志主编。兼任全国高校"社会主义经济理论与实践研讨会"秘书长,中国中小企业国际合作协会常务理事,国家发改委中小企业大讲堂首席经济学家,北京市社科联常委,北京市企业文化建设协会副会长及山东大学、中山大学等多所大学兼职教授等。

1957年生于山东省招远市。1975年投笔从戎,成了坦克兵。1979年考入中国人民大学经济系,先后攻读学士、硕士、博士学位,1988年毕业留校任教。1990年被特批为副教授,1992年6月被特批为教授,1993年被国务院学位委员会特批为博士生导师,同年享受政府特殊津贴。1993年1月~1994年11月在美国南加州大学经济系做访问学者,1995年5月~1995年12月在美国洛杉矶做美国市场经济研究。

主要研究方向为中国经济改革与发展、市场理论、企业理论。先后出版《社会主义市场运行分析》、《美国市场和政府的组合与运作》、《中国经济改革发展报告》、《探求市场之路》、《与企业家谈经论道》、《中国经济热点前沿》、《国外经济热点前沿》、《中国城镇居民收入差距》等专著(含主编、合著)20多部,发表论文400多篇。先后获得省部级以上科研奖励10多项。被国务院学位委员会授予"做出突出贡献的中国博士学位获得者"称号,列入北京市第一批跨世纪人才培养人选、教育部第一批跨世纪人才培养人选、国家人事部"百千万人才工程"第一、二层人选、北京市新世纪理论人才。

先后承担省部级以上科研项目10多项,美国福特基金会、日本北九州大学等国际合作项目多项,希望集团、台湾国泰人寿股份公司等委托项目10多项。

教育部"长江学者奖励计划"资助项目
北京市社会科学理论著作出版基金重点资助项目

中国经济热点前沿

（第四辑）

黄泰岩　主编

经济科学出版社

图书在版编目（CIP）数据

中国经济热点前沿（第四辑）/黄泰岩主编. —北京：经济科学出版社，2007.6
ISBN 978–7–5058–6389–7

Ⅰ. 中… Ⅱ. 黄… Ⅲ. 经济–问题–研究–中国 Ⅳ. F120.2

中国版本图书馆 CIP 数据核字（2007）第 086544 号

目 录

前言 ……………………………………………………………… (1)

第一章

2006 年中国经济研究热点排名与分析 ……………………… (1)

    一、2006 年中国经济研究十大热点 ………………………… (1)

    二、2006 年中国经济研究热点排名变化 …………………… (4)

    三、2006 年中国经济研究热点的主要进展 ………………… (12)

第二章

2006 年中国经济研究新进展 ………………………………… (16)

    一、政治经济学研究的新进展 ……………………………… (16)

    二、宏观经济学研究的新进展 ……………………………… (41)

    三、产业经济学研究的新进展 ……………………………… (54)

    四、微观经济学研究的新进展 ……………………………… (73)

    五、国际经济学研究的新进展 ……………………………… (92)

第三章

"三农"问题讨论综述 ………………………………………… (109)

    一、2006 年"三农"问题研究的新特点 …………………… (109)

    二、新农村建设 ……………………………………………… (110)

三、农村问题 ……………………………………………… (116)
四、农民问题 ……………………………………………… (132)
五、农业问题 ……………………………………………… (142)

第四章
资本市场问题讨论综述 …………………………………… (147)

一、2006 年资本市场问题研究的新特点 ……………………… (147)
二、股权分置改革 ………………………………………… (148)
三、上市公司治理结构 …………………………………… (151)
四、上市公司行为分析 …………………………………… (161)
五、资本市场的运行 ……………………………………… (164)
六、证券市场的投资者保护 ……………………………… (171)
七、证券投资基金 ………………………………………… (173)

第五章
经济增长与发展问题讨论综述 …………………………… (175)

一、2006 年经济增长与发展问题研究的新特点 ……………… (175)
二、我国发展道路的选择 ………………………………… (176)
三、转变经济增长方式的必要性、障碍和手段 ………… (177)
四、影响我国经济增长的主要因素 ……………………… (179)

第六章
产业结构与产业政策问题讨论综述 ……………………… (189)

一、2006 年产业结构与产业政策问题研究的新特点 ………… (189)
二、中国制造业的国际竞争力 …………………………… (190)
三、制造业的发展 ………………………………………… (192)
四、服务业的发展 ………………………………………… (195)
五、房地产业的发展 ……………………………………… (198)
六、文化产业的发展 ……………………………………… (201)
七、产业结构升级 ………………………………………… (202)

第七章
区域经济发展问题讨论综述 ……………………………………（206）
一、2006年区域经济发展研究的新特点 ……………………（206）
二、区域经济的横向比较 ……………………………………（207）
三、区域经济发展的差距 ……………………………………（210）
四、区域经济发展的收敛性 …………………………………（217）
五、区域经济的金融环境 ……………………………………（220）
六、区域经济发展中的产业 …………………………………（223）
七、区域经济发展的新思路 …………………………………（225）

第八章
商业银行问题讨论综述 ………………………………………（232）
一、2006年商业银行问题研究的新特点 ……………………（232）
二、商业银行的经营状况 ……………………………………（233）
三、商业银行不良贷款及信贷问题 …………………………（238）
四、商业银行治理机制 ………………………………………（241）
五、商业银行改革 ……………………………………………（244）
六、商业银行风险管理 ………………………………………（247）

第九章
公共经济问题讨论综述 ………………………………………（255）
一、2006年公共经济问题研究的新特点 ……………………（255）
二、公共产品的供给 …………………………………………（256）
三、公共支出与经济增长 ……………………………………（262）
四、地方政府行为和改革 ……………………………………（266）
五、政府治理改革 ……………………………………………（270）

第十章
自主创新问题讨论综述 ………………………………………（274）
一、2006年自主创新问题研究的新特点 ……………………（274）

二、企业的自主创新 ……………………………………（275）
三、政府与自主创新 ……………………………………（285）
四、技术选择与技术进步 ………………………………（286）

第十一章
对外贸易与外贸政策问题讨论综述 ………………（292）

一、2006年对外贸易与外贸政策问题研究的新特点 …（292）
二、传统贸易理论的创新发展 …………………………（292）
三、我国对外贸易的现状 ………………………………（294）
四、对外贸易中的贸易摩擦与自我保护 ………………（297）
五、对外贸易中的国际分工与协作 ……………………（300）
六、对外贸易中收支不平衡的成因 ……………………（303）
七、我国的对外贸易政策及其影响 ……………………（305）

第十二章
货币政策问题讨论综述 ……………………………（308）

一、2006年货币政策问题研究的新特点 ………………（308）
二、货币政策实施面临的新挑战 ………………………（309）
三、货币政策中介目标选择 ……………………………（314）
四、货币政策效应的地区性差异 ………………………（320）
五、货币政策透明度 ……………………………………（323）
六、货币政策的影响 ……………………………………（325）

前　言

　　2006年8月6日，我应宋冬林教授的盛情邀请第二次前往长白山。第一次到长白山是9年前北京市委宣传部组织的跨世纪"百人工程"国情调查活动项目之一。据介绍，长白山是我国东北海拔最高、喷口最大的活山体，它的形成约有200万年，是中华十大名山之一，被称为"千年积雪万年松，直上人间第一峰"。长白山天池是长白山的最美处，天池水缓缓溢出，化作高达68米的长白山瀑布，瀑布从悬崖峭壁飞流直下，恰似一条白龙从天而降。而且天池水有出口无进口，显示了天池内在的无穷力量和奉献的博大胸怀。按当地的说法：长白山地理气候极为独特，被称为"一山有四季、十里不同天"。因此，到长白山能清晰地看到天池，据说是极其幸运的。是否能看到天池似乎就成了检验一个人"命运"如何的试金石，而且一次看到有偶然性，两次都能看到那就有必然性了，说明这个人的"命运"真好！

　　9年前，当我第一次来到长白山清晰地看到壮观而神秘的天池时，我为自己的幸运而欢欣鼓舞，似乎对自己的未来也有了无限的憧憬。9年后，当我怀着惴惴不安的心情再次登上长白山，看到我脚下那清晰的天池时，就像多年未见的老友重逢般兴奋无比，当我拥抱它那博大的胸怀时，从我内心油然而生出的是感恩之情。

今年是我人生旅途中整整第50个年头。圣人曰："五十知天命"。何为知天命，我的理解：俗点说就是知道自己是老几；雅点说就是自知之明，怀着一颗平常心去做事。也就是说，能为则为，不能为而又想为的要千方百计去为，最终实在不能为的最好选择就是放弃。命为凡夫俗子，何必去强求达官贵人的运。有了这样一颗平常心，虽然渴望成功，但没有什么是应该的，从而也就没有了抱怨。凡是得到的，就会自然生出感恩之心、报恩之情；凡是得不到的，坦然一笑了之，因为我努力了，问心无愧了。这与阿Q不同，因为强调了一个"为"字，不论是"无为而为"，还是"有为而为"，都要有为，只是坦然为的结果，正所谓"谋事在人，成事在天"。所以，能为不为是懒蛋，不能为非为是疯子。

回首五十年，自感命运不错。虽然有很多需要自省的，但已甚为知足。命运命运，没有命就没有运，是命决定着运，而运又改善着命。对我来说，命好的标志就是在我人生道路的每个关键点上都有贵人相助，他们是我的老师、领导、朋友和家人，等等，恕我在此不一一写出他们的名字，因为我把他们已铭刻在心而终生不忘；运好的标志则在于正是有了他们的帮助，才使人生九十九难的坎坷路在我这里变成坦途或变得不那么坎坷，收获了颇多学术生涯的"第一"。而且更重要的是，好运又进一步优化了我的命。我非常欣赏李嘉诚说的这样一句话，并用于自勉："因为我公道公正，很多年来，很多机遇都是跟我合作的人送来的，追来给我的。这一点是我的一个秘密。"

但是，在运气不错时需要谨记的是：有了运，千万别忘了自己的命，丢了命，什么也就没有了。中国有个词叫"舍得"。它告诉我们：先"舍"后"得"，不"舍"不"得"。所以，对于好运万不可贪婪，要有感恩之心，报恩之情。

我相信：发自心底的感恩，是一个人好运、平安、幸福、

前 言

快乐的源泉；发自肺腑的报恩，是一个人勤奋、创造、给予、执著的动力。

今年《中国经济热点前沿》已进入第四个年头，我现在还很难判断她是森林中的一棵小草，还是处女地里的一棵小树，但看到她一年年的茁壮成长，并感觉到一丝丝诱人的前景，我还是为此而心跳。感谢四年来学界的鼓励和认同；感谢教育部、北京市社科联和出版社各位领导、专家和朋友们给予的精神和物质的支持与帮助；感谢媒体的鼓与呼①；感谢写作团队的精诚合作与辛勤劳动。我认为，就本书的工作而言，最好的感恩，还是落到一点上，就是努力把本书做得越来越好。

本书继续牢记在写作《第一辑》时所确立的如下宗旨和目的：

"创新是一个民族的灵魂，也是经济学的生命力之所在。因为经济生活在发生着日新月异的变化，经济学的实践性，就要求经济学必须不断地创新。但经济学的创新，不可能离开经济学发展的文明大道，而必须建立在已有的经济学文明成果的基础上。因此，对已有经济学文献包括国内文献和国外文献的系统梳理，就成为经济学创新的基本前提。

经济学的创新之所以要以文献的系统梳理为基本前提，就是因为任何理论的创新，都需要对该理论的发展前沿有准确的把握。如果你不知道别人已经完成了什么，不知道理论演化到了什么程度，现有的理论有什么局限性，那么你就不可能达到真正的理论创新。理论创新不是自己坐在屋子里凭空想像出来的，而是在对现有理论的批判中和在解决理论与实践的矛盾中实现的。否则，就会出现这样的笑话：自己以为探求到了经济学的真理，实际上别人早已完成了，只是你不知道而已。

本书的工作就是努力对已有经济学文献的系统梳理，我希

---

① 本书的主要结论已先后在《人民日报》（2007年2月9日）、中共中央党校的《理论动态》、中国社科院经济所的《经济学动态》等报刊发表，产生了积极的社会反响。

望通过这一工作，达到以下两个基本目的：一是为经济学的研究或者理论创新提供一个比较全面和系统的研究成果基础，或至少是一个研究资料的基础，使研究者一书在手，就可以非常简单、容易地浏览到经济学研究的最新前沿资料，省去了自己查找的麻烦、综合的麻烦，从而节省大量的研究时间和精力。从这个意义上说，本书是经济学研究者的必备工具书，也是经济学教学的必备参考书。二是为经济学的研究或者理论创新提供一种研究规范。通过这种规范，锻造出一个经济研究的平台，或者说一个经济研究的新起点，使大家能够在这个新的平台上或者新的起点上推进经济学的进一步创新，从而减少经济学的重复研究。这不仅有助于优化研究资源的合理配置，实现经济学研究的帕累托改进，而且有助于建立一个客观的科研成果社会评价机制，激励经济学研究的不断创新。"

本书是对国内2006年的经济学文献的系统梳理，国外最新经济学文献的系统梳理将以其姊妹篇《国外经济热点前沿》（第四辑）为书另行出版。当然，由于我们的水平和对资料的掌握有限，难免有一些相当精彩的观点没有被综述进来，从而使研究成果反映得不够全面，敬请有关专家、学者谅解。同时我们也诚心诚意地欢迎有关专家、学者支持和帮助我们，以使我们的工作越做越好。

参加本书写作的有：黄泰岩（第一章）；卫兴华、孙咏梅（第二章第一部分）；陈享光、赵英杰（第二章第二部分）；臧旭恒、宋伟、李春友（第二章第三部分）；陈享光、马君实（第二章第四部分）；卫兴华、侯为民（第二章第五部分）；张培丽（第三章、第四章、第九章）；李鹏飞（第五章、第六章）；金铁鹰（第七章、第十一章）；黄琳（第八章）；张宏伟（第十章）；李国栋（第十二章）。他们分别是来自于中国人民大学、清华大学、山东大学、中国政法大学、辽宁大学和西安工业大学的教授、博士生导师、副教授、讲师、博士生等。全书最后由我逐句修改和定稿。

本书的出版，得到了北京市社会科学理论著作出版基金的资助。正是有了他们的帮助，我国的理论之树才更加根深叶茂。经济科学出版社的吕萍主任及其同事们也为本书的出版给予了热情的帮助，在此表示衷心的谢意。

黄泰岩
2007年5月于辽宁大学留苑

第一章 2006年中国经济研究热点排名与分析

过去的 2006 年,是中国经济研究继续繁荣、取得新进展的一年,认真梳理这些研究成果,对于进入经济研究的前沿地带,推动我国经济研究的深化和规范具有重要的价值。

一、2006 年中国经济研究十大热点

2006 年学术期刊统计样本的选取继续沿用 2005 年的标准,[①] 但对 2005 年的标准又作了进一步科学化的调整。2005 年选取的 18 本统计样本期刊,是以教育部确定的《中文社会科学引文索引》(CSSCI)来源期刊 2001~2002 年影响因子的平均值排名为基础的。2006 年统计样本期刊的选择引入了最新的《中文社会科学引文索引》(CSSCI)来源期刊的影响因子排名,并将时间跨度拓展到 5 年,以进一步增强统计样本期刊的权威性、代表性。

根据教育部《中文社会科学引文索引》(CSSCI) 2000~2004 年影响因子的平均值从高到低的排名,并依据二级学科点平衡分布的需要,最终选择了作为 2006 年中国经济研究热点分析的 18 本统计样本期刊。在这 18 本统计样本期刊中(按影响因子高低排序),经济类占 14 本,社会科学总论类 1 本,马克思主义类 1 本,管理学类 1 本,高校综合性社科学报类 1 本,它们分别是:

---

① 黄泰岩主编:《中国经济热点前沿》(第三辑),经济科学出版社 2006 年版。

表 1　　　2006 年中国经济研究热点排名样本期刊

排序	刊　名	影响因子 2000 年	2001 年	2002 年	2003 年	2004 年	平均
	经济学类（14 本）						
1	经济研究	3.421	3.004	2.863	3.33	3.668	3.257
2	中国工业经济	0.299	0.499	0.663	1.265	1.529	0.851
3	金融研究	0.504	0.656	0.94	0.944	0.917	0.792
5	世界经济	0.29	0.634	0.611	0.845	1.167	0.709
6	经济社会体制比较	0.673	0.757	0.664	0.693	0.647	0.687
7	中国农村经济	0.354	0.431	0.506	0.57	0.852	0.543
9	经济科学	0.374	0.311	0.349	0.592	0.650	0.455
10	改革	0.403	0.604	0.415	0.409	0.398	0.446
13	经济学动态	0.281	0.321	0.36	0.484	0.448	0.379
15	财贸经济	0.377	0.252	0.265	0.395	0.397	0.337
16	经济理论与经济管理	0.229	0.263	0.263	0.395	0.413	0.313
18	财经研究	0.199	0.194	0.266	0.407	0.430	0.299
19	经济评论	0.147	0.19	0.334	0.432	0.374	0.295
20	经济学家	0.26	0.307	0.315	0.268	0.298	0.290
	马克思主义类 1 本						
3	教学与研究	0.061	0.106	0.089	0.088	0.121	0.093
	管理学类 1 本						
1	管理世界	0.646	0.776	0.763	0.718	0.906	0.762
	社会科学总论类 1 本						
1	中国社会科学	0.8	1.0262	1.5581	1.516	1.8143	1.343
	高校综合性社科学报类 1 本						
1	中国人民大学学报	0.0898	0.1605	0.3123	0.2263	0.3969	0.237

资料来源：南京大学中国社会科学研究评价中心。

　　与 2005 年相比，统计样本期刊只是根据二级学科平衡的需要替换了 1 本。统计样本期刊的稳定性，意味着从一个较长时间的变化中进一步验证了这些期刊的权威性和比较稳定的学术地位，这也为经济热点问题的跨年度比较研究提供了可比性。

　　对 2006 年在以上 18 本样本期刊上发表的全部学术论文（不包括书评和会议报道等）共 2 684 篇按专题进行分类统计，最终遴选出了 2006 年中国经济研究的前 20 大热点问题。它们分别是：

第一章 2006年中国经济研究热点排名与分析

表2　　2006年中国经济研究前20个热点问题

	热点	发表的论文数（篇）	占论文总数比重（％）	占前20热点比重（％）
1	三农（含城市（镇）化）	249	9.28	13.82
2	资本市场（含上市公司、资产定价等）	230	8.57	12.76
3	经济增长与发展	205	7.64	11.38
4	产业结构与产业政策（含产业集群）	151	5.63	8.38
5	区域经济发展（含长三角、珠三角和东北工业基地）	97	3.61	5.38
6	商业银行	97	3.61	5.38
7	公共经济	88	3.28	4.88
8	自主创新（技术进步、创新、制度创新、金融创新）	81	3.02	4.50
9	对外贸易与贸易政策	74	2.76	4.11
10	货币政策	69	2.57	3.83
11	外商直接投资	56	2.09	3.11
12	民营经济与家族企业（含中小企业）	53	1.97	2.94
13	金融体制（含金融环境）	53	1.97	2.94
14	金融理论（含经济增长与金融关系等）	50	1.86	2.77
15	收入分配与收入差距	48	1.79	2.66
16	人民币汇率	46	1.71	2.55
17	政府规制（集团管制、行业协会）	46	1.71	2.55
18	公司治理	43	1.60	2.39
19	财政政策	33	1.23	1.83
20	财政体制	33	1.23	1.83
	合计	1 802	67.13	100

表3　　2006年与2005年中国经济研究热点排名比较

热点问题	2006年	2005年	变化情况
三农（含城市（镇）化）	1	2	上升1位
资本市场（含上市公司、资产定价等）	2	1	下降1位
经济增长与发展	3	4	上升1位

续表

热点问题	2006年	2005年	变化情况
产业结构与产业政策（含产业集群）	4	5	上升1位
区域经济发展（含长三角、珠三角和东北工业基地）	5	6	上升1位
商业银行	6	3	下降3位
公共经济（含公共管理）	7	9	上升2位
对外贸易与贸易政策	9	8	下降1位
货币政策	10	17	上升7位
外商直接投资	11	20	上升9位
民营经济与家族企业（含中小企业）	12	11	下降1位
收入分配与收入差距	15	10	下降5位
公司治理	18	7	下降11位
财政政策	19	19	未变
自主创新（技术进步、创新、制度创新、金融创新）	8		新增
金融体制（含金融环境）	13		
金融理论（含经济增长与金融关系等）	14		
人民币汇率	16		
政府规制（集团管制、行业协会）	17		
财政体制	20		
信息经济（含新经济、知识经济、信息化和新型工业化）		12	退出
国有经济		13	
经济全球化		14	
中国经济学学科发展		15	
转轨经济与体制改革		16	
就业与失业		18	

注：2005年的经济热点排名详见黄泰岩：《中国经济热点前沿》（第三辑），经济科学出版社2006年版。

二、2006年中国经济研究热点排名变化

对比2003~2005年的研究热点（本研究从2003年起每年对经济研究热点做一次排名），2006年中国经济研究热点排名变化具有以下主要特点：

第一章 2006年中国经济研究热点排名与分析

第一，三农首次超过资本市场排在第一位。在前三年中，资本市场均排在第一位，三农排在第2位，显示了这两个问题在我国现阶段的持续重要性。但是，随着2005年10月中共十六届五中全会提出建设社会主义新农村，以及随后《中共中央国务院关于推进社会主义新农村建设的若干意见》和十届全国人大四次会议批准的《十一五规划纲要》的发布，建设社会主义新农村成为"十一五"时期排在第一位的战略重点和主要任务。为了对建设社会主义新农村做出全面的理论阐释，并用于指导实践，经济界对三农的研究兴趣和成果必然大幅提升。此外，在2006年，我国粮食生产21年来首次实现连续3年增产，农民收入21年来首次实现连续3年增幅超过6%。这种三农政策的成功实践，一方面为三农问题的研究提供了肥沃的土壤；另一方面也显露出三农存在的诸多薄弱环节，从而不断为三农问题的研究提出任务和要求。这从实践的角度提出了强化三农问题研究的迫切要求。《人民日报》等16家新闻单位和部分经济学家把"十一五"规划纲要中将"建设社会主义新农村"放在突出位置列为2006年中国十大经济新闻，① 从另一个侧面反映了建设社会主义新农村在2006年的意义。

中国资本市场股权分置改革在2005年的启动并在2006年获得成功，以及随之而来的2006年全年的牛市狂奔，我国终于成功完成了资本市场15年以来最困难的体制性改革，中国资本市场进入了新的发展阶段。可以说2006年是中国资本市场发展最辉煌的一年，这也是美国《财富》杂志中文版将"股市步入成熟时代"作为中国2006年度十大商业新闻第一名的重要原因。在中国资本市场快速发展的同时，经济界对资本市场的研究热度也不减当年，从发表的论文数量来看，2006年从2005年的209篇增加到230篇，多了21篇；在全部论文中所占的比重也由8.46%提升至8.57%。但这一增长仍然使其排在屈居亚军的位置，这是因为经济界对三农的研究成果增长速度更快，论文数从2005年的186篇增加到2006年的249篇，多了63篇，在全部论文中所占的比重由7.35%提高到9.28%。三农上升到第1位，一方面体现了我国构建和谐社会中三农的重要性，以及我国把三农工作放在重中之重的基本思想；另一方面也说明了我国解决三农问题的任务更加突出、更加迫切。因此，2007年1月29日发布的《中共中央国务院关于积极发展现代农业 扎实推进社会主义新农村建设

---

① 《中国证券报》2007年1月10日。

的若干意见》明确指出："农业基础设施依然薄弱，农民稳定增收依然困难，农村社会事业发展依然滞后"。中央自2004年以来连续4年以中央一号文件的形式对三农工作提出意见，也足见中央对"三农"的高度重视。

第二，自主创新作为一个全新的热点问题首次进入热点前10名。2006年1月9日胡锦涛在全国科学技术大会上所作的《坚持走中国特色自主创新道路　为建设创新型国家而努力奋斗》讲话中明确指出："党中央、国务院作出的建设创新型国家的决策，是事关社会主义现代化建设全局的重大战略决策。"为了充分理解和落实这一重大战略决策，经济界就把对创新的研究推向了新的高潮。自主创新的提出和研究热，首先，充分体现了我国经济发展阶段发生了新的历史性转折，即从以往的追求快速发展到又快又好，最终提升到了又好又快。好和快位置的转换，说明我国的经济发展从注重量的扩张转向了注重质的提升。经济发展质的提升，首先是技术的自主创新，因为没有科学技术的现代化，就不会有一个国家的现代化。因此，在2006年自主创新的研究成果中，绝大多数是关于技术创新和技术进步的。但是，创新又不仅仅是技术创新，还包括制度创新、金融创新等等，因为技术创新的实现，离不开制度创新和金融创新的支持和推动。其次，充分体现了我国在经济全球化的竞争格局下生存和发展的需要。这突出表现在：一方面跨国公司挟其自主技术和自主品牌，并借用中国企业的低价策略，对中国企业展开了全面的进攻，凸显了中国经济的安全问题；另一方面，中国企业在"走出去"的过程中，由于缺乏自主技术和自主品牌，大大削弱了中国企业的国际竞争力。美国《财富》杂志中文版将中国企业海外受挫列为中国2006年度十大商业新闻的第5位，并评论道：中国企业海外受挫"给那些急于'出海'的中国企业上了一课：海外并购是一流企业的游戏"。[①] 所谓一流企业就是那些拥有自主技术、自主品牌、制定行业标准的企业。

第三，货币政策作为一个持续的热点问题排位大幅提升，2006年首次进入前10名。在2003～2005年，货币政策都进入了热点前20名，分别排在第15、12、17位。排位虽然有所波动，但也充分显示了理论界对货币政策的持续关注，也意味着货币政策是市场经济条件下政府宏观调控的常规手段。2006年货币政策排名的大幅提升，主要是与以下日益凸显的问题有关：一是与我国正在进行的并不断完善的宏观调控密切相关。在

---

① 《财富》（中文版）2007年1月。

2006年的宏观调控中，特别是对房地产的调控，货币政策手段得到了充分的运用，曾先后三次上调存款准备金率、上调金融机构贷款基准利率、定向发行票据等。更多地运用货币政策手段进行宏观调控，标志着我国宏观管理体制向市场经济新体制迈出了一大步，这也为理论界探讨适合中国国情的货币政策体系以及在我国现阶段货币政策有效性提供了空间和实践营养。二是与落实科学发展观密切相关。实现又好又快的发展，就要求国民经济可持续、稳定的快速发展，在连续三年实现10%的增长，2006年又出现过热苗头，特别是房地产高烧不退的情况下，如何避免经济大幅波动，防范金融风险，就对货币政策的灵活运用提出了考验。尤其是经济学界对经济是否过热的不断争论，使对稳健货币政策的认识存在较大的空间。三是与外贸顺差的大幅增长，从而汇率的持续上扬密切相关。2006年人民币持续升值，缺乏弹性，即使如此，美国仍继续给予升值压力，同时大量热钱进入中国赌人民币升值，这都对货币政策的制定和执行形成了严峻的挑战，从而迫切要求经济界对此作出理论上的解释。

第四，经济增长与发展继续排在前10名的前列，而且比2005年提升了一位。在2003～2005年，经济增长与发展分别排在第三、三、四位，2006年又回到第三位，这意味着发展是我国这一阶段，也是未来一段时间内理论界研究的永恒主题。中国的现代化还远没有实现，据中科院的研究，我国的现代化水平离美国还有100年的差距，离日本也有50年的差距。迅速现代化仍是中华民族孜孜以求的首要目标。追求发展，效率自然也就成为首要的选择。对于这一点，在落实科学发展观时尤其要引起高度的重视，千万不能因为倡导科学发展观，而只记住了科学忘了发展；也不能因为强调统筹发展，而忘了或忽略经济发展。所以胡锦涛同志《在中央人口资源环境工作座谈会上的讲话》中明确指出："树立和落实科学发展观，必须始终坚持以经济建设为中心，聚精会神搞建设，一心一意谋发展。科学发展观，是用来指导发展的，不能离开发展这个主题，离开了发展这个主题就没有意义了。发展首先要抓好经济发展。"这也正是中国经济增长与发展几年来始终排在前列的基本原因。同时，中国经济发展的成功实践，也为中国经济学者运用中国的经验检验、修正、补充已有的发展经济学理论提供了难得的机遇和条件。因此，中国经济学者在这一领域的勤奋耕耘及其收获，恰是"时势造英雄"的具体体现。

第五，产业结构与产业政策继续排在前10名的前列，而且比2005年提升了一位。在2003～2005年，产业结构与产业政策分别排在第四、七、五位，2006年进一步回到第四位，显示了经济学界对该热点问题的关注度在持续上升。导致这种提升的主要原因：一是依据钱纳里等揭示的经济发展过程表现为产业结构的不断优化升级的理论，研究中国的经济发展，必然要阐释中国的产业结构优化，这也正是产业结构与产业政策几年来总是紧随中国经济增长与发展热点排在前列的原因。二是我国当前经济发展的核心问题已经主要从总量的扩张转向经济结构的优化，即通过经济结构的优化不仅继续扩张经济总量，而且进一步提升经济的质量，从经济大国向经济强国迈进。经济结构的优化，首先就是产业结构的优化。三是我国近几年经济的快速发展，特别是重化工业化的发展，对资源环境的支撑形成了严峻的挑战，因而探索在资源环境约束条件下的中国工业化特殊道路，也就成为中国经济学者面临的迫切任务。四是中国作为发展中的大国，要迅速实现工业化，就需要发挥后发优势即利用产业政策加快产业结构的升级，这是后发国家实现工业化的成功经验，但在经济全球化的条件下，传统的产业政策理论和手段在一定程度上已经失效，这就需要探索适应经济全球化要求的新的产业政策理论和手段，发展产业政策理论也就成为中国经济学者的重要任务。

第六，区域经济发展继续排在前10名的前列，而且比2005年提升了一位。在2003~2005年，区域经济发展分别排在第五、四、六位，2006年又回到第五位。区域经济发展多年排在前列的主要原因：一是在中国经济发展主要从总量扩张向经济结构优化转化进程中，区域结构的优化对中国这样一个区域经济发展严重不平衡的发展中大国而言，具有特殊的意义，这也正是"十一五"规划要求继续"坚持实施推进西部大开发，振兴东北地区等老工业基地，促进中部地区崛起，鼓励东部地区率先发展的区域发展总体战略"的重要原因。这就是说，区域经济发展在我国已上升到经济发展战略的高度。二是中国各区域之间，不仅存在着经济发展程度的差异，而且在自然禀赋、文化理念等多方面也存在着显著的区别，这就决定了各区域间的经济发展基础和条件各不相同，探索不同区域间的特殊发展道路甚至发展规律，这个在已有发展经济学理论中被忽视的问题，理应成为中国经济发展理论的重要内容。

第七，公共经济问题的关注度得到进一步强化。在2003~2005年，公共经济的关注度得到迅速提升，2003年未进入前20名，2004年排在第18位，2005年跃升进前10名，排在第九位，2006年又比2005年提升了二位。公共经济排位的连年大幅上升，一是标志着我国社会主义市场经济理论在走向成熟和完善，随着我国经济改革与开放，经济理论关注的主要是市场化的改革，要求发挥市场的基础性调节作用，以替代政府调节的严重越位，但随着我国市场化改革的深化，却出现了市场越位或失灵而相应的政府缺位的现象，经济界对公共经济的强烈关注，恰恰就是对单一取向的市场化改革的理性反思，对市场与政府相互关系的重新认识。二是意味着公共经济理论短板在我国经济理论的发展中依然严重存在，还不能满足我国公共经济部门改革与发展实践的需要，特别是构建适合我国国情的公共经济理论与政策还是一个亟待强化研究的重大课题。同时，这也意味着理论研究的先行，将为公共经济领域的改革与发展带来春风。三是反映了对强化政府公共经济职能的渴望，市场经济越发展，越需要强化政府的公共经济职能，因而公共经济的提出，就意味着中国的市场经济发展进入了新的转型期。四是体现了优化政府公共经济职能的新要求，强化政府的公共经济职能，不是回到传统计划经济体制的老路上，而是在市场经济的体制框架内重塑政府的公共经济职能。政府规制作为一个单独的热点问题首次进入前20名，更进一步说明了重塑政府公共经济职能的重要性和迫切性。

第八，商业银行继续排在2006年热点的前10名，但位次下降了三位。2006年中行、工行相继在深沪两地成功上市，这标志着我国国有商业银行改革取得了实质性进展。这不仅为银行业的发展，而且对资本市场的牛市形成都产生了重要的促进作用。商业银行改革的阶段性成功，自然使经济界对其关注度相对下降。但是，商业银行的体制性问题还远没有解决，特别是2006年12月11日，我国WTO过渡期已经正式结束，中国金融业的大门正向所有合格的国际金融机构敞开的情况下，中国商业银行如何在全球化的舞台上获得竞争优势，仍是需要尽快解决的问题。此外，2006年10月13日，2006年度诺贝尔和平奖授予了孟加拉国的穆罕默德·尤纳斯及其创建的孟加拉乡村银行（也称格莱珉银行），这对正在苦苦探求农村金融体系建设，以及中小企业融资难解决之道的中国来说，无疑得到了阳光的照耀，从而引起了中国学者对乡村银行的极大兴趣。这些正是商业银行继续得到关注的主要原因。

第九，对外贸易与贸易政策继续排在2006年热点的前10名，但位次下降了一位。2006年我国的对外贸易出乎意料地又取得了23.8%的增长速度，而且是在人民币升值趋势加快、贷款利率调高，国家采取了降低部分出口商品退税率、限制高能耗、高污染和资源性产品出口等调控措施的情况下取得的。外贸的快速增长为产能过剩下的中国经济增长注入了强劲的动力,特别是在"三驾马车"中,投资增长受宏观调控放缓,消费增长不可能在短期内大幅增长的情况下,外贸对中国经济的稳定增长就更具有关键性的意义。

第十,2005年前10大热点中排在第7位的公司治理结构退出2006年的前10名,降到第18位。在2003~2005年,公司治理结构分别排在第十四、五、七位。前两年公司治理结构的迅速升温,是与国内外一系列公司丑闻的出现密切相关,也是与企业理论从产权到治理的逐步深化研究进程相一致。2006年退出前10名,意味着公司治理结构问题经过两年的高强度持续研究,在主要的基本理论方面已经达成了共识,更多的主要是实践层面的问题,从而有待实践的检验使理论进一步的升华。当然,在企业治理结构问题上,2006年出现的一个重要现象应该引起足够的重视,这就是许多民营企业家先后出事,如2006年7月13日,创维数码前主席黄宏生被香港法院裁定串谋盗窃及诈骗等四项罪名成立,被判入狱6年。这意味着随着民营企业原始资本积累时期的结束,民营企业制度和民营企业家都面临新的转型,加强对民营企业转型的研究,应该成为经济学界关注的重要问题,或者说,对企业问题的研究,应该从主要关注国有企业转向关注民营企业。

第十一,2005年前10大热点中排在第十位的收入分配与收入差距退出2006年的前10名,降到第15位。在2003~2005年,收入分配与收入差距分别排在第12、20、10位。在2006年,社会对收入分配与收入差距问题仍然给予了很高的关注,如国务院专门讨论了收入分配问题,社会上也曾掀起过对收入差距是否会继续扩大的争论等等。因此,收入分配与收入差距退出2006年的前10名,并不意味着这个问题不重要了,它只是2005年关于公平与效率大讨论在理论上达到一定共识的反映,但实践上的问题还远没有解决,可以说,调整收入差距是我国今后若干年内都必须给予极大关注的重大问题。

第十二,从经济运行的层面来看,2006年前10大热点问题主要是宏观经济问题。这意味着随着国有企业改革的不断深化,以及民营经济的快速发展并在国民经济中发挥着越来越重要的作用,微观层面的改革与发展已取得重大进展,而宏观层面改革与发展的相对滞后已经成为制约我国发展与改革的主要问题。因此,加快宏观层面的改革与发展,特别是加快行政体制的改革和政府职能的转换,解决政府的越位与缺位,以及低效率,已成为深化改革与发展的关键环节。

第十三，2006年前10大热点的替换率只有20%，相对于2005年的30%有所下降。这一方面说明了我国经济理论研究的相对稳定性和成熟性；另一方面也体现了我国经济理论研究面向发展与改革主战场的实践性，是实践导向型的理论研究，从而能够随着实践的变化而发生相应的变化。当然，我国经济研究热点的变化还带有很强的政策性特点，如社会主义新农村建设和自主创新，都是在国家作为重大战略决策提出后才迅速热起来的。

第十四，2006年中国经济研究热点的集中度有所下降。前20大热点所集中的论文数量占全部样本论文的比重，2003年为46.2%，2004年为50.16%，2005年上升到71.61%，但2006年则降为67.13%；前10大热点的集中度相应分别为32.74%、37.27%、51.47%和49.97%，2006年也趋于下降。集中度的下降，应该是我国经济研究向好的发展势头，因为随着经济研究的不断规范化和深化，需要学者们在专注的研究方向上进行精耕细作，而不应该是搞"刮风式"的研究。

第十五，2006年排名前11～20位热点的变化要远远大于前10大热点，与2005年相比，第11～20位热点的替换率达到了70%，只有民营经济与家族企业、财政政策和外商直接投资仍保留在前20位。从这种大幅度的替换中，可以更进一步了解中国经济研究的变动，并从中透视出中国经济运行的变化。这些变化概括起来主要有：一是外商直接投资从2005年的第20位上升到第11位，是前20大热点中上升幅度最高的，这反映了经济界对外商2006年大规模收购我国行业龙头企业、构筑行业垄断、提供问题产品等行为及其对我国经济安全与运行影响的强烈关注，以及对外商超国民待遇的反思。美国《财富》杂志中文版将"外资并购加速"列为中国2006年度十大商业新闻的第二位，并评论道："外资大举并购也引发了涉及垄断和国家安全的争论"①，从而反映了这一问题在中国的重要性。二是人民币汇率从2004年的第10位，到2005年退出前20位，再到2006年排名第16位，是近几年波动最大的热点问题，这表明人民币汇率不仅仅是建立以市场供求为基础的、有管理的浮动汇率制度，而更重要的是这一制度建立后所表现出的人民币持续升值对我国经济的一系列影响，这种影响在2006年得到了明显的反映。三是金融体制、金融理论双

---

① 《财富》（中文版）2007年1月。

双第一次进入前 20 名，反映了金融改革的艰巨性和复杂性，以及经济界对金融问题的关注程度，这也可以解释为什么国务院召开会议专门讨论金融问题。对金融问题的强烈关注，标志着我国的经济体制改革已经从一般的经济领域深化到特殊经济领域，特别是国家垄断的经济部门。四是政府规制第一次进入前 20 大热点问题，这反映了我国社会主义市场经济新体制的建设已经从注重发挥市场机制的作用转向市场与政府"两手都要硬"的新阶段，它一方面要求在政府规制中发挥市场机制的作用，即放松规制；另一方面则要求在必须由政府规制的领域改革规制体制、方式和方法，这意味着行政体制改革已经成为我国改革进程中的一个主要问题，同时政府规制改革也是构建适合我国国情的公共经济理论与政策的一个重要问题。五是财政体制第一次进入前 20 大热点问题，这体现了在全面建设小康社会进程中，特别是在发展公共经济，实现城乡统筹、区域统筹发展中，财政体制存在的不适应性，以及进一步深化改革的重要性。

三、2006 年中国经济研究热点的主要进展

相对于 2003～2005 年的经济研究热点，2006 年的中国经济理论研究进展就总体而言主要体现为以下五大亮点：

第一，对建设社会主义新农村做出了全面的理论研究。2006 年是建设社会主义新农村的开局之年，也是理论界以建设社会主义新农村为目标对"三农"问题展开深入研究的一年。这些研究包括：首先，建设社会主义新农村必须在统筹城乡经济发展进程中向前推进。世界各国经济社会发展的经验表明："三农"问题不可能在"三农"的框架内得到根本解决。学者们跳出"三农"在城乡经济一体化发展的大框架中，对解决"三农"问题进行了有价值的研究：一是在工农业相互关系的历史发展框架内证明了中国经济发展新阶段要求工农业关系发生历史性的转折，即从过去的农业支持工业转向工业反哺农业，并进而探讨了工业反哺农业的机制和方式；二是在城乡劳动力市场一体化的框架内探讨了农村劳动力向城市转移的动因、机制和障碍，特别是如何从制度上解决农民工的身份和地位，为农民市民化扫清障碍，因为没有大批农民的市民化，就不可能有社会主义新农村；三是在城乡产业一体化的框架内探讨了发展现代农业、转变农业经营方式、实现农业工业化的新路径。其次，建设社会主义新农村

离不开财政金融的支持,从而需要:一是要运用金融手段包括推进农村信用社改革、建立农村合作银行和非正规金融组织、发放小额信贷、实施农业保险、构建新的农村金融体系等,为社会主义新农村建设提供多渠道的源源不断的资金;二是运用公共财政手段扩大农村公共产品的供给,增加教育、健康等农村人力资本投资,为发展现代农业、增加农民收入、促进城乡劳动力流动创造人力资本条件;三是通过城乡税制改革,为县乡两级财政解困。最后,建设社会主义新农村还取决于农民自身的行为。学者们通过对农民储蓄行为影响因素,以及农户融资等行为的理论分析、计量分析、案例分析,进一步说明了农户的金融行为,从而为农村金融体制改革和政府金融手段的运用提供了理论和实证的解释。

在社会主义新农村建设的理论和实证研究中,关注最多的还是农民工问题。农民工作为我国工业化、城市化进程中出现的特殊群体,打破了刘易斯二元经济理论中农民与市民之间劳动力流动的二元主体分析框架,形成了农民、农民工、市民三主体的劳动力流动格局,从而对二元经济发展理论提出了挑战。因此,对农民工的深入系统分析,不仅是从根本上解决农民工问题,推进社会主义新农村建设的关键,而且是解释我国工业化、城市化特殊道路的钥匙,对创新和发展二元经济理论具有重要的理论价值。对农民工问题的研究主要有:一是通过对农民工的全方位调查,从各个角度、各个层面全面展示了农民工的现状和问题,为农民工问题的解决奠定基础;二是从法律的角度对农民工的地位做出界定;三是从农民工工资和与农民收入、工人工资比较的角度解释了农村劳动力流动的取向,以及验证社会对农民工的工资歧视和福利保障歧视;四是从城市就业市场的角度探讨了城市对农村劳动力的就业效应和城市失业对农村劳动力就业的影响,验证了托达罗理论在中国的适用性;五是从农民工自身的角度揭示了农民工对外出务工的工作满意度,以及农民工外出务工对农村儿童的影响和对农业生产的影响等迁移效应。

第二,对自主创新进行了多角度、多层次的深入研究。自主创新能力是国家竞争力的核心,是实现建设创新型国家目标的根本途径。因此,这次对自主创新的研究与以往研究的不同之处在于:它是从经济全球化下国家较量的新视角,在建设创新型国家的高度上,紧紧围绕经济社会发展这一中心任务而展开的,其内容主要包括:一是从经济增长、企业竞争力、提高能源效率等多角度说明了自主创新的必要性。随着我国 GDP 总量跃居世界第 4 位和 170 多种产品产量成为世界第一,我国缺乏自主技术、核心技术的弱点就充分显现出来，从而严重削弱了我国经济的国际竞争力，这就迫使我国的经济发展必须由做大向做强的新阶段转换。同时，随着我国经济规模的不断扩大，特别是重化工业化的发展，能源和原材料已经成为进一步发展的瓶颈，如何通过技术创新突破这一瓶颈也是我国面临的首要任务。二是运用大量数据进行计量分析，对我国的技术进步贡献率，特别是工业的技术进步、技术选择、研发效率等做出实证描述，从而对我国的技术创新水平有一个准确的把握，为实施我国技术的自主创新找到现实的起点。三是从企业的制度变迁、学习能力、培训能力、融资能力、社会资本能力，以及企业所处的市场结构条件、政府政策等角度全面揭示了影响企业技术创新的内外部因素，这在一定程度上构建了企业技术创新的理论分析框架。四是探讨了我国技术创新的基本路径，这主要包括：通过对市场换技术的反思，检验外商直接投资对我国自主技术创新、技术进步的效应，为我国外商直接投资政策调整提供理论解释和支持；通过比较技术引进的不同方式及其效应，为我国的技术引进消化吸收再创新提供思路；通过对企业技术创新案例的研究，揭示技术创新的成功路径，为自主创新的主体——企业提供借鉴；通过对企业集群技术外溢的分析，揭示企业的集体式创新路径，为广大中小企业突破技术创新瓶颈提供出路；通过对企业研发行为的分析，揭示提高研发效率和商业化能力的路径，为合理配置有限的研发资源，优化研发行为提供建议。五是从知识型企业或科技型企业的制度变迁、知识资产价值、知识员工管理和薪酬激励等方面探讨了知识型企业技术创新的特殊道路。

第三，对源自结构优化的经济发展理论做出了全面的阐释。随着我国经济增长方式从注重量的扩张向注重质的提升的转换，经济结构的优化就必须提到重要的地位，从而使这一时期的经济发展就总体而言表现为结构优化推动的经济发展，这在《十一五规划纲要》中得到了充分的体现。实际上，2006年前10大经济研究热点基本可以归结为结构问题，除产业结构和区域结构外，"三农"体现为城乡结构，资本市场与商业银行体现为金融结构或企业的直接融资和间接融资结构，公共经济体现为公共部门与私人部门的结构或政府与市场的结构，自主创新体现为引进与创新的技术结构，对外贸易体现为国内和国外经济结构，科学发展观则要求经济发展与自然资源、环境的友好和谐。这种依据中国经济发展的伟大实践而提升总结出来的全面结构优化的经济发展理论，突破了以刘易斯、库兹涅茨、钱纳里等为代表的单一结构优化的经济发展理论体系，形成了中国版的发展经济学。这可以说是中国经济学界为经济发展理论的丰富和深化做出的中国式贡献，这一贡献也将得到中国经济又好又快发展实践的进一步验证。2006年对结构优化推动经济发展的深化研究突出体现在：一是通过推进社会主义新农村建设优化城乡结构，推进城乡统筹发展；二是通过大力发展资本市场和银行改制上市优化金融结构，防范金融风险，保证经济稳定发展；三是通过鼓励自主创新推进工业结构优化升级，加快工业化进程；四是通过推进天津滨海新区开发开放优化区域结构，形成多区域增长极的共同协调发展；五是通过运用财政和金融手段加大公共经济建设优化公共经济与民间经济的结构优化，构建社会主义和谐社会。

第四，对货币政策作了进一步的深化研究。2006年对货币政策的研究，除了继续深化2005年关注的利率市场化、货币政策中介目标的选择、货币供应量过大、开放中的货币政策调整等问题外，还表现出如下新的特点：一是从宏观调控的角度，对利率政策的执行效果进行实证分析，从而进一步探索我国利率市场化道路，以及利率的调整和利率结构的优化；二是针对房地产调控，特别是房地产上涨，探讨了房地产与货币政策的关系；三是结合宏观调控中货币政策的运用实践，探讨货币政策的有效性，寻求提升货币政策有效性的途径；四是运用实证分析的方法，证明了我国货币政策区域效应的存在，并揭示了其形成的原因，以及其存在的微观基础，从而为我国货币政策框架的调整和完善提供了理论说明。

第五，对公共经济理论与政策作了进一步的扩展研究。这突出表现在：一是在研究视角上，从单纯研究公共经济转向把公共经济放在经济增长的理论框架中进行研究，揭示了政府公共支出的规模与结构对经济增长的效应，并进一步分别深入分析了公共投资规模对经济增长的效应、公共投资结构对经济增长的效应和政府社会性支出对增长失衡的影响，从而全面阐述了公共支出在我国经济增长中的地位和作用，使公共经济成为经济增长理论体系中一个重要的组成部分，这也为政府公共支出规模与结构的调整找到了评价标准。二是在分析层面上，从对政府提供公共产品的职能定位的分析转向对政府提供公共产品有效性的研究，探讨了公共组织的决策、公共部门的激励、公用事业的运营与监管等，这就使政府在提供公共产品上不仅不能缺位，而且还要有效率。三是在公共产品的供给机制上，从强调政府的作用转向政府与市场相结合的新机制，提出了公用事业部门的市场化改革、公用事业的产权制度改革等政策建议，以借助市场的力量扩大公共产品的供给和提高供给的效率。

第二章 2006年中国经济研究新进展

一、政治经济学研究的新进展

(一)"反思改革"及批判新自由主义

针对改革过程中面临的问题和下一步发展战略，经济学界展开了关于改革成败得失的讨论和争论。这是"刘国光经济学新论"之争的延续。在这次关于改革的讨论中，一些学者针对当前改革出现的问题，提出要对改革进行反思；而有的学者认为反思改革是对改革的干扰，是反对改革；另一派学者则认为，反思改革中出现的问题是推动和深化改革的需要，反思是为了更好地推动改革。围绕是否要"反思改革"以及如何"深化改革"这一问题，不同学者提出了不同的观点和主张。反思改革的争论又与批判新自由主义的争论相交织。有些学者继续批判新自由主义的危害，有的学者提出不能借批判新自由主义反对改革。

2006年7月1日，在北京召开的"纪念中国共产党成立85周年，坚持改革的社会主义方向不动摇"座谈会上，中宣部理论局原局长、全国政协原副秘书长卢之超以"两千万牺牲的先烈和坚持改革的社会主义方向"为题发言。他说：改革开放必须以马克思主义为指导，反对新自由主义误导改革，反对私有化，坚持社会主义的改革方向。他批评"新西山会议"（指2006年3月4日以高尚全为会长的中国经济体制改革研究会在北京西山杏林山庄召开的一次会议——引者）的某些言论是要我们倒退，要把两千万革命先烈用人头换来的社会主义的中华人民共和国，变成资本主义的共和国。

北京大学原校长吴树青发言的题目是"坚持社会主义市场经济体制

的改革方向"。他说：把理论界的一些同志和广大群众对改革的反思说成是"否定改革，反对改革"，说什么现在存在着一场坚持改革还是反对改革的第三次争论，是一个人为制造出来的伪命题。问题在于应当用什么理论作为推进和深化改革的指导思想，怎样提高改革决策的科学性，增强改革措施的协调性，兼顾到各方面的利益，真正得到广大人民群众的拥护与支持。在这方面确实存在着争论，这就是用马克思主义还是用新自由主义来指导和深化改革，是建立和完善社会主义市场经济体制，还是照搬照抄西方市场经济模式。

《求是》杂志原总编辑有林在发言中赞扬刘国光的谈话和文章，是维护社会主义和中华民族的根本利益，维护广大劳动人民特别是工人农民的根本利益。而有的"著名"经济学家却为外国垄断资本家说话，有的为少数富人说话，就是不为国家民族和弱势群体说话。

中宣部理论局原局长、人民出版社原社长李长征在发言中强调，应坚定不移地走社会主义必由之路，反对和平演变。人民群众对自由化精英们搞私有化和贫富分化的不满和抵制，不是"反对改革"。新华社原驻联合国记者、中国社会科学院研究员张海涛在书面发言"关于公有制的主体地位"中提出：生产资料公有制特别是全民所有制所占比重急剧缩小，社会结构发生了不利于工人阶级和广大劳动群众的急剧变化，经济基础的变化必然影响到上层建筑包括意识形态战线。

参加会议的有最高人民法院原院长郑天翔，中宣部原部长、中国社会科学院原党组书记王忍之，中组部原部长张全景，中国社会科学院原常务副院长王洛林，中央文献研究室原主任逄先知，中央党校原副校长韩树英，中宣部原副部长李彦，中组部原秘书长何载，原中国驻美大使柴泽民，原驻苏大使杨守正，中华全国总工会原书记处书记刘实，国家统计局老局长李成瑞，原北京市领导武光、刘涌、李晨，原市委党校副校长王子恺，中国社会科学院原院所领导杨光、吴介民、喻权域，北京大学原副校长梁柱，北大教授胡代光、赵光武、巩献田，清华大学党委原副书记张绪潭、教授冯虞章、李定凯，中国人民大学党委原书记马绍孟，其他著名学者有宋涛、吴易风、吴健、董德刚、吴雄丞、李希凡、丁冰等，还有《人民日报》、《光明日报》、原《红旗》杂志、《求是》杂志等老领导以及高级编辑记者等共230人。

在报刊上也展开了相关的争论。刘国光说，改革还是一往直前地在进行，但是受到一些干扰，如在所有制问题上，公有制为主体问题受到干扰,在分配问题上,社会公平问题受到干扰。这种对改革的社会主义方向的一些干扰是客观存在的,群众和学者对此进行反思,提出改进的建议,实属正常和必要,毫无反对改革的成分。①

刘国光说,反思改革无非是总结改革的经验教训,邓小平同志一再强调对改革开放要认真总结经验,因为"我们的全面改革是一种试验,中间一定会有曲折,甚至大大小小的错误,那不要紧,有了错就纠正"(《邓小平年谱》,第1060页)。最近那些大嚷出现反对改革浪潮的人士,迫于陷入不符合事实的窘境,也讲起"反思改革"来了。但他们讲的时候,是把矛头对着与他们意见不同的同志,说后者的反思改革是"想恢复计划经济,把人们引向反市场化改革的方向上去"(引自吴敬琏:《中华工商时报》2006年2月16日),还是"借反思改革来反对改革"那一套,真是武断霸道到了极点。②

刘国光说,批判新自由主义就是"从市场化改革的道路上退回来"吗?就是"否定改革"吗?帽子大得很咧!西方新自由主义里面有很多反映现代市场经济一般规律的东西,我们还需要借鉴,但是新自由主义的核心理论如自私人性论、私有制永恒论,自由市场万能论等,整体上不适合社会主义的中国,不能成为中国经济学的主流和中国经济发展与改革的主导。我不知道这样点评新自由主义怎么就是从市场化改革倒退或者否定改革。西方正直的经济学人也在批评新自由主义。新自由主义经济思想给前苏联、拉丁美洲带来灾难性的后果是众所周知的。担心和忧虑这种影响,不是多余的,因为私利人、私有化、市场原教旨主义等,已经在中国社会经济生活中渗透和流行,并且在发展。③

刘国光还认为,一些人把中国改革定义为"市场化改革",不提"建立社会主义市场经济体制"和"在国家宏观调控下让市场起资源配置的基础性作用",这是绝对错误的。我们要尊重市场,但却不可迷信市场。我们不要迷信计划,但也不能把计划这个调节手段弃而不用。中国的改革,包括政治改革、社会改革、文化改革、政府改革等等,不能都叫做"市场化改革"。④

---

① 刘国光:《我们面临的是一场全方位改革》,载《社会科学报》2006年7月6日。
② 刘国光:《坚持正确的改革方向》,载《探索》2006年第3期。
③ 《刘国光旋风实录》,中国经济出版社2006年版,第51、52页。
④ 刘国光:《试谈我国经济体制改革的正确方向——略论"市场化改革"》,载《南京理工大学学报》2006年第4期。

孙立平提出，我们是在这样一个基础上来反思改革的：改革是中国必然要走的道路。但我们必须重视改革本身所出现的问题。在这里有必要将人们心里理想化的改革与近些年来现实的改革进程加以区别。我们不能仅仅将改革看做是一个理想化的概念，所有好的东西都是改革带来的，所有不好的东西都是改革不彻底造成的。这种神化改革的方式，不利于对改革的反思，不利于通过反思来重建对改革的共识。所以，我们需要对改革去神圣化，使改革成为一个可以进行理性讨论和批评的对象。这样才有利于改革。近些年来几项改革中特别是争议较大的住房改革、教育市场化、医疗改革中，问题是明显的。贫富差距不断拉大，社会矛盾日益突出。分歧在于如何看待这些问题。是改革失误还是改革被扭曲？问题究竟出在什么地方？目前出现的问题有这样的特点：大多涉及重大的利益关系，几乎总是对大多数人不利，对少数人有利；总是对强势群体有利，而对弱势群体不利。对改革过程中出现的问题，不能仅仅归结为偶然失误。真正的问题是在改革中形成的既得利益群体有意扭曲改革，这也是改革面临的重大风险之一。由于民众无法有效在改革中表达自己的要求和意见，更进一步加强了改革的扭曲机制。看到吴敬琏在一个会上的演讲，他说现在反改革的就是既得利益集团和贫困群体。觉得挺怪，怎么既得利益集团和贫困群体的利益一致了呢？后来琢磨清楚了，这里实际上是两个改革。他说既得利益集团反对改革，实际上是吴先生脑子里所想的改革，说贫困群体反对改革，实际上是反对现实中不利于弱势群体的改革，是反对权贵资本主义的东西。①

郭志琦认为，英美新自由主义给拉美国家和俄罗斯带来了沉痛的灾难，给我国的改革开放也带来了一些消极影响，这使中外一切进步学者对新自由主义本质的认识也越来越深刻，参与评析的人数也比过去多得多。其中影响最大的一篇就是刘国光的《对经济学教学和研究中的一些问题的看法》一文。面对这种形势，中国新自由主义学者们心急火燎，紧急行动起来，故意混淆视听，把我国学者对新自由主义的批评，歪曲为"批判西方经济学"，批判"主张市场经济的人"，"批判改革开放"，甚至歪曲为"否定邓小平理论"。中国新自由主义学者们有意歪曲对方观点，乱扣政治帽子，装腔作势，吓人压人，这只能证明他们手中没有真理，抓住了他们的要害。他们把捍卫马克思主义，捍卫社会主义基本制

---

① 孙立平：《在反思改革的基础上推进改革》，载《经济观察报》2006年2月6日。

度，捍卫社会主义市场经济改革方向，说成是"反对改革"。他们把这顶大帽子扣在刘国光头上是故伎重演。①

何干强认为，当人们用科学发展观对改革实践中的某些具体失误做出正常反思时，当人们对那种用新自由主义理论误导改革的具体做法提出批评时，却受到一种指责，说"有人反对改革"、"不能否定改革"。在某些人看来，中国经济改革与发展只能以当代西方经济学为理论指导，即使造成两极分化、损害大多数劳动人民利益的后果，他们的主张和"改革"措施也不容许别人批评。这种把批评具体改革中的失误解释为反对改革的说法，对于贯彻落实科学发展观，是十分不利的。②

常修泽认为，当前中国改革正处在十分关键而又微妙的时期。面对纷繁复杂的形势以及诸多的争议，我们必须保持清醒的头脑。从改革的战略高度进行思考，我们应当力保社会主义市场经济的改革方向；力排否定改革的"左"倾化和败坏改革的"伪市场化"两种干扰；力求重大体制改革的突破性进展，促进改革健康、稳步的发展。③

胡鞍钢提出，所有的改革，无论是国企改革，还是社会保障体制改革，都应该让所有的利益相关者参与。既参与改革的设计，也参与改革的评估，让他们享有平等的参与权、表达权、讨论权乃至投票权。改革信息要透明，使得利益相关者能够了解信息，也能够形成自己的预期。改革需要使各方能够从中受益，所以必须对受损者给予足够的补偿，使受损者也能分享改革的成果。④

高尚全认为，目前社会上对改革存在两种不同的判断：一是认为改革总体上是好的，符合邓小平关于三个"有利于"的标准，促进了社会生产力的发展，显著改善了人民生活水平，增强了国家的综合实力和国际地位；二是认为改革形势不容乐观，在有些方面违背了社会主义原则，侵犯了弱势群体的利益，一些老百姓看不起病、上不起学、住不起房。目前是改革攻坚的关键时期，对改革问题进行争论有四个不利：不利于改革开放、不利于发展、不利于团结、不利于和谐社会建设。⑤ 他主张要积极排除干扰，只有通过深化改革才能解决出现的问题。他还认为，有些人在思

---

① 郭志琦：《究竟谁在反对我国的改革开放》，载《刘国光旋风实录》，中国经济出版社2006年版，第289、293页。
② 何干强：《马克思主义者应该站出来讲话》，载《中华魂》2006年第1期。
③ 常修泽：《力排两种干扰》，载《瞭望》2006年第2期。
④ 胡鞍钢：《我们需要对改革进行反思》，载《协商新报》2006年2月17日。
⑤ 高尚全：《中国下一步改革的思考》，载《社会科学报》2006年4月6日。

想上长期受传统社会主义理论和计划经济影响，跟不上形势的变化，一遇到问题，往往做出意识形态化的极端判断，认为现在出现的问题，是改革所致。我们不能借此否定中国的改革实践，不能因批判新自由主义而否定改革，否则会有灾难性后果。①

皇甫平（周瑞金）说，我们要进一步解放思想，独立思考判断，坚决以科学发展观统领全局，推进全面改革，不能动摇，不能停步，更不能后退。以批判新自由主义来否定改革实践，是从根本上否定中国改革的历史，也否定了邓小平理论和"三个代表"的重要思想。②

李剑阁认为，市场化改革的方向不能动摇。现在有些人说这项改革不成功，那项改革不成功，而且都是"市场化"的错。这种批评不是很公正，而且过于简单化。过去即使改革走了些弯路，大多数也是必要的探索，是没经验时的一种探索。③

张维迎认为，深化改革的基本前提是尊重既得利益。只有做大蛋糕，才谈得上补偿。建议社会学家算算权力的基尼系数，再考虑什么人受损、什么人受益的问题。改革必须补偿现有利益群体，否则改革就进行不下去。④

吴敬琏提出，我国改革和发展正面临一个崭新的阶段，需要认真思考改革的成就和不足，思考它所面临的问题和确定今后的方向。改革既使我国整体经济实力明显增强，也存在不少缺陷，当前分配不公、贫富差距拉大、行政腐败等社会矛盾呈现出日益加剧的趋势。但一些同志利用大众对我国社会现状的不满情绪和学界人士对改革和发展中一些问题的正当质疑，又重提"取消计划经济，实行市场化就是改变社会主义制度，实行资本主义制度"的命题，是力图把人们引向反市场化改革的方向上去，并且取得了某些成功。⑤ 他主张，除了关系到改革整体路线上的争议需要进行政治层面上的辩论外，对于改革中的许多具体问题，包括一些改革做法和措施是否存在"泛市场化"和向个别利益集团倾斜的偏向，某些提法是否带有"市场原教旨主义"的色彩，都应当采取百家争鸣的方针，进行针对问题、实事求是的切磋与辩驳，达到坚持真理、修正错误、共同提高的结果。⑥

---

① 转引自黎平：《改革反思：谁在说什么》，载《经济观察报》2006年2月27日。
② 皇甫平：《改革不可动摇》，载《财经》2006年第2期。
③④ 《当前有关改革的几个主要观点》，载《人民论坛》2006年第5期。
⑤ 吴敬琏：《对改革的争论应遵循实事求是的原则》，载《当代经济》2006年第7期。
⑥ 吴敬琏：《如何看待关于改革的两大争论》，载《社会科学报》2006年3月2日。

林凌认为,借改革出现的一些问题而非难改革,特别是把一些问题归咎在改革的市场取向上,主张走回头路,那就不对了。总体上看,这些都不是改革方向出了问题。恰恰相反,这些问题在相当程度上是改革不到位、措施不完善造成的,也只有依靠继续深化改革、促进发展才能解决。①

(二) 公平与效率及收入差距扩大

社会公平问题是近一个时期以来备受关注的焦点话题之一。中共中央根据我国经济社会发展的新形势,从十六届四中全会起,到五中全会、六中全会,不再提"效率优先,兼顾公平"。而是一再强调重视社会公平和分配公平。2006年的六中全会提出了在经济发展的基础上"更加注重社会公平"的方针。但"公平"与"效率"问题依然是理论界讨论的热点问题。2006年对这一问题的争论达到了新的高潮。

1. 对"效率优先,兼顾公平"这一提法的不同认识

对于"效率优先、兼顾公平"的认识,不同的学者提出了截然不同的看法。一些学者继续坚持"效率优先、兼顾公平"原则;有的学者认为强调"更加注重社会公平"就意味着对效率优先于公平的提法已调整了;另一些学者则认为,公平问题是建设和谐社会的首要问题,不能再将其放在兼顾的位置上,要重新审视"效率优先、兼顾公平"的政策,有的提出要"公平优先、兼顾效率";但更多学者认为,对于效率与公平关系的认识要随着我国社会经济的发展,逐步加重公平的分量,实现从"效率优先、兼顾公平"向"效率与公平并重"或"统一"过渡,或实现"公平与效率优化结合"。

周为民继续坚持"效率优先、兼顾公平"这个原则,并强烈批评质疑和主张改变这一提法的观点。他说:一段时间以来,批评、否定这个原则的文章连篇累牍,但迄今为止的种种批评意见都不得要领,概念混乱,逻辑不清。公平与效率二者之间存在矛盾,"效率优先、兼顾公平"正是从总体上协调矛盾的正确选择,中央文件讲的这个原则,其含义就是"社会经济效率优先,兼顾收入分配均等"。中央强调要"更加注重公平",这是正确和必要的,但是不能因此认为,更加注重公平就是放弃、

---

① 林凌:《反思改革不能非难改革方向》,载《经济体制改革》2006年第2期。

否定效率优先。"效率优先、兼顾公平"是与市场经济相适应的收入分配制度的目标模式和基本特征。①"近一段时间以来否定效率优先,兼顾公平的各种文章、言论,客观上造成的后果是不好的,添乱的"。否定这一原则,是在否定改革方向,否定市场经济,否定邓小平理论的一些基本观点。他批评"高喊公平",说"公平是一个具有社会鼓动性或者煽动性的口号,古今中外,从来都是在野党反对派才把这个笼统的口号叫喊得最响。"②

张维迎认为,在这次有关中国经济改革的争论中,"效率第一、兼顾公平"的提法受到了质疑。由于"公平"是一个很有价值判断色彩的概念,强调效率的学者似乎失去了道德的正义性。其实,公平可以理解为"机会均等",也可以理解为"结果均等"。如果是机会均等,公平与效率并没有矛盾,因为只有机会均等的经济才是最有效率的经济,"效率第一、兼顾公平"更准确表述应该是"机会均等第一、兼顾结果均等"。如果公平指的是"结果均等",效率和公平在一定范围内是有矛盾的,但"效率第一、兼顾公平"并没有什么错。即使按照罗尔斯的正义论,机会均等也比结果均等更符合社会正义。如果我们真正关心穷人,就应该把机会均等(也就是效率)放在优先地位。③

王珏认为,对"效率优先"不能产生任何怀疑。"效率优先"是整个人类社会发展必须遵循的一个原则,特别是在市场经济条件下。在社会主义初级阶段生产力不发达的情况下,效率优先应该是必须遵循的,必须强调的。市场经济的发展效率不能够放在第二位,必须放在第一位,而且没有效率也不可能维持社会公平。当前应该提倡的是,市场主导效率,政府主导公平;第一次分配主张效率,第二次分配应该重视公平。④

赵海宽认为,我们克服了过去计划经济的弊端,即干好干坏一个样,有了效率以后才真正激励了大家的劳动热情,改革开放以来,特别是党的十四届三中全会以来我国经济发展速度有了快速的提高,以此来看,还是要效率优先。当然,还要兼顾公平,公平如果出了问题,广大劳动者的生产积极性就要降低。⑤

---

① 周为民:《效率原则——已优先考虑机会均等》,载《社会科学报》2006年7月6日。
② 引自《中国改革》2006年第9期:《"效率优先,兼顾公平"原则的回顾与思考——〈学习时报〉总编辑周为民教授访谈录》。
③ 张维迎:《理性思考中国改革》,载《经济观察报》2006年3月3日。
④⑤《更加注重公平与强调效率优先并没有本质上的冲突》,载《光明日报》2006年8月21日。

何伟主张,当前仍应坚持"效率优先、兼顾公平"。社会公平首先是社会权利平等,对于社会资源利用上的不公平,必须通过深化改革来解决,而不是废除效率优先。至于运行规则上的不公平,由于初次分配由市场来决定,政府调整力度也是非常有限的。政府的最大作用就是在再分配方面,主要是转移支付和社会保障制度,而不是公平分配。①

楼继伟认为,社会公平上存在一些问题,引起了一部分人对改革方向的怀疑,对"效率优先、兼顾公平"提出了质疑。由于人们的努力程度和效率不同而造成的收入分配差异,是对效率的激励。但是现实生活中,因起点和过程的不公平与因效率不同所造成的结果不公平不易区分,这造成了对"效率优先、兼顾公平"的质疑。坚持"各种生产要素按贡献参与分配",不能单纯关注作为结果的收入分配差距,主要是更加注重解决起点和过程的不公平。②

黄范章提倡用"效率优先、增进公平"的提法。因为市场经济是竞争经济,竞争就是要效率。效率优先问题对于发展市场经济是生命攸关的,是市场经济的生命线。不能很好地解决公平问题是市场经济所固有的缺陷,不是靠市场经济自身能克服的,而必须靠国家调节。"效率优先"是增进公平、缩小差距的基础和前提,而增进公平是效率优先的归宿和目的,效率优先的结果是增进社会公平。③

另外一些学者认为,中央从十六届四中全会到五中全会和六中全会不再提"效率优先、兼顾公平",强调更加重视社会公平,是正确的,是提倡以人为本的科学发展观和构建社会主义和谐社会的要求,是缓解和缩小目前收入差距过分扩大趋势的必要,他们主张效率与公平并重或统一。

刘国光认为,五中全会文件有一项是强调更加注重社会公平,而不再提"效率优先、兼顾公平"。这表明中央贯彻科学发展观,重视构建和谐社会的决心。"效率优先、兼顾公平"并不符合当前形势要求,因为"效率优先、兼顾公平"意味着把经济效率放在第一位,把社会公平放在第二位,兼顾一下,这怎么也同"更加重视社会公平"搭不上界。现在收入分配差距过大,社会不公平造成许多矛盾紧张与社会不和谐现象,潜伏

---

①③ 《更加注重公平与强调效率优先并没有本质上的冲突》,载《光明日报》2006年8月21日。

② 楼继伟:《关于效率、公平、公正相互关系的若干思考》,载《学习时报》2006年6月19日。

隐患，不时爆发。如继续把社会公平放在"兼顾"的第二位，与我党构建和谐社会的宗旨不符。效率优先不是不可以讲，但应放到应该讲的地方去讲，而不是放在收入分配领域。①

卫兴华认为，现在强调注重和关注社会公平包括分配公平，显然与此前所主张的"兼顾公平"即把分配公平放在一个次要地位是不同的。在生产和工作领域强调效率或效率优先是不容置疑的，但如果在分配关系上继续讲效率优先，那还是主张兼顾公平，这与更加注重社会公平存在冲突。社会主义最大的社会公平，是通过解放和发展生产力消灭剥削，消除两极分化，逐步实现共同富裕。从分配角度考察的公平与效率的关系，是指分配公平与不公平会影响到劳动效率、生产效率的高低。分配中既不存在分配自身的效率优先于分配公平的问题，也不存在劳动效率优先于分配公平问题。恰恰相反，分配公平合理有利于促进劳动和生产效率的提高，而分配不公，会挫伤人们的劳动积极性和创造性，不利于效率的提高。在分配关系上讲效率优先，兼顾公平，实际就是轻视公平。这样，所谓效率优先也会落空。在社会主义公有制经济中，实行按劳分配，公平与效率可以实现内在的统一。在外资和私营企业中，公平与效率的关系，既存在对立面，又存在统一面。企业主所追求的效率就是高利润率，容易采取一些损害工人权益的措施，如任意延长劳动时间，压低和拖欠工资。有关单位应重视这类企业的公平，引导业主遵守劳动法，处理好效率与公平的关系。②

袁寅生对厉以宁在《经济学的伦理》（商务印书馆1995年版）一书中关于"效率优先、兼顾公平"的论证提出了质疑，认为厉以宁把公平仅限于"机会均等"的范围内，大大缩小了公平这一概念所涵盖的领域和范围。再者，厉以宁所强调的效率优先的自由参与权不就是机会均等的权利吗？据此可以认为，机会均等的公平是会产生效率的。因此，它并没有证明效率应当优先于公平，亦即作为效率优先的理由并不成立，反而证明了公平可以促进效率的实现。③

奚兆永对晓亮和刘新宜继续坚持"效率优先、兼顾公平"的观点提出了质疑。"效率优先、兼顾公平"绝不是一个如晓亮和刘先生所说的

---

① 刘国光：《公平与效率哪个该优先？》，载《中国财经报》2006年1月10日。
② 卫兴华：《实现分配过程公平与效率的统一》，载《光明日报》2006年9月11日。
③ 袁寅生：《"效率优先，兼顾公平"是如何被厉以宁论证的》，载《社会科学报》2006年2月9日。

"不能舍弃"的原则,更不是什么"总方针"和"总政策"。① 他认为,有些学者竭力宣扬"效率优先、兼顾公平"原则,突出地坚持"效率优先",这与十六届五中全会及最近中央政治局会议的提法相比,不是向前发展而是严重的后退。按照这些学者提出的办法,这不仅不能解决以前已经相当突出的贫富差距过大的问题,而且会导致这一过大的差距进一步扩大,给社会的稳定和经济的发展带来极其严重的后果。②

付宇认为,自党的十四大以来,关于效率和公平的提法,经历了"兼顾效率与公平"——"效率优先、兼顾公平"——"更加注重公平"的三大变化。其中"效率优先、兼顾公平"的提法占统治地位12年之久。目前,这一提法已经不符合当前形势的要求,应由"更加注重社会公平"来取代,这是促进社会和谐的要求。③

张宇认为,"更加注重社会公平"的方针,具有重大的理论价值与现实意义。有人担心,强调注重社会公平,改变"效率优先、兼顾公平"这一口号,有走回头路的嫌疑,不利于生产力发展。其实,这种担心是不必要的。改变"效率优先、兼顾公平"的口号,绝不是要恢复平均主义,更不是用"公平"、"正义"的抽象口号来指导社会发展;相反,是为了在唯物史观基础上更科学、全面和准确地认识当前我国社会的公平问题,促进社会生产力的更快发展和社会主义和谐社会的建设。④

吴忠民认为,"效率优先、兼顾公平"只是一个在特定历史时段有效的策略性提法,包含着一些明显的缺陷。这种提法降低了公正的地位,割裂了公正与效率的关系,忽略了政府对于社会成员应尽的责任,颠倒了发展的基本价值目标与发展的基本手段、基本途径的关系。它不仅无法有效解决,反而会误导现代社会所必需的基本制度设计和安排问题,同"以人为本"的理念是相抵触而不是相吻合的。⑤

李成勋主张"兼顾公平与效率"。公平是在收入分配当中社会成员参与分配的机会要平等,分配过程要公平公正。在过程公平的时候要以效率

---

① 奚兆永:《"效率优先,兼顾公平"是"总方针"、"总政策"或不变原则吗?——评晓亮和刘新宜两位先生的观点》,载《理论前沿》2006年第8期。
② 奚兆永:《质疑楼继伟先生〈关于效率、公平、公正相互关系的若干思考〉一文》,载《当代经济研究》2006年第9期。
③ 付宇:《从"兼顾公平"到"更加注重公平"的若干思考》,载《经济纵横》2006年第3期。
④ 张宇:《关于更加注重社会公平的思考》,载《光明日报》2006年4月4日。
⑤ 吴忠民:《关于"效率优先,兼顾公平"的再反思》,载《中国经济时报》2006年6月26日。

的高低为标准。我们过去讲的是个人消费品的分配，现在我们所讲的分配涉及对生产要素的分配，所以公平与效率两者都要兼顾。①

2. 对收入差距过分扩大原因的不同认识

有的学者认为，发展多种所有制经济特别是发展私营、外资经济，发展市场经济必然会产生收入分配差距的扩大。垄断收入、灰色收入等也会拉大收入差距。有的学者将收入差距过分扩大主要归之于垄断行业和腐败，与市场化无关，实现市场化可缩小收入差距。有的学者认为，当前不合理的收入差距与"效率优先、兼顾公平"的收入分配政策有关，正是因为长期以来只追求效率，把公平放在了"兼顾"的位置上，导致在实践中忽视了公平，使收入差距逐渐扩大。

吴敬琏认为，目前收入差距扩大的现状，表明我们这个社会确实是生病了。中国居民收入的不平等主要是因为机会不平等，其中首要因素是腐败。缩小贫富差距最重要的一条是实现市场化，制止腐败，把社会资源的使用权从那些垄断部门解放出来；寻租问题只有靠实现法治基础上的市场化才能解决。在我国市场经济框架已经初步建立起来的条件下，结果不平等问题也应当认真对待。当务之急是把社会保障系统尽快建立起来。首先是包括农民在内的全民最低收入保障，其次是归还国家对老职工的社会保障欠账，这是目前国家财力完全可以做得到的。②

樊纲认为，这些年来收入差距拉大的基本原因大概有三个方面，第一，体制的问题；第二，发展的问题；第三，公共政策的缺陷问题。他认为，体制问题是一个重要原因。现在说起收入差距拉大，注意力一下子集中到了非法收入、腐败问题上，这就是典型的体制问题。市场经济改革就是要把大量本该是私权的还原成私权。公权越少，监督、惩处腐败的成本相对越低。③

周为民认为，造成收入差距扩大的最重要因素不是市场化，而是市场化改革的不深入、不充分。管制、垄断尤其是行政垄断的因素仍在对资源配置起着主导作用。这严重损害社会经济效率，"效率优先"这个目标还远远没有实现。他提出要下决心深入推进市场化改革，推动要素市场化。④

---

① 《更加注重公平与强调效率优先并没有本质上的冲突》，载《光明日报》2006 年 8 月 21 日。
② 吴敬琏：《妥善处理收入差距过大》，载《中国经济时报》2006 年 7 月 6 日。
③ 樊纲：《收入差距为何拉大》，载《人民日报》2006 年 10 月 27 日。
④ 周为民：《"效率优先"远未实现》，载《21 世纪经济报道》2006 年 7 月 17 日。

张维迎认为，那种认为追求效率和经济增长就一定会损害穷人和扩大收入分配差距的观点是没有根据的。中国的绝对贫困人口主要在农村，农民收入增长相对缓慢是造成基尼系数上升的重要原因。如果政府为缩小收入差距而实施的政策使得企业家没有了提高竞争力的积极性，数亿农村劳动力就没有可能转移到城市就业，不仅解决不了绝对贫困问题，也没有办法缩小收入差距。地区间的收入差距很大程度上是体制的差距，企业家队伍的差距。那些相对落后的地区基本上都是体制改革最慢的地区，企业家创业的制度环境最恶劣的地区，也是国有经济主导的地区。我们不可能用发展国有企业的办法解决收入分配问题。事实上，大量的城市下岗职工是国有企业的无效率造成的。他还认为，中国收入差距的扩大与经济的全球化有关。全球化一方面扩大了国内收入差距；另一方面缩小了我们与发达国家的差距，权衡利弊，利大于弊。此外，他认为中国的收入差距扩大与腐败有关。[1]

另一些学者认为，收入差距过分扩大，与实行市场经济和发展私有制经济有关。关华认为，在市场经济条件下，市场竞争的结果必然会扩大收入差距，导致两极分化。因而政府应通过政策的制定来消除城乡差距，这对于推动经济增长，构建和谐社会有着重要意义。[2]

赵磊提出，近年来，连唯"效率第一"的经济学家也不得不承认收入分配结构出了问题。但"把分配关系与生产关系完全割裂开来，根本不承认今日的分配问题与市场经济的内在联系"。他不赞同这种观点：两极分化"关键不在所有制"，"私有制不是贫富悬殊的决定性条件"。有什么样的生产关系，就必定有什么样的分配关系。市场经济条件下的分配原则，必然是"按要素分配"，按要素分配的灵魂就是按资分配，资本的所有权决定了分配必然呈现向"两极"运动的趋势。期望在不触动生产关系的前提下，通过调整收入分配格局就能改变两极分化的结果，是一种极为幼稚的空想。[3]

于金富认为，影响我国收入分配差距扩大的主要因素有：市场化所有制结构和所有制形式的形成，市场化分配制度和分配政策的实行，市场机制的作用，市场管理制度和政策的疏漏以及行政权力介入市场等。因此他提出要建立健全初次分配的公平，消除权力参与社会资源配置过程，打破

---

[1] 张维迎：《理性思考中国改革》，载《经济观察报》2006年3月3日。
[2] 关华：《构建和谐社会必须努力缩小城乡收入差距》，载《经济与管理》2006年第3期。
[3] 赵磊：《关于现代经济学的几个误区》，载《当代经济科学》2006年第3期。

垄断行业，建立健全公平有效的再分配调节机制。①

程新英认为，自由放任的市场分配必然导致贫富差距的扩大，经济人以私利为目的，富人不会普遍地以改善民众的生活为目的，如果一个社会藐视平等价值，承认类似生物进化的法则在人类社会中的合理性，那么，人类本身的文明和进步就不复存在。②

邹东涛认为，市场机制和竞争天生具有偏离社会公平的趋向。政府需要用更多的精力协调效率与公平的关系。因此，"效率优先、兼顾公平"在客观上将转为"市场主管效率，政府主管公平。"③

王明华认为，我国贫富差距过大是收入分配领域存在的突出问题，市场经济、经济发展的区域性、分配制度、税收体制、行业垄断及各种非法性因素是导致分配不公、贫富差距迅速扩大的原因。④

宫希魁认为，"效率优先、兼顾公平"这一分配原则已经把公平放到了次要的位置，导致我国畸形分配局面的出现，与"初次分配侧重效率，二次分配侧重公平"的政策导向有关。在"初次分配侧重效率"的口号下，人们本以为随着蛋糕的不断做大，各个不同社会阶层的收入状况会随之不断改善，从而实现进一步的公平。然而，随着效率的提高，有相当一部分社会成员连正常的劳动力价格都实现不了，愈发陷入了贫困化状态，而另一部分强势社会成员，却越捞越多，成了暴富阶层。因此，依靠二次分配再来实现公平为时已晚。⑤

（三）转变经济增长方式

转变经济增长方式依然是学术界关注的热点问题，存在着不同的观点。有的学者注重对经济增长方向和目标的研究，提出自主创新问题；有的学者分析了实现经济增长方式的条件，提出经济结构调整和政府转变职能等问题；有的学者则注重研究新经济增长方式的内涵，分析了影响经济增长方式转型的理论和现实因素；也有学者指出了当前转变增长方式应当

---

① 于金富：《我国市场化经济转轨时期的收入差距与公平原则》，载《理论视野》2006年第2期。
② 程新英：《评新自由主义的自我价值辩护》，载《高校理论战线》2006年第12期。
③ 邹东涛：《科学改革观视野下几个重大问题的理论辩护》，载《理论前沿》2006年第24期。
④ 王明华：《论收入分配与社会公平》，载《东岳论丛》2006年第5期。
⑤ 宫希魁：《初次分配就要重视公平》，载《中华魂》2006年第1期。

避免的一些理论误区。对于我国是否会再经历一个重化工业阶段，也有相反的两种意见。

赵晓提出，目前中国经济增长的难度在日益加大，各种各样的风险在不断累积，转变增长方式必须从"外需依赖型"转为"扩大内需型"，从"投资拉动"转向"消费拉动"。提高消费在国民经济增长中的比重，必须明确居民消费不等于国民消费，国民消费包括政府消费、企业消费和个人消费。提高消费率促进经济增长，一是要提高居民收入在国民收入中的比重；二是提高政府和企业消费，过去几年中居民消费低，主要是居民收入持续低于国民经济增长率。而政府企业收入虽持续增长，但大都用于投资。政府应将钱用于教育、医疗等公共领域，应扩大政府消费，在企业层面政府应鼓励企业将未分配利润增加消费，如建立职工的附加商业保险和给予更好的福利待遇等。[1]

刘世锦认为，经济增长方式和增长模式本质上是一个体制、机制和政策问题，和发展何种产业之间并无必然联系。当前理论界的讨论存在着一些假问题，如"是否需要发展重化工业？"、对"资源约束"的争论及对"产业链升级"的误解等，值得我们深入思考。[2] 向产业链高端延伸，是企业和产业成长的"自然过程"，我们一方面要有紧迫感，使有可能升级的企业尽快升级，另一方面也要防止"拔苗助长"，使一些企业丢掉原有优势，而新的优势也没有形成。当前和今后一段长期时间内，转变增长方式的主要工作，一是纠正被扭曲的要素价格，包括资源收费、土地和劳动力工资水平等；二是推进国有企业的战略性调整，加快垄断性行业国有企业的改革；三是改进政府对经济社会发展实绩的考核指标和机制。此外，政府也要改进管理经济的方式，加强公共服务，培育有利于创新的制度和政策环境。[3]

张卓元认为，转变经济增长方式首先要突出资源能源节约，发展循环经济，形成节能、节水、节地、节材的生产方式和消费模式，加快建设资源节约型社会。其次，着力自主创新，实现主要由依靠资金和自然资源支撑经济增长，向主要依靠人力资本投入、劳动力素质提高和技术进步支撑经济增长转变。转变经济增长方式必须深化体制机制改革，切实转变政府

---

[1] 赵晓：《中国经济增长方式亟待转变》，载《北方经济》2006年第4期。
[2] 刘世锦：《经济增长模式转型：我们需要转变什么？》，载《经济与管理研究》2006年第10期。
[3] 刘世锦：《如何理解我国经济增长方式的转型》，载《河北企业》2006年第11期。

职能。为此，要适当放缓经济增速，着重防止投资继续过快增长，提高经济活动的质量和效益。与此相联系，要改革干部政绩考核和提拔任用体制，干部政绩考核不能只看 GDP 增速，更要看市场监管、社会管理和公共服务水平，包括就业、社会保障、教育、文化、环保、生态保护、医疗卫生以及社会秩序、信用、法治环境的改善等。要深化财税体制改革，防止将土地收入等预算外资金用于搞市政形象工程，造成土地和其他资源的滥用。游离于预算的统一规范管理之外几千亿上万亿元的资金使用的不规范、不透明，不利于政府转变职能，甚至成为腐败的土壤，而且必然助长追求短期效益的粗放式增长。①

金碚认为，由于以低价格资源大量投入的血拼式竞争和地方政府主导的地区间竞赛并存，我国粗放型经济增长方式具有顽强的惯性。目前提高资源价格涉及社会承受能力，会影响企业竞争力和影响低收入阶层；而采用限制耗费资源的政策，又往往同利用地区"比较优势"相矛盾。因此，实现经济增长方式转变的基本条件，只能是立足国情，大力进行自主技术创新。目前我国体制和政策上存在着许多不利于企业自主技术创新和实行自主品牌战略的因素。如中外企业的所得税法迟迟不能并轨，内外资企业 10%~15% 的税率差距，这足以置在产业激烈竞争中处于不利地位的企业于死地。本国企业受到自己国家政策的公开、全面的和长期的限制，而让外资企业长期大规模地（而不是局部地）享有政策上给予的竞争优势和创新地位，这在世界各国的产业发展史上是非常少见的。这表明中国在全社会意识上，直到反映在政府的政策安排上，就是忽视自主技术创新和自主品牌战略的。不彻底改变这样的国民心理和政府政策取向，中国企业的自主技术创新和自主品牌战略之路会非常艰难。②

卫兴华认为，我国经济 20 多年来快速增长，经济规模不断扩大，已成为全球第四大经济体系，中国货畅销全球。但存在一个很大的问题，就是自主创新能力薄弱，在"中国制造"的标签后面，不少核心技术仍牢牢掌握在外国人的手上。中国经济表面上风光，实际上只为外国企业做嫁衣，显示出中国发展自主创新技术的迫切性。集约型增长方式重在提高劳动生产率、经济效益和经济质量，可以缓解或消除粗放型增长方式带来的种种弊端，有利于和谐社会的建设。转变经济增长方式，需要将科技创

---

① 张卓元：《适当放缓经济增速　切实转变经济增长方式》，载《天津社会科学》2006 年第 4 期。
② 金碚：《科学发展观与经济增长方式转变》，载《中国工业经济》2006 年第 5 期。

新、制度创新和管理创新相统一，既要提高自主创新能力，也要提高职工的劳动素质、推进经济结构调整，发展循环经济。制度或体制创新都需要通过有效的管理来实现。管理混乱，甚至管理层搞腐败经营，什么创新都难以有效实现，转变经济增长方式也会最终落空。①

赵理文认为，经济增长方式的转变，既有生产力自身方面的问题，又有经济体制方面的问题，不能片面地强调一方面而忽视另一方面。科技进步和体制改革，是推动经济增长方式转变的两个轮子。只有双管齐下和双轮驱动，才能顺利实现我国经济增长方式的根本转变。应形成科技与生产紧密结合的有效机制，当前要建立以企业为主体、市场为导向、产学研相结合的技术创新体系，推动企业生产经营方式和国家经济增长方式从粗放型向集约型的转变。②

杨旭认为，形成和发展重型化产业组织是我国成长为创新性国家的必由之路。我国只有通过发展重型化产业组织，形成巨型组织，才可能具备大规模对科技研究和开发进行投资的实力和条件，才有能力发展高新技术产业，促进产品结构和产业结构的不断升级。我国形成重型化产业组织有利于打破行业地区界限，协调各方利益，集中创新的必需要素，提高整体创新能力。③

简新华等对吴敬琏反对重新重工业化的观点提出了质疑，认为重工业并不必然是资源消耗型、环境污染型产业，重工业的发展并不必然是粗放增长、外延扩大。中国重新重工业化绕不开，也跨不过。反对重新重工业化，只会延误中国工业化、城镇化和现代化的进程。中国现在还不可能以服务业为主导，发展重工业并不排斥服务业特别是生产型服务业的发展。目前中国的比较优势已经发生了变化，具备了有利于重工业发展的资本条件。从整体和长期看，中国重新重工业化有利于就业问题的解决。④

吴敬琏针对一些学者关于"中国已进入重化工业阶段，且这个阶段是不可逾越的"等质疑，逐个做出了回答。他认为，现代经济增长和早期经济增长的区别在于，经济增长主要已经不是靠资本积累，而是靠效率提高实现，这种增长模式体现出"新型工业化道路"的特征。中国片面

---

① 卫兴华：《着力加快经济增长方式的转变》，载《理论参考》2006年第4期。
② 赵理文：《生产力发展的双重动力与经济增长方式的根本性转变》，载《中共中央党校学报》2006年第2期。
③ 杨旭：《产业发展重型化趋势与产业升级》，载《科技与管理》2006年第6期。
④ 简新华、余江：《重新重工业化不等于粗放增长和走旧型工业化道路——对吴敬琏研究员相关论述的质疑》，载《学术月刊》2006年第5期。

追求经济结构的重型化,已经造成国民经济整体效率的下降、技术创新的滞后、服务业发展的缓慢、生态环境的破坏、就业难度的增加以及金融风险的隐患。因此,中国必须采取注重效率的增长模式,走新型的工业化道路,这就需要转变思维定式,建立一个有利于技术进步和效率提高的体制,加快服务业发展,用信息化带动工业化。①

(四) 农村土地制度改革

理论界关于农村土地制度改革与新农村建设问题的讨论,主要集中在现有土地制度对农村经济发展的影响及农村土地产权制度的改革上,对于前一个问题,主要有两种观点,一种认为目前的土地制度与其他可能采用的改革方案比较,对农村经济发展的影响不会有显著的差别;另一种观点认为,目前的农地制度存在重大缺陷。当前我国农村经济发展中存在的问题主要是由农地产权制度引发的,对其进行改革势在必行。对于如何改革农村土地制度,理论界的争论主要有三种观点,即:国有化、私有化和完善原有的集体土地所有制。

党国英认为,农村土地制度如果再不做调整,将误国误民,贻害无穷。解决问题的出路是下决心把土地承包权永久地固定给广大农民,使农民的土地承包权成为一种包含使用权、转让权、继承权和抵押权的土地财产权。要根据现有农村人口状况,适当调整承包土地,让土地承包更加合理,然后再使土地承包权"永久化"。要对农民的土地财产权的交易给予约束,防止短期内出现"大土地所有制"。②

周天勇提出,需要对目前的农村土地制度加以改革:一是要明晰农民对集体所有土地的权益,改革为农民人人有明晰份额的集体土地所有制;二是延长农民对土地的承包期限,对于耕地、退耕还林、农民承包的绿化荒山等,可按照百年确定使用权利。三是农村集体土地,非经营性用途的,可以不再经过国家强制征用,直接进入土地市场;以土地入股、产权交易、租赁等方式用来搞开发和建设。③

温铁军不赞同土地私有化。他认为,农村推行大包干,造成农民的社会保障转由村社承担;村社则以向成员分配集体所有的土地来体现对成员

---

① 吴敬琏:《思考与回应:中国工业化道路的抉择(下)》,载《学术月刊》2006年第1期。
② 党国英:《让农民真正成为土地的主人》,载《科学决策》2006年第8期。
③ 周天勇:《维护农民土地权益的几个问题》,载《理论视野》2006年第4期。

的保障，因此，中国农村土地承载着农业生产与农民社会保障的双重功能。通过土地私有化制度挤出农民，这个似是而非的"大道理"有很多问题。世界各国都没有将社会保障私有化的先例，我国土地的社会保障功能决定了对它不能进行私有化。认为土地私有化后农民就会增加投入，这也是痴人说梦。三万农户样本统计早就分析了制约农户投入的因素是比较收益低，与土地产权没有相关性。土地收益率低的时候农地价格必然下降，这时候搞私有化会有大批农户破产；让企业进入农业兼并土地，形成规模经营的思路也是不可取的。企业追求利润最大化的结果，必然导致小农经济破产。连美国、日本至今也不允许企业进入农村去买地、占地。不能认为只要把土地私有化，就可以通过买卖、兼并、集中，逐渐形成规模经营，中国农业就有规模效应，就可以参与国际竞争了。①

程恩富等提出，在以家庭联产承包为基础的双层经营体制下，切实发展统分结合的集体层经营。当前，要按照邓小平"社会主义农业的改革和发展第二个飞跃"的思想，大力发展统分结合的集体层经营，改变"统""分"失衡的现状；强化多种模式的合作经济，积极壮大农村集体所有制经济，适度推动农业的"集体化和集约化"进程；切实做到农村各类集体企业和合作企业同市场经济的充分衔接和融合，从所有制和产权制度上促进"三农"难题的缓解。②

孙咏梅、侯为民针对晓亮发表于《理论前沿》2006年第13期的《论新农村建设的几个问题》一文中的有关观点提出了不同意见。他们认为晓亮对邓小平所说的我国农村改革和发展中的两个飞跃的解释不正确。邓小平说，第一个飞跃，是废除人民公社，实行家庭联产承包为主的责任制；第二个飞跃，是发展适度规模经营，发展集体经济。而晓亮认为邓小平所说的集体经济就是家庭承包责任制，还将其解释为"新型合作经济"。对此，孙咏梅等提出了质疑：按照晓亮的逻辑思维，家庭承包不但是"集体经济"，而且是"新型合作经济"，这种对我国农业改革与发展的"第一个飞跃"的理解无疑是有失偏颇的。家庭联产承包制并不等同于集体经济，更不是一种新型合作经济。事实上，承包制是一种有别于集体经济的以小农经济为特征的个体生产经营模式，其特点是生产规模小而分散。他们还认为，晓亮在解释第二个飞跃时，提出解决农村问

---

① 温铁军：《农民保障与土地制度改革》，载《学习月刊》2006年第10期。
② 程恩富等：《建设社会主义新农村要倡导集体经济和合作经济模式多样化》，载《经济纵横》2006年第11期。

题的对策应是"该是农户个人所有的就明确为个人所有"的土地制度改革，讲明白点是私有化，在我国目前的广大农村是行不通的。因为它不利于缓解以家庭为单位的小农生产与大市场之间的矛盾，一方面，小规模的土地个人所有会妨碍规模经营和农业生产效率的提高，加上个体劳动者市场信息程度不高，无疑会抬高农民与市场重复博弈的交易成本，加重农民的负担，进而增加政府对农业的财政补贴压力；另一方面，土地私人所有制与我国现有的政治经济制度相抵触，在贫富差距日益扩大的情况下，会加速土地和资本向少数人集中的过程，造成贫者愈贫，富者愈富的恶性循环。①

杨继瑞认为，推进农村土地的合理流转，有利于合理配置土地资源，有利于农业全程产业化和农民收入的稳定增长，同时也是建设社会主义新农村的杠杆和促进农地资源再配置的一个重要方面。推进农村土地的合理流转，要在政策上超前防范农民失地、失业、失利和失所的风险。在农地合理化流转的过程中，不仅要尊重农民的意愿和选择，而且要防范租地风险，以避免一些公司和大户实质性地控制农地，形成农地控制上的垄断而产生新的农村不稳定因素。政府有关方面应该进一步细化农地合理流转的调控措施。②

赵立秋认为，社会主义制度并非只建立于单一公有制基础之上。应当继续保持土地等主要农业生产资料的集体所有制，并始终使其处于主体地位，以发挥社会主义公有制在农村的基础性作用。在此前提下，采取渐进式的、有规划的、突出重点的所有制结构优化措施：一是保持既有耕地的集体所有制性质及既定土地承包关系不变，通过完善所有权主体制度和物权化土地承包权等方式，提高土地要素的经济绩效。二是保持农村社会已经形成的基础设施、公益设施和福利设施的集体所有制性质不变，以保证其发挥应有的基础作用和保障作用。三是对已经确定和将来可能确定的位于集体所有土地上的各类自然保护区用地，应通过国家有偿征收或征用的方式逐步转为国家所有，由国家统一经营管理；四是对于可开垦利用的国有或集体所有的"四荒"、丘陵等土地，可鼓励民间资金根据国家的整体规划开发利用，并可以实行土地私有化。五是鼓励民间社会资本进入农村的技术开发与推广、农业基础设施建设、农产品贸易等领域，解决农村经

---

① 孙咏梅、侯为民：《农业改革的两个飞跃与新集体经济——兼与晓亮研究员商榷》，载《理论前沿》2006年第22期。
② 杨继瑞：《建设社会主义新农村的四个关键》，载《理论参考》2006年第1期。

济市场化过程中资本、技术、知识和管理经验不足等问题。①

王成艳等针对我国农地的非农化问题,认为政府主导的农地非农化既提高了土地市场化程度;又由于政府垄断土地供给的一级市场而直接影响土地市场的发育。集体建设用地的市场化流转及各地实践中取得的成功事实,已初显了市场化选择方向。我国农地非农化制度改革总体上应该是沿着这一方向,使政府逐渐淡出土地市场,培育土地市场主体,确立市场规则,最终建立政府有效管制下垄断竞争的土地市场结构。实现市场化必须明晰农村集体土地产权,并依《物权法》赋予其物权属性,以促进农地非农化的健康发展。②

蔡继明对农村土地改革提出了几种可供选择的方案,如新增加的商业用地可以实行私有,允许商业投资者与农地所有者在遵循法律和土地规划的条件下自由进行土地所有权的交易;在前者的基础上,进一步推行逐地私有制;在全国范围内实行混合所有制结构。③

(五) 马克思主义经济学与西方经济学的关系

对于马克思主义经济学的指导地位及其与西方经济学的关系,许多学者认为马克思主义政治经济学和西方经济学是两个不同的理论体系,主要是阶级立场、方法论原则和理论基础三方面不同,但二者又可以相互渗透。以马克思主义政治经济学为指导,并不排斥吸收西方经济学的有用部分。一些学者强调,不能以西方经济学排挤和取代马克思主义经济学而占据主流和主导地位;高等学校的经济学教学与研究,应凸显马克思主义经济学的指导地位。有的学者分析了经济学教学和研究中,在西方经济学和马克思主义经济学之间的关系上存在的错误倾向。也有学者对西方经济学对我国经济改革的作用持肯定态度。还有学者提出,以马克思主义政治经济学的基本原理为指导,并不是原封不动地照抄照搬,必须与中国实践相结合,要针对中国现实解决实际问题。

《马克思主义理论研究和建设工程简报》2006年3月13日刊载了政治经济学课题组成员纪宝成和张宇的有关科研成果,涉及马克思主义经济学和西方经济学的关系。他们认为:现代西方经济理论中的各个流

---

① 赵立秋:《农村集体产权的制度创新研究》,载《理论界》2006年第5期。
② 王成艳等:《市场化:农地非农化制度改革的必然选择》,载《调研世界》2006年第6期。
③ 蔡继明、苏俊霞:《中国征地制度改革的三重效应》,载《社会科学》2006年第7期。

派，无论是新古典经济学、凯恩斯主义或新凯恩斯主义与后凯恩斯主义、新制度经济学、演进经济学、发展经济学和激进经济学等，或多或少地都会具有一定的合理成分，值得我们学习和借鉴。这些理论在一定程度上反映了现代化大生产和市场经济国家经济运行的一般规律，体现了资源配置的一般要求，具有一定的科学性，是人类文明的共同财富，应当认真学习和研究。西方经济学理论在其发展过程中形成的许多分析工具和分析方法，对于经济科学的发展也具有积极意义，可以为我所用。当然，我们不能完全照搬西方经济学理论，在学习和借鉴过程中要注意其所建立的世界观、理论前提、假设条件与适用范围，更要考虑具体的国情。特别要指出的是，西方的经济理论历来具有二重性，它具有不可否认的意识形态色彩，往往体现了资本家阶级特殊的价值观和利益要求。有的理论赤裸裸地反对社会主义，宣扬自由主义和个人主义。政治经济学这种无法否认的意识形态色彩，也为当代的一些西方经济学家所承认。因此，马克思主义经济学者对待西方经济学的态度应当是：以实事求是的科学论证来驳斥资产阶级经济学的某些代表人物对马克思主义经济学的方法论原则和基本原理的攻击，从马克思主义世界观和基本原理出发对其理论进行有批判的借鉴。同时，将资产阶级经济学包含的一些有用的观点和方法吸收到马克思主义政治经济学的框架中，以丰富和发展马克思主义经济学说，并根据具体的国情在实践中正确地加以借鉴和运用。

丁堡骏分析了目前经济学教学中存在的几个问题：一是在教学安排上，马克思主义政治经济学的指导地位已经动摇，全国各高等学校无一例外地都采取如下策略，一方面不断减少马克思主义政治经济学的开课范围、开课层次和开课的课时数；另一方面却不断强化西方经济学的教学，无论是开课范围、还是层次、还是开课的课时数都在不断增加。二是在教材建设上，大量引进西方经济学原版教材，这些原版西方经济学教材当然不会有客观介绍马克思主义经济学的内容；国内学者编写了众多西方经济学教材，其中很多根本就没有用马克思主义立场观点进行分析批判的内容，有的教材甚至公开否定和批判马克思主义政治经济学，宣称西方经济学是指导社会主义市场经济唯一正确的理论。三是在教学实践中，部分高校直接采用西方学者的原版教材进行教学，许多高校争先恐后地不惜重金聘请洋专家或"海归"来进行教学，不加分析和批判地、原汁原味地传授西方经济学内容，并将其奉为科学真理，即使许多学校选择了包含客观评价和批判西方经济学内容的教材,但是绝大多数老师在教学中事实上也将这部分内容给"省略"了,使这套教材没有起到应有的作用。①

胡钧认为,作为理论基础课的经济学,只能有一门,即马克思主义政治经济学,而不能是两门,不能实行双轨制。西方经济学缺乏关于资本主义经济制度的整体结构、内在联系和动力规律的内容,而马克思主义经济学注重整体结构和内在联系,是培养人们的立场、观点和方法的。现在有些人忌讳谈立场了,将马克思主义的一些基本观点和原理轻易地宣布为"过时"或"带有空想性质的个别结论",不理解马克思主义要与时俱进的精神,把它理解为向西方经济学靠拢,从西方经济学汲取营养。马克思主义政治经济学和西方经济学根本不能相互融合,只能树立马克思主义政治经济学在理论经济学中的指导地位。②

何干强认为,西方经济学是用资产阶级世界观和方法论解释和维护资本主义经济的理论体系,它不可能作为建设社会主义市场经济的指导思想。我国改革开放以来的巨大成就,绝不能记在西方经济学的功劳簿上。苏联和东欧国家的"改革"照搬西方经济理论,结果是国民经济衰退、人民生活倒退、社会不得安定。我们对西方经济学只能采取批判地借鉴态度,取其精华(如其中包含的某些现代管理经验、某些有科学性的分析方法等),去其糟粕(如各种拜物教观念、萨伊教条等),绝不应当全盘照搬,盲目崇拜。③

卫兴华认为,无论经济学的教学与研究,还是社会主义经济建设与改革开放,都应以马克思主义经济理论为指导,而不是也不应以西方经济学为指导。这并不意味着忽视对西方经济学的研究与掌握,而是在马克思主义经济学的指导下去研究和掌握西方经济学的理论体系和基本内容。马克思主义经济学与西方经济学,作为劳动的经济学和资本的经济学的分野来说,都具有意识形态属性,两者的理论体系和根本观点是不同的。但是,两者又有相通和相容的地方,都具有分析工具的属性。批判西方经济学中的某些错误观点,也不能简单化,也要先弄清其原有含义。只有较系统和

---

① 转引自唐路元等:《坚持马克思主义经济学的主导地位》,载《重庆工商大学学报》(社科版) 2006 年第 2 期。

② 胡钧:《正确处理马克思主义政治经济学与西方经济学的关系,巩固马克思主义在意识形态领域的指导地位》,载《南京财经大学学报》2006 年第 1 期。

③ 何干强:《马克思主义者应该站出来讲话》,载《中华魂》2006 年第 1 期。

深入地学习与掌握了马克思主义经济学和西方经济学，才能正确辨别理论是非，有分析、有鉴别、有取舍。①

吴易风提出，当前对西方经济学的盲目推崇者陷入了至少三个理论误区：（1）以为西方经济学具有普遍适用性，不承认西方经济学的阶级性；（2）以为西方经济学是纯科学，而不承认西方经济学是西方主流社会的一种意识形态；（3）以为西方经济学讲的是客观经济真理，而不承认价值判断在西方经济学中起的重要作用。西方经济学既有因其阶级性、意识形态和价值判断造成的局限性，又有在特定条件下的适用性。因此，对待西方经济学的正确态度应该是分析、鉴别和批判。全面肯定和全面否定都是片面的。②

逄锦聚认为，政治经济学能否繁荣发展，取决于三个因素：一是能否继承和发展马克思主义政治经济学的基本原理和方法；二是能否借鉴和汲取一般人类文明成果，包括西方经济学中的科学成分；三是能否解释我国生动活泼的经济社会实际，为现代化建设提供理论支持和服务，这是最根本的一点。③

赵平之针对晏智杰发表于《社会科学报》2005年12月8日的文章中所主张的观点，提出批评意见。晏智杰认为，马克思、恩格斯、列宁、毛泽东的马克思主义，是过时的"传统马克思主义"，不能作为指导思想。作为指导思想的只能是邓小平理论和"三个代表"的重要思想。赵平之认为，经典马克思主义关于社会和谐、市场经济、社会公平，消费品分配原则等思想中，可以看到当代中国的马克思主义与经典马克思主义是一脉相承的，无论从理论或实践上说，要推动当今中国社会的发展，经典马克思主义的地位是排斥不了的。④

马艳认为，就经济学的核心层面而论，马克思主义经济学与西方经济学是根本对立的，尤其体现在马克思劳动价值论这一根本问题上。但就表象形态而论，两者完全可以达成共识，也能够相互借鉴与相互融合，并且已经取得了可喜成果。中国现代主流经济学的创新，既要从本质层面上进一步坚持马克思主义经济学精髓思想，也要在表象层面上积极吸收西方经

---

① 卫兴华：《正确对待马克思主义经济学与西方经济学的关系》，载《理论视野》2006年第3期。
② 吴易风：《当前经济理论界的几个理论误区》，载《中国流通经济》2006年第6期。
③ 转引自《学术月刊》：《一年来若干学术问题的讨论综述》，2007年第1期。
④ 赵平之：《论经典马克思主义在当代的指导意义》，载《宁波党校学报》2006年第5期。

济学的合理内容。这两方任何一方的偏失，都将影响中国主流经济学科学地、开放地、与时俱进地发展。①

方兴起提出，目前政治经济学面临着丧失其主流地位的局面，从内部原因看，一是我国在特殊的历史环境中，政治经济学以苏联政治经济学教科书为蓝本，脱离了马克思的经典著作；二是仅为政策和口号做注释，脱离了国内外的现实；三是脱离了西方经济学的新成果。从外部原因看，则是缺少不同观点和学派的争论和争鸣。即使在马克思主义经济学内部，也存在理解和观点的不同，会形成不同的流派。如果对我国马克思主义经济学在新形势下做这样的定位，则可使我国马克思主义经济学者从"无所作为"转向"大有作为"。改变"管死马克思主义多学派的发展"这一外部环境和解决"三脱离"的内部问题，是重建马克思主义经济学主流地位的关键所在。②

张宇认为，坚持马克思主义的指导地位，应正确借鉴西方经济学科学，但不能盲目崇拜和照抄照搬西方经济学。西方经济理论是以一定的假设条件、历史经验、价值取向、文化背景和逻辑结构为前提的，如果脱离开这些前提，只从本本和教条出发，用抽象的概念和原则硬套丰富多彩的现实，则会产生危害性。在研究和借鉴西方经济理论的时候，绝不能因为吸取其中合理有用的成分而放弃自己完整的世界观、科学的批判精神和坚定的政治立场。为了更好地学习和研究经济学，我们需要确立关于经济学学习和教学的基本标准或规范。但是，不能借标准化或规范化而否定理论和知识的多元化与自主性，从而束缚人们的手脚，抑制人们的创新精神。③

文建东认为，判断中国主流经济理论是否科学和适用的标准，不在于是以马克思主义经济理论为基础还是以西方经济学为主要方法，而在于这一体系是否能够解释中国经济运行中出现的种种问题，能否为这些问题提出有效的解决办法。建立中国的主流经济学的原则应该是，以马克思主义为指导，全面借鉴西方主流经济学的研究方法，分析中国现实问题。以马克思主义为指导应该是活学活用，而不是食古不化。既然西方主流经济理论发展了一套细致具体和相对科学的研究规范，那么就应

---

① 马艳：《经济学的理论从那时起与中国主流经济学的创新》，载《学术月刊》2006年第5期。
② 方兴起：《重建马克思主义经济学的探索》，载《经济评论》2006年第6期。
③ 张宇：《关于中国经济学建设与发展的思考》，载《人民日报》2006年4月14日。

该在马克思主义精神实质的指导下,在具体方法上借鉴西方主流经济理论分析框架探讨中国的经济问题,更多地利用数理逻辑分析,更多地使用经济计量学的方法。同时,在对马克思主义进行解释和发展时也是可以借用现代西方主流经济学的研究规范。马克思政治经济学与西方主流经济学固然有分歧,但还具有更大的互补性。用现代经济学语汇理解马克思主义,才能进行更有效率的讨论。在建立中国的主流经济学时,应该将二者置于一般理论经济学范畴来对待,对两者兼收并蓄、取长补短。①

周建成认为,刘国光教授指出的西方经济理论没有对中国经济改革起到过指导作用,这种观点不符合历史事实。西方经济理论确确实实对我国经济改革产生过深刻的影响,西方经济理论的传播和西方经济学者的来访丰富了我国经济学者对于市场经济的认识,对指导我国经济改革与发展发挥了一定作用。②

二、宏观经济学研究的新进展

2006年我国经济学界在宏观经济学研究方面发表了大批具有重要理论价值与应用价值的研究成果,现就主要的几个问题综述如下:

(一)内外双重非均衡

李扬等考察了全球经济失衡和我国的经济失衡后认为,美国经济引发的全球经济失衡,以及中国的储蓄大于投资、对外贸易长期顺差、外汇储备规模不断扩大,使我国经济运行面临来自宏观经济平衡状态、货币政策操作面临的环境以及作为总需求重要组成部分的投资三方面的挑战。他们认为,中国的宏观经济总体上处于储蓄大于投资的状态,因而通货膨胀不会成为今后一段时间中国的主要危险;中国的利率水平即便没有陷入"流动性陷阱",也离之不远,作为总体政策的货币政策,其发挥作用的

---

① 文建东:《论正确对待马克思主义政治经济学与西方经济学的关系》,载《求索》2006年第3期。
② 周建成:《西方经济理论对中国经济改革与发展的影响——与刘国光教授商榷》,载《贵州财经学院学报》2006年第1期。

余地将受到严重限制,需要积极探讨货币政策发挥作用的新领域和新条件,同时积极探讨各种宏观经济政策之间的协调配合问题;保持相当规模的投资,在必要时还需刺激投资,可能还是我们的一个长期政策,同时对投资领域,资金来源,投资政策要发生改变。①

产能过剩体现着宏观经济失衡的另一面。闻潜对我国经济中的产能过剩程度、发展过程、诱因等进行了考察。他认为,1998年以来经济高位运行中产生的产能过剩不是局部的,而是具有全局的性质。产能过剩的产生、扩展和蔓延,前后大约经历了十余年时间。在这个不断扩展的过程中,产能过剩已从消费品产业扩展到投入品产业,从消费品市场渗透和蔓延到生产资料市场。它还与供给过剩和价格跌落结成伴侣,共同制约着经济运行。产能过剩的直接成因是投资和消费的关系失调,投资总量失调和投资结构失调是相互影响和制约的。总量失调将导致结构失调,而结构失调也必然加剧总量失调,同时还会加重产能过剩。产能过剩的深层次成因是宏观调控在经济增长方式转变,城乡收入差距扩大,内需与外需失调等方面缺乏系统思考。②

国际收支的双顺差是外部不平衡的突出表现。余永定从资本项目和经常项目的角度说明了中国长期保持双顺差的原因,分析了中国双顺差存在的可持续性。他认为,双顺差很大程度上反映了中国经济结构的不平衡,双顺差不应持续存在,其不符合中国的利益,要通过对产业政策、投资政策、社会保障政策、财政政策等多个方面进行调整。③

王健认为,我国的居民储蓄和双顺差随着出口增长和国际资本流入加速而增加,两者的双刃剑作用日益显现,对我国经济的影响也由量变到质变。高额储蓄为经济发展提供了充足的资金支持,有助于增强宏观经济调控政策效应,有利于金融体制改革和经济社会稳定。双顺差有利于促进经济增长、增强综合国力、加强宏观调控、维护国家的金融稳定和经济安全。但同时,高额储蓄和双顺差也对经济产生了消极的影响,如高额储蓄降低了社会资源利用效率,导致财政政策的时间不一致性等;双顺差加大了人民币升值的压力,引起货币政策效应弱化等。他认为,应调整经济发展和经济政策的思路,要从出口导向型发展战略转向出口与内需并重的经

---

① 李扬、余维彬:《全球经济失衡及中国面临的挑战》,载《国际金融研究》2006年第2期。
② 闻潜:《经济高位运行中的产能过剩及其成因分析》,载《经济经纬》2006年第5期。
③ 余永定:《中国的双顺差:根源与对策》,载《中国金融》2006年第19期。

济发展战略。与之相对应，经济政策取向调整为：从双顺差转向保持经常项目适度顺差、资本项目逐渐达到平衡。①

陈炳才考察了开放条件下国民收入恒等式的真实内容，说明了我国净储蓄存在的原因和解决问题的政策。他认为开放条件下国内净储蓄或者说国内资金过剩，不仅是经常项目差额的结果，也是资本净流入的结果，如果把国际收支顺差视为因，把净储蓄作为果，那么，我国的高储蓄（率）或净储蓄的存在，不仅是贸易顺差的结果，也是外资替代内资造成的。得出的政策结论是我国货币供应的变化不完全由国内经济和金融支配，而是要受国际收支的影响，信贷的增长同样相当大程度上取决于国际收支中的资金流入状况。②

万光彩利用扩展的总供给总需求模型来解释我国宏观经济运行中的"高增长与低通胀并存"现象。在传统的附加预期的菲利普斯曲线基础上，引入可变技术进步变量，修正新古典的总供给曲线；通过引入实际汇率变量，扩展了总需求曲线，然后利用修正后的总供给曲线和扩展的总需求曲线，推导出了"通货膨胀率—产出增长率"系统下的总需求总供给模型。作为对扩展后模型的检验，该模型阐释了我国宏观经济运行中的"高增长与低通胀并存"现象。其政策含义是：一国经济维持一个低通胀、平稳的经济增长是可能的，但这要求该国政府的宏观调控必须得当。③

（二）失业与通货膨胀

陈乐一对中国菲利普斯曲线进行了理论和实证考察。菲利普斯曲线的基本形态体现为失业率与通货膨胀率可以相互交替的反向变动关系，曲线的斜率是负数。但是，在现实经济生活中，基本的菲利普斯曲线可能发生变形。他的研究表明，改革以来我国的通货膨胀、失业率与经济增长之间存在明显的相关关系，即存在菲利普斯曲线关系。并且认为，菲利普斯曲线的变动轨迹与经济周期阶段关系密切，随着经济周期阶段的变化，菲利普斯曲线揭示的失业率和通货膨胀率之间的变动关系也会发生相应变化。

---

① 王健：《高额储蓄与国际收支顺差的利弊及对策》，载《经济与管理研究》2006年第1期。
② 陈炳才：《国内净储蓄等于贸易差额吗——关于金融控制政策的另一种关注》，载《中国金融》2006年第21期。
③ 万光彩：《扩展的总需求总供给模型——一个阐释我国宏观经济运行的分析框架》，载《南方经济》2006年第10期。

20世纪80年代初以来，菲利普斯曲线的变动轨迹与经济周期阶段大致吻合，得出的结论是菲利普斯曲线的类型或形状可以为经济周期阶段的判断提供佐证。①

曾湘泉等对中国的自然失业率进行了测量和解析。在可变参数的假设之下，通过构建包含自然失业率变动过程和菲利普斯曲线关系的状态空间模型，应用Kalman滤波方法，估算了1992~2004年随时间变动的自然失业率曲线。研究表明，自1992年以来，中国具有不断升高的自然失业率，并在2002年达到最大值；其后，自然失业率一直在4.8%~5.6%的范围内波动，相对稳定。政策结论是反周期经济政策治理失业的作用将十分有限。因此，在今后相当长的一段时期内，治理失业最重要的政策目标应当是降低自然失业率。降低自然失业率，一是要加强失业者培训体系建设，提高劳动者的就业能力；二是要打破劳动力流动的制度限制（如户籍制度），完善劳动力市场调节机制，健全就业中介服务体系；三是要对青年就业予以重点关注，通过加大培训、推动教育体制改革等有效措施促进青年就业。②

罗润东通过将劳动力划分为非技能劳动力与技能劳动力，说明了当代技术进步对劳动力就业的影响。他认为，在技术进步条件下，从劳动力供求状况来看，非技能劳动力"无限供给"与技能劳动力"无限需求"并存；从失业的状况看，非技能劳动力失业的"高频率效应"与技能劳动力失业的"长时间效应"并存。主要结论是，技术进步对就业影响的效应是不确定的，它取决于就业岗位所需要的技术升级与劳动者实际的技术升级之间的时滞长短；人力资本投资价值凸显；在一些知识、技术密集的部门，资本有机构成呈现不变甚至下降的趋势，这一变动将使劳动力的需求数量、需求类型发生重要改变；技术进步的不断加速将使相当一部分劳动力转移与流动面临技术"门槛"或壁垒；一些对技术水平要求高的部门，其劳动力需求更多的是依靠新增劳动力群体中的高学历、高技能人才来填充；非技能劳动者成了"弱势群体"。③

赵进文等利用非线性反应函数估计研究中国货币政策操作对产出缺口和通货膨胀的非线性特征，以及由非对称性偏好引起的非对称性反馈规则对通货膨胀产生的影响，并在非对称偏好框架内度量通货膨胀偏差。检验

---

① 陈乐一：《论中国菲利普斯曲线与经济周期阶段》，载《山西财经大学学报》2006年第5期。
② 曾湘泉、于泳：《中国自然失业率的测量与解析》，载《中国社会科学》2006年第4期。
③ 罗润东：《当代技术进步对劳动力就业的影响》，载《经济社会体制比较》2006年第4期。

结果表明，中国自 1993 年以来，央行货币政策存在显著的产出缺口和通胀偏离的非线性特征。反映了政府追求经济稳定发展的思想，十分重视控制过高的产出，以防止经济过热；同时，又十分重视过低的通胀率，以防止经济过冷。货币政策的非线性特征也表明中国货币政策的操作方式有待进一步完善，尤其是政策的稳健性亟待加强。货币政策制度设计的核心，就是要通过某种制度的完善，在保证央行货币政策相对独立的同时，加强社会监督体系建设，以避免央行的机会主义行为。①

封北麟运用递归向量自回归模型，选用 1999 年 1 月至 2006 年 3 月的月度数据，估计了人民币名义有效汇率变动对国内消费者价格指数和工业品出厂价格指数及其分类指数的传递效应；同时考察了其他宏观经济冲击对国内物价水平的影响。研究表明，在我国汇率的传递效应不显著；汇率变动对工业品出厂价格指数及其分类指数的影响，显著大于对消费者价格指数及其分类指数的影响；不同行业的汇率传递效应存在显著差别；供给冲击是导致工业品价格指数变化的主要因素，而实际需求冲击是导致消费者价格变化的主要因素。政策意义在于，货币政策可以将重心集中于稳定国内物价，关注汇率对生产价格特别是对进口能源价格的影响，适当加快金融资本账户开放的步伐，积极发展国内外商品期货市场和金融衍生产品市场，政府应对汇率波动造成的居民食品和居住支出增加给予关注。②

（三）宏观经济波动

董进同时利用线形趋势法、HP 滤波法、Band Pass 滤波法和生产函数法，对 1977～2005 年中国出现的经济波动周期的起止时间进行了考察，估算出历次宏观经济波动的起止时间为：第一次经济波动周期 1977～1982 年，第二次为 1983～1986 年，第三次为 1987～1991 年，第四次为 1992～2002 年，第五次为 2003～2005 年。③

梁琪等利用 1952～2004 年间的相关数据对中国宏观经济和金融总量

---

① 赵进文、黄彦：《中国货币政策与通货膨胀关系的模型实证研究》，载《中国社会科学》2006 年第 2 期。
② 封北麟：《汇率传递效应与宏观经济冲击对通货膨胀的影响分析》，载《世界经济研究》2006 年第 12 期。
③ 董进：《宏观经济波动周期的测度》，载《经济研究》2006 年第 7 期。

的时序列是具有单位根的非平稳还是分段趋势平稳进行了研究，发现在检验的 10 个总量中，有 6 个，即实际 GDP、人均实际 GDP、就业、实际银行信贷、实际储蓄负债和实际固定资产投资等总量的时序列是围绕着 1 个或 2 个结构断点的分段趋势平稳。在单位根检验结果的基础上，还对消除趋势后的分段趋势平稳总量之间的因果关系进行了格兰杰检验，发现总产出与多数总量之间具有单向或双向的因果关系。①

对于经济波动的成因，杜婷等从制度层面上进行了分析。他们认为经济制度变革是中国宏观经济经历的影响最深远的整体性、持久性的外生冲击之一，制度变动的冲击对我国经济周期的变动特征产生了深刻的影响。运用经济计量方法对制度冲击改变我国经济周期特征进行了检验，并通过市场化程度、非国有化水平和开放度三个制度冲击变量，检验了其与我国经济周期波动的相关性，结论证明，在我国受政治背景的影响而出台的重大经济制度改革对经济的发展影响巨大而深远，制度变动冲击对经济的周期变动的方向及程度起到了较大的决定作用。②

魏杰等对经济波动背后的政府因素进行了考察，他们认为，虽然政府部门的职能正在不断转型，但是由于传统计划经济体制的影响并未消退，政绩考核的数字指标、投资手段的方便获取、地方主义思想的影响以及寻租激励的存在，都导致了政府部门时常介入具体的经营活动，起着类似于一个微观经济主体的作用，从而影响到市场的正常运行。政府部门的影响是历次宏观经济波动中的一个很重要的因素。因此，政府部门应退出具体的经营环节，把自己的角色定位为完善市场的培育者和监管者。③

祝青对地方政府行为对资本深化和经济波动的影响进行了分析。改革开放初期，由于政府开始放松各项管制，经济增长显示出较强的水平效应，即资本深化的路径没有偏离技术，随着资本投入的增加，经济增长是有效率的。但是无限供给的劳动力很大程度上抵消了企业技术创新的动力，而地方政府的投资饥渴和投资干预很大程度上抵消了企业的理性复归。到了 20 世纪 90 年代中期以后，随着财政改革的发生和追求政绩的 GDP 大战愈演愈烈，地方政府又开始通过管制和信贷干预对地方投资进行偏向性干

---

① 梁琪、滕建州：《中国宏观经济和金融总量结构变化及因果关系研究》，载《经济研究》2006 年第 1 期。

② 杜婷、庞东：《制度冲击与中国经济的周期波动》，载《数量经济技术经济研究》2006 年第 6 期。

③ 魏杰、董进：《改革开放后中国经济波动背后的政府因素分析》，载《中央财经大学学报》2006 年第 6 期。

预,致使资本过快深化并将导致中国经济的投资效率下降,长期增长率收敛于低于潜在增长率的水平,同时这种冲动也是导致经济波动的原因。①

沈可挺等根据中国经济自1998年以来的发展状况,提出了一个基于"政策冲击"的新型供给冲击假说——"资源供给冲击假说",从资源供给冲击的角度分析了中国经济在近年来所发生的一系列变化。他们认为,正是自然资源等要素的低价格供给(或者是新的廉价资源的出现)造成的正向供给冲击,可以解释1998年以后出现的中国经济低通胀甚至无通胀的经济增长。同时,由于资源和要素价格与居民收入直接相关,收入降低造成的负向需求冲击对经济发展的消极影响不容忽视。②

李永友利用脉冲响应函数和线性回归模型对财政政策变化与经济波动的关联性进行的分析表明,经济波动与财政政策波动具有很大的相似性和互扰性;经济波动引致的财政收支波动具有明显的不对称性;经济波动与财政政策波动之间存在不完全的双向因果关系,其中,经济波动引致的财政收支变化对经济波动的反向调节力度较小,并具有明显的时滞,而相机抉择机制引致的财政收支外生变化对经济的反向调节虽然时滞较短,但工具之间存在明显的协调失灵;财政政策波动对经济波动的作用效果具有明显的不对称性,扩张性政策较紧缩性政策好,相机抉择机制较自动稳定机制好。③

刘金全等通过运用马尔可夫转移模型和一般化冲击响应函数来分析货币政策冲击对我国产出的非对称影响,通过时变转移概率(TVTP)方法进一步考察了货币政策冲击方向的非对称、货币政策冲击大小的非对称和经济扩张或衰退的非对称。研究发现,第一,我国产出对"相机抉择"货币政策冲击有显著的非对称反应。第二,货币政策非对称性效果可以主要由货币政策冲击方向、经济周期的具体阶段和货币政策冲击大小来解释,经济衰退时期的政策效果大于经济扩张时期的政策效果,大规模货币冲击的效果大于小规模货币冲击的效果,在与经济衰退组合或交互出现时,反向货币冲击效果大于正向货币冲击效果。④

---

① 祝青:《地方政府行为——资本深化和经济波动的另一种解释》,载《经济科学》2006年第4期。
② 沈可挺、郑易生:《资源供给冲击与宏观经济波动——重新理解中国经济增长》,载《数量经济技术经济研究》2006年第6期。
③ 李永友:《我国经济波动与财政政策波动的关联性分析》,载《财贸经济》2006年第4期。
④ 刘金全、郑挺国:《我国货币政策冲击对实际产出周期波动的非对称影响分析》,载《数量经济技术经济研究》2006年第10期。

(四) 中国经济增长

郭庆旺等将政府公共资本投资分为政府物质资本投资和人力资本投资，以卢卡斯两部门内生增长模型为基础，构建了一个包含政府公共资本投资的两部门内生增长模型，考察了两种形式的公共资本投资对长期经济增长影响的作用机制。研究表明，两种形式的政府公共资本投资对经济平衡增长可能具有正效应也可能具有负效应，取决于民间经济主体的消费跨时替代弹性大小。他们以 1978～2004 年间我国年度数据为基础，对理论模型进行检验，并具体识别出我国公共资本投资的长期经济增长效应：两种形式的政府公共资本投资与经济增长之间存在着长期均衡关系，其中政府公共物质资本投资对长期经济增长的正影响更为显著，且二者之间存在着双向格兰杰因果关系，政府公共人力资本投资对长期经济增长的正影响较小，且在短期内不利于经济增长，与经济增长之间只存在单向格兰杰因果关系。①

柳欣等通过引入一个由银行、企业、家庭三部门组成的内生货币供给模型，得出经济稳定增长的条件是银行存款与股票的比率不变以及家庭储蓄中银行存款与购买股票的比例不变。他们认为，在完善的货币金融体系下，利息率会通过发育成熟的资本市场来调节企业的资本存量，以降低过高的资产值，恢复合理的收入分配和成本结构以及货币金融体系的资产结构，从而保证金融体系和经济增长的稳定。但是，由于目前我国是政府管理与市场相结合的政府主导型市场经济，利率没有完全实现市场化，无法单纯依靠利息率来调节资本存量与收入流量，因此，在内生货币金融体系中，政府财政作为重要的组成部分，可以在很大程度上通过改变银行和企业的资产负债表，调节资本存量和收入分配，保持资本存量与收入流量比例的稳定，对经济增长的稳定发挥重要作用。②

刘伟考察了汇率与经济增长之间的关系。他认为，中国的汇率政策调整的虽然是对外的经济关系，出发点应该是整个国家的经济发展。过低的汇率可能给中国经济带来负面影响，这包括：第一，较低的人民币汇率意味着同样数量的出口产品，只能换回较少的进口产品。第二，过低的汇率

---

① 郭庆旺、贾俊雪：《政府公共资本投资的长期经济增长效应》，载《经济研究》2006 年第 6 期。
② 柳欣、张颖熙：《财政政策与经济增长——基于内生货币框架的分析》，载《山西财经大学学报》2006 年第 3 期。

使得许多生产率较低的企业，在用较高的资源成本开拓国际市场。从长期看，发挥汇率在宏观调控和经济发展中的作用，应该考虑以下三个问题：第一，以市场供求为基础的、有管理的浮动汇率体制的改革目标，应该渐进地、通过一个长期的过程来实现，应该和中国的经济体制改革和经济发展水平相适应。第二，有管理的浮动汇率机制，重在对于这种机制管理。第三，在汇率制度改革上，应该形成一个长远规划，使它的改革和中国的经济体制改革、经济增长和经济发展目标结合起来，既能照顾当前发展，又能较好地服务于长远发展。①

对于经济增长方式的转变，张卓元认为深化政府改革是关键。中国经济增长方式没有实现根本性转变，主要原因是政府仍拥有过多的资源，而且继续充当许多地方经济活动和资源配置的主角，严重抑制了市场在资源配置中基础性作用的发挥。因此，深化政府改革就成为转变经济增长方式的关键。为此，政府要把资源配置主导权交给市场，致力于履行应由政府履行的职能；建立全面评价政府和干部绩效的指标体系；合理划分各级政府的事权和财权，完善财税体制；逐步减少政府对生产要素和资源产品价格的管制，建立反映市场供求状况和资源稀缺程度的价格形成机制；改革审批经济体制；实施促进自主创新、技术进步、节约资源、保护环境、产业结构优化等有助于经济增长方式转变的政策。②

金碚认为粗放型经济增长的主要特征，一是以低价格资源的大量投入为前提的血拼式竞争；二是地方政府主导的地区间竞赛成为经济增长的强大动因。如果这两个基本特征没有根本的变化，中国粗放型经济增长方式将具有顽强的惯性。由十几亿人口参与的工业化对资源的大量消耗和对环境的巨大影响是一个极大的难题。转变增长方式，以资源节约和环境友好的可持续方式推进中国工业化，才能实现中国经济和社会的现代化。实现经济增长方式的转变，取决于能否在科学发展观指导下实现理论、技术、制度和管理的不断创新。③

（五）外部不平衡、国际储备与人民币汇率

冯涛等提出目前中国国际收支顺差过大、外汇储备增长过快已成为加

---

① 刘伟：《人民币汇率与经济增长》，载《学术月刊》2006 年第 1 期。
② 张卓元：《深化政府改革是转变经济增长方式的关键》，载《经济纵横》2006 年第 9 期。
③ 金碚：《科学发展观与经济增长方式转变》，载《中国工业经济》2006 年第 5 期。

剧宏观经济过热的重要因素之一。通过调整名义汇率来解决顺差过大的思路受制于价格总水平调整幅度的局限，因为在影响我国商品和劳务的价格因素中，劳动力价格水平与发达国家相比差距过大既是影响商品价格水平的一个主导性因素又是一个长期性因素，在短期内不可能大幅度的缩小这一差距。由此，决定了目前不可能采取对人民币汇率水平大幅升值的办法来解决国际收支失衡和外汇储备过快增长的问题。解决人民币汇率的市场化形成机制和汇率水平向真实汇率回归问题是一项相对长期的政策选择，短期的汇率政策只能以外汇储备的结构调整为主导。①

有学者分析了近年来外汇储备不断增长情况下，央行冲销政策的特点与可持续性问题，提出近年央行冲销政策的特点有，央行票据发行数额和年末余额不断扩大，央行票据期限向中期化演变，央行票据有效对冲率不断上升，央行的货币冲销压力越来越大，发行央行票据的成本巨大，实际冲销率不断下降。由此认为，票据冲销政策不具有可持续性，应当着力改变外汇储备非均衡增长的制度性内在性因素：如改变强制结汇，放宽汇率的灵活性，改变引资的优惠政策，创新货币冲销工具。②

方先明等以费雪方程式为基础，构建了货币冲销有效性和衡量货币冲击弹性的模型，并利用该模型，对2001年第一季度到2005年第二季度的样本进行实证检验，发现2001年后中国的外汇储备增加引起基础货币供应量的增加，基础货币供应量的增加又引起商品零售物价指数的上升，外汇储备的增加产生明显的通货膨胀效应。央行采取的货币冲销政策具有相机抉择的特征，但货币冲销的弹性偏低。政策建议是，坚持以货币冲销作为抑制通货膨胀的重要政策工具，改进反通货膨胀的货币冲销，完善实施货币冲销政策的外部环境。③

姜波克认为均衡汇率是在名义或实际国民收入增长基础上的内部均衡和外部均衡同时实现所对应的那个汇率区间，即均衡汇率可以是多重的，而不是惟一的。劳动生产率的增长是人民币汇率升值的动力，而实际国民收入的增长和经济的强大是在汇率升值过程中实现的。④

---

① 冯涛、张蕾：《宏观经济波动与人民币汇率政策的影响因素分析》，载《当代经济科学》2006年第6期。
② 史焕平：《外汇储备非均衡增长下的央行冲销政策的特点与持续性分析》，载《武汉金融》2006年第11期。
③ 方先明、裴平、张谊浩：《外汇储备增加的通货膨胀效应和货币冲销政策的有效性》，载《金融研究》2006年第7期。
④ 姜波克：《均衡汇率理论和政策的新框架》，载《中国社会科学》2006年第1期。

赵志君等通过实证分析判断人民币现实汇率与均衡汇率的偏离程度，进而分析了汇率重估对中国经济的影响。分析以一般均衡理论为基础，构建了一个向量误差修正模型，对人民币均衡汇率和人民币面临的升值压力进行了实证研究。根据协整与误差修正模型，自 2000 年以来，人民币名义有效汇率处于被低估状态（平均低估幅度为 17%）。根据冲击响应分析，人民币汇率升值对中国经济有微弱的通胀效应，对美国经济有微弱的通缩效应。考虑到人民币汇率一次性调整产生的即时效应和滞后积累效应，中国经济可以承受的年度汇率调整为 7%，这样的升值幅度不至于造成人民币的高估而产生通货紧缩和贸易赤字。为了让中国的企业和居民有更多的时间适应新的汇率机制，渐进式汇率改革策略应该坚持。①

吴骏等运用动态购买力平价理论对蒙代尔—弗莱明模型进行了修正，建立了新的汇率货币模型，并以此进一步分析了经济增长对汇率的影响。新的模型成立的前提是在粘性价格、动态购买力平价理论和货币数量方程成立。结论是，在其他因素不变的条件下，国内收入增加会导致本国货币对外升值，收入增加会导致汇率的提高。②

（六）宏观经济中的货币与货币政策

杨召举等认为，现代经济中货币有两个基本职能：交易媒介职能和资产职能。相应货币的需求也分为两部分：交易对货币需求、资产对货币需求。货币的供应量的增长被这两种需求的增长所消化。对于资产需求部分的货币和金融资产量存在正比例关系，大小主要与人们的预期、利率、金融资产的结构、金融资产交易制度等有关，与货币供应量和金融资产存量无关。据此他们认为中国不存在"超额货币"现象。同时，对于中央银行的货币政策来说，由于资本市场对货币有消化作用，故不应只看到货币供应量增加速度超过了通货膨胀率与国民收入增长率之和就认为货币供给多了；也应看到资本市场的发展对货币也有需求，从而制定合理的货币供应量增长目标。也可以通过影响预期、利率、金融资产的结构、金融资产交易制度等方式来调整人们持有的资产需求部分货币的数量来实现央行的

---

① 赵志君、金森俊树：《人民币汇率重估：实证分析与政策含义》，载《数量经济技术经济研究》2006 年第 10 期。
② 吴骏、周永务、王俊峰：《对蒙代尔—弗莱明模型的修正——中国经济增长对人民币汇率作用机制》，载《数量经济技术经济研究》2006 年第 6 期。

货币目标。①

陈昆亭等在基本 RBC 模型的框架下，引入粘滞性价格和内生货币机制，建立包含货币政策的动态周期模型。他们用这个模型模拟中国经济后发现，在规则货币政策下，该模型给出的经济系统具有良好的稳定性，而且该模型能够模拟出比基本 RBC 模型更接近中国实际经济的周期特征，通过它能够对现实经济政策有较好地解释。②

胡乃武等以我国 1993 年至 2005 年的季度数据为样本，分别对法定存款准备金率与货币乘数以及基础货币与国外资产进行格兰杰因果检验，认为我国现阶段的货币供给是内生的，主要受央行国外资产的影响，而货币乘数是外生的，直接受中央银行法定存款准备金率的控制。以上述关系为基础，构建了一个中国开放经济条件下的货币供求均衡模型，对中国未来的货币供求关系作了预测。模型分析表明，在"十一五"期间我国会出现中央银行的正常基础货币增加无法满足外汇储备增加的局面，迫使央行只有通过持续发行债券来抵补国外资产与基础货币的差额，这势必会导致恶性的通货膨胀。建议中央银行适当提高法定存款准备金率，进一步扩大人民币汇率的浮动空间，在适当时候考虑实现我国人民币在资本项目下的完全可兑换。③

（七）宏观经济中的财政与财政政策

潘彬等从财政政策对社会总需求影响的角度，讨论了政府购买与居民消费的关系。利用政府购买一般化恒常收入模型来说明我国政府购买通过效用函数对居民消费的影响，并分别利用 1995 年至 2004 年我国时间序列资料和城市与农村居民家庭资料，并比较两组结果来检验政府购买性支出与居民消费的关系。实证结果显示，时间序列资料及家庭资料均支持政府购买性支出与居民消费有互补关系，并且互补程度基本相同，互补程度系数介于 0.32～0.38 之间。由此证明，实施积极财政政策，合理扩大政府购买规模对于刺激我国公共消费与私人消费需求具有积极作用。④

---

① 杨召举、张振国：《对费雪交易方程式的修正——从"超额货币"现象说起》，载《统计与决策》2006 年第 11 期。

② 陈昆亭、龚六堂：《粘滞价格模型以及对中国经济的数值模拟——对基本 RBC 模型的改进》，载《数量经济技术经济研究》2006 年第 8 期。

③ 胡乃武、刘睿：《开放经济下的我国货币政策工具分析》，载《中国人民大学学报》2006 年第 4 期。

④ 潘彬、罗新星、徐选华：《政府购买与居民消费的实证研究》，载《中国社会科学》2006 年第 5 期。

第二章 2006年中国经济研究新进展

郭庆旺等分析了财政政策转型对宏观经济的影响。以1998～2004年间我国29个省份的经济数据为基础建立固定效应面板数据模型，分析了积极财政政策的淡出或稳健财政政策的实施效应。他们认为，以增加财政收入为主的积极财政政策淡出策略或以此方式实施的稳健财政政策对我国宏观经济不仅没有造成明显的负面影响，反而具有一定的积极作用。以增加财政收入为主要方式的财政稳固很可能会对经济产生扩张性影响，即存在着"非凯恩斯效应"，而财政支出政策的"非凯恩斯效应"并不显著，但不同类型财政支出的影响并不相同。我国财政政策成功转型以及稳健财政政策具有可持续性的关键在于科学合理地选择财政收支调整或财政稳固的方式。具体来说，应以增加财政收入为主要方式，而不必大幅削减财政支出，但要尽量保持财政收支同步增长。①

赵志耘等通过建立财政支出与各宏观经济变量的向量自回归模型，利用脉冲响应函数和方差分解方法，分析了财政支出政策的时滞。他们认为，财政支出增加对国民产出、民间部门投资和出口的影响时滞为3个月，对最终消费影响的时滞为2个月；财政支出增加对全社会固定资产投资的影响程度最高，其次为国民产出，而对最终消费和出口的影响程度最低；财政支出增加对国民产出、全社会固定资产投资和出口的影响具有持久性，对最终消费的影响的周期为5个月左右。②

马拴友等在不考虑各种隐性赤字和或有债务问题的基础上，就国债与利率和通货膨胀的关系进行了理论和实证分析。在理论上，通过构建国债与利率、通货膨胀的动态稳定性框架，得出在一定条件下国债与利率、国债与通货膨胀都处于鞍点稳定状态，表明至少在特定的条件和路径下，国债负担率和利率、通货膨胀率不会趋于无穷大，而是将趋于某一给定水平，财政完全有可能处于稳定状态。在实证上，利用VAR模型分析了我国国债余额与短期利率、通货膨胀的数量关系，发现国债虽然对实际利率和通货膨胀有一定的作用，但影响很小，没有影响到国债的发行和经济增长。在财政稳定的范围之内，还没有出现国债规模大得能明显影响利率和通货膨胀，从而需要考虑特定路径和理性预期问题，以保证财政至少处于鞍点稳定状态的情形。③

---

① 郭庆旺、贾俊雪：《稳健财政政策的非凯恩斯效应及其可持续性》，载《中国社会科学》2006年第5期。
② 赵志耘、吕冰洋：《财政支出政策对宏观经济影响的时滞分析》，载《财贸经济》2006年第10期。
③ 马拴友、于红霞、陈启清：《国债与宏观经济的动态分析》，载《经济研究》2006年第4期。

三、产业经济学研究的新进展

2006年我国经济学界对产业经济学的研究主要集中在以下几个问题,取得了新的进展。

(一) 产业组织问题

1. 网络性

网络经济是继农业经济、工业经济、后工业经济之后的又一种新型的经济形态,它具有背离传统经济规律的经济特性,如对传统需求定律的颠覆、网络效应、正反馈、边际报酬递增等等。与传统经济学的分析对象之一——工业经济不同,新经济下的产业形态,经济主体的交互关系,产品与服务的流通载体越来越多地体现出网络化的特征。网络经济的一个显著特点就是网络效应。张丽芳等认为,由于网络效应的存在,使网络经济的市场结构呈现以下特点:一是市场份额与利润的不平衡性。在具有较强网络效应的市场经济中,主导厂商可以选择他们自己的技术标准,从而使市场出现"赢家通吃"的局面。二是垄断与社会福利的改进。如果市场存在很强的网络效应,且相互竞争的产品互不兼容,那么垄断的存在可以使社会福利最大化。三是自由进入并不能保证完全竞争的市场结构。在不兼容条件的均衡中,即使自由进入市场的条件成立,也会出现市场份额和利润分配的不平衡性。四是竞争属性的变迁。在网络经济环境下的市场竞争形式,已经从传统经济时代单一的价格、质量竞争,转变为技术竞争、标准竞争。网络经济的市场结构具有双重性:一方面,网络效应、正反馈将导致"强者更强、弱者更弱"、"赢家通吃、输家出局"的最终结果,从而使网络经济的市场结构趋于垄断化。另一方面,在网络经济环境下的在位厂商,虽然在市场上似乎拥有稳固的地位,但并不一定拥有很强的可以操纵市场、控制价格的垄断市场能力,他们既没有限产提价的意愿,也不具备限产提价的能力。①

---

① 张丽芳、张清辨:《网络经济与市场结构变迁》,载《财经研究》2006年第5期。

杜云对网络经济条件下的垄断现象进行了分析，认为网络经济下，网络外部性引致正反馈的产生，当使用某种产品的用户超过临界容量时，正反馈效应会自发地增加使用该产品的用户数量，从而就会出现市场独占的局面，垄断似乎形成。网络经济下的垄断与传统经济中的垄断不尽相同，表现在三个方面：第一，由网络经济下特有的网络外部性所引致的正反馈效应，对企业间的竞争产生极大的影响，赢家通吃和标准争夺的现象非常普遍，各产品市场不同程度的垄断存在是一种普遍现象，且这些市场都具有较高的行业集中度。第二，网络经济下的垄断还体现在企业对其消费者群体的锁定上，企业通过不断强化消费者的转移成本使得消费者在某种状态下出现锁定，消费很难从本企业的产品转移到其他企业的产品。通过锁定策略或手段，垄断者获得巨额的利润。第三，网络经济下的垄断者往往通过产品差别化增加其产品的不可替代性，牟取市场控制力，获得超额利润。[①]

芮明杰等比较了网络性产业链与传统产业链的整合问题，认为产业链的整合可以通过增强知识共享和协调分工，减少交易成本或者组织成本。或者说，通过产业链整合将知识的外部性内部化，获得递增报酬。产业链整合的过程就是选择交易效率较高的组织模式，实现知识的共享、知识的融合与创新的过程。资产形式（企业间兼并）、企业行为（企业联盟）的变化是产业链整合的表象，实质是知识的整合。而网络性产业链整合与其他传统产业链整合有着明显的不同，传统产业链的整合多数表现为实物资产的整合，网络性产业链的整合主要表现在知识的整合。网络性产业链知识整合的静态任务是提供一个公开的设计规则，使模块能够在一个系统中发挥作用；动态任务则包括整合分散的创新知识，实现规则的升级。模块化生产的特点主要是，设计规则是公开的明晰的知识，模块的知识则是隐藏的。这种联系规则使得网络性产业链在处于顾客需求多样化的环境中能够通过模块的组合，以较低的成本提供大量个性化的产品，满足顾客的选择价值。[②]

2. 企业边界

企业边界包含双重属性：有形资源决定的规模边界和无形资源决定的能力边界。企业边界的第一重属性是由土地、资本、劳动等有形资源决定

[①] 杜云：《网络经济中的垄断与公共政策分析》，载《当代财经》2006 年第 3 期。
[②] 芮明杰、刘明宇：《网络状产业链的知识整合研究》，载《中国工业经济》2006 年第 1 期。

的规模边界，包括纵向边界和横向边界。曹江涛等研究了模块化时代企业边界的变动，他们认为，从模块化的视角来看，企业的纵向边界是指哪些模块应该在企业内部完成，哪些模块应该从市场中购买或交由市场来完成。企业的横向边界是指在企业内部完成的模块的规模和产量。企业边界的第二重属性是由知识特别是隐性知识等无形资源决定的能力边界，包括能力边界的广度和深度。能力边界广度是指企业所融入网络的数量和大小，能力边界深度是指企业在所融入网络中的地位。模块化时代，企业边界变动的实质是围绕企业核心能力模块进行的一系列模块化操作。模块化企业调整边界的过程就是首先找出自己的核心能力模块，通过多次模块化操作对企业内部资源和外部市场资源进行优化配置，把企业的优势资源集中于具有巨大潜力的核心能力模块，并逐步构建企业具有比较优势的核心竞争能力。在模块化时代，仅依赖于降低成本和技术进步扩大企业的规模边界已不能使企业保持其市场地位，企业必须通过融入更多、更大的网络，不断实现与其他企业优势互补的合作来扩展企业能力边界，才能获取持续的竞争力。①

欧阳文和等分析了零售企业的边界问题，他们认为零售企业存在着与生产企业不同的特点：一是零售企业与生产企业的本质区别在于资产的专用性向资产的通用性转化；二是通过创造更加有效率的市场，零售企业专业化大于"交易的生产"，大大降低了市场交易及合约的谈判成本；三是零售企业的订购性生产特征，有效地实现了专业化的规模扩张。就单个企业的边界来说，生产企业和流通企业存在本质的区别，生产企业的资产专用性和技术跳跃所带来的沉没成本制约了生产企业的规模扩张，而流通企业的资产通用性和技术稳定性使流通企业避免了威廉姆森的企业"复制和有选择性控制的不可能性"命题的局限，其规模不受内部因素的制约。②

3. 产业组织的模块化

模块化是指把复杂的系统分拆成不同模块，并使模块之间通过标准化接口进行信息沟通的动态整合过程。

李平等分析了模块化对重构产业价值链的影响。他们认为，产业价值

---

① 曹江涛、苗建军：《模块化时代企业边界变动研究》，载《中国工业经济》2006 年第 8 期。
② 欧阳文和、高政利、李坚飞：《零售企业规模无边界的理论与实证分析——以沃尔玛为例》，载《中国工业经济》2006 年第 4 期。

链是价值链在产业层面上的延伸,是多个企业价值链的整合,是产业中一个不断转移、创造价值的通道。其特征表现为:(1)产业价值链是提供能满足消费者某种需要的一种效用系统,消费者需求是其核心内容。(2)产业价值链的核心在价值创造上。(3)产业价值链中,价值在各环节的分布并不均衡。(4)产业价值链是基于产业系统价值活动的自组织行为。模块化在重构产业组织结构的同时,也重构着产业价值链。这种产业价值链重构的直接结果就是产业价值在不同模块间的转移与重新分配。单就模块本身而言,其价值的大小最终由消费需求所决定,技术和创新性则构成了该模块价值的物质基础。从整个价值链的角度来看,具有较强网络外部性的模块,在提升自身价值的同时也在提升产业链中其他模块的价值。模块化作为产业组织的一种新模式,它改变的不仅是产业组织结构,还同时影响着产业中标准模块企业的行为,进而影响着整个产业价值链已有的价值分布,使之呈现出新的特征:模块化促进产业整体价值的分散化;模块化促使微笑曲线变得陡峭且不对称;模块化促使产业价值竞争规则的改变,企业主要关注的已经不再是规模经济、范围经济,而是转向创新经济,即获取"熊彼特租金"。[①]

张治栋等指出,模块系统利益结构由规模经济、局部经济与范围经济的对立转向规模经济、差异经济与网络经济的兼容,超级模块化和数码化是其关键;市场竞争、产权保护和金融选择等模块化利益机制推动了企业经营目标、模块化动力和模块创新模式演变。模块化不但有来自模块设计、模块化设计、"行路图"设计和组织模块化设计等自身竞争优势,也有来自数码化、创新文化、科学商业化和政府政策等环境竞争优势。他们认为模块化竞争可以实现创新,也可以提供利益平台,同时模块化把竞争、利益和创新有机紧密地结合起来。[②]

模块化是一种崭新的分工形式,它是促使经济体系结构性变化的原动力之一。而作为模块化重要表现形式的企业模块化,其形成的基本机理是什么呢?胡晓鹏首先分析了市场模块与企业模块的关系,认为在现代经济体系中市场应当是资源配置的主要模块,而企业则是资源配置的非主体模块。模块化理论与交易成本理论的交互融合对于解释企业模块与市场模块的联系具有极其重要的意义。企业模块化在本质上就是对纵向一体化企业

---

① 李平、狄辉:《产业价值链模块化重构的价值决定研究》,载《中国工业经济》2006年第9期。
② 张治栋、韩康:《模块化:系统结构与竞争优势》,载《中国工业经济》2006年第3期。

实施分离的同时引入市场机制的行为，它将在主导企业和模块企业间形成一种具有网络性质的组织形式。技术变革是推动模块化生成的原动力，它一方面推动产品价值链的不断被分解；另一方面又确保了产品价值链重新整合的可能。他将企业模块化的经济效应分为三类：创新效应、多样化效应和市场效应。①

徐宏玲借鉴瀑布效应原理，研究模块化组织价值创新的原理与机制。她认为，在模块化系统下，需求导向的价值创新动力来自过剩经济造成经济增长受到制约的现实矛盾，表现在模块化组织必须更多地、主动地面对消费者，以刺激消费者潜在的消费欲望，增加购买。模块化组织的需求创新使垂直一体化网络内的制度变得不再具有传统的刚性约束意义，而是弹性、动态和自发的有机结合。大型企业模块化过程也即模块化组织产生和形成过程中，企业的战略选择、战略定位在不断地调整，而构成产品的某个功能模块则完全地充当了战略选择、战略放弃的基本对象。以模块化组织为节点的生产网络的治理并不能以简单的"关系"或"制度"等契约性规则来描述，因为没有看到需求创新的本质以及生产网络的不稳定性，导致了现有网络治理理论过分地强调"长期契约"的治理。相反，模块化组织对生产控制权的追逐不仅强化了彼此之间既竞争又合作的关系，而市场厚度的增加、交易成本的降低又进一步使模块化组织及其生产网络的竞合关系更加趋于动荡。所以，只有那些价值创新的参与者、优胜者本身才有制定游戏规则并不断调整规则的权利。②

（二）产业结构问题

1. 产业结构的现状

对于我国产业结构现状的基本判断，刘治认为，目前我国的产业结构仍处于初级化阶段，主要表现为以下四个方面的特征：一是在三次产业结构中，第二产业比重较大，服务业发展滞后。2005年我国服务业增加值占国民生产总值的比重为40.3%，而2001年世界平均水平是67.9%，差距十分明显。二是工业结构中，重化工业比重大。重工业占工业增加值比

---

① 胡晓鹏：《企业模块化的边界及其经济效应研究》，载《中国工业经济》2006年第1期。
② 徐宏玲：《模块化组织价值创新：原理、机制及理论挑战》，载《中国工业经济》2006年第3期。

重 2000 年以来一直高于 60%，2006 年达到 2/3 左右。三是制造业以组装加工为主。制造业是一个由设计、研发、加工、营销服务等产业链组织的有机整体，而我国承接的发达国家转移的制造业是"两端在外"，仅仅是产业制造流程比较简单的低技术劳动密集型加工组装工序，而高附加值的设计研发和销售服务都在国外。有人形象地把全球经济比喻成一个企业，欧美是理事会，印度是办公室，中国是生产车间。四是出口产业结构以加工贸易产业和轻纺产业为主，出口增长主要靠数量扩张。产业结构升级的重点应是大力发展高新技术产业，用信息技术和先进适用技术改造和提升传统产业，提高装备制造业水平，大力发展服务业，特别是生产性的现代服务业。国家产业政策重点是加强宏观调控，抑制盲目投资和低水平重复建设，加快淘汰落后生产能力，引导和支持企业提高技术水平和产业素质，大力推进经济增长方式的转变，降低资源、能源消耗和环境污染。①

吕政等研究了服务业中的生产性服务业的发展瓶颈及对策，他们指出以金融、物流、信息等为主的生产性服务业与制造业的关系日益紧密，并呈现出互动发展的趋势。一方面，制造业的中间投入品中服务投入所占的比例越来越大，如在产品制造过程中信息服务、员工培训服务、研发和销售服务的投入日益增加；另一方面，制造业服务化的趋势日益明显。他们认为我国生产性服务业发展主要有以下一些瓶颈：改革步伐缓慢，市场化程度较低，缺乏发展动力；工业生产方式落后，生产性服务需求不足；外资制造业与本地生产性服务业关联程度较低；工业布局相对分散，城市化相对滞后，生产性服务业没有形成有效集聚；缺乏有效的区域分工和协作机制；生产性服务业发展还存在一定的政策性歧视。相应的对策建议包括：消除制约服务业发展的体制性障碍，积极引入和强化市场竞争；加大政策支持力度，强化专业化服务企业的分工优势；加强产业关联，构建生产性服务业与制造业的互动发展机制；推进生产性服务业自主创新，塑造核心竞争力；优化产业布局，大力推进生产性服务业的集聚式发展；加强区域协调，构建职能划分合理、比较优势突出的层级区域分工格局。②

对于如何优化产业结构，张继良等提出：产业发展遵循比较优势，朝国际市场分工原则发展；政府循序渐进、因势利导制定产业政策；大力发

---

① 刘治：《对产业结构调整中几个问题的认识》，载《宏观经济研究》2006 年第 7 期。
② 吕政、刘勇、王钦：《中国生产性服务业发展的战略选择——基于产业互动的研究视角》，载《中国工业经济》2006 年第 8 期。

展教育，吸引海外人才，重视人力资本的提高；重视科技进步，推动经济增长；扶持中小企业，形成产业集群。他认为振兴东北经济，可以从中国台湾产业结构转型中得到启示：以比较优势确立产业发展重心；制定科技主导型产业政策；发展服务业；重视发展高层次教育和职业技术教育；建设服务型政府。①

赵果庆借鉴产业生命周期理论，通过边际贡献率、平均贡献率、超前系数、比较增长优势指标和比较规模优势指标五个指标体系来衡量各部门在 GDP 中的地位和作用，将其分为先导部门、主导部门、支柱部门和劣势部门。随着社会经济的发展，一些先导部门逐渐演变为主导部门，一些主导部门逐步演化为支柱部门，一些支柱部门逐渐沦为劣势部门，这是产业结构的演进过程。由于主导部门和支柱部门起全局性和长期性的重要作用，是长周期的部门，被统称为战略部门。他按照这些指标将中国的各部门进行分类，并进一步计算四类部门群对 GDP 的贡献率及效率，发现主导部门群对 GDP 增长有较强的带动作用，衰退部门的增长率低于 GDP 增长率。他认为，现代经济增长的实质是主导部门群的阶段交替过程。产业政策导向体系功能在于，以主导部门交替、扩张和优化来提升部门结构，推动经济增长。由于不同优势部门主导下的部门结构标志着不同的增长和发展阶段，所以部门结构的升级可以代表增长方式的转变。其主要措施包括：强化与发展主导部门群，培育和扶持先导部门群，巩固和优化支柱部门群，退出援助和收缩劣势部门群。②

2. 产业结构调整的途径

蒋昭侠认为，随着生产力的发展，一些传统上作为影响产业结构的因素已经在很大程度上发生了变化，其表现为：传统的自然因素对产业结构的影响力在日益减弱，经济全球化与外资的推动成为产业结构调整的主导因素，新科技革命推动了产业结构的深刻变化，环保产业成为产业结构中新的经济增长点。他认为，产业结构调整有两条路径：一是通过制度创新为产业结构调整扫除内部障碍；二是通过完善机制形成产业结构内部的协调运行。③

---

① 张继良、杨超：《台湾产业结构转型对振兴东北经济的启示》，载《当代经济研究》2006 年第 7 期。
② 赵果庆：《我国产业部门群结构与战略性调整研究》，载《财经问题研究》2006 年第 1 期。
③ 蒋昭侠：《影响产业结构的新因素及其调整思路》，载《经济经纬》2006 年第 4 期。

裴长洪认为外商直接投资是实现我国产业结构优化升级的一条重要途径。未来在全面建设小康社会进程中，要把继续利用外商直接投资促进产业结构进一步优化升级作为重要政策目标。针对未来的新形势、新任务，他提出了利用外商直接投资促进产业结构优化升级的对策措施：（1）正确认识和处理引进技术和自主创新的关系，在扩大外资利用中提高技术吸收与创新能力；（2）抓住国际直接投资和产业跨国转移的新机遇，进一步优化吸收外资的产业结构；（3）进一步推进服务领域对外开放，促进服务业吸收外资和发展；（4）改变外资企业普遍优惠制的政策，实行促进结构优化升级的差别化优惠制政策；（5）外资并购我国企业应当有利于产业结构优化升级，中方应有明确的政策导向。①

3. 产业结构调整的影响

纪玉山等根据协整理论和格兰杰因果关系检验理论，利用1978~2003年的时间序列数据进行实证分析，表明我国的经济增长与产业结构之间存在惟一的动态均衡关系即协整关系，产业结构与经济增长之间短期波动与长期均衡关系存在于根据协整方程建立的向量误差修正模型之中。分析结果还验证了配第—克拉克定律的正确性，但却否认了库兹涅茨的收入决定论，至少在我国，产业结构的演进是经济增长的原因而不是相反。②

贾彦利以传统纺织业和代表高新技术产业的电子及通信设备制造业的工业总产值为研究数据，分析东部沿海地区二元产业结构的现状、成因和发展趋势，利用统计软件对东、中部区域间这两种产业发展进行相关分析、回归分析和聚类分析，实证得出东、中部地区的纺织产业已经开始出现部分产业转移，而电子业目前还处于形成区域产业集聚的阶段，产业转移并不明显，但随着我国经济的高速发展，这种情况也非常可能出现并将同时促使东、中部地区的产业结构趋向更高层次的发展，真正实现区域协调发展和"中部崛起"。他认为政府应当做到以下三点：按照市场规律实施产业调控政策，从而推动产业升级；产业政策需要结合具体区域的特殊性，在普适性的基础上表现出特殊性；产业政策的制定要具有全局性，不

---

① 裴长洪：《吸引外商直接投资与产业结构优化升级》，载《中国工业经济》2006年第1期。
② 纪玉山、吴勇民：《我国产业结构与经济增长关系之协整模型的建立与实现》，载《当代经济研究》2006年第6期。

仅要考虑产业升级，也要有利于产业转移。①

李晓嘉等通过比较各产业占GDP的比重以及就业人员在各产业中的分布，发现我国就业水平大大滞后于产业结构水平，这种结构性偏差与劳动力在三次产业之间的转移速度有关。他们选用线性回归的方法，用1978~2003年我国各产业就业人数的对数值同GDP的对数值进行回归，分析了我国各产业增长对就业人口的弹性关系：在经济增长过程中，第三产业对就业的带动能力最强，第二产业次之，第一产业最弱。因此，必须在认识产业结构和就业结构相互关系的基础上，采取有效措施，实现产业结构优化和增加就业的双重目标。②

徐志霖研究了中国工业产业结构对企业技术研发行为的影响，认为目前中国研发投入体制仍然没有彻底摆脱计划体制思维，并没有从企业微观经济行为主体和产业结构的角度设计投入运行机制，没有寻找到隐藏在企业微观行为主体背后的驱动因素，以及没有正确发现企业微观行为主体、产业结构与国家创新系统之间相互作用、相互影响的内在关系。他利用中国工业产业数据，采用了经典的SCP范式模型，对熊彼特的两个经典假说进行了验证。发现企业数量、企业利润与新产品研发支出呈正相关关系，而国有企业产值比重与新产品研发支出呈负相关关系。他建议应从以下几个方面考虑重构我国的创新体系：第一，政府应当对研发的支持重点从企业转向基础科学研究。第二，调整产业结构，促进市场导向下的企业并购与退出。第三，要加强对企业知识产权的保护。③

（三）产业集群

1. 产业集群的定义和内部机制

不同的作者对产业集群大都会有不同的定义，孟韬认为产业集群是网络化的产业组织和企业组织形式，是区域经济发展的一项重要的产业政策内容，其对企业、产业、区域乃至国家的竞争力有巨大的提升作用。产业

---

① 贾彦利：《我国东部地区二元产业结构对"中部崛起"影响实证研究》，载《财经研究》2006年第4期。
② 李晓嘉、刘鹏：《我国产业结构调整对就业增长的影响》，载《山西财经大学学报》2006年第2期。
③ 徐志霖：《中国工业产业结构与企业技术研发行为的实证分析》，载《财经问题研究》2006年第9期。

集群通过众多相关企业和组织的空间聚集、分工协作，使产业活动嵌入于区域，从而产生并释放出集聚经济、外部经济和网络经济效应。企业间组织的联盟化与企业内组织的虚拟化，致使这种企业群体的产业组织形式与单体企业的企业组织形式都发生了明显的演变，由此形成组织形式别具特色的集群形式。作为组织形式的产业集群存在治理亦即整合和协调的机制，这是将产业集群内数量众多、类型各异的组织协同在一起的力量，也是促进产业集群的劳动分工、社会文化和空间集聚三种主要动力共同协调地发挥作用的力量。①

蔡宁等则认为产业集群网络结构不同程度上具有小世界、无标度和群落结构等属性，且这些结构属性与集群网络的演化及具体产业背景具有一定的关系；集群的网络结构属性对于集群的资源整合能力具有重要影响，使得集群的资源整合过程有着较高的效率和较广的范围；集群网络本身具有一定的抗风险能力。②

耿焜认为产业集群作为具有竞争优势的经济群落，是某一产业领域相互关联的企业及其支撑体系在一定区域内大量集聚发展的结果。它超越了一般产业范围，形成特定地理范围内多个产业相互融合、众多类型机构相互联结的共生体。通过众多企业在特定地域内的集中，可使企业规避分散经营的劣势，分享集群的集聚优势；通过专业化的分工与网络化服务，可更好地完善技术和工艺，实现创新构思，使新产品商业化的周期缩短；地理位置的邻近和交往的频繁不但不会增加交易费用，反而会因为面对面的交流和沟通而增加彼此的信任，获取更多的信息，大大提高各个企业的竞争优势。③

何雄浪认为政府人为地创造产业集群的愿望是美好的，然而单纯用行政力量所形成的产业集群往往是脆弱的。政府在促进产业集群发展时，除了考虑招商引资和改善基础设施等硬件条件外，更重要的是要注重区域软环境的建设。政府在促进分工深化的同时要对制度结构作相应的调整，建立与完善产权和产权保护制度，注重商业惯例的完善、信用机制的建立与完善、商业组织的培育等，建立各种协会与商会，通过民间的活动，发展

---

① 孟韬：《网络治理与集群治理》，载《产业经济评论》2006年第10期。
② 蔡宁、吴结兵、殷鸣：《产业集群复杂网络的结构与功能分析》，载《经济地理》2006年第3期。
③ 耿焜：《产业集群生态化发展模式探索——以苏南地区为例》，载《宏观经济管理》2006年第5期。

产业集群的内部网络关系，从而减少不确定性和协调困难，提高交易效率，促进产业集群的持续、健康发展。①

金煜等分析了导致中国地区工业集聚的因素。他们发现经济开放促进了工业集聚，而经济开放又与地理和历史的因素有关；市场容量、城市化、基础设施的改善和政府作用的弱化也有利于工业集聚；沿海地区具有工业集聚的地理优势。一个地区企业数衡量的产业外部性和地区消费者购买力对于工业集聚的前后向联系作用均显著为正。地区的人力资本相对水平对工业集聚有着不显著的正影响，这可能是因为中国的工业化进程还处于比较初级的阶段，对于人力资本的要求还不高。一个地区城市化水平和在道路和通讯方面的基础设施建设也对地区的工业集聚具有显著的影响。②

马斌等分析了社区性产业集群与合作性激励的关系。在这种产业集群中，企业紧密地嵌入在由个体形成的社会关系中，深受当地的社会、文化、历史、制度等影响。企业之间的分工协作，一方面基于经济利益的市场交易，形成互惠合作的利益共同体；另一方面也基于地域和血缘关系的情感联结。人格化的交易模式十分普遍。在这种"嵌入性"社会关系中的利益纠纷和裁决不完全依靠法院、政府等有强制力的制裁机构或制度，更多的是依靠社会关系相互依存而产生网络结构约束力，从而产生信任，防止欺诈。集群成员由社会关系以及由劳动分工产生的经济关系结成的，拓扑状的网络形式对每个成员都有很强的约束、控制作用。成员之间相互依赖，一旦某个成员产生机会主义行为，该"社区"中的其他成员都会对其做出集体制裁行为或施加舆论压力，这将使该成员的发展空间大大缩小甚至被孤立。③

2. 产业集群与区域经济发展

范剑勇从产业集聚、劳动生产率、地区差异相互间的紧密联系出发，认为非农产业规模报酬递增地方化是产业集聚的源泉，并提高了该区域劳动生产率，进而对地区差异产生了持久的影响。他发现我国非农产业劳动生产率对非农就业密度的弹性系数为8.8%，高于同期欧美的水平。同时

---

① 何雄浪：《劳动分工、交易效率与产业集群演进》，载《财经研究》2006年第4期。
② 金煜、陈钊、陆铭：《中国的地区工业集聚：经济地理、新经济地理与经济政策》，载《经济研究》2006年第4期。
③ 马斌、徐越倩：《社区性产业集群与合作性激励的生成——对温州民间商会生发机制的社会经济学考察》，载《中国工业经济》2006年第7期。

这一集聚效应在省际之间有存在差异和没有差异两种情况，在非农产业分布极不平衡的情况下，这都扩大了劳动生产率在各省之间的差异，将地区差异维持在一个较高的水平上。①

段文娟等研究了价值链治理对发展中国家产业集群升级的作用。价值链治理对发展中国家集群升级的影响最终随交易中生产商和采购商议价实力对比的变化而不同，发展中国家集群中的生产商只有通过各种途径提高议价实力，才能带动整个集群在全球价值链中顺利地实现升级。发展中国家产业集群的升级由集群中主要从事生产的企业的升级来体现，而企业的升级受到它主要面向市场中价值链治理的影响，价值链治理又受价值链中生产商与采购商权力关系变化的影响，再进一步，导致权力关系变化的原因在于生产商与采购商议价实力对比的不同，亦即生产商与采购商在交易中议价实力不均衡，导致二者的权力不对称，体现为不同治理模式，从而对价值链中生产商的升级活动产生不同影响。这就意味着：一方面不同价值链治理会对发展中国家集群升级产生不同影响，特别是准科层制价值链中的采购商对生产商的升级活动进行严格控制；另一方面，由于价值链治理对集群升级的影响最终随生产商和采购商议价实力对比的变化而变化，这就给发展中国家的产业集群带来了机遇，其中的生产商可以通过提高自己的议价实力打破与采购商议价实力对比的不均衡状态，使价值链治理朝网络或单纯市场关系转变，以便在全球价值链中顺利地实现快速升级，尤其是功能性升级。②

张杰等认为我国产业集群存在四种基本形态：蜂窝型、专业市场领导型、主企业领导型和混合型。产业集群的转化和升级是组织架构、外向关联度、社会资本和企业家创新精神的协同转化进程。产业集群一方面表现出正效应，如通过地理区位集聚降低交易成本及生产成本，获取专业化分工基础上的报酬递增，激发示范效应和学习效应，促进新企业的衍生和创新的扩散，推动地方经济发展；另一方面某些产业集群发展到一定阶段后所呈现的负效应也不容忽视，主要体现为自我技术创新能力的不足和升级能力的缺失。③

---

① 范剑勇：《产业集聚与地区间劳动生产率差异》，载《经济研究》2006年第11期。
② 段文娟、聂鸣、张雄：《价值链治理对发展中国家地方产业集群升级的影响研究——以巴西西诺斯谷鞋业集群为例》，载《软科学》2006年第2期。
③ 张杰、刘东：《我国地方产业集群的升级路径——基于组织分工架构的一个初步分析》，载《中国工业经济》2006年第5期。

3. 产业集群与企业发展

王建从企业家社会网络的角度解释产业集群现象。他通过构造环境、网络和行为三者之间的关系，在内生型产业集群环境下，利用"撒网"模型进行应用研究得出两点结论：第一，强联系在企业家撒网过程中起主要作用；第二，个体行为的路径依赖现象影响了企业家撒网的过程和结果。一定环境因素影响下，企业家不同的成长起点，会决定其不同的撒网过程，影响企业家"撒网"的方向、途径以及最终结果。①

杨蕙馨等则认为产业集群为中小企业的成长提供了一种区域组织形式，能够促进中小企业的成长。集群中的企业，特别是中小企业可以通过在集群中有意识地构筑获取资源的通道，即"资源网络"来获取外部资源。从而突破资源约束，推动自身的成长与发展。②

4. 产业集群与产业发展

路江涌等利用 EllisonandGla 衡量行业区域聚集和共同聚集的指标体系，考察中国制造业的区域聚集程度在 1998~2003 年间的发展趋势，并进行了国际比较。研究发现，中国的行业区域聚集程度仍处在一个上升阶段。无论就行业区域聚集程度还是行业区域共同聚集程度而言，中国目前仍低于西方发达国家近期的水平。与制造业区域聚集相类似，制造业共同区域聚集的程度近年来也持续上升，说明我国的产业聚集不仅发生在通常定义的同一行业内，相关行业也由于行业间的相互作用、相互吸引而产生共同聚集的效果。行业区域聚集程度和行业共同区域聚集程度的上升反映了各地区地方保护主义和"大而全、小而全"的经济发展思路在逐渐弱化。行业共同区域聚集的结果表明，投入产出关系是影响行业区域共同聚集的重要因素。③

5. 集群中政府的角色

杨蕙馨认为地方政府在中小企业集群发展过程中应该致力于完善基础设施，制定各种政策和服务措施，为中小企业集群发展创造良好的外部环

---

① 王建：《内生型产业集群中的企业家社会网络和行为研究——理论假定和应用研究》，载《中国软科学》2006 年第 1 期。
② 杨蕙馨、朱晓静：《集群中的中小企业成长研究》，载《经济学动态》2006 年第 11 期。
③ 路江涌、陶志刚：《中国制造业区域聚集及国际比较》，载《经济研究》2006 年第 3 期。

境。同时政府还应该担负起教育的职能,让集群中的企业从观念上对集群的优势和获取有充分地了解。另外,政府的政策导向应该从吸引集中转移到促进联系上来,即制定适当的产业指导规划,使现有的或新建的大企业与中小企业建立相辅相成的专业化分工协作关系;同时通过建立行业协会等组织加强企业间的交流互动,帮助集群形成鼓励合作、创新的氛围。①

金煜等的研究表明,对外开放对于工业集聚有着显著的正影响,这显示出出口导向型的经济发展策略对于工业集聚的推动作用。政府对于经济活动的参与程度越高,越是不利于地区工业的集聚。②

(四) 产业政策

1. 产业政策的取向

辛国斌等认为,重化工业阶段产业政策的基本思路是:把政策指向更多地从"发展什么"转移到"如何发展"上来,把政策着眼点更多地从"选择性优惠"转移到"功能性规范"上来,把政策重点更多地从"改善供给"转移到"供需调整相结合"上来。为此应做到:一是在推进产业结构调整升级中,要巩固和加强农业基础地位,加强农业综合生产能力建设,加快传统农业向现代农业转变;加快能源、交通、水利和信息化等基础设施建设;以振兴装备制造业为重点,以增强自主创新能力和产业整体竞争力为目标,发展先进制造业;把加快对传统产业的改造作为实施"信息化带动工业化"的突破口,鼓励运用高新技术和先进适用技术改造、提升传统产业;加快发展高技术产业,优先发展集成电路、数字电视等信息产业,大力发展生物产业和民用航空、航天产业,积极发展新材料产业,鼓励高新技术产业集聚,推动高技术产业基地的建设,加快培育具有竞争优势的高技术产业群;深化体制改革,放宽市场准入,促进服务业全面快速发展。二是在优化产业组织结构中,要根据产业技术经济特点和我国产业发展实际,对规模经济效益显著的产业,鼓励形成以少数大型企业(集团)为竞争主体的市场结构;对产品由大量零部件等组成的产业,应支持形成大、中、小企业合理分工协作的市场结构;对规模经济效益不

---

① 杨蕙馨、朱晓静:《集群中的中小企业成长研究》,载《经济学动态》2006年第11期。
② 金煜、陈钊、陆铭:《中国的地区工业集聚:经济地理、新经济地理与经济政策》,载《经济研究》2006年第4期。

显著的产业,应鼓励扶持中小企业的发展,形成竞争性市场结构。三是在优化产业技术政策中,要加强自主创新,促进产业技术进步,推进经济增长方式转变。具体说来,在信息、生命、新材料等基础研究和高科技前沿领域,支持建立国家层次的科技创新与产业化体系,力争在关键科技领域和若干科技发展前沿拥有一批自主知识产权;继续推动产、学、研结合建立科技创新与产业化的新体制和新机制,促进科技与经济的有效结合;建立产业层次的科技创新产业化体系,重点解决关联度大的产业的技术研发问题,对产业关键技术和共性技术进行联合开发,建立产业层次的科技创新与产业化平台;发挥企业科技创新与产业化的主体作用,通过财政贴息加速折旧、无偿资助等方式,鼓励企业加大研发投入,提高企业自主创新能力;继续鼓励外商转移国外先进技术,支持外商在我国成立研发总部和相应的研究机构,支持企业对引进技术的消化吸收和合理再创新,加大技术外溢成效。[1]

徐康宁等认为,钢铁产业本来是竞争性较强的行业,不应对某一类别的利益集团给予特别的支持和保护,无论其目前的规模有多大。但现行的钢铁产业政策明显有照顾现有体制格局的倾向,实际上是照顾国有企业的倾向,基本上排斥了外资企业和民营企业与国有企业竞争的可能性。虽然产业政策中提到鼓励包括民营经济在内的各类社会资本通过参股、兼并等方式重组现有的钢铁企业,但由于现有的具有规模优势的钢铁企业基本上是国有企业,民营企业要与这些国有企业进行竞争还存在着难以逾越地进入壁垒,因为民营钢铁企业的产能扩充,必须要在规划上得到政府部门的批准;目前主业不是钢铁业的民营企业,进入该领域"必须具有资金实力和较高的公信度,必须对企业注册资本进行验资,提供银行、会计事务所出具的验资和企业业绩证明"。政府在运用经济政策方面,应当把即时的宏观调控做法和长期的产业政策区分开来,产业政策应更加注重宏观性、导向性和长期性,尽量减少对微观层面的直接干预,这也是产业政策的真正意义所在。否则,我国的众多产业就难以摆脱始终存在的扩张、限制、再扩张、再限制的低效率而无序的怪圈。[2] 他们通过建立相关的模型和数据测算发现,我国钢铁产业的生产集中度和空间集中度不仅很低,而且在2001年以来呈不断降低。我国钢铁产业的空间布局呈现以市场指向

---

[1] 辛国斌、何映昆:《重化工业阶段产业政策取向思考》,载《中国经贸导刊》2006年第7期。
[2] 徐康宁、韩剑:《中国钢铁产业的集中度、布局结构优化研究——兼评2005年钢铁产业发展政策》,载《中国工业经济》2006年第2期。

为主、兼资源依托型格局，临海港口型特征不明显。通过对三种不同类型的空间布局绩效的比较研究发现，临海港口型的空间布局应是我国钢铁产业布局的主要合理方向。

裴长洪认为要抓住国际直接投资和产业跨国转移的新机遇，进一步优化吸收外资的产业结构。今后应重点鼓励外资投向高新技术产业和先进制造业。加强国内产业配套，延长产业链，更好地发挥外商投资企业的技术外溢效应。还要促进加工贸易企业转型升级，向附加值较高的生产经营环节发展。要制定和出台有利于跨国公司来华设立更多地区总部和投资性公司的政策，提高跨国公司的整体投资效能。支持跨国公司设立出口采购中心，鼓励扩大在华采购出口，使我国企业更多进入跨国公司的全球生产销售网络。吸引跨国公司设立服务外包企业，在经济条件较好、基础设施相对完善、专业人才比较集中的地区创办服务外包企业园区，给予必要的扶持和政策条件，尽快把我国推向承接国际服务外包的前沿领域。按照节约资源和环境保护的要求，制定产业管理条例和新的准入要求，对内外资企业一视同仁，限期达到产业管理要求，使我国的产业结构优化升级建立在增长方式转换的基础上，并使外资企业成为节约型经济的排头兵。①

2. 产业政策的比较

张存涛等考察了1977～1987年韩国政府应用产业政策的经验教训，认为产业政策要从国民经济发展全局考虑，稳妥改善农业问题；促进经济协调发展要努力掌握核心技术和关键技术，增强科技成果转化能力，提升产业整体技术水平，建立以企业为主体、市场为导向、产学研相结合的技术创新体系，形成自主创新的基本体制架构。②

任云认为，日本的产业政策并非卓有成效，他不是日本经济发展成功的要素。政府部门应该抛弃那种盲目相信产业政策的幻想，应该清醒认识到政府的能力有限，不应该代替或者超越企业或者市场。政府应该通过制定、完善反垄断法维护市场竞争机制。③

赵海波等认为成功的产业结构调整、独特的产业组织形式及紧密追随

---

① 裴长洪：《吸收外商直接投资与产业结构优化升级——"十一五"时期利用外资政策目标的思考》，载《中国工业经济》2006年第1期。
② 张存涛、焦必方：《人均GDP1000～3000美元时期韩国产业政策调整及启示》，载《世界经济研究》2006年第9期。
③ 任云：《日本产业政策再评价及对我国的启示》，载《现代日本经济》2006年第4期。

的科技政策等因素促使了我国台湾经济机体的灵活而健康发展。另外,重视发挥市场机制、中小企业及留学人员的作用,也起到了较好作用。他们认为留学人员及华侨相对拥有更新的国际市场资讯,也更能把握高技术市场多变的国际动向。我国台湾地区制定一系列鼓励留学人员回来开办企业的优惠措施是比较有效的。①

刘劲松等认为产业政策与竞争政策是一国的两大基本经济政策。两大政策虽目标一致,但其实施的方式和侧重点却不相同,因此两者有时会发生冲突和矛盾。各国都非常重视协调产业政策和竞争政策,重视两者的战略搭配,以充分发挥其作用。日本的产业政策和竞争政策颇具特色,受到广泛关注。而日本产业政策与竞争政策的发展和完善实际就是两者此消彼长的过程。他们从日本产业政策与竞争政策的动态消长变化入手,探析产业政策和竞争政策的战略定位和搭配。②

(五) 反垄断与规制

1. 规制设计与规制改革

王永钦等认为,在非对称信息下,委托人该如何设计契约,使代理人按照其意愿行事,在既定的信息结构下实现资源配置的"次优",是委托代理理论所要解决的首要问题。他们在环境规制的框架下,分析了作为委托人的政府该如何对作为代理人的污染企业进行最有效的规制。针对逆向选择和代理人有限承诺并存的情形,他们给出了规制契约的形式,并对不同信息结构下所求得的解进行福利比较。他们认为政府应该充分利用现有制度赋予的权力,使最优处罚金额达到处罚上限。而规制者的处罚上限较低,或公共资金的影子成本和单位监督成本较小时最优契约会取得角点解。③

叶泽等通过对投资回报率规制政策下规制机构与电网企业的完全信息博弈模型分析,得出了电网企业和规制机构分别限制投资和改变规制政策

---

① 赵海波、郑飞虎:《台湾地区科技产业政策调整的经验及启示》,载《经济纵横》2006年第5期。
② 刘劲松、舒玲敏:《论产业政策与竞争政策的战略搭配——以日本为例》,载《当代财经》2006年第7期。
③ 王永钦、孟大文:《代理人有限承诺下的规制合约设计——以环境规制为例》,载《财经问题研究》2006年第1期。

或承诺的最优均衡解，从而得出了规制承诺或政策不确定条件下存在投资不足效应的结论。为了促进电网投资均衡、实现社会福利最大化，规制机构应将供求均衡状况因素引入投资回报率规制政策中，制定采用效用函数重新定义投资均衡和执行弹性而可信的规制政策。①

干春晖等研究了中国当前规制分权化背景下的地方规制机构与被规制企业之间的合谋问题，并且用计量方法对规制的效果进行了检验。结果表明，规制分权化没有显著的正面效应，即规制低效率。因此，规制分权化产生的合谋导致了规制低效率，而解决问题的关键是机制设计。②

肖兴志等利用1978~2005年相关数据对中国电力规制效果进行了全面的实证检验。计量结果表明，改革开放以来，明确的规制框架、独立规制机构和不断成熟的规制对象在统计意义上显著地提高了电力产业总量和效率，降低了价格水平和垄断利润，但在改善服务质量方面尚未发挥有效作用。所以，应当继续坚持电力规制的体制改革方向。③

白让让利用"芝加哥"学派利益集团理论的基本假设，对我国电力产业内部人势力的形成、强化及其行为对市场交易的扭曲进行了详尽地分析，从而为当前电力产业规制困境的发生提出了一个基于制度偏好和企业行为的解释。结果表明，在缺乏有效规制的背景下，对自然垄断产业实施等同于一般产业的"放权让利"式改革，为利益集团的成长提供了制度条件和资金支持。由于管制权力分散在诸多的"条块"之间，"厂网分开"后也没有建立权威性的专业机构，不同利益取向的参与者之间的博弈使电力产业的规制放松陷入困境。④

于立宏等认为我国煤电产业链受到内生的纵向外部性和外生的需求强波动性的影响，政府在对其制定规制政策时必须基于这两种特性，同时在评价规制政策有效性时需要以产业链整体效率为基准。他们归纳了七种煤电纵向价格规制模式，并在此基础上提出了基于产业链规制的概念，即将对电价的规制延伸到对电煤价格的规制是现阶段我国煤电产业链价格规制的最优选择，这不仅可以解决煤炭纵向价格双轨制带来的矛盾，还有利于

---

① 叶泽、常新菊、龚国强：《规制承诺不确定条件下的电网投资效应及其政策设计》，载《中国工业经济》2006年第7期。
② 干春晖、吴一平：《规制分权化、组织合谋与制度效率——基于中国电力行业的实证研究》，载《中国工业经济》2006年第4期。
③ 肖兴志、孙阳：《中国电力产业规制效果的实证研究》，载《中国工业经济》2006年第9期。
④ 白让让：《制度偏好差异与电力产业规制放松的困境——"厂网分开"引发的深层思考》，载《中国工业经济》2006年第3期。

资源的有效利用。①

黄德春等在 Robert 模型中引入了技术系数。模型表明环境规制在给一些企业带来直接费用的同时，也会激发一些创新，可以部分或全部地抵消这些费用成本。这暗合了迈克尔·波特的观点——环境规制能使受规制的企业受益。企业内生的技术变化会使波特假设变得可行，而外生的环境政策如果产生与波特假设一致的效果，则该政策不一定最佳。②

2. 反垄断法与反垄断政策

于立等认为，外资并购对国内市场的垄断化日益凸现，但由于现行的外资并购政策缺乏基础性的反垄断法，因而难以有效控制外资并购的市场垄断化问题。在国际化的背景下，竞争政策是促进经济效率、提高产业国际竞争力和维护国家利益的重要基础。因此需要尽快出台中国的反垄断法，建立以反垄断法为核心的外资并购法律体系。③

唐要家通过对美国、德国、日本和欧盟反垄断法豁免制度的比较分析认为，豁免的法律规定应将普遍性与特殊性结合起来；豁免应以效率为导向；行为豁免是反垄断法豁免范围规定的主体；豁免政策应是有条件的，并具有动态性；豁免制度的执行要形成对行政审批权力的制衡机制；豁免制度要注重国际协调的发展趋势。④

王国红认为与封闭经济相比，开放经济条件下的反垄断更复杂，更特殊，更难以处理。在分析外国政府反垄断政策出现的一些新变化的基础上，指出中国由于反垄断法的缺失导致了国内市场利益和国外市场利益的双重流失，根据开放经济条件下反垄断的特殊性和难点相应设计了中国反垄断制度，即：中国应建立独立的反垄断机构；采用温和型的反垄断模式；借鉴发达国家的适用除外制度和域外适用制度来保护国民利益；注重反垄断制度与其他制度的协调。⑤

林平等认为世界各国经验证明，建立宽恕政策是防止和侦破卡特尔的

---

① 于立宏、郁义鸿：《基于产业链效率的煤电纵向规制模式研究》，载《中国工业经济》2006 年第 6 期。
② 黄德春、刘志彪：《环境规制与企业自主创新——基于波特假设的企业竞争优势构建》，载《中国工业经济》2006 年第 3 期。
③ 于立、唐要家：《反垄断视角下的外资并购政策分析》，载《经济与管理研究》2006 年第 6 期。
④ 唐要家：《反垄断法豁免制度的比较分析》，载《中南财经政法大学学报》2006 年第 1 期。
⑤ 王国红：《开放经济条件下反垄断政策的选择》，载《中国软科学》2006 年第 2 期。

一个有效手段。有效的宽恕政策必须满足三个基础条件：严厉的处罚威慑，强有力的反垄断执法系统，以及宽恕政策的可预见性和透明度。鉴于卡特尔已在中国经济运行中大量出现和它对社会的有害性，他们建议中国政府尽快建立明确有效的卡特尔宽恕政策，特别是引入对卡特尔的刑事处罚，并最好在《反垄断法》立法时同步进行。①

于左通过对泰国两则反垄断案例的分析，考察了泰国的行政垄断、利益部门博弈与反垄断执法权力配置问题，并借此反思中国的行政垄断规制政策与反垄断执法权力的配置模式选择。他认为反垄断法本身并不能自动促进竞争，其起作用的关键是执法权力的配置。在国有经济比重高、行政垄断广泛存在的经济体中，反垄断执法机关应具有独立性与权威性。行政垄断需要区别对待，有些行政垄断是反垄断法需要约束的对象，有些则应归属政治体制改革的任务，如果不能将二者分开，则势必影响反垄断法的实施效果。②

四、微观经济学研究的新进展

2006年经济学界对微观经济学的有关问题进行了深入研究，取得了丰硕的成果，研究进展突出表现在以下几个方面。

(一) 居民消费与储蓄行为

消费者选择在理论上通常是强调收入约束下的消费选择，而没有考虑消费时间因素的约束。陈海达等的研究发现，消费时间因素逐渐成为个体做出消费决策时的主要约束条件，在理论上应考察时间和收入双重约束下的消费者选择问题。他们在一个考虑时间和收入双重约束的消费者最优选择理论下，分析了收入充裕而时间稀缺条件下的消费者行为，认为价格的变动将不会影响最优的消费组合和消费者最优选择行为的。这就解释了虽然消费者对外出旅游报怨增加，但外出旅游仍然不可遏制；在实行长假以后，个人闲暇时间增加将会增加各种"时间正常商品"的消费，促进

---

① 林平、马克斌：《宽恕政策与卡特尔的反垄断控制》，载《产业经济评论》2006年第10期。
② 于左：《反垄断执法权力配置与行政垄断规制困境——泰国两则反垄断案例的启示》，载《财经问题研究》2006年第5期。

消费的增长。①

李鲲鹏以凯恩斯的消费函数为基础，利用中国 1978～2003 年数据对居民实际消费与实际产出之间是否具有协整关系进行了单位根检验，结果发现，在凯恩斯消费函数的基础上，1978～2003 年中国居民实际消费变动与实际产出变动之间不存在协整关系。②

卢盛荣等对影响居民消费储蓄行为的各种参数进行了研究，结果发现时间贴现因子、风险厌恶系数、跨期替代弹性、综合效应因子等影响居民消费储蓄行为的参数在我国地区间存在较大差异。居民的预防性储蓄动机从强到弱依次为西部、中部、东部，进而使货币需求的利率弹性呈东中西梯度递减趋势。从全国来看，货币政策有效性有所下降；从区域看，货币政策效应从大到小依次为东部、中部、西部。其政策含义是：（1）提高中西部地区居民收入水平和未来支出的确定性，降低预防性储蓄动机，进而提高货币需求的利率弹性。如健全中西部社会保障体系和市场体制、扩大中西部地区消费信贷业务的新路径；（2）在制定货币政策时要考虑地区的异质性，对货币政策数量型工具如信贷规模以及定性工具如"窗口指导"等实行区域差别。③

预防性储蓄理论通过引入不确定性及消费者跨时优化选择行为，从而把预防性动机容纳进来，使不确定性真正成为消费函数的组成部分。流动性约束假说表明如果消费者无法实施借贷且当期收入低于永久性收入，则消费者的预防性储蓄动机将进一步加强。这两种理论对中国消费行为研究有何意义？汪浩瀚通过对中国转轨时期消费行为不确定性问题的研究发现，由于不确定性作用的增强，制度变迁的路径和均衡点并不是惟一的，制度变迁的结果并不一定就是有效率的稳定均衡。在转型时期的中国，经济制度变迁成为一种常态，由此带来的不确定性预期也是不可避免的。这需要通过消除影响居民消费增长的制度性障碍，如完善社会保障体系，增加有效供给，促进居民消费结构升级。④

---

① 陈海达、汪斌、钟晶晶：《时间、收入与消费选择——兼论假日经济效应》，载《数量经济技术经济研究》2006 年第 2 期。
② 李鲲鹏：《中国存在稳定的消费函数吗——兼谈对 EG 两步法的误用》，载《数量经济技术经济研究》2006 年第 11 期。
③ 卢盛荣、邹文杰：《货币政策地区效应的微观基础研究：我国省际居民消费储蓄行为的实证分析》，载《经济科学》2006 年第 5 期。
④ 汪浩瀚：《跨期选择、制度转型与居民消费行为的不确定性》，载《当代财经》2006 年第 5 期。

肖争艳等采用ARCH模型计算我国的利率风险，建立起利率风险和各类消费之间的回归方程，得出如下结论：首先，利率风险对我国城镇居民人均消费具有滞后的抑制作用。其次，如预期的一样，利率风险对经常性消费没有明显影响，但是对于娱乐教育文化服务和商品房的消费有显著的滞后影响。最后，商品房消费对利率风险的反应要比其他类型的消费更为敏感。利率风险对消费总额和娱乐教育文化消费的影响是滞后两期的，即居民的消费行为对利率风险的反应时间为半年，但是居民商品房消费对利率风险的反应时间仅为一个季度。①

刘兆博运用误差修正模型对影响当代中国农民消费行为的因素进行了计量研究，结果表明：(1) 抵御自然灾害的能力不足、自然和市场不确定性以及农民在农村的制度变迁中感受到的不确定性使得农民只有增加预防性储蓄，减少消费；(2) 农民面临流动性约束，难以通过借贷满足消费，个人消费支出几乎完全要靠自己收入来支付，造成了农民对于本期收入的变动反应敏感；(3) 中国农民通过对收入的预期来决定当期储蓄和下期消费，说明农民由追求现期效用最大化向追求跨时效用最大化转变。风险预期增强，趋利避害的意识增强，证明了农民已能对未来进行适应性预期。②

杨茂等通过对1999~2004年中国消费者信心指数与我国主要城市的消费品零售总额关系的检验发现，CCI对北京等中心城市的消费需求拉动具有动态引导作用，但对上海等中心城市的消费者行为及消费需求拉动几乎没有预测和引导效应。原因如下：(1) 由于农村过剩劳动力及非技术工的大批集聚，上海、广州等城市的工人阶级（普通居民）的生活标准水平越来越低。由于非技术工占较大份额，这就有可能使多数受访者来自于最低收入阶层，从而对经济未来持悲观态度；(2) 消费总量占GDP的比重偏小在一定程度上会削弱我国的CCI对消费需求拉动的预测和引导功能；(3) CCI的影响力和认知度不够。③

鲁政委对居民储蓄理论研究的进展做出了如下概括：第一，生命周期理论框架内的拓展仍将继续，但是能够"以一组相同的参数"解释生命周期各阶段、居民财富异质性、总储蓄率的时际变化等问题的工作几乎还

---

① 肖争艳、马莉莉：《利率风险与我国城镇居民消费行为》，载《金融研究》2006年第3期。
② 刘兆博：《当代农民消费行为研究》，载《财经科学》2006年第2期。
③ 杨茂：《中国消费者信心与消费需求拉动效应的实证分析》，载《经济经纬》2006年第1期。

没有开始。第二，微观数据分析的趋势仍将继续，但宏观和微观数据的协调不容忽视。一种更加微观化的努力是，认为居民储蓄决策实际上是家庭内部夫妻二人之间的博弈。这不仅对"代表性个体"分析模式提出了挑战，而且促使人们关注家庭内部夫妻二人之间存在的客观差异，如教育水平、相对收入、预期寿命等等。第三，行为经济学分析方法迎合了主流经济学一贯的实证主义精神，将具有广阔的发展空间。①

（二）专用性与企业边界

受成本的约束，在经济不发达的条件下，政府以及社会组织等通常只提供通用性公共品，它不能满足企业对专用于本企业的特定公共品的需要。程承坪分析了由于专用性公共品由合约主体自主提供的纳什均衡解严格劣于帕累托最优解的数量，因此获取专用性公共品最优解是企业区别于市场的本质特征。当合约当事人合作的收益较大时，当事人组织成等级制企业，能够有效地提供企业所需要的专用性公共品，这样企业便出现了。当权力扩大带来的收益大于其成本时，企业的规模便呈扩大趋势；反之亦然。另外，政府与企业自身提供的公共品具有替代性。当存在较大的合作收益时，随着政府提供的公共品增加，企业规模呈扩大趋势；反之，则呈缩小趋势。因而，在经济条件改善的情况下，政府增加公共品投资，不但有利于企业获取规模经济优势，也有利于市场分工的深化，从而拓展市场范围。②

王雎的研究发现，企业在其归核化过程中所不断增加的专用性投资，实际上是对跨组织资源所进行的投资。网络中互补的跨组织资源组合在一起能够将帕累托边界外推，为整体合作网络创造出合作专门性准租金。在合作创造价值的过程中，跨组织资源作为企业身份与承诺的信号，降低了机会主义行为，促进了企业之间建立互惠关系，创造了租金，赢得可持续的竞争优势。另外，跨组织资源与企业合作网络是一种互构的关系：跨组织资源是在特定的机制与环境中发挥其作用的，即合作网络中特定的资源共享路径将跨组织资源塑造为真正的战略性资源；同时，跨组织资源对组织环境也产生了重要的影响，决定了企业合作网络的规模与结构。③

---

① 鲁政委：《居民储蓄研究的新进展：理论与经验事实》，载《经济评论》2006 年第 1 期。
② 程承坪：《专用性公共品与企业性质：一种新观点》，载《财经研究》2006 年第 8 期。
③ 王雎：《跨组织资源与企业合作：基于关系的视角》，载《中国工业经济》2006 年第 10 期。

欧阳文和等对流通性企业规模边界的特殊性进行了考察，认为生产企业的资产专用性和技术跳跃所带来的沉没成本制约了生产企业的规模扩张，而流通企业的资产通用性和技术稳定性使流通企业避免了"复制和有选择性控制的不可能性"命题的局限。零售企业没有技术跳跃所带来的资本沉没，只要其技术变化因素、交易费用和管理成本呈现稳定的比例关系，其规模是不受内部因素的制约，复制和强选择性干预就成为可能。类似地，连锁企业在技术相对稳定，销售收入、净利润、管理成本成一定的配比关系的前提下，其规模可以无限制地复制，直到其分店增加所增加的边际管理费用等于其边际净利润的增加。这说明了流通产业时代的到来，并为政府扶持流通产业提供了微观层面的理论基础。①

曹江涛等对模块化企业的边界变动进行了研究。他们把模块化企业看做是由多个具有相对独立性的、半自律性的模块按照一定的规则相互联系构成的复杂系统。企业可以通过模块的分解与整合、替代、去除、增加等操作，以核心能力模块为中心，对企业内部模块和外部市场模块进行灵活地、创造性地整合，以提高资源配置效率和具备比较优势的核心竞争能力。模块化企业之间竞争不仅是单个企业内部生产系统的竞争，而是包含不同模块的多个企业组成的模块网络之间的竞争。融入模块网络的企业不断地与其他企业进行优势互补的合作，所引致的互补效应提高了企业对技术和市场的适应能力，扩展了企业的能力边界。而且，网络组织结构有利于企业更好地利用系统环境中的新信息，企业必须通过融入更多、更大的网络，不断实现与其他企业优势互补的合作来扩展企业能力边界，才能获取持续的竞争力。②

（三）不完全契约及契约治理

学术界从司法干预、赔偿、治理结构、产权以及履约等多个视角，对不完全契约理论进行了研究，形成了新的认识。不完全契约理论进一步深化了我们对现实的理解和把握，增强了契约理论的整体解释力。它对控制权、组织边界、组织结构、金融契约、法律执行和政治制度的解释，打开

---

① 欧阳文和、高政利、李坚飞：《零售企业规模无边界的理论与实证分析——以沃尔玛为例》，载《中国工业经济》2006年第4期。
② 曹江涛、苗建军：《模块化时代企业边界变动研究》，载《中国工业经济》2006年第8期。

了我们认识世界的另一扇大门。①

会计信息相关性与可靠性的分离问题被有的学者纳入契约理论框架加以解释。他们从契约的不完全性以及作为契约履行机制的会计系统在契约中发挥作用出发，分析了股东、经理在会计信息质量特征要求上存在的分歧，认为股东倾向于相关性高的公允计价原则，而经理则倾向可靠性高的历史成本计价原则，原因在于不同信息质量特征的会计利润的波动性不一样，进而导致双方效用的差异。此外，借贷契约、公共产品和税收契约、劳务契约以及其他契约的各方契约主体对会计信息质量要求均存在冲突。正是这些冲突，导致了会计信息相关性与可靠性的分离。②

袁振兴等对公司激励契约中为什么常常包括负债与现金股利支付的承诺做出了解释。他们认为债务支付承诺的"刚性"在控制道德风险方面存在优势，却在传递信息抑制逆向选择方面存在不足，不利于所有者设计并实施激励契约。现金股利支付承诺相对于债务支付承诺具有"弹性"，这种弹性能使股东较好地传递公司的信息。因此，虽然现金股利作为一种缓解经营者机会主义、控制道德风险的方法是低效的，或者作为一种信息传递方法，其成本是高昂的，却可能在抑制逆向选择方面是最佳的。同时，一个基于债务承诺的连续性较大的激励报酬设计集，能改善经营者未来的决策，以使经营者行动与所有者目标趋于一致；一个基于现金股利承诺的激励报酬契约，会产生连续性较低的惩罚，这可以提高对经营者承担未来风险投资的激励。所以，在公司激励契约中常常包括了负债与现金股利支付的承诺。③

卓凯对非正规金融契约治理提出了自己的看法：非正规金融契约执行主要是依靠契约的私人治理机制来实现，主要表现为五种形式，即抵押品化的"社会资本"的治理效应、重复博弈与信誉机制、关联交易与违约成本、联合贷款与连带责任和非法暴力机制。前四种形式体现了非正规金融组织在契约执行方面的比较优势。从激励约束的角度看，这四种形式表明惩罚具有广度和深度。非正规制度安排中人们的合作关系历史悠久，反映了"社会性联系"的相对稳定性。无穷次重复博弈中的惩罚策略能够

---

① 杨瑞龙、聂辉华：《不完全契约理论：一个综述》，载《经济研究》2006年第2期。
② 周晓苏、唐雪松：《会计信息相关性与可靠性的分离——基于契约理论的一种解释》，载《财经研究》2006年第11期。
③ 袁振兴、杨淑娥、刘丽敏：《负债与现金股利共存于激励契约的模型推演》，载《财经研究》2006年第6期。

促成可预见的善行，这个道理同样适应于非正规金融繁荣的情境。但是，最后一种形式非法暴力机制虽然有利于契约执行，但却产生了极大的负外部性，使社会付出了极大的社会成本。①

在劳动力市场上劳动者付出劳动后才能得到报酬的特殊形式使劳动者极易受雇主的机会主义行为的侵犯。郑筱婷等认为，在这种情况下，设计一个可自我实施的契约是理想化的理论探讨，在实践中往往不可能。而正式实施机制不完善导致了非正式的社会关系网络在实施劳动契约的过程中起了很大的作用。那些外来劳动者整体的当地社会关系网络缺乏，进而导致雇主受到的关系网络的约束较少。另外，外来的雇主，同本土企业相比，受到更少的关系网络内的约束；同时，由于能够为招商引资等政府政绩做贡献，往往受到政府的特殊照顾，因而这一类雇主受到的正式制度的约束也更少，愿意投资改善劳动卫生和安全的意愿就越低，其机会主义行为水平也比较高。②

家族式企业组织是中国社会变革和现代化进程中一项制度变迁和制度创新，这类企业契约关系及治理有其自己的特点。付文京研究发现，创业者创业之初的人格魅力、家族文化和价值观作为家族企业最重要的专用性资源使得创业家长仍作为家族的核心掌控家族企业，外聘经理和技术人员一般被安排在非决策性或者专业经验要求较高的岗位上，形成多元治理模式。家族企业剩余索取权与剩余控制权尽可能对应的最理想状态是企业家同时又是一个资本家。最优的企业产权契约必然是一个既是非人力资本拥有者的资本家，又是有经营能力的企业家。所以，家族企业治理应该是契约和关系治理的相机抉择或整合。古典家族企业内部契约的完备性适合家族治理；由于内部契约的不完备性，现代家族企业在趋于多种机制共同治理时，应依据家族企业发展的不同阶段以及成长的特殊环境而在契约治理和关系治理之间相机抉择或整合，使经理人认知并践行家族文化以提高家族企业的决策质量。③

李前兵等研究发现，不同的家族企业采用契约治理与关系治理的强度是不相同的。根据契约治理和关系治理的强度高低，家族企业内部治理模式可以分为四类：强契约治理、强关系治理；强契约治理、弱关系治理；

---

① 卓凯：《非正规金融契约治理的微观理论》，载《财经研究》2006年第8期。
② 郑筱婷、王珺：《关系网络与雇主机会主义行为的实证研究》，载《中国工业经济》2006年第5期。
③ 付文京：《产权契约与家族企业治理演进》，载《中国工业经济》2006年第5期。

弱契约治理、强关系治理；弱契约治理、弱关系治理。他们认为，契约治理与关系治理是替代的看法并不成立。在契约治理较强的家族企业照样可以采用较强的关系治理。而且家族企业内部治理模式对企业经营绩效有着显著的影响。当家族企业契约治理和关系治理强度较高时，企业绩效就高。因此，家族企业在推动管理专业化的过程中，应当加强企业内部的契约和关系治理，约束双边机会主义行为，以促进企业顺利融合外部人力资本，实现持续成长。①

（四）有效委托代理与相容激励理论

实践表明，企业业绩不仅取决于代理人，也取决于委托人的委托效率。对此李富强等联系多元目标，对相容激励和有效委托理论进行了研究。他们认为，若企业存在多元委托目标，只有解决好委托目标的非兼容和非一致性问题时，企业才可能实现最优效率。我国国有企业委托人主要是政府，政府存在多元委托目标且委托目标集具有非一致性特征，国有企业经理往往选择"晋升"、"退出"等非市场化行为即行政激励目标，而弱化其他目标，导致了我国国企经济运行的无效均衡。因此，在国企改革实践中，应充分关注国企委托人（政府）的多元委托目标的相容性和市场化改革，而非仅局限于产权改革。同等关注委托人和代理人，同时开展委托和代理的双向改革才有可能根本解决国有企业治理问题。②

袁江天等在多任务委托代理模型下研究了国企经理的最优激励问题。他们认为，若多工作任务努力的激励成本之间相互独立，那么激励相容条件下的各工作任务的最优业绩报酬也是相互独立的，且最优业绩报酬是绝对风险规避度、边际激励成本变化率和可观测变量方差的递减函数；如果多工作任务激励成本是相互依存的，那么在激励相容条件下，政治性活动和满足上级偏好的最优激励合同为"门槛型激励合同"，即只有当国企经理所创造的业绩超过一定的"门槛值"时，对其的激励才是正向的，否则将是负向的。由于国企经理的行政任命制，将不可避免地导致国企经理在经理岗位上要同时从事经营性、政治性、满足上级偏好这三项代理任务。因

---

① 李前兵、颜光华、丁栋虹：《家族企业引入职业经理后的内部治理模式与企业绩效——来自中小家族企业的证据》，载《经济科学》2006年第2期。

② 李富强、王林辉、董直庆：《国企治理新模式：多元目标、相容激励和有效委托理论及实证分析》，载《中国软科学》2006年第1期。

此，应当建立国企经理人市场以强化国企经理的市场化选择机制。①

徐懿等把不良资产处置效率问题纳入委托代理模型加以研究，他们在构建资产管理公司简单委托代理模型的基础上，进一步建立了包含道德风险行为的委托代理模型，并通过两模型最优契约结果的对比分析，对资产管理公司的激励机制进行了理论探讨。结果表明，提高资产管理公司对不良资产处置收益的分享比例是防范道德风险行为的有效途径之一；如果激励不足，资产管理公司运作的道德风险问题就会加剧；增加资产管理公司的分享比例同时起到增强资产管理公司的努力程度和有效抑制道德风险行为的作用；为防范道德风险，采取激励政策的同时要建立约束机制，加强对资产管理公司的监管。②

陈剑波等对土地集体所有制中的委托代理关系进行了研究，在社会保障制度不完善的条件下，土地集体所有是既有的现实选择，这就使集体所有治理结构中存在的委托—代理关系，随着农户经济结构的转型正成为农村改革与发展面临的新问题。集体所有治理结构上具有不同于公司治理结构的特点：土地集体所有制不仅缺乏个人化的所有权且股权分散而平均，造成集体行动更高的成本，产生内生的委托—代理难题，并且无法通过社区外的竞争性市场来解决；集体所有制的成员既是生产者同时也是社区成员，代理人的行为几乎随时可以被观察。另外，农户经济结构的转型使依赖土地维持生计的重要程度下降，而财产和保障职能的重要性上升，结果是对地权权益的可分割性和可交易性有了新的要求，农民不得不对处分权予以关注，以保障土地使用权交易的安全性。③

我国近些年来矿业事故频发，赵连阁认为，这与政府对矿业安全投入的监督不足有关；而政府监督不足的制度性根源在于监督者的败德行为、委托代理关系错位和监督者激励不足等。因此，摆脱政府监督和矿业企业安全投入低水平均衡是破解中国矿业生产事故多发难题的关键。为此，要加强政府监督、提高矿工自组织程度和技术水平、强制实施的相对合理的事故补偿，建立独立的矿业安全监管机构。④

---

① 袁江天、张维多：《任务委托代理模型下国企经理激励问题研究》，载《管理科学学报》2006年第6期。

② 徐懿、蒲勇健：《金融资产管理公司激励机制研究——从防范道德风险的角度》，载《金融研究》2006年第3期。

③ 陈剑波：《农地制度：所有权问题还是委托—代理问题?》，载《经济研究》2006年第7期。

④ 赵连阁：《政府监督与矿产业安全投入的经济分析》，载《经济学家》2006年第1期。

(五) 市场结构与市场绩效

杜传忠等研究了网络型寡占市场结构及其与企业技术创新的关系，他们认为，网络型寡占市场结构应成为实现中国企业自主技术创新的最有效的市场结构形式。我国寡占型市场结构不是单独由若干家大企业所支配的市场结构，而是大企业与大企业之间、大企业与中小企业之间通过各种经济、技术联系形成的协作型或网络型市场结构，它兼具竞争性与合作性的双重特征。寡占型大企业是这种网络型市场结构的基本"骨架"，强烈的技术创新动机和充足的技术创新实力是实现这种市场结构技术创新效应的保证。为形成这种市场结构，必须进一步发展有竞争力的大企业；调整和优化企业组织，再造企业流程；加强企业协作，发展企业网络和进行合作创新。①

张晖研究了开放条件下的市场结构变化及其对国有经济改革的影响，他把国有企业改革的差异归结为市场结构的多样性。研究表明：（1）民营化确实可以提高经济的配置效率，但不同的市场结构要求最优民营化的比例不同，完全的民营化不是提高资源配置效率的最优解；（2）本国民营企业和外国企业的进入都可以提高本国国有企业的民营化程度，但国内企业对推进民营化进程的作用要大于国外企业，同时国内企业的大量进入，可以保证社会福利不被国外企业瓜分，从而提高本国利益；（3）转轨国家要实现经济开放，准许外国企业的进入，但要把更多的机会提供给本国的民营企业，鼓励本国民营企业的发展；（4）转轨中忽视市场结构的差异，以"一刀切"的方式实施全盘私有化路线会使改革后的社会福利水平大幅度下降；（5）即使转轨国家成功地解决了转轨问题，并使经济走上快速发展的道路，那么在国民经济中也会有一定比例的国有经济存在，这符合社会福利最大化的改革出发点。②

陈璐等认为我国保险公司存在规模不经济、效率与效益方向不一致，股份制保险公司没有发挥现代企业制度的优势，中资公司没有发挥本土优势等现象，这也表明传统的 SCP 假说在我国保险业存在。我国保险市场结构中较高的市场集中度，是政府推动形成的自然垄断市场结构。改革是

---

① 杜传忠:《网络型寡占市场结构与企业技术创新——兼论实现中国企业自主技术创新的市场结构条件》，载《中国工业经济》2006 年第 11 期。
② 张晖:《开放条件下的市场结构变化与国有经济改革》，载《经济评论》2006 年第 5 期。

通过增加有效率企业的数量，扶持中小型股份制保险公司，鼓励新兴商业保险公司之间的有效率的并购，这样既可解决新兴商业保险公司规模过小、分支机构不足的问题，又可使其发挥规模经济的效率，从而使国有保险公司和新兴商业保险公司进行优势互补、协调发展，促成保险业市场结构的优化和绩效的提高。①

孔令刚等以安徽市场为例研究了FDI对本土零售业市场结构变化的影响。他们认为，如果跨国零售商进入安徽零售市场并且成为主导零售商，就有可能在零售业内占有极高的份额甚至垄断零售市场，这就意味着本土零售企业逐步退出零售市场竞争的主战场，其出路无非是：加入跨国公司的全球销售体系；与进入的跨国公司建立合资经营公司；生存于行业市场的若干子市场；依靠政策保护维护非稳定的市场份额；退出零售业市场。但同时又认为零售业在我国采取的是一个渐进性的对外开放政策，不同的外商投资企业来自不同的跨国公司，在市场上主要是竞争关系，而不是稳定的串谋关系，多家跨国公司以及当地企业的竞争，会大大减少少数巨型企业在市场上居于控制地位的可能性。而且中国内地市场容量巨大，被少数跨国公司长期垄断的可能性很小。②

（六）垄断与规制

汪秋明认为，自然垄断产业中，由于规制机构与被规制企业之间存在着信息不对称，价格规制政策的实施效果受到制约，而制度背景和经济发展程度是设计一个适合国情的规制定价机制必须考虑的前提因素。基于我国目前制度中存在较高的公共资金成本、低效率的审计和核算制度、规制承诺（威胁）的可信度较低等特点，我国宜选择激励强度较低的规制定价机制，并提出了适合我国目前制度特征的电信产业规制定价总体模型——基于收益率规制并加入动态激励因素的规制定价模型。③

白让让等认为，在缺乏有效规制的背景下，对自然垄断产业实施的等同于一般产业的"放权让利"式改革，为利益集团的成长提供了制度条件和资金支持。由于管制权力分散在诸多的"条块"之间，"厂网分开"

---

① 陈璐：《保险产业市场结构和市场绩效的关系研究》，载《经济经纬》2006年第6期。
② 孔令刚、蒋晓岚、张红平：《FDI对本土零售业市场结构变化影响的理论和实证研究——以安徽市场为例》，载《数量经济技术经济研究》2006年第12期。
③ 汪秋明：《规制定价机制的激励强度权衡与模型设计》，载《中国工业经济》2006年第3期。

后也没有建立权威性的专业机构，不同利益取向的参与者之间的博弈使电力产业的规制放松陷入困境。为此应进行纵向结构的再造，同时设立零售价格的最高涨幅限制，在公平强制介入的前提下，消除不同企业上网电价的差别，尽快出台输电定价机制，以大用户直接购电来弱化售电企业的垄断势力。①

肖兴志等对中国电力产业规制效果进行了实证检验，结果表明，明确的规制框架、独立的规制机构和不断成熟的规制对象在统计意义上显著促进了中国电力产业总量的提高、价格水平和垄断利润的降低以及效率的改进，但在改善服务质量方面尚未发挥明显作用。为此他们提出了如下建议：（1）完善电力规制方式，提升电力规制质量；（2）理顺电力价格体系，维护市场运行规则；（3）将能源效率和环境目标融入竞争性电力市场的规制体系；（4）研究表明，中国电力企业的成本结构和利润分配不合理，原料投入以外的成本过高，这与目前高涨的电力产业"减薪"压力相呼应，因此要加强电力成本审计，完善规制信息监控机制。②

在垄断性产品的价格管制中，多数学者大致认同价格上限管制"不劣于"投资回报率管制。但实践表明价格上限管制也可能存在潜在问题。王建明等认为，价格上限管制在我国应考虑特定垄断产业的客观特征。在特定垄断产业，价格上限管制实际应用与否取决于收益和成本的相对值，即取决于技术变革速度和信息不对称程度这两个变量的合作用力；同时价格上限管制要考虑供求情况，在需求高速增长，需要大规模投资的产业，采用价格上限管制的可能性就比较低。相反，那些供过于求需要提高效率的产业采用价格上限管制的基础就比较稳固。他们认为，垄断产业的民营化改革和引入竞争机制将为价格上限管制的应用创造良好的条件；从投资回报率管制向价格上限管制的转变可以渐进进行。③

苑春荟等以电信产业为背景，分析了管制与市场竞争机制的协同与互补，及企业产权结构对管制目标、市场绩效的影响。他们认为，引入竞争和产权结构调整是管制改革的两条主要路径。管制改革的作用机理不仅在于引入竞争、实行激励性管制政策、刺激投资、激励创新等管制政策措施

---

① 白让让：《制度偏好差异与电力产业规制放松的困境——"厂网分开"引发的深层思考》，载《中国工业经济》2006 年第 3 期。
② 肖兴志、孙阳：《中国电力产业规制效果的实证研究》，载《中国工业经济》2006 年第 9 期。
③ 王建明、李颖灏：《价格上限管制的应用：理论基础、关键问题和实施对策》，载《经济评论》2006 年第 5 期。

改善市场绩效，而且还在于在管制制度安排中，建立最大化利用市场，不断减少管制的机制，同时要使管制政策与被管制市场经济特征相匹配，使管制与市场互动。此外，引入竞争的管制政策必须与企业产权结构调整相结合才能取得良好的市场绩效。①

丁守海运用 SVAR 模型考察了垄断和竞争对投资领域"托宾 q"值的影响。他们认为，在我国投资领域"托宾 q 说"并不成立。相反，还存在明显的"反托宾 q"现象。q 值在不同行业间的分布差异，与垄断行业的投资保护以及过度竞争行业的投机行为相互交织，是造成"反托宾 q"现象的主要原因。q 值较高的行业都是国民经济的基础部门、命脉部门和新技术部门，具有较强的垄断性和资产专用性，资产进出障碍大，由此阻滞了 q 值对投资的传导通道；而 q 值较低的行业，多为过度竞争行业，不仅 q 值处于失灵区，对投资发挥不了引导作用，而且在不合理的投资体制下，q 值反而成为企业投机的引导装置，由于投机与投资资金此消彼长，总投资与 q 值背道而驰。因此，为弱化"反托宾 q"倾向，提高投资的理性程度，当前应加快投资体制改革，放宽垄断行业管制，减少对民间资本的准入限制；同时也应进一步遏制资本市场的投机行为，合理引导企业资金流向生产领域。②

杜云认为网络经济下的垄断与传统经济中的垄断是不同的，网络经济的垄断从静态效率来看是不存在效率损失的，是网络外部性和供给方规模经济共同作用的结果，不会对社会福利产生不利的影响。这种垄断是暂时性的，并没有消灭竞争、遏制创新，而是在日益激烈的技术竞争环境下，旧的垄断不断被新的垄断所替代，始终处于一种不断的消长和换位的运动之中。政府的反垄断措施如果加之于这样的企业，反而会导致市场效率的损失。③

在现代信息产业，网络竞争是形成标准的主要方式，信息产业的绝大部分标准都是通过市场机制形成的。但冯根福等认为，在网络外部性的情况下：(1) 市场化的标准形成机制可能是无效率的，例如通过市场机制形成的多重标准或垄断性统一标准是无效率的；(2) 在网络外部性强烈的信息技术领域，事实标准的垄断控制可能形成垄断价格，对消费者构成损害，

---

① 苑春荟、赵召兵：《电信业管制改革的路径、机理和政策工具》，载《中国软科学》2006年第6期。

② 丁守海：《托宾 q 值影响投资了吗？——对我国投资理性的另一种检验》，载《数量经济技术经济研究》2006年第12期。

③ 杜云：《网络经济中的垄断与公共政策分析》，载《当代财经》2006年第3期。

也可能遏制新技术的发展和应用;(3) 在网络外部性强烈的领域,网络竞争必须要设立以技术标准化为基础的网络合作为前提,这样才不会以社会福利的降低为代价;(4) 在网络外部性强烈的领域,政府对标准化的干预是有效的,如移动通信领域。另外,政府还需要制定标准中的知识产权规则,鼓励企业开发核心技术,政府制定标准化政策应当以社会福利最大化为目标。①

刘茂松等考察了柔性契约与垄断结构企业模式问题。柔性契约是基于企业组织网络化、模块化、虚拟化和无边界化而提出的作为规制网络组织内部或网络组织之间的契约安排,能够高效地根据经营环境的变化进行调整。新经济条件下各缔约主体究竟采用哪种类型的柔性契约网络结构,关键在于根据外界环境的变化排列、组合、增加和减少原子型契约,形成各具特色和效率的垄断结构企业模式。在柔性治理中,单个企业的权威力量在企业边界外的交易中削弱,而整个网络组织的权威则向知识资本、人力资本和智能资本转移。并且,传统的实体企业权威主要表现为行政力量,而现代网络组织权威主要表现为核心主体利用其资本、知识、信息、网络、声誉和市场优势所形成的高效率的垄断结构势力。这种垄断结构势力,不仅有助于企业实现规模经济基础上的范围经济,形成具有市场控制力优势的"势力经济",而且又能适应新经济时代技术创新的要求,加快企业技术进步。②

张晔等考察了买方垄断势力下跨国公司对当地企业的影响。他们认为,下游跨国公司凭借强大买方垄断势力,对当地配套企业的纵向压榨,可能使得后者不仅难以在全球价值链上攀升,并可能失去生存空间。影响下游跨国公司实施纵向压榨的因素包括中间产品市场和最终产品市场状况。前者决定了跨国公司能否施展买方势力来提高自身利润,后者则对其是否施展买方势力来维持利润产生影响。对于东道国政府和企业而言,对价值链最终产品市场的需求弹性和竞争程度的事前考察可以避免轻率陷入被压榨的命运,而改变中间产品市场则具有更多的手段和策略。在价值链下游环节中跨国公司已经形成较强买方垄断势力的状况下,相应提高上游配套环节中当地企业的市场势力,能够产生抵消作用,避免自身处于被压榨境地。③

---

① 冯根福、李再扬、姚树洁:《信息产业标准的形成机制及其效率研究》,载《中国工业经济》2006 年第 1 期。
② 刘茂松、陈柏福:《论柔性契约与垄断结构企业模式》,载《中国工业经济》2006 年第 5 期。
③ 张晔:《论买方垄断势力下跨国公司对当地配套企业的纵向压榨》,载《中国工业经济》2006 年第 12 期。

（七）公司治理机制与治理结构

李新春等通过考察企业家控制的企业和国有产权企业研究了公司治理的内在逻辑。在企业家控制的企业中，企业家内生约束机制来自外部市场的制度性制约以及企业家长期发展战略的约束。企业家拥有的所有权本身就是一种治理机制，其凸显出来的是企业家精神几乎不受内在约束的状态——自我激励和公司治理的自我实施是其典型特征。在单纯国有或公共产权企业中，企业家几乎不受所有权的激励或约束，对控制权的控制近似地成为公司治理的惟一内容，企业家精神在缺乏激励时表现低下甚至"封闭"。两种情况分别被称为企业家精神的"激励机制"和"保健机制"。好的公司治理或优的公司治理绩效是激励与保健机制的有机组合。实证结果表明，就家族企业而言，激励机制对企业家精神具有显著的正向促进作用，保健机制则表现为不作为或失灵；就国有企业而言，激励机制对企业家精神无显著影响，保健机制则对企业家精神具有较为显著的"倒 U 型"作用。①

现代公司治理理念由"股权至上"的单边治理逻辑转向"利益相关者"共同治理的多边逻辑。杨继国等认为，这种治理模式是中国家族企业发展方向。而国有企业改革中最重要的问题是在公司治理模式中缺少职工的有效监督作用，从而导致国有资产大量流失，阻碍国有企业改革的深化与推进。并证明现有国有企业治理结构在不能解决有效监督的前提下，对企业管理者的"激励机制"可能成为"逆向激励"。因此将职工监督机制引入监督模型能很好地解决这一难题。职工剩余控制权分享应该在借鉴德、日经验基础上，根据我国国情，设置法律赋予职工进入董事会或监事会权力的制度安排。②

王宣喻等认为，一个有效率的治理结构安排是外部社会制度环境的函数，治理结构的有效性更多地体现在对外部环境的适应性方面，治理结构的变迁应该有相应的制度环境相配套，否则，家族企业进行强制性的制度变迁可能会带来企业总剩余的损失。中国制度环境和文化环境没有发生根本性的变化之前，大规模推动家族企业或民营企业上市可能不是一个明智

---

① 李新春、苏琦、董文卓：《公司治理与企业家精神》，载《经济研究》2006 年第 2 期。
② 杨继国、童香英：《逆向激励、国有企业监督与职工剩余控制权》载《中国工业经济》2006 年第 5 期。

的决策。政府监管部门应考虑如何改善宏观、微观层面的社会环境；而家族企业应先把企业做强，等到社会环境、社会信用增强到一定程度时再谋求上市也不迟。①

杨丰来等把中小企业融资难与企业治理结构联系起来考察认为，信息不对称引发的逆向选择和道德风险将导致借贷市场出现信贷配给。由于小企业所有权与控制权结合较为紧密，缺乏职业经理人对股东的制约，道德风险问题更为严重，理性的银行能对此作出正确预期，并在信贷资金的配给上倾向于大企业而排斥小企业，这反映小企业较大的债务融资代理成本。解决方法：一是建立强有力的个人破产法律制度，落实对独资企业和合伙企业的税收优惠，以鼓励个人创业采取合适的企业法律形式；二是建立和完善中小企业融资体系。②

范黎波等考察了基于网络的企业治理机制。他们认为，企业的网络学习是解决企业网络低效率的重要机制。网络学习包括两个基本范畴：一是成员企业的知识学习能力积累；二是成员企业通过知识转移、扩散和消化吸收等途径实现的网络的知识学习能力积累。在企业网络中，最有效率的治理方法是建立一个网络知识共享平台，提高学习效率，并对成员企业的知识学习能力积累产生激励作用。最重要的是，网络知识共享平台使网络中的公共知识资源具有了产权明晰的"虚拟私有"性质：每家成员企业都可能将公共知识资源视为自家企业的私有产权。另外，政府要确定产业的主导要素，通过刺激主导要素发生变化，诱导企业网络的形成、建立和创新。③

刘仁军认为，关系契约有两条形成途径：一是由专用性资产而形成的双方依赖；二是动用个体社会资本而锁定双方的关系。相应地，企业网络可分为契约型和关系型两大类。关系型企业网络产生的根本原因是中国独特的家族文化。因此，家族企业及其网络的发展和寻租性企业网络的大量出现是转型期的必然现象。然而，随着专用性资产的投资变大，关系型企业网络所带来的效率损失就会愈发明显。关系型企业网络经济转型要求企业网络从关系型向契约型转变，实质就是从关系治理向契约治理的转变。④

---

① 王宣喻、李跃、王陈佳：《环境约束与家族企业上市时机选择》，载《中国工业经济》2006年第5期。
② 杨丰来、黄永航：《企业治理结构、信息不对称与中小企业融资》，载《金融研究》2006年第5期。
③ 范黎波、张中元：《基于网络的企业学习与治理机制》，载《中国工业经济》2006年第10期。
④ 刘仁军：《关系契约与企业网络转型》，载《中国工业经济》2006年第6期。

(八) 国有企业改革

吴金明等考察了"边缘性企业"现象，并提出改革治理设想。所谓"边缘性企业"实质是"内部人控制"的"外部化"，即以提高母体"内部人"的局部福利为目的，由母体在母体之外依法设立，其核心经营资源完全或部分地脱胎于母体，其剩余控制权与索取权基本上配给母体"内部人"。"内部人控制"的手段变得更加隐蔽，"边缘性企业"减少全社会福利。因此必须进行改革，凡是提供私人物品的国有企业，就应该实行非国有化，改制为其他公有制或非公有制形式，按照一般企业制度的规则运行；凡是提供公共物品和可收费物品且必须保持国有制的企业，按照国有企业的内在要求建立特殊企业制度。①

流行观点认为国有企业绩效下降后的管理层收购是可以明晰企业产权，从根本上改善企业经营绩效。但汪伟等的研究表明，供求双方激励扭曲下的管理层收购反而是导致20世纪90年代中后期以来国有企业绩效下降的重要原因。从需求看，攫取由双边垄断的交易结构和以净资产价值为基础的交易价格共同形成的巨额"交易利润"是管理层收购国有企业的主要动力；从供给看，预算约束硬化下以财政收入最大化为目标的各级政府总是存在卖出绩差国有企业的积极性。均衡分析表明，在法制和资本市场不完善时期，管理层通过关联交易、操纵项目投资等灰色方式制造企业绩效恶化的假象，却可能无损于真实绩效；而随着法制和资本市场的完善，使企业绩效真正地变差反而可能是管理层的最优选择。②

黄群慧等认为，国有企业管理腐败呈现出从以侵吞国有资产为主的国有企业领导人个人腐败逐渐减弱、以行政垄断腐败为主的国有企业群体腐败日益严重的新特征。国有企业逐渐集中于一些所谓具有自然垄断特性和关系国计民生的战略性行业。这些国有企业追求更高的福利，产生更大的群体管理腐败问题。他们认为，政府的功能不应通过各种措施保证国有企业的垄断性利润，而应将经营性国有资产更多地转化为公共服务资产。③

---

① 吴金明、罗涛：《边缘性企业："内部人控制"的"外部化"》，载《中国工业经济》2006年第7期。
② 汪伟、金祥荣、汪淼军：《激励扭曲下的管理层收购》，载《经济研究》2006年第3期。
③ 黄群慧：《管理腐败新特征与国有企业改革新阶段》，载《中国工业经济》2006年第11期。

汪海粟等研究了外资并购中国有无形资产难以实现资本化的问题。他们认为，国有无形资产资本化障碍的形成，除了因无形资产自身的无形性和不确定性特征导致的客观原因外，更关键的还是制度层面的体制约束和技术层面理论与方法研究滞后因素。要解决这些障碍，一是需要从国有企业管理体制入手，解决产权交易中的"出资人代理风险"和地方政府非理性决策问题；二是加强无形资产评估理论研究，解决国有无形资产存在形态虚化问题。国有企业的无形资产优势主要体现在市场类、集合劳动力类、资质类和工艺专有技术类无形资产方面，通常呈隐性状态。通过这些隐性无形资产的显性化，可以发现国有企业在外资并购中的无形资产优势，从而掌握定价谈判主动权。①

针对以私有产权替代公有产权，以出让经营权的方式改革公用事业等方法存在的负面影响，王自力认为，政府以出让部分收益权为代价，通过市场融资，能够保证关键的经营权及定价权不会因为市场利益扭曲资源配置效率，还能继续满足公用事业产品的有效社会需求。因此，走融资之路是当前中国公用事业改革比较现实的选择。但需要注意的是，公用事业改革是利益的重新分配过程，是行业经济问题，也是公共选择问题。②

（九）企业并购与改制的绩效

洪道麟等认为，我国上市公司的多元化战略对短期绩效没有显著影响，但是并购会造成收购方长期绩效的下降。同业并购并不会对收购方绩效造成显著影响，而多元化并购会显著损害收购方的长期绩效，其影响在并购发生后大约24个月得以体现。在1~3年内，多元化并购会给收购方公司股东造成大约7.2%的损失，相对于同业并购，多元化并购的股东价值损失大约为11%。狂妄假说和自由现金流假说可以较好地解释我国企业的并购类型选择动机。绩效越好，实力越强，管理层就越容易受到狂妄情绪的影响，这些企业也就越容易选择多元化并购；而自由现金流越多，企业也越容易进行多元化并购，表明我国企业的多元化选择可能受到了代

---

① 汪海粟、文豪：《外资并购中的国有无形资产资本化研究》，载《中国工业经济》2006年第9期。

② 王自力：《江西公用事业改革的权利结构变动、比较与选择》，载《当代财经》2006年第9期。

理问题的影响。①

白重恩等的研究发现,企业改制后经济效益改善主要是通过节约管理费用和财务费用来实现的,而销售利润率提高的幅度较小,并且只在改制的初期有显著作用。所以,改制企业要想取得经济效益的持续改善,应该在节约生产成本、提高销售毛利润率上下功夫。另外,整体上说,国有控股方式改制的社会效果好一些,而非国有控股方式下的经济效果更好。对于那些对社会稳定和财政收入特别重要的国有企业应该采用国有控股方式,在不对社会稳定造成大的冲击的前提下通过引入部分非国有股份加强企业内部管理和监督。而对于其他国有企业,可以通过非国有控股的形式,使企业从社会负担中解脱出来,提高改制的经济效益。②

刘兴强等认为,不同的上市制度与不同上市方式的结合对于不同控制权结构的形成有着显著的影响。而不同的控制权结构对于公司治理绩效也有显著影响:外部控制的控制权结构对于公司绩效的负向作用最明显,而介于集团控制和外部控制之间的混合控制模式可能是最优的,集团控制和内部人控制比外部控制好,但是对于公司绩效的影响不明显。对于我国的国有上市公司而言,外部控制的控制权结构对企业绩效的影响呈负向作用,即政府完全控制下的企业目标约束多元化导致企业的财务价值无法达到最大化。混合控制的控制权结构是符合目前国内的实际需要的:它降低了政府通过企业实现非经济目标的可能,也避免了经营层的道德风险和逆向选择行为,保证了企业财务目标的实现。③

胡一帆等研究发现:(1)私有股份和外资所有股份对公司生产率较国有股份具有更大的激励作用。在私有股份中,法人股和高管及其雇员持股能够有效促进公司生产率,而外部人持股则不能。(2)在国有股中,法人股和地方政府持股与公司生产率具有负相关性,而中央政府以及省级政府持股对公司生产率的促进作用不显著。(3)在法人股中,只有私有法人股和公司生产率正相关。在竞争性领域,中国国有企业的民营化改革

---

① 洪道麟、刘力、熊德华:《多元化并购、企业长期绩效损失及其选择动因》,载《经济科学》2006年第5期。
② 白重恩、路江涌、陶志刚:《国有企业改制效果的实证研究》,载《经济研究》2006年第8期。
③ 刘兴强、段兴军:《国有上市公司的上市模式、控制权结构与企业绩效》,载《金融研究》2006年第5期。

是有效的。①

张晖认为，转轨国家自然垄断行业改革进程取决于转轨国家市场发育程度以及改革的初始条件。在这一进程中，混合所有制的企业竞争模式比完全私有化的企业竞争模式的社会福利水平高，也是更适合于转轨国家自然垄断行业改革的所有制选择模式。民营化可以提高经济绩效，但是绩效的提高也依赖于其他结构性改革。另外，自然垄断行业的产权改革必须保持国有经济的控制力。②

五、国际经济学研究的新进展

2006年，我国经济界对国际经济学的研究取得了新的进展，最突出地表现在以下四个方面。

（一）人民币汇率水平与汇率制度改革

1. 人民币汇率合理水平的判断

针对目前人民币汇率水平，学术界形成了不同的观点。

一种观点认为，人民币汇率目前被低估，适当的升值是合理的。赵志君等认为，2000年以来，人民币名义有效汇率处于被低估状态（平均低估幅度为17%），因此，人民币名义有效汇率应适当长期升值。考虑到人民币汇率一次性调整产生的问题和滞后积累效应，中国经济可以承受的年度汇率调整为7%，这样的升值不至于造成通货紧缩和贸易赤字。③ 温彬认为，人民币汇率合理水平的确定取决于中国经济发展的总体情况，从目前看，人民币汇率小幅升值可以避免对经济增长、企业经营和就业的冲击，有助于金融部门和企业加强汇率风险意识。④ 吕巍鑫主张，国内经济

---

① 胡一帆、宋敏、郑红亮：《所有制结构改革对中国企业绩效的影响》，载《中国社会科学》2006年第4期。
② 张晖：《转轨经济中自然垄断行业规制改革及绩效差异的比较研究——竞争、所有制与激励机制选择》，载《经济评论》2006年第6期。
③ 赵志君、金森俊树：《人民币汇率重估：实证分析和政策含义》，载《数量经济技术经济研究》2006年第10期。
④ 温彬：《人民币汇率改革的效率和趋势分析》，载《国际金融研究》2006年第3期。

失衡用国内的调控手段调节，国际经济失衡用调节国际收支的工具进行调节。目前我国面对的是国际经济失衡，应该用汇率来调节。人民币小幅升值以来，我国宏观经济未受到明显影响，人民币汇率继续调整将优化我国产业结构。在美元连创新低和其他亚洲货币纷纷升值情况下，人民币汇率也应相应调整升值，这不仅有利于国内短期的宏观经济调整，也有利于未来中长期的增长质量，同时可以缓解中国在全球经济失衡问题上受到的压力。① 李天栋强调，汇率不仅仅具有比价属性，还有杠杆属性，它能够促进要素禀赋的变迁，促进生产方式的进步和经济增长质量的改善。我国的经济增长应该在人民币逐步升值的过程中实现。但是，汇率升值本身是有风险的，如果汇率升值不但不能改善经济结构和经济增长的质量，还破坏了经济持续增长的基础，那么汇率升值就会变成坏事。② 高雷等认为，汇率水平与国内外经济环境相关，目前中国宏观经济整体运行稳定，经济增长较快，外汇储备充足，外贸出口仍有增长空间，人民币汇率水平从长期看必然呈升值趋势。③

但对于人民币升值的幅度，冯涛等提出不宜过高。他们认为，从当前新一轮宏观经济波动特征看，目前中国国际收支顺差过大、外汇储备增长过快，加剧了宏观经济过热。由于我国劳动力价格水平与发达国家相比差距过大，是影响商品价格水平的一个长期性的主导因素，短期内不可能大幅度缩小这一差距。通过调整名义汇率来解决顺差过大的思路，要受制于价格总水平调整幅度的局限。因此，目前不能采取人民币汇率水平大幅升值的办法，来解决国际收支失衡和外汇储备过快增长的问题。人民币汇率水平向真实汇率回归，是一项相对长期的政策选择，短期的汇率政策只能以外汇储备的结构调整为主导。④

另一种观点认为，人民币汇率应保持稳定。卜亚等认为，从货币替代的汇率效应这一角度分析，当前应当继续保持人民币汇率的基本稳定。由于货币替代的"免行动区间"的存在，央行持续扩张本币就会引发长期的不可逆转的货币替代，并导致本币汇率的贬值幅度超过货币供给的增长

---

① 吕巍鑫：《全球经济失衡背景下的人民币汇率调整探究》，载《国际关系学院学报》2006年第5期。
② 李天栋：《人民币汇率政策的目标与条件——基于经济增长视角的研究》，载《国际贸易》2006年第6期。
③ 高雷、王升：《人民币汇率问题的实证分析》，载《经济纵横》2006年第1期。
④ 冯涛、张蕾：《宏观经济波动与人民币汇率政策的影响因素分析》，载《当代经济科学》2006年第11期。

幅度,产生汇率的"放大效应",也会加大央行为维持固定汇率制的成本。因此,从较长期来看,应逐步为提高汇率形成机制的市场化程度创造条件,减轻央行被动操作的压力,进而放松人民币汇率的浮动范围,实行灵活的汇率制度。[1] 张亮认为,人民币面临升值的压力,说明人民币的国际地位在提升,我国的国力在不断增强。尽管人民币短期实际有效汇率对外商直接投资影响并不大,但从长期看,实际有效汇率下降(人民币贬值)有利于我国吸收外国直接投资(FDI)。从中长期来看,应保持人民币汇率的相对稳定,这有利于增强外商对人民币的信任感。[2] 吴世泽认为,从长远看,人民币确实应当升值,但目前宜缓不宜急。因为涉及需要解决的三个问题:一是如何应对出口的衰退从而就业机会的减少;二是如何减少由于升值而导致的外汇储备缩水;三是如何应对巨量国际外汇资本的进入。[3]

还有一种观点认为,人民币有可能贬值。韩红梅提出,我国资本市场、货币市场、外汇市场和银行部门的改革,有一个深化过程,在目前经济发展不平衡情况下,存在较大的结构问题和潜在风险,这可能会导致人民币汇率的贬值。[4]

2. 人民币汇率制度改革和政策目标

人民币汇率制度改革是我国适应经济改革和开放以及经济全球化必须面对的一个重要课题,大部分学者认为人民币汇率制度应进行改革,但在改革的政策目标和进程上观点并不一致。有的学者认为,汇率制度改革目标应以市场化为导向,渐进地实现有管理的浮动汇率制度;有的学者认为,应以增强汇率灵活性为目标,提高人民币汇率浮动幅度、增加汇率变化的频率并实行双向浮动;也有的学者认为,汇率制度改革应以稳定汇率为基础,汇率政策目标应降低人民币升值预期。

巴曙松认为,汇率问题的复杂性在于其不仅涉及到经济问题,往往还与政治等问题相联系。我国作为发展中国家,应淡化汇率所承担的促进贸易乃至一些可能的政治色彩,重新回归到将汇率作为一个经济杠杆和经济

---

[1] 卜亚、马才华:《当前人民币汇率制度的选择——基于货币替代的汇率效应和"免行动区间"理论的分析》,载《管理评论》2006年第10期。
[2] 张亮:《实际有效汇率和我国外商直接投资的协整分析》,载《管理评论》2006年第1期。
[3] 吴世泽:《人民币应暂缓升值》,载《山西高等学校社会科学学报》2006年第9期。
[4] 韩红梅:《人民币汇率变动趋势分析》,载《经济论坛》2006年第16期。

政策工具的本来功能上来。汇率政策的目标，应当就是服务于我国经济的持续平稳增长和宏观经济的平衡。随着我国参与国际市场程度的进一步加深，我国遭遇国际经济金融摩擦的可能在增加，增强我国的国际经济协调能力和国际政策的沟通变得很重要。①

刘伟提出，以市场供求为基础的、有管理的浮动汇率体制的改革目标，应该渐进地、通过一个长期的过程来实现。目前中国外汇市场的市场化程度还不高，这一方面可能影响人民币汇率真实地反映其市场供求关系，并可能影响经济资源合理配置的效率；另一方面，它也保护了我国民族经济的平稳发展。在汇率制度改革上，应该形成一个长远规划，使它的改革和中国的经济体制改革、经济增长和发展目标结合起来。从长期的具体实施上，应该考虑在稳定人民币汇率的基础上，随着中国国家实力和整体技术水平不断提高，相应地提高人民币汇率，实现人民币汇率与中国经济发展间的动态均衡。②

王健认为，鉴于中国汇率政策的微观基础是企业以间接融资为主和金融体系以银行业为主，企业对利率变化的敏感性高于汇率变化，因此，调整汇率政策需要新思路。可考虑提高人民币汇率浮动幅度、增加汇率变化的频率和实行双向浮动的办法，使人民币既能升又能降。这样就既能改变企业对利率的偏好，促进人民币利率市场化，也有助于以市场机制决定汇率，缓解国际上要求人民币升值的压力。③

雷小燕认为，我国人民币汇率形成机制仍存在着外汇市场发育不完善、现行汇率不能真正反映外汇市场供求、灵活性不强、汇率维持成本较高等许多内在缺陷，要进一步完善人民币汇率的形成机制，应使人民币汇率的形成向国际化靠拢，人民币汇率真正地按市场机制来运作。④

马昀认为，人民币汇率政策的主要任务应当是在稳定汇率的前提下，从政策上弱化人民币升值的预期。促进中国国际收支趋向平衡和实现汇率均衡，要求适当的政策组合。这种政策组合至少包括三个层次：一是实际汇率调整和名义汇率调整相结合；二是汇率政策和外贸、外资、投资、产业等宏观政策调整相结合；三是结构调整与制度变革相结合。单项政策的

---

① 巴曙松：《人民币汇率政策需要立足于全球化的新视角》，载《上海财经大学学报》2006年第3期。
② 刘伟：《人民币汇率与经济增长》，载《学术月刊》2006年第1期。
③ 王健：《调整汇率政策的新思路——人民币汇率提幅增频双向浮动》，载《福建论坛》（人文社会科学版）2006年第7期。
④ 雷小燕：《试论人民币汇率形成机制的完善》，载《理论月刊》2006年第8期。

调整或单纯依靠汇率升值,难以从根本上解决中国国际收支不平衡问题,而应从扩大内需、降低储蓄率、调整外资优惠政策、扩大进口和市场开放以及汇率浮动等多方入手来进行调整。①

3. 人民币汇率变动对我国经济的影响

人民币汇率变动必然从贸易、投资等多种渠道影响国内经济,对此学术界从多种角度探讨了人民币汇率变化特别是升值对我国经济的影响。有的学者提出,人民币大幅升值会对经济增长、就业和收入分配格局产生不利和消极影响;有的学者认为,人民币升值不利于我国贸易条件的改善和产业结构的升级;也有学者认为,人民币升值能纠正资源配置的扭曲,不会导致通胀和贸易赤字。

刘晓辉等认为,在当前及未来一段时期内,人民币大幅度升值会导致我国宏观经济增长的大幅度下降,使国内面临通货紧缩的巨大压力,也会沉重打击我国就业目标。因此渐进地放松对短期资本流动的管制,或是提高本国利率以遏制FDI形式的资本流入,就显得尤为必要。②

刘崇献等提出,人民币升值并不必然改善我国的贸易条件,当人民币对美元汇率升值时,我国的收入贸易条件尽管得到改善,却是依靠贸易数量扩张实现的。而我国价格贸易条件总体却趋于恶化,其后果是造成我国资源浪费,不利于经济长期可持续发展。③

张庆君认为,人民币汇率在汇率形成机制改革后出现了小幅度升值,影响到FDI的规模和投向。目前外资的投资方向仍以劳动密集型产业为主,人民币的升值不仅会导致我国FDI的流入减少,劳动力需求乃至工资水平下降,而且还会加剧FDI向可贸易品投入比重较大的劳动密集与出口加工产业集中,从而抑制FDI向非贸易品投入比重较大的高新科技产业的流入,不利于我国产业结构的优化升级。④

郝洁认为,高度稳定的汇率使得公众对汇率的预期稳定,企业在进行投资决策时较少考虑到汇率因素,汇率的稳定性可以降低就业对汇率的敏

---

① 马昀:《人民币汇率政策:挑战与取向》,载《中国金融》2006年第23期。
② 刘晓辉:《FDI资金流动下的政策有效性与人民币汇率政策》,载《当代经济科学》2006年第6期。
③ 刘崇献、张自如:《人民币升值对我国贸易条件的影响研究》,载《当代财经》2006年第10期。
④ 张庆君:《人民币汇率变动对外商直接投资影响的实证分析》,载《工业技术经济》2006年第10期。

感性。如果人民币汇率继续在强大的升值预期动力下迅速走高,会对就业产生明显的负面影响。应当逐步缩小人民币名义汇率与均衡汇率间的差距,避免对人民币汇率进行大幅调整。[1]

张亮提出,从长期看,实际有效汇率下降(人民币贬值)有利于我国吸收 FDI。而如果人民币大幅升值,会造成我国吸收 FDI 的大量减少,国内以出口为主的外资企业也会将一部分生产和业务转移到其他国家。[2]

刘庆玉研究了人民币汇率升值对我国收入分配的影响:一是通过影响我国进出口贸易影响收入分配;二是对我国产业间收入分配影响显著,目前我国出口行业过于集中,普遍技术含量不高,竞争激烈,容易受到汇率波动的影响;三是导致区域间收入差距的扩大,影响区域经济协调发展。从汇率变动的财富效应看,人民币升值不利于我国收入分配的改善,稳定汇率的重要性再怎么强调也不为过。[3]

赵志君等根据冲击响应分析认为,尽管人民币升值对中国经济有微弱的通胀效应,但人民币低估会扭曲国内的资源配置,人民币升值有利于纠正这种扭曲。人民币汇率的适当升值并不会造成人民币高估而产生的通货紧缩和贸易赤字。[4]

(二) 经济全球化与反全球化运动

1. 经济全球化的本质、发展趋势与我国的对策

2006 年对经济全球化的本质、发展趋势和我国对策的研究,主要存在以下三方面的意见:一是认为全球化是由发达国家主导的,对发展中国家形成了很大冲出,我国在融入全球化过程中应努力消除其不利影响;二是认为经济全球化是生产力高度发展的必然结果,有利于推动经济增长,给我国带来了发展机遇;三是认为经济全球化是一个长期的过程,既有积极作用,也在政治、经济和文化等方面有负面影响。

---

　　[1] 郝洁:《人民币汇率机制改革对我国就业的影响》,载《经济研究参考》2006 年第 76 期。
　　[2] 张亮:《实际有效汇率和我国外商直接投资的协整分析》,载《管理评论》2006 年第 1 期。
　　[3] 刘庆玉:《人民币汇率升值对我国收入分配的负面效应》,载《财经科学》2006 年第 7 期。
　　[4] 赵志君、金森俊树:《人民币汇率重估:实证分析和政策含义》,载《数量经济技术经济研究》2006 年第 10 期。

贺玮认为，全球化的实质是一场以发达国家为主导，以跨国公司为主要动力的世界范围内的产业结构调整过程，在全球化背景下，发展中国家面临安全利益、经济利益、政治利益和文化利益的挑战。经济全球化为我国经济建设提供了开放条件，我们应充分利用这些条件，加快国内经济发展。努力营造有利于国内经济发展的外部环境，重视国际组织的作用，积极参与国际组织。①

皮伟兵等强调，经济全球化不是"大锅饭"，并不是参与全球化的国家都能毫无例外地获得同样的实惠和好处。由于各国的经济实力、产业结构和市场经济的基础不同，国际竞争力不同，各国面临的挑战和机遇也有很大差异。发达国家主导全球化的游戏规则，因而获得的实惠更大、机遇更多。融入全球化进程，国内企业要面对一系列新旧规则的转换和磨合，这使我国处于不利和被动境地。我国一方面要努力消除针对发展中国家设置的重重贸易壁垒；另一方面又要苦练内功。②

赵景峰认为，全球化有利于发达国家，也使发达国家普遍依赖发展中国家的生产性资源和市场，产生西方经济学家所谓"颠倒的经济依赖"现象。我国在融入全球化过程中，经济持续增长，国内产业结构和消费结构不断升级，发展机遇大于挑战。经济全球化能有效地削减限制全球生产要素流动的各种障碍，削弱限制商品自由流动的贸易壁垒，为我国经济发展提供内在动力和有利外部环境。③

周琳认为，经济全球化对推动世界经济增长，提高劳动生产力，提高人民生活水平有着积极的作用。但它也对各国利益造成巨大的冲击，造成贫富差距不断增大，两极分化严重，经济依赖度增加，同时增大全球经济风险。在经济全球化的过程中，各国经济的相互依赖性得到加强，但各国经济主权的独立性面临日益严峻的考验。④

毛蕴诗等认为，经济全球化作为一种明显的趋势，不仅体现为世界贸易增长超过世界生产总值的增长，也表现在全球对外直接投资增长速度超过贸易的增长。经济全球化没有否定区域化趋势，区域内的投资和贸易是经济全球化的组成部分，其增长也必然带来全球投资、贸易的增长。从趋

---

① 贺玮：《经济全球化背景下中国国家利益的实现途径》，载《理论学刊》2006年第8期。
② 皮伟兵、卢德之：《经济全球化背景下的中国企业危机》，载《企业改革与管理》2006年第10期。
③ 赵景峰：《经济全球化下的中国经济与世界的发展》，载《理论视野》2006年第3期。
④ 周琳：《经济全球化和反全球化剖析》，载《当代经理人》2006年第16期。

势看，经济技术发展水平和环境的制约使得全球化将是一个长期的过程。①

崔顺伟认为，经济全球化的加速发展对国家主权构成了持久挑战，这不仅体现在国家对某些领域的控制主权的丧失或弱化，也表现在国内地方社区对国家权威的挑战及国际组织对国家主权的侵蚀。尽管全球化并没有系统性地损坏国家控制，但它正在并将继续改变国家控制的范围。在经济活动的某些领域，国家将继续放弃主权；在其他领域，政府的权力和资源影响仍然巨大。②

毛学松认为，经济全球化是世界经济高度发展、国与国之间日益紧密联系、生产力高度发展的必然结果。社会主义市场经济是在经济全球化当中逐渐形成的，社会主义市场经济与经济全球化具有天然联系。经济全球化给社会主义市场经济发展带来难得的机遇，有利于社会主义市场经济积蓄后发优势，实现跨越式发展。要接受世界通行的游戏规则，社会主义市场经济面临的竞争会更大。我国应积极参与经济全球化，在更大范围、更广泛领域和更高层次上参与国际经济技术合作和竞争，充分利用国际和国内市场，优化资源配置，拓宽发展空间，以开放促改革促发展。③

毕吉耀认为，经济全球化加深了中国经济融入全球经济的程度，为中国增强自主创新能力、提升在全球产业分工中的地位带来了机遇。但是，由于经济全球化继续为发达国家所主导，我国目前有竞争优势的产品出口不断受到发达国家各种形式的贸易保护主义措施的限制，国内企业参与全球市场面临着越来越多的障碍和抵制。不合理的全球化规则，在一定程度上会限制中国的经济发展。④

2. 反全球化运动

反全球化运动是经济全球化的伴随物，2006年国内学术界在这方面的研究，主要集中探讨了反全球化的原因和发展趋势。很多学者认为，反全球化运动是对发达国家主导的全球化的反思和抗争，是资本主义经济危机、政治危机、社会危机和思想文化危机的表现；有的学者指出，我国作为发展中国家不能完全期望在全球化中趋利避害。也有学者认为，反全球

---

① 毛蕴诗、戴勇：《经济全球化与经济区域化的发展趋势与特征研究》，载《经济评论》2006年第4期。
② 崔顺伟：《经济全球化与国家主权多维度的考察》，载《求索》2006年第3期。
③ 毛学松：《经济全球化与社会主义市场经济》，载《前沿》2006年第4期。
④ 毕吉耀：《当前经济全球化趋势及风险与挑战》，载《宏观经济管理》2006年第3期。

化运动可以对全球化起到约束和修正作用。

王佳菲认为,全球化的发展趋势具有二重性:一方面客观上促进了生产的进一步社会化;另一方面也使资本主义生产方式的内在矛盾扩展到全世界并不断激化与升级,导致世界经济越来越大的失调和世界性危机的可能性。全球化直接的动力源,是资本主义主要发达国家按照自己的面目改造世界、努力转嫁和延迟矛盾与危机的爆发。造成的后果是南北贫富差距拉大,各国内部收入分配分化,在全球层面加剧了生产无限扩大和社会购买力相对缩小之间的矛盾。我国作为发展中国家,在全球化体系中处于从属地位,幻想着只受惠于经济发展而同时规避一切不利的国际分工是不现实的,期冀着完全地趋利避害是不太可能的。①

蔡娟认为,反全球化运动的趋势揭示了社会主义的全球化替代资本主义的全球化的现实可能性。反全球化者主要反对的,是发达资本主义国家主导的全球化所引发的发达国家内部、发达国家和发展中国家之间的贫富差距。反全球化者更多的是反对资本主义主导的全球化所引发的诸多政治问题。②

李彦亮指出,经济全球化是世界经济和现代化进程的必然产物,但"反经济全球化"浪潮也呈现出"全球化"之势,在西方除了经济危机外,还孕育着深刻的政治危机、社会危机和思想文化危机等。西方国家之间虽然在共同分享全球化的"红利"上结成了同盟,在共同的游戏规则中维系了彼此间关系,但无法从根本上消除它们之间的竞争。这不仅妨碍了彼此间的协调发展,也给世界经济与政治带来了不稳定因素。发达资本主义国家主导的全球化,造成了全球性生态问题的恶化,严重威胁到人类的生存。③

郑一明等认为,反全球化代表了弱势与受害群体对全球化所带来的世界难题、阴暗或黑暗面的揭露,是对全球化的强势压迫的抗争。这种对全球化的揭露、抗争和挑战构成了反全球化思潮。反全球化思潮,作为全球化的一面镜子、一种约束和鞭策,将促使全球化不断地进行自我反省和修正。④

---

① 王佳菲:《马克思主义经济学视野中的"双刃剑"》,载《理论月刊》2006年第4期。
② 蔡娟:《"两个必然"理论:反全球化视野中的新探索》,载《阴山学刊》2006年第3期。
③ 李彦亮:《对经济全球化的再认识》,载《山东社会科学》2006年第1期。
④ 郑一明、李智:《世纪之交的反全球化思潮及其对全球化的批判》,载《马克思主义研究》2006年第4期。

（三）外国直接投资与跨国经营

外国直接投资（FDI）和跨国经营是推动经济全球化的重要因素，全球范围内的 FDI 和跨国公司的发展，既是全球生产力水平和经济自由化程度的提高决定的，又对后者产生影响。2006 年经济学界对这一问题的研究存在着对立的两种看法：一是肯定外国直接投资对我国经济增长的积极作用，认为它有利于我国的产业结构升级，有利于扩大就业、拉动经济增长；二是认为外国直接投资和跨国经营，加剧了我国区域经济的不平衡，抑制了我国自主技术创新的步伐，也加大了政府调控难度，消极影响很大。

针对目前外商对华直接投资增长速度出现下滑的局面，张建刚仍认为，我国经济保持快速增长、投资环境日益完善等吸引外资的优势依然存在，制造业向中国转移、世界产业结构调整的大趋势也不可逆转。在我国对外资开放领域进一步扩大条件下，我国的市场潜力与市场规模、低廉的劳动力、产业配套能力和基础设施完备以及鼓励外资的优惠政策等因素，将使我国在很长时期内继续保持对外商的强大吸引力，我国外资流入将继续增长。[1] 陈帮能也认为，外商直接投资规模，随着我国整体经济发展水平的变化而变化。外商直接投资看重的，是潜在的市场发展空间以及良好的投资获利前景。我国强劲的经济增长趋势、良好的投资环境、低廉的劳动力成本等等，都带动着外商直接投资在不断增长。[2]

对于 FDI 对中国经济发展的价值，学者们从不同角度给予肯定。周春应等研究发现，FDI 与我国经济增长及增长的因素间存在长期动态的均衡关系。对人力资本、产业升级产生的促进作用较小；而对我国资本积累、市场化程度的提高、科技创新成果和对外贸易的促进作用比较显著。[3] 严兵认为，总体上看外商在华直接投资在我国工业部门产生了显著的正面溢出效应，但是内资企业的资本与劳动力投入仍然是影响内资企业产出的两个最重要的因素。20 世纪 90 年代末期以来，内资企业的技术水平和竞争能力已经成功跨越了让外资产生正面溢出效应的"发展门槛"。我国应进

---

[1] 张建刚：《外商直接投资增长趋势减缓成因分析》，载《经济问题》2006 年第 2 期。
[2] 陈帮能：《人民币有效汇率与我国外商直接投资的关系》，载《金融教学与研究》2006 年第 3 期。
[3] 周春应、王波：《外商直接投资与中国经济增长的长期均衡和动态关系分析》，载《世界经济与政治论坛》2006 年第 3 期。

一步提升外国投资者在华投资的技术水平以促使其产生更大的溢出效应。而要达到这一目的，关键还在于不断提高内资企业的技术水平、竞争实力，"以竞争求技术"，通过竞争促使外资企业主动地提升在华的技术水平。① 裴长洪认为，吸收外商直接投资的成效，证明这是实现我国产业结构优化升级的一条重要途径。目前我国高增长行业正在吸引更多的外商直接投资，服务业外商投资也出现若干新亮点，外国直接投资的新变化使我国在国际产业转移中面临新的机遇。未来要把继续利用外商直接投资促进产业结构进一步优化升级作为重要政策目标。② 黄惠萍等研究发现，FDI在中国分布的不平衡导致了中国地区就业的不平衡，但对就业的产业结构有着积极的影响，FDI对增加中国第二产业和第三产业就业人数的贡献比较突出，特别是对第三产业就业人数增加的效果更加明显。因此，要继续扩大吸收FDI的规模，加强对外商新办投资企业的产业引导，创造更多的就业机会；加强对FDI的区域投资导向，促进三大地区的平衡发展，带动"西部大开发"和"中部崛起"战略的有效实施。此外，应尽量缩小外商投资企业和国内企业的政策待遇的差距，加强对外商投资企业的监督和引导。③

在看到FDI积极作用的同时，还要清醒地认识其消极作用。刘鹏飞认为，从FDI投资动机的角度分析，FDI可分为占领市场型、利用劳动型和食利型三种类型。我国的FDI已呈现出占领市场型资本比重增加、利用劳动型资本仍有一定空间而食利型资本逐步减少的变化趋势。今后我国应把改造传统劳动密集型产业作为引进FDI的重点，同时促进食利型资本的转型，以减少其高流动性带来的风险。对FDI要顺势利导，更要定位准确。FDI不是我国产业发展的救世主，而只是跨国公司全球经营战略的一个环节，FDI带来的技术外溢、关联效应、后发效应等都不能改变跨国投资的真正动机。我国产业在竞争中应该学会保护自己，产业结构的调整和升级绝不能过分依赖于FDI。应该加大对FDI引进政策的调整，限制外商对某些产业的进入和对过热产业的重复投资，力争引进技术型新兴产业，继续刺激我国民族产业的后发优势，保障我国经济发展的全面性、协调性和可

---

① 严兵：《外商直接投资行业内溢出效应及相关影响因素分析》，载《经济评论》2006年第1期。
② 裴长洪：《吸收外商直接投资与产业结构优化升级——"十一五"时期利用外资政策目标的思考》，载《中国工业经济》2006年第1期。
③ 黄惠萍、朱金生、柳云：《论外商直接投资对中国就业结构的影响》，载《经济与管理》2006年第1期。

持续性。① 江小娟提出，我国引进 FDI 的着眼点，应该是吸引人力资本，提高技术开发和使用能力，增强国际市场开拓能力和管理能力。这一方面要求我们提高利用 FDI 的水平；另一方面更要加大对外资的监管，特别是对近年来的外商购并投资，要防止可能出现的垄断。② 卢晓勇等认为，外商直接投资使我国的国际收支远期危机加大，使潜在的风险向显性化发展；还会削弱政府对经济的控制程度，加大我国宏观经济政策调控的难度系数。外资来源和资本结构变化，也会影响我国投资环境的改善。因此，必须把握住资本进出口关，控制、利用好外商直接投资，维护国家经济安全。③ 郭飞认为，外商直接投资是把双刃剑。它一方面可以促进我国经济持续快速增长和财政收入增加，在总体上优化我国的产业结构和出口贸易结构，提升我国技术水平并改善我国就业状况，推动我国的市场经济改革；另一方面，它也明显削弱了我国内资企业的自主创新能力，对我国民族经济形成强烈冲击，并对我国经济安全和基本经济制度形成较大威胁。④ 孙焱林等认为，追求利润是 FDI 的原动力，跨国公司经营业绩与 FDI 正相关，但投资的边际效益递减规律在全球 FDI 中的作用明显。当增加投资不能使销售规模快速扩张的时候，跨国公司更乐意进行投资的结构调整，选择降低成本的投资，所以全球 FDI 正越来越多地流向资源具有比较优势的地区。世界经济越自由，国际贸易越发达，跨国公司越会更多地通过国际贸易而不是通过 FDI 进行扩张。⑤ 胡国良强调，外商直接投资对中国经济未来的不确定性及经济风险的控制增添了变数。对外资依赖程度越大，经济的稳定性就越差，受国际环境的影响也越大。外国直接投资既会影响我国区域经济增长呈现多极化格局，也能促使国内企业发展战略和发展模式向多元化、国际化方向发展。由于中国企业自身缺少完整产业链和不掌握关键核心技术，一旦外商转移直接投资，原有的国内分工体系会迅速瓦解。国内企业应当承接世界新技术的转移，通过吸收消化新技术，

---

① 刘鹏飞：《外商直接投资对我国产业结构影响的分析》，载《兰州学刊》2006年第9期。

② 江小娟：《中国利用外资的现状和一些变化趋势》，载《学习与实践》2006年第4期。

③ 卢晓勇、孙宏、李红：《外商直接投资对我国国际收支风险的影响探析》，载《江西社会科学》2006年第10期。

④ 郭飞：《外商直接投资对中国经济的双重影响与对策》，载《马克思主义研究》2006年第5、6期。

⑤ 孙焱林、陈薇薇：《全球外商直接投资周期波动因素的实证分析》，载《国际贸易问题》2006年第10期。

改变对终端高技术产品生产的依赖。①马天毅等认为，外商直接投资多采用独资或控股方式，同时采取内部化的技术转移方式保持竞争优势，呈现两头在外、根植性差的特点。因而，跨国公司与本地同行企业和上下游企业互动较少，产业关联效应弱，在整体上对我国企业的研发和创新能力无明显的溢出效应。目前，我国企业缺少自主研发和创新意识，对后续消化、吸收和改进的研发投入程度不足，不仅难以实现二次创新，反而有进入跨国公司的技术锁定和技术陷阱的危险。我国必须努力促进外资的技术溢出效应，建立公平的市场竞争环境和完善的知识产权保护制度，注重培育本地企业的自主创新能力，以增强经济自身的内生增长能力。②

（四）国际贸易理论与政策

1. 国际贸易理论

国际贸易理论是贸易政策的基础。有的学者提出，当代贸易理论应当在马克思国际价值理论、国际分工理论和危机理论基础上创新；有的学者认为，中国开放型经济不能以传统的自由贸易理论为前提；有的学者分析了当代贸易理论创新的内涵和新研究范式；也有学者着重从制度、技术等层面探讨了国际贸易理论的发展趋势。

袁志田等认为，当代中国开放型经济的实践对西方国际贸易理论提出了质疑、反思和挑战，并呼唤马克思国际贸易理论的进一步运用和发展。在一个资本主义主导的世界经济体系中，资本主义生产方式对国际分工和国际贸易演变起着决定性作用，这突出地反映在我国开放型经济中的两个重要的特征转变：一是从外贸主导向外资主导的转变；二是从比较优势的发展路径向积极参与跨国公司全球生产体系的转变。这两个转变是浑然一体的，统一在马克思国际贸易理论的逻辑之中。当代国际贸易理论发展的基础，应当是马克思的国际价值理论、国际分工理论和危机理论。我国开放型经济实践中有一种倾向，就是试图把发展问题导入全球分工体系，或者说是纳入跨国公司的全球生产体系。但是，全球化实际上就是马克思

---

① 胡国良：《外商直接投资新趋势及对中国经济的未来影响》，载《产业与企业》2006年第10期。

② 马天毅、马野青、张二震：《外商直接投资与我国技术创新能力》，载《世界经济研究》2006年第7期。

"世界历史"发展的特殊形态,其特征是全球发展的不平衡状态。当今国际产业转移往往被看做是发展中国家的一次重要发展机遇,而实际上这只是一种虚幻的假象。①

张洪恩认为,当代贸易理论的创新,涉及到理论假设前提的推进、国际贸易原因、贸易受损可能性和规模经济等。新贸易理论将贸易、技术与经济增长纳入同一分析框架,考察动态贸易利益的来源。其理论创新之处在于强调了技术变动的两个源泉,即主动的"技术革新"和被动接受"技术外溢"的"干中学";并揭示这两者与国际贸易之间的互动关系。一国要维护或塑造其竞争优势、改善贸易地位,必须积极接受"技术外溢",同时应努力促进本国技术创新。我国应当重视这些理论创新和发展,并且应用到我国的经济发展和改革中来。②

刘志雄等提出,传统的贸易理论认为,自由贸易是每一个国家的追求目标,而且每个国家都将朝这个方向努力。然而,事实上具有共同利益的每个国家并没采取一致的行动,国际贸易争端频频发生,自由贸易格局难以产生。从集体行动逻辑的视角考察,贸易中的国家都在按奥尔森提供的思路,即通过减少集团成员数量、提供"不对称"收益和提供选择性激励,来缓解集体行动的困境。这对当今的国际贸易格局有一定的解释力。③

罗良文等指出,以往国际贸易理论的共同点可以归结为"比较优势理论"。从国际贸易理论的新研究范式来看,国际贸易理论应重视正式制度与非正式制度之分。一国要想从制度套利中获益,可以通过正式制度创新来降低国际贸易中的交易成本,也可以通过非正式制度弥补正式制度的不足。我国必须重视对国际贸易中的各种非正式制度的研究和利用。由于主权国家的存在,在各国正式制度规则的背后都可能设置着潜在的贸易壁垒,为本国贸易以自利为目的的机会主义行为提供方便,从而大大增加国际贸易的交易成本。因此,盲目地为"接轨"而"接轨",有可能导致高交易成本,落入"套牢"陷阱。④

---

① 袁志田、刘厚俊:《马克思国际贸易理论的时代性与实践性——兼论中国开放型经济》,载《马克思主义研究》2006年第2期。
② 张洪恩:《国际贸易理论的创新及对我国发展的启示》,载《经济问题》2006年第5期。
③ 刘志雄、何秀荣:《从集体行动的逻辑看国际贸易保护与地区性自由贸易区的盛行》,载《世界贸易组织动态与研究》2006年第7期。
④ 罗良文、杨艳红:《国际贸易理论的新制度经济学研究范式及其启示》,载《山东社会科学》2006年第1期。

张硕认为，当代国际贸易创新，是对20世纪90年代以来国际贸易各个领域、各个方面的创新现象的集中概括，它包含了观念创新、格局创新、制度创新、政策创新、构成创新和工具创新等诸多方面。在现代国际竞争环境中，主动参与国际分工体系的国家，其真正的优势并非比较优势，而是竞争优势，即把资本、技术、资源和市场有效组合而形成的优势。一国经济的发展不在于其本身存在什么优势，而在于如何组织和发挥自己的优势，把比较优势提升为竞争优势，并时刻应用创新理论，使国际贸易理论与经济实践相结合，使之具有更强的针对性和现实意义。①

吴丹认为，虽然古典国际贸易理论和新古典国际贸易理论能在一定程度上解释产业间贸易流量和垂直性产业内贸易流量，但现实世界中的贸易流量是复杂的，对于世界各区域、各类型国家和各经济发展阶段而言，由于条件差异和影响因素的发展变化，能够对国际贸易流量起到解释和指导作用的理论，也存在不同的组合和变化。新贸易理论是建立在规模经济和不完全市场竞争前提下的国际贸易理论；需求相似论和贸易投资一体化理论提供了新的研究视角；新要素理论通过生产要素的不断扩大来解释国际贸易流量；动态国际贸易理论则弥补了静态分析为主的传统国际贸易理论的局限性，这些都解释了贸易流量的动态变化，可以作为我国的借鉴。②

刘仁平认为，技术创新对国际贸易具有长期增长和促进效应，主要表现在技术创新能诱发产业结构升级，促进国际分工深化，推动国际贸易发展。我国应通过生产技术和产品技术的改进和发展，提高国际贸易产品的竞争优势；通过提高高附加值、高技术含量产品的比重，改进国际贸易产品结构；通过电子商务等技术的广泛应用，提高国际贸易的效率和效益。③

2. 国际贸易政策

在开放型经济中，国际贸易政策直接影响到一国整个国民经济的发展。2006年，我国学术界围绕贸易政策问题，总结经验和不足，提出了一些针对性的建议。有些学者认为，我国出口导向的外贸政策，促进了外汇平衡和国内资源优化；有的学者指出了出口导向政策的弊端，认为它恶化了我国贸易环境，冲击了国内市场；有的学者从产品、技术和贸易结构等方面分析了我国外贸政策的不足和消极影响。

---

① 张硕：《对国际贸易及创新理论的认识》，载《理论界》2006年第2期。
② 吴丹：《国际贸易流量影响因素的理论研究新进展》，载《工业技术经济》2006年第4期。
③ 刘仁平：《技术创新对国际贸易的影响研究》，载《商业经济与管理》2006年第6期。

盛斌认为，贸易政策属于中央政府决策的权力范畴，体现了中央政府目标函数中参数的政治经济含义。中国工业行业的贸易保护水平较高而结构离散，表明国家战略主义的倾斜政策及行业自身政治和经济特征所导致的迥异的游说影响力；在贸易保护方面，那些人均增加值高、比较优势大、产业需求关联强、劳动密集型生产、创造利润和税收多、国有企业作用较小、反对势力薄弱的行业，越能够获得更高的保护率。在关税和非关税壁垒的贸易保护措施之间，我国呈现出显著性的互补而非替代关系。①

张杰认为，我国目前外贸战略仍应以出口导向为主导，这一方面有利于外汇水平平衡，另一方面有利于国内资源的优化，同时还可以使我国更多地参与全球经济，外向型经济的制度作用比出口国际市场具有更深远重要的意义。②

郭占辉提出，实行"出口至上"战略弊端很多，应该早日摒弃。它容易引发出口的高速增长，严重冲击国内市场，恶化贸易环境，引发国际经济摩擦。进军世界市场，首先要牢牢把握国内市场，不能盲目进军世界市场而把国内市场拱手让人。当前的外贸政策，应完善市场经济体制，消除可能引发国际摩擦的体制和制度因素，积极参与国际经济规则的制定，通过有效的贸易规则来约束世界各国的贸易保护主义行为，摆脱在反倾销等国际摩擦中的被动局面。③

刘可认为，我国出口产品的整体层次较低，通过贸易获得的利润很少，贸易结构与产业调整目标存在差异，无法引导我国产业结构的进一步升级，如果在长期中面临其他更低廉的劳动力竞争，我国的贸易结构会更危险，甚至会威胁到我国国民经济的发展。④

燕翀从分析国际劳工问题的角度指出，发达国家想利用劳工标准以实现其贸易保护主义的目的，同时来推行其意识形态和社会制度。而发展中国家则认为，劳动标准与国际贸易并没有必然联系。统一劳动标准，对发展中国家就意味着提高劳动成本，必然会严重削弱发展中国家产品的竞争力。在全球经济一体化过程中，劳工标准与国际贸易挂钩是必然趋势。中国应清醒地看到这一情况，既要在多边贸易谈判中坚定自己的立场，维护

---

① 盛斌：《国际贸易政策的政治经济学：理论与经验方法》，载《国际政治研究》2006年第2期。
② 张杰：《我国的外贸战略与工业化路径》，载《国际商务研究》2006年第2期。
③ 郭占辉：《国际贸易摩擦的现实考量与战略思考》，载《商业时代》2006年第4期。
④ 刘可：《我国对外贸易存在的问题及其对策》，载《国际贸易问题》2006年第3期。

国家利益，也要完善我国的劳动立法和社会保障制度，立足国情推行劳工标准，增强企业的社会责任感。[1]

易行健认为，目前我国外贸政策应重视贸易结构问题，谋求总量、区域、出口商品结构的平衡，因此，应扭转片面追求贸易顺差的倾向，实现"出口导向型"向"进出口平衡型"贸易战略的过渡，适当减缓我国与主要贸易伙伴的不平衡，优化经济结构，增强国民经济的可持续发展能力。[2]

林珊等指出，劳动密集型产品不仅在国际上将面临激烈的竞争和越来越频繁的贸易争端，而且还极易出现出口的"贫困化增长"问题。从长期来看，我国劳动密集型产品面对的只能是日益缩小的国际市场和日益下降的价格水平，我国创汇的主要来源需逐渐转向中、高技术产品。目前政府采取的出口鼓励政策具有利益补贴的成分，对企业的导向性不足，导致出口鼓励政策效果的短期化。在出口评价指标导向上应更加强调贸易效益，"中国出口"只有国家地理意义，而模糊了增长的国民福利意义。纠正这一偏差，需要建立一套能真实反映国民福利与真实经济发展状况的指标体系，并以此为基础来推行出口鼓励政策。[3]

---

[1] 燕翱：《国际贸易中的劳工问题之争及中国对策》，载《经济论坛》2006年第13期。
[2] 易行健：《我国外贸依存度的高低的一个判断与长期趋势预测：一个发展阶段假说》，载《国际贸易》2006年第6期。
[3] 林珊、林发彬、翁汕恬：《国际贸易争端的现状及我国的对策》，载《发展研究》2006年第7期。

第三章 "三农"问题讨论综述

一、2006年"三农"问题研究的新特点

2006年关于"三农"问题的讨论首次超过连续三年排在中国经济研究热点排名第1位的资本市场，位居2006年中国经济研究热点榜首，这说明作为持续被关注的"三农"问题，在新农村建设提出以来，更是被学术界高度关注。与2005年的研究相比，2006年关于"三农"问题的研究存在一些新的特点：

从研究角度来看，与前几年相比，2006年的研究仍然主要围绕农村、农业和农民三个问题展开，但是对于这三个问题的关注随着"三农"政策的变化相应发生了变化。建设社会主义新农村战略的提出，使解读新农村和如何建设新农村成为热点，也成为研究各种问题的重要背景。另外，2006年的研究更加注重相对微观层面和深层次的问题。

从研究方法来看，与往年相同，横向和纵向的比较研究方法仍然较多使用，但是2006年的研究更多地使用了案例和调查方法，比前几年更加注重实证方面的研究。

从研究内容来看，2006年发生了较大的变化，除了农村金融仍然保持较高的关注度以外，大家关注的热点出现了交替。新农村的研究成为最大的关注热点，相应地，现代农业、工业反哺农业、农民组织等开始被关注。另外，随着城市化的不断推进，农村贫困、农村土地制度、农村劳动力转移、农民工问题等都成为"三农"问题中比较突出的热点问题。而"三农"问题的成因、农业竞争力、农民收入等虽然没有离开人们的视野，然而对这些问题的关注度明显下降。

二、新农村建设

党的十六届五中全会通过的《中共中央关于制定国民经济和社会发展第十一个五年规划的建议》，提出了建设社会主义新农村的重大历史任务，为"三农"工作指明了方向。围绕什么是新农村，如何建设新农村等问题，学术界进行了很多讨论。

（一）解读新农村

1. 新农村建设的意义

郑有贵认为，"三农"问题是构建和谐社会的重大隐患因素，建设社会主义新农村是未来一个时期解决"三农"问题新的政策目标，是解决"三农"问题新的战略选择，是全面实现农村小康的根本举措。[①]

许经勇指出，建设社会主义新农村战略的提出是建立在新的历史背景和新的思想理论基础上，具有新的内涵，表明了新一代中央领导集体在解决中国"三农"问题上已经形成了比较完整的思路，这集中表现在从根本上触及制约我国农业和农村发展的深层次矛盾。建设社会主义新农村的核心是解决好作为全党工作重中之重的"三农"问题，改变重城市、轻农村的倾向，统筹城乡经济社会发展，以工业反哺农业，以城市带动农村，把社会主义新农村摆在突出的位置，中国经济正进入县域经济大发展的时代。[②]

林毅夫指出，推动社会主义新农村建设不仅反映我国已经到了"以工补农"、"以城带乡"的发展阶段，同时也是在当前的宏观环境下，促进农村劳动力向非农产业转移，增加农民收入，解决"三农"问题的关键战略手段。就我国当前情况来说，社会主义新农村建设既是解决"三农"问题的手段，也是全面建设小康社会和构建和谐社会的必要内容，因此也是解决"三农"问题所要达到的目标。[③]

[①] 郑有贵：《建设社会主义新农村的目标与政策突破》，载《教学与研究》2006年第1期。
[②] 许经勇：《建设社会主义新农村：背景、核心和载体》，载《经济学家》2006年第6期。
[③] 林毅夫：《建设新农村既是手段也是目标》，载《改革》2006年第3期。

马晓河指出，从统筹城乡发展的提出到"两个趋向"论断，再到建设社会主义新农村，可以感悟到党和国家在调整城乡关系、解决"三农"问题方面的大政方针。这三者之间具有明显的逻辑关系层次，三者之间是一脉相承的，是一个从战略决策思路演变到具体化的过程。社会主义新农村建设体现了经济建设、政治建设、文化建设、社会建设四位一体，是一个承前启后的综合概念，不但涵盖了国家以往在处理城乡关系、解决"三农"问题方面的政策内容，还赋予其新时期的建设内涵。社会主义新农村可以概括为新农民、新社区、新组织、新设施、新风貌五个"新"。①

2. 社会主义新农村的特点

叶敬忠等认为，新农村建设"新"在不仅提出农村建设是一项全面的系统工程，更是农民主体性的体现和认同。以参与式思维理解社会主义新农村建设有着很强的理论意义和实践意义。参与式思想强调新农村建设中农民的主体地位，提出农民作为主体参与新农村建设绝不仅仅是参加劳动或出席仪式，而是包括决策及选择过程的介入、贡献和努力、承诺和能力、对资源的利用和控制、能力建设、自我组织及自立、利益分享等方面的内容。②

李晓西指出，社会主义新农村之"新"，关键是环境与大背景的"新"，即这是在社会主义市场经济条件下的新农村建设，是与市场化和工业化紧密联系的新农村建设，意味着不是搞计划经济下的新农村建设，更不同于20世纪30年代的新农村运动。③

于永达认为，建设社会主义新农村的过程说到底就是一个集聚优势的过程，而不是过分发挥比较优势的过程，即发现、挖掘和整合区域内部优势资源，并通过地缘、信息、贸易、金融等联系，使区域内部优势资源之间、区域内外优势资源之间，在合作或竞争的过程中，实现资源集聚创造与资源集聚增值的效果，最终的目标是提高区域经济竞争优势。④

杨思远等认为，农民是社会主义新农村建设的主体，政府政策作为农村建设的外部条件，需要通过农民这个内因起作用；新农村建设走社会主

---

① 马晓河：《统筹城乡发展、建设新农村及其政策建议》，载《改革》2006年第1期。
② 叶敬忠、杨照：《参与式思想与新农村建设》，载《中国农村经济》2006年第7期。
③ 李晓西：《建设新农村：政府与市场的分工》，载《改革》2006年第3期。
④ 于永达：《集聚优势是新农村建设的关键》，载《改革》2006年第3期。

义道路必须以合作经济为基础，小农经济和集体经济都承担不了这一重任；新农村建设的主要任务不仅要发展农业，以工业反哺农业，而且要发展工业，并且以工业改造农业；社会主义新农村建设的起点是乡村文明，终点应是城镇文明，即使是人文乡村图景也难掩盖亿万农民对城市文明的现代诉求。①

3. 新农村建设与城镇化的关系

白永秀指出，建设新农村与城镇化是不矛盾的，建设新农村既为城镇化奠定基础，又是农村城镇化的重要内容与主要途径。建设新农村不是把所有的农村都建设成新农村，而是把哪些具有发展潜力、有可能成为城镇的农村建设成为新农村。建设新农村的目标是城镇化；建设新农村的载体（支撑体）是产业，即在建设新农村中，通过充分利用各种特色资源兴办企业，发展产业的办法推进农村城镇化；建设新农村是一个系统工程，它的途径是多样化的。② 王钊认为，建设新农村与城镇化是相辅相成，互相促进而不是互相替代；是走符合我国国情的城镇化道路的正确战略选择。③

（二）如何建设新农村

1. 总体原则和思路

吴海峰指出，建设社会主义新农村，要注重十个结合：一要注重农村自身发展与国家大力扶持相结合；二要注重巩固农业基础与发展第二、三产业相结合；三要注重农村经济发展与环境保护及资源节约相结合；四要注重发展村域经济与提升劳务经济相结合；五要注重发展农村经济与推进城镇化相结合；六要注重农村经济发展与社会事业进步相结合；七要注重实现村容整洁与增强内在活力相结合；八要注重完善村民自治与加强党的领导相结合；九要加强政治思想教育与发扬优良文化传统相结合；十要注重立足当前与着眼长远相结合。④

---

① 杨思远、戎向平：《新农村建设的政治经济学思考》，载《教学与研究》2006年第8期。
② 白永秀：《建设新农村的范围、载体及途径》，载《改革》2006年第7期。
③ 王钊：《建设新农村与推进城镇化的关系》，载《改革》2006年第7期。
④ 吴海峰：《建设社会主义新农村的十个结合》，载《中国农村经济》2006年第1期。

《深化农村税费改革政策走向研究》课题组指出，建设社会主义新农村是新时期我国缩小城乡差距、建设全面小康社会的重大政策安排，在这个过程中，需要深化农村改革，消除农村改革和发展面临的一系列困难，建立统筹城乡发展的制度体系。我国深化农村改革面临的主要困难和问题，包括乡镇机构改革难，农村公共品供给水平低，县乡财政困难等，下一步需要深化乡镇机构、农村义务教育和县乡财政体制等方面的改革，同时要建立统筹城乡发展的制度体系，包括统一的公共财政制度，统一的劳动力市场、土地市场；完善的农村金融体系，以及城乡一体化的户籍制度等。①

杨继瑞认为，基于我国各地情况不同，各地新农村规划在内容上、程度上和要求上也有所不同，其模式也是多元化的。建设新农村必须要转变发展观念，创新发展模式，提高发展质量；建设新农村涉及到我国如何走向新型的农村工业化和新型城镇化道路的问题，新农村中的生产发展至关重要；新农村建设中目标的不同，结果也不相同，同样的政策不同的操作，可能带来的结果也是不同的；推进农村土地的合理流转是建设新农村的杠杆之一。②

李萍认为，统筹城乡、建设新农村，关键在于如何把传统农业改造为现代化农业。结合我国人多地少、有着有机农业优良传统的特殊国情，在改造传统落后农业的过程中，既要注重引进新的现代农业生产要素，又要将现代科学研究成果同有机农业、生态农业的发展相结合，走中国特色的农业现代化之路，促进新的农业效率的提高和经济的长期、稳定、可持续地发展，更重要的是建立起一套适于传统农业改造、促进现代科技、生物技术、信息技术在农业中的应用，实现农业专业化、集约化、社会化生产的制度体系。这应该是建设新农村的根本所在。③

周立群指出，建设新农村的可持续性和有效性需要农业产业的有力支撑，发展农业产业尤其是新产业作为建设新农村的首要内容，只有夯实这一经济基础，建设新农村的各项内容才能从根本实现，乡风、村容、管理层面的现代化才有依托。发展农业产业就多数农村来说首先要根据市场需求变化将现有农业进行调整和重组，尽快使有优势和效益的产品或产业

---

① 《深化农村税费改革政策走向研究》课题组：《建设新农村背景下的农村改革：一个整体性政策框架》，载《改革》2006 年第 10 期。
② 杨继瑞：《建设新农村的理论引申》，载《改革》2006 年第 7 期。
③ 李萍：《建设新农村必须改造传统农业》，载《改革》2006 年第 7 期。

规模化、产业化,并同农副产品的加工结合起来,提高其附加价值和科技含量。①

肖文海认为,从农业抽取资源资助工业发展会导致农业生产效率下降、农民权益受损,也会导致工业自生能力减弱、自主创新能力降低、经济增长依赖外需等风险。政府在经历农业资助工业发展阶段后,应树立科学发展观,构建良性循环机制,转变经济增长方式,提高工业补贴效率,并将工业发展收益的一部分合理返还农村,推进新农村建设,提高农业的自我积累能力,实现农民工从强迫性迁移到平等性迁移的转变。②

顾益康认为,要实现新农村建设的目标任务,关键是要营造全党、全国、全社会合力建设的良好氛围,形成党委领导、政府主导、农民主体、社会共建、城市带动、改革推进的建设机制。③

马晓河指出,根据国内外的经验,我国新农村建设的重点内容目前应该是首先解决农民最需要、最基本的公共设施和公共服务,满足他们生存和发展的需要。推进社会主义新农村建设,首先,要提高全社会对新农村建设的认识;其次,要调整国民收入分配结构,使公共财政以较大的幅度向"三农"倾斜;第三,要制定新农村建设总体规划,确定新农村建设的标准,实施乡村综合整治,有计划、有步骤地集中连片推进;第四,加强管理体制创新,对投入"三农"的资金要从来源上进行整合,集中使用,以提高效率,同时改变国家财政支撑新农村建设的支持方式,调动各方面的积极性,吸引社会投资主体广泛参与新农村建设;第五,要分清中央和各级地方政府在新农村建设中的责任,东部主要是地方政府负责,中西部地区中央和地方政府各自承担相应的责任;第六,加强组织引导,推动社会主义新农村建设有序、健康、可持续发展。④

陈文科指出,中部传统农区新农村建设相对于东部、西部地区而言具有特殊性。一方面由于工业化水平较低,建设起点低于工业化水平较高的东部沿海地区;另一方面由于肩负着保障全国粮食安全的重任,中部地区新农村建设任务的艰巨和复杂程度超过了西部。中部地区应该走出或工业

---

① 周立群:《建设新农村需要坚实的产业支撑》,载《改革》2006年第7期。
② 肖文海:《建设新农村与政府良性循环机制的构建》,载《改革》2006年第7期。
③ 顾益康:《统筹城乡发展,全面推进社会主义新农村建设》,载《中国农村经济》2006年第1期。
④ 马晓河:《统筹城乡发展、建设新农村及其政策建议》,载《改革》2006年第1期。

化或农业强省的两难抉择，以加快非农化进程促进新农村建设。①

2. 调整和完善财政体制

吕炜认为，构建社会主义新农村战略的确立，从根本上对财政体制的调整与完善提出了现实要求，在新农村建设中，要着眼于新时期新农村发展的内在要求，构建一套系统的、有利于推动新农村建设的财政体制。将着眼点放在财政保障机制建设上，推动过渡性政策逐渐向体制性安排转化，并进一步推进体制性建设，使新农村建设的财政保障机制渐近地、阶段地固化下来，从政策性保障上升为机制性保障，逐渐形成一种常态机制，应该是推进新农村战略实现的合理和现实路径。②

贾康等指出，以前农村基础设施建设管理模式存在着政府对农村基础设施投入不足、体制不顺、基层财政困难、对多元投融资激励不足和管理效率低下等问题，探索利用公私合作伙伴关系新的管理模式提供新农村建设中的基础设施。要想成功使用该管理模式必须要选择合适的项目、政府为经营者提供相应的优惠激励措施、进行技术上的创新、重视财务经济分析和制定有效的专营管理办法。③

3. 改革和完善农村金融制度

张瑞怀等认为，中共中央、国务院文件提出县域各金融机构在保证资金安全的前提下，将一定比例新增存款投放当地，支持农业和农村发展，贯彻"一定比例"政策事关社会主义新农村建设大局，但在当前金融市场化改革不断深化的大背景下，对各金融机构信贷投向执行"一定比例"限制和要求，操作上有很大困难，也有不少争议。为确保该政策既贯彻到位又不会对金融部门的市场化改革产生冲击，必须把握"因地制宜、区别对待"、"直接投入和间接投入相结合"、"市场手段与行政手段相结合"、"金融调控与财税引导相结合"等原则的基础上，合理制定有关管理办法，并通过创新金融组织体系和贷款制度，完善相关配套保障措施，

---

① 陈文科：《中部传统农区新农村建设的几个问题》，载《中国农村经济》2006年第7期。
② 吕炜：《构建推进社会主义新农村建设的财政保障机制》，载《财贸经济》2006年第3期。
③ 贾康、孙洁：《社会主义新农村基础设施建设中应积极探索新管理模式——PPP》，载《经济学动态》2006年第10期。

把"一定比例"的政策要求变成具有操作性的制度体系。①

三、农村问题

(一) 农村贫困

1. 我国农村贫困状况

苗齐等认为,近20年来,中国扶贫政策在减少农村贫困人口方面取得了巨大成功,但贫困深度指数和贫困强度指数却更加恶化,不仅剩余贫困人口的平均收入水平更加远离贫困线,而且深度贫困者处于更为相对不利的地位。② 王荣党构建了一套适合中国农村新阶段区域性反贫困效果的评价指标体系,并以云南省为例进行了实证分析发现,2003年云南省78个重点扶持贫困县整体仍处于贫困状态,贫困农民的经济能力和生活质量处于提高中的低水平,反贫困的任务依然是持久和艰巨的。③ 王祖祥等认为,我国目前农村贫困问题不容乐观,贫困人口或低收入人口的基数仍然庞大,且贫困人口的组内基尼系数基本处于上升态势,标志着最低收入阶层的生活状况需要特别关注。无论采用什么贫困线,贫困强度指数都趋于上升,说明我国农村贫困强度基本走向是逐年增加,需要政府出台相关政策、加大投入力度等进行解套。④ 王萍萍等指出,目前不同机构关于中国贫困状况的估计数非常不同,这给扶贫政策的制定造成了很大困惑,中国贫困状况不同估计数出现的原因在于使用了不同的贫困标准。中国同时使用农村贫困标准和农村低收入标准分别衡量极端贫困和贫困状况是符合国际惯例的,也是符合中国农村贫困实际情况的。⑤

---

① 张瑞怀、罗世乐、周红岩、唐羽:《建设"新农村"必须解决城乡信贷资源配置失衡问题》,载《金融研究》2006年第10期。
② 苗齐、钟甫宁:《中国农村贫困的变化与扶贫政策取向》,载《中国农村经济》2006年第12期。
③ 王荣党:《农村区域性反贫困度量指标体系的设计与实证》,载《中国农村经济》2006年第12期。
④ 王祖祥、范传强、何耀:《中国农村贫困评估研究》,载《管理世界》2006年第3期。
⑤ 王萍萍、方湖柳、李兴平:《中国贫困标准与国际贫困标准的比较》,载《中国农村经济》2006年第12期。

2. 我国农村贫困的原因

范子英等指出,从中国来看,在解释饥荒的发生时,阿马蒂亚·森的食物获取权理论与传统的解释饥荒的食物供给量下降(Food Availability Decline,FAD)理论都具有解释力,但在解释饥荒的分布上,FAD 不具解释力度。在林毅夫和杨涛提出的城市偏向基础上,缺粮区的划分才是决定饥荒分布的真正原因,饥荒的分布是阶层性的,各自食物获取权的优先顺序才是遭受饥荒影响程度的直接因素。① 温思美等指出,我国农村的贫困是全方位的贫困,既包括权利贫困,也包括知识贫困,是典型的"人文贫困",而人文贫困的根源在相当程度上源于农民的权利贫困。②

3. 农村反贫困的建议

(1)更新扶贫理念。郭劲光指出,无论是从国际到国内,还是从宏观到微观,无不存在着脆弱性贫困的根源,传统的以贫困线为标准进行扶贫、反贫的经济性贫困逻辑已经不能满足现实反贫的要求,更为准确合理的标准应当是以脆弱性为核心的脆弱性贫困思想,从而找到防范和消除贫困的新的突破口,并据此提出相应的治理思路。③

(2)加强扶贫制度建设。韩琪等指出,中国农村已经建立起政府与社会并重的扶贫制度框架,这种制度框架在农村扶贫方面发挥了积极作用,但也存在明显的制度缺陷,有必要进行制度安排的创新,包括加大政府专业化扶贫机构的独立性,调整财政扶贫资金结构;成立专门的小额信贷机构,分离中国农业银行的贴息小额贷款业务;逐步放开小额信贷的利率限制,提高贫困户"瞄准率",培育扶贫机构的可持续发展能力等,以进一步完善中国的扶贫制度安排。④ 李振国认为,消除农村贫困政府应加快制度改革,增加对农民的制度供给,在取消户籍制度基础上,建立城乡统一公平的教育、就业、报酬、保障、投资等制度体系,尽快恢复农民权利。⑤

---

① 范子英、孟令杰:《对阿马蒂亚·森的饥荒理论的理解及验证:来自中国的数据》,载《经济研究》2006 年第 8 期。
② 温思美、郑晶:《赋权体系、赋权农民与建设新农村的政策测度》,载《改革》2006 年第 5 期。
③ 郭劲光:《我国农村脆弱性贫困再解构及其治理》,载《改革》2006 年第 11 期。
④ 韩琪、徐耶加:《试论中国农村扶贫的制度安排》,载《经济学动态》2006 年第 2 期。
⑤ 李振国:《政府加大农民收入分配调节力度研究》,载《经济学家》2006 年第 5 期。

（3）完善扶贫标准。王萍萍等认为，无论是从国际贫困比较来看，还是从各国的扶贫实践来看，贫困标准都应随着经济发展和生活水平的提高而改变。因此，中国现阶段可根据贫困现状和扶贫实力的增长，在着力于解决剩余贫困人口的同时，将低收入人口正式纳入扶贫对象，一些发达地区在确定自己的扶贫济困对象时，可以试用更高的标准。同时，从城乡统筹和地区统筹的角度出发，中国应着手测定城乡可比和地区可比的贫困标准。① 在资源有限的条件下，扶贫不能采用整体推进的方式，而是应当同时测度贫困深度指数和贫困强度指数，把贫困深度指数和贫困强度指数也作为考察扶贫工作效果的重要指标，以此来引导政策的执行者以至于制定者较多地关注深度贫困人口，特别是最贫困群体。②

（二）农村土地制度

1. 农地非农化过程中存在的问题

（1）土地过度征用。随着我国城市化进程的加快，越来越多的农民因土地被征用而成为失地农民。李燕琼等通过调查认为，土地征用表现出征用面积快速增长、城镇和工矿建设征用土地主要是粮食作物用地、补偿费发放标准低，地区差异大、征地过程纠纷严重，干群关系恶化等特征。另外，城市化推进的过程中，出现了土地过度征用，特别是非公益性土地征用过度的现象。③

（2）征地补偿标准过低。王小映等调查研究表明，与土地增值收益和土地供应价格相比，征地补偿的具体执行标准显得过低，导致政府可取得的土地增值收益空间过大，并且土地增值收益主要集中在县、市级政府，绝大部分用于城市建设和城市土地开发。④ 蔡继明指出，中国现行征

---

① 王萍萍、方湖柳、李兴平：《中国贫困标准与国际贫困标准的比较》，载《中国农村经济》2006年第12期。
② 苗齐、钟甫宁：《中国农村贫困的变化与扶贫政策取向》，载《中国农村经济》2006年第12期。
③ 李燕琼、嘉蓉梅：《城市化过程中土地征用与管理问题的理性反思》，载《经济学家》2006年第5期。
④ 王小映、贺明玉、高永：《我国农地征用中的土地收益分配实证研究》，载《管理世界》2006年第5期。

地制度存在政府的征地行为缺乏有效约束，征地范围过宽，土地资源浪费严重、对农民的失地补偿标准过低，执行中随意性较大，造成大量"三无农民"、土地征用和出让成为孳生腐败行为温床之一等问题。① 孔祥智等调查认为，近70%的农民不愿意土地被征用，主要原因是补偿不到位或者补偿数额难以满足农户的要求；调查样本所活动的平均土地征用补偿与其平均支付意愿之间相差5倍；农民在土地征用中掌握的信息越充分，转让土地的倾向越高。②

（3）农地非农化与农民非农化失调。张国胜指出，中国和日本都是人地矛盾比较突出的国家，日本成功实行了工业化和城镇化，而中国"农地非农化"却面临着农民农地权益流失严重、农地非农化过快且非农化的土地集约利用不够、农地非农化与农民非农化失调、农村经济社会发展缓慢等困境。③

2. 农地非农化过程中问题形成的原因

（1）政府的行政强制征地。曾令秋等认为，在平等的市场交换条件下，土地使用权价格与所有权价格之间存在一种合理的差价，而现行征地制度所导致的土地价格"剪刀差"则是国家通过行政强制手段对农民土地所有权权益的剥夺。在征地过程中，农民的土地所有者利益未能按照市场化原则得到充分补偿。政府必须改革现行征地补偿制度，有效缩小土地价格"剪刀差"，同时完善社会保障机制和就业保障机制，切实保障被征地农民的基本权益。④

（2）土地产权制度不完备。李燕琼等认为，土地征用中出现各种问题的原因，从土地制度层面来看，土地产权法律规定不完备和征用制度僵化是土地过度征用的主要原因；从土地管理层面来看，政府政绩观与利益关系处置上的偏误和土地征用审批权集中在国务院和省级人民政府，地方政府既是土地市场的管理者，又是土地市场供应者，还是需求者是农地过

---

① 蔡继明：《中国征地制度改革的三重效应：农民增收、节约土地、遏制腐败》，载《经济学动态》2006年第8期。
② 孔祥智、顾洪明、韩纪江：《我国失地农民状况及受偿意愿调查报告》，载《经济理论与经济管理》2006年第7期。
③ 张国胜：《工业化、城镇化进程中的"农地非农化"：国际经验及启示》，载《改革》2006年第10期。
④ 曾令秋、杜伟、黄善明：《对土地价格"剪刀差"现象的经济学思考》，载《中国农村经济》2006年第4期。

度征用的又一重要原因;从土地补偿制度看,明显的计划经济色彩给地方政府的操作空间大。① 吴晓洁等认为,现行征地制度运行的外在性成本和间接成本十分高昂的原因在于,政府只考虑节省直接成本支出,对因征地制度运行可能引起的外部性成本、潜在成本考虑不足。②

3. 解决农地非农化问题的建议

（1）加强征地制度建设、完善运行机制。李涛指出,第一,在实现征地后的土地市场化的同时尽可能降低征地价格和市场价格的差异;第二,通过各种方法加速农地使用权的流动,最大限度地激活农地可能产生的直接或间接收益,提高农地的边际成本;第三,完善现行的法律制度,明确农村集体土地的各项权能,加大违法用地行为和相关利益损害行为的处罚。③ 王小映等认为,在提高征地补偿标准,积极探索建立与市场经济相适应的、新型的农地专用制度和公正的征地补偿机制的同时,必须改革和完善农地专用过程中的土地税费体系,规范土地有偿出让收益的使用和管理,加快建立和完善国有土地收益基金专项管理制度。④ 孔祥智等建议要根据经济发展水平体现征地补偿方式的区别,充分保障被征地农民的知情权,通过法律赋予农民转让土地的"还价权"。⑤ 李燕琼等认为,改革我国土地产权制度与管理制度的思路是:首先,明确农民是土地承包权和使用权的主体,构建新的农地产权制度,保证土地征用中农民的利益;其次,明确界定"公共利益用地"的内容和范围;再次,给予公共利益用地合理的征用补偿费。⑥ 蔡继明认为,中国征地制度改革的核心是确立公平的征地补偿原则,严格界定公共利益的范围,对征地农民给予公平补偿,推进包括城市和农村在内的土地制度改革,建立合法的征地程序。⑦

---

①⑥ 李燕琼、嘉蓉梅:《城市化过程中土地征用与管理问题的理性反思》,载《经济学家》2006年第5期。
② 吴晓洁、黄贤金、张晓玲、钟太洋:《征地制度运行成本分析》,载《中国农村经济》2006年第2期。
③ 李涛:《农地征用的收益分配及博弈分析》,载《经济理论与经济管理》2006年第9期。
④ 王小映、贺明玉、高永:《我国农地征用中的土地收益分配实证研究》,载《管理世界》2006年第5期。
⑤ 孔祥智、顾洪明、韩纪江:《我国失地农民状况及受偿意愿调查报告》,载《经济理论与经济管理》2006年第7期。
⑦ 蔡继明:《中国征地制度改革的三重效应:农民增收、节约土地、遏制腐败》,载《经济学动态》2006年第8期。

(2) 公平分配土地增值。土地农转非后价格自然而然增长，产生了农地转非自然增值合理分配问题，即政府合理补偿问题。周诚认为，"涨价归私"论和"涨价归公"论都具有片面性，既有值得肯定的一面，又都具难以成立的一面。土地的自然增值应该采取"私公兼顾"论（制），即公平分配农地自然增值，在公平补偿失地者的前提下，将土地自然增值的剩余部分用于支援全国农村建设并兼及城镇建设。①

(3) 合理控制农地非农化。借鉴日本农地非农化的经验，张国胜提出中国农地非农化的合理化应该从以下方面着手：第一，必须建立在确保粮食安全的基础上；第二，必须能保障工业化、城镇化的合理用地；第三，要与农民非农化相协调；第四，要与农村经济协调发展；第五，扩大市场机制作用，确保农民农地的合理权益。② 谭荣等指出，对于人多地少的中国来说，农地是非常稀缺的资源，为了经济社会的可持续发展需要对农地进行保护。将农地非农化与农地资源保护由两难的境地转变为双赢的局面，对于现阶段中国经济稳定增长和农地保护政策的执行都有着重要的意义。其中，合理选择农地非农化的数量是协调农地保护与经济增长两者之间矛盾的惟一办法，理论上，应根据土地资源在非农部门和农业部门的边际收益相等的原则来确定最优的农地非农化数量。现阶段中国农地合理非农化的度可以设定为不超过实际非农化数量的 78.3%。从操作性来看，减少政府的行政干预，完善土地市场的配置机制，是目前减少农地非农化过度性损失的重要途径。③

4. 农村土地流转

赵阳指出，20 世纪 90 年代以来，中国农村土地使用权的转包发生率呈上升趋势，表明土地承包权的稳定对土地租佃市场可能已经产生正面影响。农村地区的非农产业发展以及农民工向城市的转移是促进土地市场发育的重要动力之一；粮食（产品）市场对土地要素市场的发育也存在影响。同时，土地调整构成了对农民产权稳定预期的损害，特别是当土地调整的范围打破村民小组的所有权边界时，将会显著地抑制农民土地租佃交

---

① 周诚：《农地转非自然增值公平分配论》，载《经济学动态》2006 年第 11 期。
② 张国胜：《工业化、城镇化进程中的"农地非农化"：国际经验及启示》，载《改革》2006 年第 10 期。
③ 谭荣、曲福田：《中国农地非农化与农地资源保护：从两难到双赢》，载《管理世界》2006 年第 12 期。

易行为的发生。在土地的集体所有制前提下，必须充分尊重农民的土地所有权边界。①

刘凤芹通过调查分析认为，土地规模经营受制于土地流转速度和集中程度、农村劳动力转移速度和转移数量。如果土地流转速度和流转数量加快，土地的集中度就提高，从而土地规模经营将发展和扩大；同样，如果农村劳动力转移速度和数量加快，土地集中度就提高，土地的规模经营就成为可能。②

陈和午等指出农户的土地租赁表现出以下特征：首先，农户土地租赁已具备一定规模，但离真正农业规模化经营还相去甚远；其次，土地租赁期限较短，契约不规范，增加了租赁的不稳定性；再次，土地租赁主要发生在村组内部的亲戚、邻居之间，但并不局限于村组内部；最后，土地租赁大多还是有偿的，而且地租以粮食（或产品）支付为主，现金支付为辅，支付形式多样化。③

5. 农村土地制度改革

黄和亮认为，我国土地立法对我国农村集体土地所有权主体和使用权主体的规定符合我国农村的实际。完善我国农村集体土地制度的着力点不在于明晰集体土地所有权主体和使用权主体，而在于完善土地所有权内涵和使用权内涵及所有权和使用权关系的规定；规范政府征用集体土地的行为；加强执法，减少社会强势利益集团对农户承包土地使用权的侵占，维护公平、公正的社会环境。④

陈剑波认为，村委会作为农村基层惟一合乎法定体制的正规制度安排，承担着政府代理人、集体产权代理人、社区管理者相互矛盾冲突的三项职能。集体所有是均分土地的基本前提，而土地均分又是保障"人人有饭吃"的制度基础。在社会保障制度不完善的条件下，土地集体所有是既有的现实选择，这就使集体所有治理结构中存在的委托—代理关系，随着农户经济结构的转型正成为农村改革与发展面临的新问题。从农地制

---

① 赵阳：《农地市场的发育：非农经济、粮食市场与产权边界》，载《改革》2006年第12期。
② 刘凤芹：《农业土地规模经营的条件与效果研究：以东北农村为例》，载《管理世界》2006年第9期。
③ 陈和午、聂斌：《农户土地租赁行为分析》，载《中国农村经济》2006年第2期。
④ 黄和亮：《关于我国集体土地所有权主体和使用权主体明晰性的考察》，载《经济社会体制比较》2006年第6期。

度入手思考集体所有制的委托—代理问题,是解决当前农村各种矛盾冲突的重要一环。[①]

中国土地政策改革课题组指出,中国目前土地政策面临的主要挑战表现在中国农村与城市土地制度仍然维持着二元性,国家垄断城市土地的一级市场;强制征地和补偿措施存在不公平;农民的土地权力脆弱;地方政府对土地转让收益及土地相关融资过度依赖;降低农地流失率困难;土地法律框架不完整这样六个相互联系的问题。中国土地政策改革需要采取整合性方法,在统一与平等对待城市和农村土地这一总体目标的指导下,采取稳健的步骤来整合城市和农村的土地市场、土地权利及城乡规划与管理,减少政府对城市土地一级市场的垄断。[②]

(三) 农村金融

1. 农户金融行为

(1) 农户储蓄行为的主要影响因素。李秉龙等认为,收入是影响农村居民储蓄行为的主要因素,在外部因素中,利率、货币化程度等因素对农村居民储蓄行为具有显著影响。在同等外部条件下,不同农户的家庭规模、借贷数量、缴纳税费等方面的差异对农村居民储蓄行为具有重要影响。[③] 桂又华等也指出,长期以来,我国农村居民的收入水平是影响其储蓄的主要因素,即收入水平的多寡在很大程度上决定着储蓄规模的高低;我国农民的消费能力同样也在相当程度上影响着农村居民储蓄存款的规模和变化趋势,其消费水平的变化对储蓄的冲击效应明显;现阶段以个人固定资产投资为主的农村居民投资行为对储蓄的影响有限。[④]

(2) 农户投资行为的主要影响因素。李锐等认为,农户的生产经营性投资对承包面积和地理位置的反应敏感;农户住房建设投资对名义利率

---

① 陈剑波:《农地制度:所有权问题还是委托—代理问题?》,载《经济研究》2006年第7期。

② 中国土地政策改革课题组:《中国土地政策改革:一个整体性行动框架》,载《改革》2006年第2期。

③ 李秉龙、刘丽敏:《中国农村居民储蓄行为影响因素分析》,载《中国农村经济》2006年第3期。

④ 桂又华、贾健、徐展峰:《农村居民储蓄模型实证研究》,载《金融研究》2006年第5期。

的反应不敏感,但对通货膨胀率(正)和期望真实利率(负)的反应非常敏感;农户储蓄存款对期望真实利率(正)、名义利率(正)、通货膨胀(负)和非农收入(正)的反应都非常敏感,出现这种结果的原因在于农户缺乏可供选择的投资工具。① 齐福全等认为,北京市农村居民储蓄与投资之间长期存在明显的正相关关系,表明北京市农村居民的储蓄—投资转化率较高。但是,同时也说明北京市农村居民投资的资本来源比较单一,直接受制于个人的储蓄。②

2. 农村非正规金融发展

(1)非正规金融存在的客观必然性。熊建国认为,民间融资已成为当前农户融资的主要方式,当前农户融资具有融资需求规模小、融资和金融服务需求简单和融资保证以原始的个人道德信誉、公众口碑为抵押品三种原生态特征。农村的高利贷者实际上已经成为农村的金融个体户,逐渐或者一直在农村发挥着对农村正规金融机构的替代效应。农户融资原生态需要民间金融与之对应,而由中国农业政策性银行代行中央银行职责,把落后的民间融资形式逐步培育成农村民营金融企业,是当前形势下的最佳选择。③ 江曙霞等认为,农村民间信用内生于农村经济的发展需要,是农村经济主体的主要融资渠道,对农村经济发展和缓解农村贫困具有积极作用。通过完善和规范民间融资市场,民间信用在发挥对中国农村缓解贫困的作用、促进农村经济结构的合理优化等方面是可以有所作为的。④ 周立认为,明清以来的经验显示,高利贷本是一种生存借贷,置农村生存经济状态于不顾的单方面打击,不仅不能根除高利贷产生的土壤,反而加剧了高利贷的风险,降低了小农的信贷可得性,恶化了小农的信贷状况。对高利贷问题的不适当"表达",不利于农村融资问题的解决。让农民走出生存经济状况,才能根除高利贷产生的土壤,政策的重点在于扶持农村的生产性借贷,千方百计地扩大小农的信贷可得性,并充分利用传统民间金融

---

① 李锐、项海容:《基于两期生命周期模型的农户金融行为的计量分析》,载《管理世界》2006年第9期。
② 齐福全、李琼:《北京市农村居民储蓄与投资相关关系的实证分析:1978~2003年》,载《中国农村经济》2006年第8期。
③ 熊建国:《中国农户融资的现状分析与民间金融——来自江西省上饶市的个案调查与思考》,载《中国农村经济》2006年第3期。
④ 江曙霞、严玉华:《中国农村民间信用缓解贫困的有效性分析》,载《财经研究》2006年第10期。

手段，而不是一味地打击所谓的"高利贷"。①

（2）非正规金融的作用。李子奈通过调查得出，农村金融存在着农户从非正式渠道融资要多于正式渠道、融资主要用来从事农业生产和其他经营活动、农村正式贷款存在向相对富有农户集中的趋势、农户存款和现金成为防范收入冲击采取的手段，也是金融机构可资利用的资源、民间借贷的利率大大高于官方利率水平等特点。形成这种特征的原因一是农村正式金融机构体系过于单调，在覆盖面和可持续性方面表现不能完全承担支持农村经济的任务；二是非正式金融组织更能适应农户需求；三是非正式金融组织制度安排精巧，具有较高效率、活力和竞争力。②苏士儒等认为，商业化的正规金融因为交易费用过高难以适应以兼业化抗衡风险的农户的信用需求，农村非正规金融的兴起是现行正规金融制度安排的一种变更或替代，是诱致性变迁的结果，将长期存在于农村金融领域。由于农村非正规金融制度是与农村金融环境演进和金融风险特征相适应的结果，具有比较优势，是不能够被农村正规金融所取代和"规范"的。③胡金焱等认为，在农村地区企业和农户融资中，非正规金融活动无论在规模上还是覆盖范围上都达到甚至超过了正规金融活动，这不仅在很大程度上补充了正规金融的供给不足，满足了农村经济发展的资金需求，而且也显示出存在的必然性。政府应当积极引导非正规金融的有序发展，并推动正规金融与非正规金融在农村地区更有效地互补与合作。④殷俊华认为，农村民间借贷的存在与农村正规金融缺口的普遍存在有关，农村借贷不仅有利于弥补生产性金融缺口，而且对于弥补非生产性金融缺口、保持农户的流动性具有重要作用。农业的低回报率、农民的普遍相对贫困，会使任何将全部农村金融活动纳入正规商业性金融范围的企图变成对农村经济发展的伤害。改变影响农村金融市场运行的基础性制度从而使农民的金融需求适应正规金融的要求，比强化正规金融机构本身更重要，强化和完善农村正规金融并不一定以限制非正规金融发展为条件。⑤

---

① 周立：《由生存经济看农村高利贷的表达与实践》，载《财贸经济》2006年第4期。
② 李子奈：《对农村进行金融支持的政策建议》，载《改革》2006年第3期。
③ 苏士儒、段成东、李文靖、姚景超：《农村非正规金融发展与金融体系建设》，载《金融研究》2006年第5期。
④ 胡金焱、吴倩：《农村正规与非正规金融发展：山东例证》，载《改革》2006年第12期。
⑤ 殷俊华：《金融缺口、非正规金融与农村金融制度改革》，载《金融研究》2006年第8期。

3. 农村金融存在的问题

（1）农村金融制度存在缺陷。郑冉冉等认为，1997年以来，农村金融机构不断退出农村金融市场，压抑了农村的资金需求，严重制约了农村经济发展。当前国内进行的农村金融体制改革，把注意力集中于农村信用合作社改革，但由于政府主导型金融存在缺陷，改革成效十分值得怀疑，农村金融实际上已处于一个危险的境地。从总体上看，制度供给不足或者说市场竞争主体的缺位是当前我国农村金融市场出现困境的根本症结所在。[1] 朱喜等实证认为，在政府主导下的指令性信贷模式下，金融机构的农村贷款投入与农民收入、农村投资之间不存在长期均衡关系，在短期也没有有效地促进农村投资的增加和农民收入的增长，说明过去我国农村信贷分配效率低下，下一步的农村金融改革必须重视资金投入的效率问题。[2] 何大安等认为，中国农村金融市场化存在着非均衡推进现象，主要表现为利率制度的二元化以及由此产生的农户贷款难和大量金融资金外流等方面。要解决这些问题，必须从现有的农村金融制度安排入手，逐步解决农村金融抑制向金融深化转变过程中诸如利率、市场准入、业务经营、资本流动等内生性因素对产生农村金融市场化非均衡推进现象影响的问题。[3] 姚耀军认为，我国农村金融发展状况表现为农村货币化程度加深、金融机构财务状况不佳、农村信用社在农村金融市场上处于垄断地位、金融中介功能弱化、正规金融体系在中介功能上正逐渐被非正规金融所替代等基本特征。[4]

（2）农村金融供求失衡。白莹认为，传统农业的资金需求基本得到满足，但从事农业延伸产业的农户和农村经济结构调整中的资金需求满足程度较低，这是当前农村金融需求的一个基本结构性特征。而农村金融的供给还存在很多问题，导致农村地区贷款总量和结构上的供求失衡，这既有农村地区经济发展程度低、贷款偿还风险高的因素，也有金融管理体制、信贷管理政策的因素。[5] 中国人民银行上饶市中心支行课题组认为，

---

[1] 郑冉冉、张孝岩：《农村金融机构进入问题研究》，载《经济社会体制比较》2006年第1期。
[2] 朱喜、李子奈：《改革以来我国农村信贷的效率分析》，载《管理世界》2006年第7期。
[3] 何大安、丁芳伟：《中国农村金融市场化非均衡推进现象分析》，载《中国农村经济》2006年第6期。
[4] 姚耀军：《中国农村金融发展状况分析》，载《财经研究》2006年第4期。
[5] 白莹：《新农村建设中的资金供求与制度设计》，载《金融研究》2006年第10期。

农村融资的有效需求旺盛,但有效供给不足,导致低效率均衡出现——需求得不到满足而转向民间融资,农村融资价格持续走高,以及资金外流。低水平均衡的问题来自需求和供给两个层面的制度制约,而通过制度重构实现高效率均衡是农村金融发展的根本途径。① 江成会等指出,随着农村经济发展,农民收入增加,农村出现了富裕农户、一般农户和贫困户三个经济层次,农户的信贷需求也呈现多层次变化,但农户信贷供给模式未能随之发生转变,形成农户信贷需求与信贷供给非均衡。深化农村金融改革要充分考虑农户信贷供给与需求的均衡,创新农户信贷模式,在稳定对一般农户贷款投入的基础上,将信贷供给的重心向富裕农户和贫困农户延伸,满足各个层次农户的信贷需求。②

(3) 农村金融难以支撑农村经济。殷本杰认为,中国农村金融抑制相当严重,已经无法适应新农村建设的现实需求。③ 庞明川也指出,我国农村投融资体制明显不适应新农村建设的要求,新农村建设必须广泛吸收社会资本,建立多元化的投融资保障机制。④ 王丹等实证研究认为,农村金融发展引致农业经济增长变动,支持了金融支撑经济增长的概念。农村金融发展对农业经济增长具有中长期均衡效应,短期效应不明显,加强农村金融体制改革对农业经济长期可持续发展具有重要意义;相反,农业经济增长对农村金融发展仅具有短期效应,中长期效应均不明显,说明农业经济增长对金融发展的引致作用不明显。⑤

(4) 农村金融的系统性负投资。系统性负投资是指银行或其他金融机构从一个地区的居民中获得储蓄,而没有以相应的比例向该地区发放贷款。王曙光等认为,农村金融体系中的系统性负投资对农村经济有制约作用,监管部门对民间金融尤其是小额信贷的比较积极的肯定和扶持态度使农村金融体系有了新的希望。从小额信贷试点来看,合宜的政府行为对民间金融规范化试点有重要的作用,政府过度干预可能降低民间金融规范化试点的效果。⑥

---

① 中国人民银行上饶市中心支行课题组:《我国农村融资现实审视与制度重构》,载《金融研究》2006 年第 1 期。
② 江成会、吴楚平:《信贷供求非均衡状态下农户信贷模式的理性选择》,载《金融研究》2006 年第 4 期。
③ 殷本杰:《金融约束:新农村建设的金融制度安排》,载《中国农村经济》2006 年第 6 期。
④ 庞明川:《新农村建设中投融资保障机制的构建》,载《财贸经济》2006 年第 11 期。
⑤ 王丹、张懿:《农村金融发展与农业经济增长》,载《金融研究》2006 年第 11 期。
⑥ 王曙光、邓一婷:《农村金融领域"系统性"负投资与民间金融规范化模式》,载《改革》2006 年第 6 期。

4. 农村信用社改革

（1）农村信用社改革取得阶段性成效。张乐柱认为，新一轮农村信用社改革取得了阶段性成果，但改革绩效没有达到预期。[①] 刘峰等指出，中国农村信用社引进孟加拉乡村银行的小额农贷经验以来，在联保贷款方面取得了巨大成功，但是联保贷款在制度设计上，也存在服务对象定位不准、组建联保小组困难、结息方式不合理等缺陷，还存在着贷款期限不合理、贷款手续繁杂、操作风险和道德风险等行为扭曲问题。[②]

（2）农村信用社改革仍存严重问题。张杰等认为，由中央政府承诺注资而启动的新一轮农信社体制的改革，仅仅是又一轮政府间的金融博弈。具体而言，以政府间利益博弈为主线而展开的农信社改革行动无一例外地将农村金融的真正需求者始终置于事外，从而使每一次改革行动都将注定沦为各方参与者对改革收益的瓜分游戏。[③] 张雪春指出，在中国，农村信用社一直被当作支持"三农"的工具而不是独立的商业性金融机构，政府在农信社发展中既有支持作用，又存在某些过度干预，这使得农村信用社治理结构薄弱，道德风险严重，难以持续发展。[④] 陆磊等认为，名义上的社员对合作金融的所有权与事实上的农村信用社独立于社员的控制权和经营权相分离，导致了内部人控制和外部人干预同时并存的治理问题，合作金融没有在现实中存在。但在真正的金融合作以自发的融资合作和担保合作形式已经在各地形成。[⑤] 西南财经大学中国金融研究中心调研组认为，多年来农村信用社积累的问题较多，一些理论问题尚待理顺，导致农信社存在模式具有不确定性。当前存在的有关农信社定位、治理结构、如何满足不同程度农户需求等方面还有许多问题需要高度重视和深入研究。[⑥]

（3）农村信用社进一步改革的建议。这主要提出以下基本思路：

第一，实行产权改革。谢平等认为，农村信用社改革中推行的"花

---

① 张乐柱：《现阶段农村信用社改革绩效的制度性反思》，载《改革》2006年第12期。
② 刘峰、许永辉、何田：《农户联保贷款的制度缺陷与行为扭曲：黑龙江个案》，载《金融研究》2006年第9期。
③ 张杰、高晓红：《注资博弈与中国农信社改革》，载《金融研究》2006年第3期。
④ 张雪春：《政府定位与农村信用社改革》，载《金融研究》2006年第6期。
⑤ 陆磊、丁俊峰：《中国农村合作金融转型的理论分析》，载《金融研究》2006年第6期。
⑥ 西南财经大学中国金融研究中心调研组：《农村金融改革值得探讨的几个理论问题》，载《金融研究》2006年第8期。

钱买机制"无疑是金融改革的一大创新，然而，由于改革过程中忽略了地区性差异和机制的灵活性，其必然结果是改革有利于一些地区而不利于另外一些地区，各地区信用社的盈利能力等存在较大差异。尽管信用社私有化不是这一次改革的选项，但是如果一个私营的信用社能够实现责权利的完整统一，应该是未来可能的选项之一。① 张乐柱认为，无论在管理体制、治理结构，还是股权设置，都体现出产权的缺失。满足建设新农村的金融服务需求，关键是构建需求导向的竞争性农村信贷市场。其中根本的是民间资本的社会化运用，实现个人所有制基础上的产权多元化组合，在资金规模、服务方式上真正体现农村经济主体的需求意愿，实现供给与需求的准平衡，同时需要金融监管的同步创新。②

第二，构建农村内生金融体制。张杰等指出，对于中国农村信用合作社体制乃至农村金融制度改革，最为关键的是，如何有效弥合传统与现代、现实与未来之间的鸿沟，在保持现有体制稳定的情况下，引入新的博弈主体，改变现有博弈格局，构建一个充分考虑金融需求者现实要求的农村内生金融体制。③ 张荔等也认为，在以往的农信社改革中，社员（或农民）始终处于弱势地位，在农信社再造的产权制度安排中，应该扭转社员冷漠的局面。忽视社员权利，则会导致社员冷漠，并在农信社信贷资金配给中导致农民主导项目无法获得有效融资，进而造成农村经济效率损失。从长远来看，有必要让农户联合起来，成立自己的合作组织，让他们在制度安排中成为力量集中的利益集团。④

第三，发展社区金融。杨少芬等认为，在我国发展以社区银行为基本形式的社区金融不仅能够弥补大银行在中小企业和个人这一金融服务层面的缺位，并成为完善我国金融服务体系的一支新军。更重要的是社区银行作为一种自下而上的诱致性制度变迁的产物，其市场准入、退出及经营模式完全采取了市场化运作方式，这将成为我国银行业迈向市场化的一个重要标志。⑤

第四，推进信用社与环境的适应性。庞贞燕等指出，作为外生于农村

---

① 谢平、徐忠、沈明高：《农村信用社改革绩效评价》，载《金融研究》2006年第1期。
② 张乐柱：《现阶段农村信用社改革绩效的制度性反思》，载《改革》2006年第12期。
③ 张杰、高晓红：《注资博弈与中国农信社改革》，载《金融研究》2006年第3期。
④ 张荔、田岗：《制度变迁中的农信社再造与信贷风险再生》，载《财贸经济》2006年第2期。
⑤ 杨少芬、梁雪芳、王勉：《我国农村信用社实行社区金融模式改造研究》，载《金融研究》2006年第7期。

的农信社，要继续在农村的环境中改善生存状况并谋求发展，必须在组织结构、行为方式、规模边界、经营规则等方面与农村环境的基本特征相适应，适应性标志是考虑农信社一切问题的出发点和根本点。目前的改革政策可能无助于改善农信社的适应性问题，因此应当在维持改进农信社可持续生存的原政策目标下，适当调整政策，以降低农信社与农村环境的交易成本。① 许圣道指出，我国目前全面推开的农村信用社改革试点方案带有明显的"路径依赖"痕迹，这是受农村经济的发展水平、金融体制的制度环境和农民素质及组织化水平的影响和制约所致，要克服路径依赖就应优化外部环境，并增大制度创新供给。②

第五，完善政府的作用。张雪春认为，为将农村信用社建设成为商业可持续的农村金融机构，应区分金融和财政职能，理顺中央与地方政府对农村信用社的权责关系，划清监管者与管理者的界限，为农村信用社的可持续发展创造一个适宜的经营环境。③ 刘澜飚等认为，合作金融是目前中国经济必经的一个阶段，中央政府作为改革的推动者，需要坚决制定强有力的制度保障体系，提供硬补贴，保障参与农信社制度重建与设计的社员能够成为经济上、法律上、制度上的利益实体，而动员社员关注、参与农信社改革的前提是政府提供的软补贴激励，让社员真实地享受到他们应有的毅力，使得合作金融成为属于农民自己的组织，能够有效为农村金融发展服务。④ 陈鹏等认为，农村信用社长期以来的"官办"路径和行政效率对经济效率的替代，是地方政府选择省联社模式的内在动因。省联社模式有其制度缺陷，要审慎评估农村信用社改革的阶段性成果，减少行政干预，鼓励部分农村信用社在一定范围内跨区经营，建立存款保险制度，推进小额借贷试点及邮政储蓄改革激励。⑤

5. 农村金融体制改革

（1）引导和规范非正规金融发展。李锐等指出，给农村非正式金融组织以合法地位，努力构建完善的农村金融市场体系，为农户提供多样化

---

① 庞贞燕、王桓：《适应性：农村信用社改革问题的再认识》，载《金融研究》2006 年第 1 期。
② 许圣道：《农村信用社改革的"路径依赖"问题》，载《金融研究》2006 年第 9 期。
③ 张雪春：《政府定位与农村信用社改革》，载《金融研究》2006 年第 6 期。
④ 刘澜飚、田岗：《中国农信社改革的制度保障与重建》，载《经济学动态》2006 年第 8 期。
⑤ 陈鹏、孙涌：《农村信用社改革模式选择：贵州省证据》，载《改革》2006 年第 9 期。

的投资工具,同时,逐步放松对利率的管制。① 苏士儒等认为,为完善农村金融体系,应当引导农村非正规金融健康发展,并学习、借鉴、遵循诱致性制度变迁演进逻辑,积极致力于构建农村非正规金融发展的法律制度环境,以培育体制外金融力量和正规金融的竞争对手为突破口,建立适度竞争的农村金融市场。② 汪时珍认为,同水平替代相比,在正式和非正式信贷机构之间构建垂直联结能够提供比非正式借款者更好的借贷条件,从而有利于提高农业生产率,缓解农村中的"金融抑制"现象。③ 李子奈提出,改进农村金融市场一是建立及时、有效的农村金融市场,为农村人口提供可以承受的金融服务;二是高度重视贷款的分配效率;三是健全农村金融市场的相关法律和监管框架;四是促进农村金融市场的市场化改革;五是规范和引导非正规金融发展。④ 王元认为,农村金融市场需要商业资金进入,也具备商业金融盈利空间,但对于正规金融机构来说,一是搜寻有效需求的交易成本太高,博弈参与能力不足;二是农户贷款缺乏足额有效的资信证明。所以必须发挥和利用民间借贷的特性和优势,弥补及解决正规金融机构农贷机制的不足。在民间金融活动的平台基础上建立市场的金融服务中介,可以打通农贷市场信息渠道,构造深入有力的博弈链条,并实现商业资金在农村的健康有序可持续流动。⑤

(2)公共财政是改革农村金融体制的条件。谢平等通过调查分析认为,贫困地区公共财政未能发挥应有的作用,健全的农村金融体系无法建立,将农村金融机构作为支农的工具,进一步扭曲了农村的金融体制,只有让公共财政发挥应有的作用,才能进一步改革农村金融体系,形成商业可持续的农村金融体制。农村金融体制改革一要健全农村公共财政体系;二要建立农村金融机构信贷风险分散机制,降低农村金融机构经营成本,创造其商业化经营的政策环境;三要开放农村金融市场,在贫困地区探索适合当地的金融组织形式;四要建立引导资金回流农村的有效机制;五要建立有效的农村金融监管体制。⑥

---

① 李锐、项海容:《基于两期生命周期模型的农户金融行为的计量分析》,载《管理世界》2006年第9期。
② 苏士儒、段成东、李文靖、姚景超:《农村非正规金融发展与金融体系建设》,载《金融研究》2006年第5期。
③ 汪时珍:《农村信贷失衡、非正式信贷市场与垂直联结》,载《经济社会体制比较》2006年第5期。
④ 李子奈:《对农村进行金融支持的政策建议》,载《改革》2006年第3期。
⑤ 王元:《信息处理、博弈参与和农村金融服务中介》,载《金融研究》2006年第10期。
⑥ 谢平、徐忠:《公共财政、金融支农与农村金融改革》,载《经济研究》2006年第4期。

(3) 实施金融约束政策。殷本杰指出，农村金融政策的出发点，在于调动各类金融机构投入农业、农村的积极性，建立在不完全竞争市场理论基础上的金融约束论，是中国农村金融改革中值得借鉴的金融发展理论。它既能保持政府对金融市场的干预使得它能够兼顾农业的特殊性和农村金融的特殊性，有利于支持农业发展，也把政府的干预限定在价格控制上，最大限度地保证了金融中介机构的激励和约束机制，有利于动员农村储蓄，缓解农村金融压制的恶性循环；同时，也最大限度地保证了对金融资源使用的效率目标和政策目标的结合。因此，金融约束政策是发展中国家农村金融体制建设的现实选择。①

四、农民问题

(一) 农村劳动力转移

1. 影响农村劳动力转移的因素

(1) 城市的发展。史晋川等认为，农村劳动力向城市的转移在城市正规部门与非正规部门两个不同的层次上同时进行，在一段时期内，前者的发展将决定农村中高素质劳动力的转移速度，而后者的发展则决定了农村中低素质劳动力的转移速度。但从长期看，具有聚集效应的城市非正规部门的发展很大程度上影响我国农村高素质劳动力向城市的转移。② 陈宗胜等将劳动力的非农化途径分为从事家庭非农业经营、外地企业务工和进入本地乡企私企就业，他们认为，相当多的因素对农民的非农就业倾向具有影响，其中区位条件影响是明显的，中心城市周边农户的非农就业倾向较高，这与近城地区企业数量规模及各种要素市场相对发达有关；教育是影响农村劳动力非农就业倾向的最重要因素，在远城地区比在近城地区的作用更显著；乡镇企业的数量增大了非农就业倾向；农户拥有的耕地对非农就业倾向具有负影响；农户拥有的非农业和农业生产性固定资产，以及

---

① 殷本杰：《金融约束：新农村建设的金融制度安排》，载《中国农村经济》2006 年第 6 期。
② 史晋川、战明华：《聚集效应、劳动力市场分割与城市增长机制的重构》，载《财经研究》2006 年第 1 期。

劳动力负担系数均对非农就业倾向影响不大。① 卢向虎等通过实证分析认为，中国城乡实际收入差距扩大已显著地阻碍了农村人口向城镇的长期迁移；城乡人口迁移规模的扩大并不是导致城镇失业增加的原因，而城镇失业却在一定程度上影响了农村人口的城乡迁移；制度因素对农村人口城乡迁移规模的影响是复杂的，城乡人口迁移规模随着制度约束的减弱而逐年增加。② 程名望等认为，农村发展和城镇建设是一个相互影响、相互促进的共赢系统，城镇拉力成为农民工进城的主要动因，现代工业技术进步是农村劳动力转移的首要动因，因此通过制度建设等增强城镇拉力和加大城镇教育和科研投入，加快科技转换和应用对解决农村剩余劳动力具有更加重要的意义。而且劳动力对长期依附于农业具有粘性，所以需要通过引导的方式推进城镇化。另外，由于我国城镇体系无法承受中国农村劳动力转移之重，根本解决途径是就地解决。③ 薛国琴认为，从我国农村劳动力转移的特征来看，现阶段我国农村劳动力转移选择在乡镇企业就业的就地转移趋势加大；中国的城市化没有改变就业结构，城镇人口占总人口的比重高于城镇劳动力占总就业人员的比重；农村劳动力转移成本大于转移收益，这是"民工荒"和农村劳动力就业困难并存的原因。④

（2）农村劳动力的自身状况。魏成龙等认为，农村剩余劳动力能否顺利转移的关键就是其在非农产业中是否具有较强的竞争力和就业优势，而较强的竞争力和就业优势获得的途径就是提高自身的人力资本含量。⑤ 李豫新等通过调查问卷的方式，以新疆生产建设兵团农场外来劳动力为例研究了从农村到农村的迁移问题。他们认为，收入、原居住地生活压力、农民工个人特征、流动方式、对未来的生活预期和社会保障等都是影响农民工迁移的重要因素，其中前两项影响最为显著。⑥

（3）农村劳动力的关系网络。罗明忠指出，关系网络作为一种重要的社会资源，可以为农村劳动力的转移提供金融支持、信息便利、观念更

---

① 陈宗胜、周云波、任国强：《影响农村三种非农就业途径的主要因素研究》，载《财经研究》2006年第5期。
② 卢向虎、朱淑芳、张正河：《中国农村人口城乡迁移规模的实证分析》，载《中国农村经济》2006年第1期。
③ 程名望、史清华、徐剑侠：《中国农村劳动力转移动因与障碍的一种解释》，载《经济研究》2006年第4期。
④ 薛国琴：《中国农村劳动力转移的阶段性特征》，载《经济学家》2006年第1期。
⑤ 魏成龙、吴建涛：《我国农村的人力资本投资研究》，载《经济学动态》2006年第12期。
⑥ 李豫新、刘娅、韩家彬：《"农民工进村"迁移决策的影响因素探析》，载《中国农村经济》2006年第7期。

新、心理适应和信任安全等帮助；而农村劳动力转移过程中形成的在异地的人口集聚，又可以强化这种关系网络，更好地发挥关系网络在农村劳动力转移中的作用，推进我国农村劳动力的转移。①

2. 加快农村劳动力转移的建议

魏作磊认为，从发达国家服务业就业结构的变迁表明，服务业就业比重的提高实质上是以商务服务业为主的生产者服务业和以教育、医疗卫生业为主的社会服务业就业比重的提高。从目前我国的情况来看，我国服务业难以承担大规模转移农村剩余劳动力的任务，但是通过发展劳动密集型制造业转移农村剩余劳动力不仅是可行的，也是必需的。②

熊桉认为，我国农村剩余劳动力巨大，需要梯次转移，主要有从扩张大中城市、小城镇和农业内部就业容量，促进剩余劳动力异地、就近和就地转移三种途径。③

卢向虎等提出，第一，逐步取消各种制约城乡人口迁移的制度；第二，扭转农村人口城乡迁移导致城镇失业规模增加的观念；第三，促进农民增收；第四，提高城市管理能力；第五，发展城市第三产业，创造城市就业机会。④

陈宗胜等认为，在适当的条件下，加快城镇化、强化教育立国、大力发展以乡镇企业和民营经济为主体的非农产业、建立和完善农村社会保障体系，淡化土地保障功能和加快建设和完善农村劳动力市场，构建农村就业信息网络等都是加快农村劳动力流动的重要措施。⑤

张车伟指出，随着中国人口转变的快速完成，农村劳动力转移正成为城镇劳动力供给的主要来源。同时，经济的快速增长使得城镇部门对农村劳动力的需求激增，农村进城务工人员的工资开始快速增长。然而农村劳动力的转移也面临劳动力市场分隔和劳动力素质难以适应经济发展需求等问题，在社会主义新农村建设的过程中，应该抓住劳动力转移的时机，通

---

① 罗明忠：《社会资源、人口集聚与农村劳动力转移》，载《经济学动态》2006年第3期。
② 魏作磊：《服务业能承担转移我国农村剩余劳动力的重任吗？》，载《财贸经济》2006年第11期。
③ 熊桉：《扩张就业容量与转移农村剩余劳动力研究》，载《经济学动态》2006年第4期。
④ 卢向虎、朱淑芳、张正河：《中国农村人口城乡迁移规模的实证分析》，载《中国农村经济》2006年第1期。
⑤ 陈宗胜、周云波、任国强：《影响农村三种非农就业途径的主要因素研究》，载《财经研究》2006年第5期。

过实施优先向人投资的战略，提高农村人口的素质和能力，加快农村劳动力转移的步伐。①

（二）农民工问题

1. 农民工身份

邓保国等认为，随着户口制度的松动和现代化进程加快，在供给和需求的共同作用下形成了农民工群体。农民工一词经历了临时工、轮换工、劳务工、进城务工人员、外来工等概念演变，最终成为一个正式概念。从农民工的法律特征来看，他们的身份是农民、职业上是工人，呈现从农民到市民、从农民到工人的过渡性特征。②

蒋长流认为，由于弱关系纽带的缺乏以及就业身份的锁定，农民工在嵌入城市社会网络中面临着严重的人力资本声誉困境，这种困境源于其所处的就业阶梯上的低水平陷阱。③

2. 农民工的就业状况

（1）农民工的构成结构。中国农民工问题研究总报告起草组认为，目前中国外出农民工数量为1.2亿人左右，如果加上本地乡镇企业就业的农村劳动力，农民工总数大约为2亿人。农民工表现出以初中文化的青壮年为主、以自发性外出为主、以来自中西部地区为主、以制造业、建筑业和服务业就业为主、以到东部地区和大中城市就业为主和以在城乡间双向流动为主的特点。今后农民工规模仍会继续扩大，但增速将趋平稳，流向仍以东部地区和大中城市为主，但将逐渐向中西部地区和中小城市扩散，农民工转移仍以在城乡间流动就业为主，但在城镇定居的将逐渐增多。农民工工作待遇低，欠薪现象存在，劳动环境差、农民工的社会保障待遇缺失、基本享受不到城市政府提供的公共服务、农民工维权工作困难和农民工身份转换难等都是农民工面临的问题。产生上述问题的深层次原因主要在于：城乡分割的二元结构是体制根源；现行相关法律不健全、法制不完善是制度缺陷；政府管理和职能转变不到位是机制障碍；农民工自身素质

---

① 张车伟：《农村劳动力转移与新农村建设》，载《中国农村经济》2006年第7期。
② 邓保国、傅晓：《农民工的法律界定》，载《中国农村经济》2006年第3期。
③ 蒋长流：《社会网络、声誉困境与农民工人力资本提升》，载《改革》2006年第7期。

和组织化程度低也是农民工问题产生的重要因素。①

（2）农民工的就业特征。高文书通过调查认为：第一，进城农民工就业呈现出行业高度集中、非正规部门比重高、劳动时间长、工资水平低、雇佣关系不规范等特征；第二，进城农民工的劳动保障状况很差，其保障水平与城市本地劳动力的保障水平存在巨大差距；第三，进城农民工的小时工资在地区间存在显著差异；第四，农民工的人力资本状况对其小时工资具有显著影响，但不同行业和不同雇主类型的农民工小时工资没有显著差异。②

（3）农民工在城市定居的影响因素。章铮认为，年收入、预期工作年限和房价是影响民工家庭进城定居的主要因素。首先，只要劳动密集型制造业基本使用青年民工的局面不改变，面临着中年失业前景的绝大多数民工家庭就不可能具备进城定居的经济能力；其次，实际工资水平上升有可能导致一部分无法在城市定居的民工家庭提前回家乡；再次，发展技术工人密集型制造业是解决农民工城市化问题的可能途径；最后，目前中国25岁以下民工（特别是女性民工）已经出现了供不应求的情况，即"民工荒"，这意味着青年民工的就业和收入水平可以依靠市场机制去解决。因此，如果政府希望在劳动密集型制造业就业的农民工能够进城定居，就应该把工作重点放在解决这些民工的中年失业问题上。③

（4）农民工进城的特点。程名望等认为，随着城镇经济的持续增长和农村经济市场化进程的推进，我国农民工进城的意愿越来越强烈。在进城动因和障碍、进城途径、进城费用和收入等方面，男女农民工既表现出一些共同的趋势或规律，也表现出一定的差异。首先，男女农民工进城动因和障碍的趋势都表现为农村因素减弱，城镇因素增强；其次，在进城的诸途径中，"随工头进城"等传统途径逐渐衰弱，自己进城的农民工越来越多，民间中介机构的作用日益增强；再次，男女农民工都是理性的，他们以费用最小化和收入最大化决定自己的进城选择和消费行为；最后，由于生理差异、传统文化等因素的差异，在进城务工时，男性相对女性是强势的，他们更敢于接受进城的风险和挑战，收入也较女性高。④

---

① 中国农民工问题研究总报告起草组：《中国农民工问题研究总报告》，载《改革》2006年第5期。
② 高文书：《进城农民工就业状况及收入影响因素分析》，载《中国农村经济》2006年第1期。
③ 章铮：《进城定居还是回乡发展？》，载《中国农村经济》2006年第7期。
④ 程名望、史清华：《农民工进城务工性别差异的实证分析》，载《经济社会体制比较》2006年第4期。

（5）农民工的工作满意度。孙永正调查表明，农民工对工作满意度总体偏低，在同事关系和领导认可方面，他们的满意度稍高，在工作时间、工作环境和伙食安排方面，满意度明显较低。企业必须切实改善农民工工作和生活条件，这是转变企业增长方式和建设和谐社会的共同要求。①

（6）农民工就业对子女的影响。吕绍清调查发现，留守儿童父母做出决定的主要因素是职业不稳定和收入低、城市里的打工子弟学校教学质量差，而最主要的是体制因素。②叶敬忠等指出，父母外出务工对大部分留守儿童的饮食、衣着、疾病照料和零花钱方面的影响并不大，却不同程度地增加了留守儿童的劳动负担，限制了部分留守儿童的交往范围。③

3. 民工荒的成因

（1）农民工的供求缺口。王涛生认为，在中国城市化步伐加快、农村人口老龄化提速和农村人口自然增长率下降等因素的驱动下，中国农民工总供给存在持续减少的趋势；然而，在中国乡村非农产业迅速发展、城镇非正规部门急剧膨胀以及正规部门中非正式岗位不断增加等因素的拉动下，中国农民工总需求存在持续扩大的趋势。在其他条件一定时，由于导致农民工供给减少的驱动力和促使农民工需求增加的拉力的双向作用，在今后相当长的一段时期内，中国农民工不仅在结构上，而且在总量上都将持续存在供不应求的缺口。预计到2008年，中国农民工的供给缺口将突破3 000万人，如果不采取有效措施，其供求缺口将有持续扩大的趋势。④

（2）农村剩余劳动力的流动阻力。刘根荣认为，农村剩余劳动力的流动受到来自于空间阻力、信息阻力、能力阻力、风险阻力、价格阻力、政策阻力、心理阻力七大方面的阻力，这一定程度上可以解释民工荒问题。为了妥善解决民工荒问题，应当完善劳动力市场信息、加强农民工的教育与培训、规范员工行为、给予农民工"市民待遇"、关爱农民工心理健康等。⑤

---

① 孙永正：《农民工工作满意度实证分析》，载《中国农村经济》2006年第1期。
② 吕绍清：《农村儿童：留守生活的挑战》，载《中国农村经济》2006年第1期。
③ 叶敬忠、王伊欢、张克云、陆继霞：《父母外出务工对留守儿童生活的影响》，载《中国农村经济》2006年第1期。
④ 王涛生：《中国农民工短缺的实证分析及其趋势预测》，载《中国农村经济》2006年第7期。
⑤ 刘根荣：《阻力模型：农村剩余劳动力逆向流动的微观经济学分析》，载《经济评论》2006年第6期。

(3) 制度短缺。刘林平等认为，由于外来工工资较低，所以，他们不能安心在所在企业工作，因而有较高的流动率。高流动率造成了劳工短缺，即"民工荒"。而归根结底是制度短缺决定了劳工短缺。最低工资标准制度就是针对低端劳动力市场最基本的制度安排。而最低工资标准在现有条件下作用很小或基本上不起作用，这就是引起外来工短缺或"民工荒"的制度短缺。①

4. 解决农民工问题的思路

（1）解决农民工问题是一个长期战略。韩长赋认为，农民工问题是个战略问题，将伴随我国现代化的全过程，并将伴随现代化基本实现而终结。农民工亦工亦农、亦城亦乡，流动就业，逐步向非农产业和城市转移，这种现象将长期存在。解决农民工问题主要受到城市化进程、城乡差距、经济周期以及宏观经济政策调整与变动的影响，要解决该问题，就要坚持城乡统筹方略，实行工业反哺农业、城市支持农村的方针；要以体制改革和政策创新为动力，逐步消除城乡二元结构；要以人为本，公平对待，构建解决农民工问题的社会支持体系。②

（2）解决农民工问题的总体思路。中国农民工问题研究总报告起草组认为，解决农民工问题的总体思路是：第一，坚持统筹城乡就业，把解决农村就业问题放在更加重要的地位；第二，坚持异地转移与就地转移相结合，大力发展乡镇企业和县域经济；第三，坚持大中小城市和小城镇协调发展，促进农民向城镇合理有序流动；第四，坚持推进城乡配套改革，逐步消除农民进城就业和居住的体制性障碍；第五，坚持依法维护农民工合法权益，创造进城农民与城市居民正常交往、融洽相处的社会氛围；第六，坚持不断提高农村劳动力素质，把农村人口压力转化为人力资本优势；第七，坚持保障农民工的土地承包权，减轻农民进城务工就业和社会稳定的风险。要解决农民工问题需要从农民工培训和就业服务、工作和用工管理、职业安全卫生、社会保障制度、子女义务教育、公共卫生和计划生育管理、农民工住房、依法保护农民工土地承包权益、农民工户籍十个方面考虑。③

---

① 刘林平、万向东、张永宏：《制度短缺与劳工短缺——"民工荒"问题研究》，载《中国工业经济》2006年第8期。
② 韩长赋：《中国农民工发展趋势与展望》，载《经济研究》2006年第12期。
③ 中国农民工问题研究总报告起草组：《中国农民工问题研究总报告》，载《改革》2006年第5期。

(3) 告别"血汗工厂"。聂正安认为，改革开放20多年来，中国民营企业和外资企业的农民工管理普遍存在着"血汗工厂"现象，"血汗工厂"在过去一个时期内虽然有其存在的理由，但它所造成的损失则是内在的、全局的、长远的。中国应当从进化论思维出发，开始启动告别"血汗工厂"的进程，从而开辟企业农民工管理的新阶段。①

(4) 重构农民工的良好声誉。蒋长流认为，突破声誉困境，重构农民工的良好声誉，需要从加强农民工务工技能培训、构建农民工声誉记录机制、建立农民工社区合作社等三个方面着力解决。②

(5) 推进相应的制度建设。王涛生认为，通过合理的制度安排，构建农民工供求均衡互动的长效机制，应是寻求农民工问题最优解的关键之所在。第一，彻底改革城乡分离的二元户籍制度，构筑农民工进城务工经商的自由流动和公平竞争机制；第二，实行农村土地使用权商品化，构建农业生产要素优化配置与农民工有效供给的双赢机制；第三，完善企业的劳动收入分配制度，改善民工待遇，形成农民工工资与农民农业收益的适度级差机制；第四，政府、企业和个人共同努力，构建农民工的社会保障机制；第五，在把农村义务教育落到实处的同时，设立农民工职业技能培训的专项基金，构建农民工职业技能培训的制度和体系，有组织、有计划、富有成效地提高农民工素质，从而增强中国劳动密集型产业国际竞争力优势的可持续发展的动力；第六，调整产业发展战略，转变增长方式，促进产业结构优化升级和劳动密集型产业的区域梯度推移，缓解非农产业对农民工需求膨胀的压力；第七，突破城乡分离的二元劳动力市场结构，建立农民工供求信息服务平台，实现农民工供给与非农产业需求之间的信息对接，减少农民工择业的机会成本和交易费用；第八，建立和完善中小企业与农民工之间的契约保障机制和诚信约束机制，维护劳资双方的合法权益。③

(三) 农民组织

1. 农民组织的作用

侯立平指出，作为一种自治团体，合作社已有160余年的历史。在中

---

① 聂正安：《农民工问题：一种企业管理视野的分析》，载《经济评论》2006年第4期。
② 蒋长流：《社会网络、声誉困境与农民工人力资本提升》，载《改革》2006年第7期。
③ 王涛生：《中国农民工短缺的实证分析及其趋势预测》，载《中国农村经济》2006年第7期。

国的社会主义建设和经济体制改革中,合作社始终并还将继续发挥无可替代的重要作用。然而,合作社在中国的发展还面临各种障碍的约束。鼓励和引导农民发展各类专业合作组织,提高农业的组织化程度就必须由我国的立法机构、行政机构和理论学术界共同努力。① 吴仲斌认为,我国农村经济的市场化改革导致乡村经济组织分化,分化出来的各类乡村经济组织将承担其相应的经济社会职责并改变乡村治理机制,进而替代乡镇机构职能。乡镇机构职能转换的实质是,原乡镇行政机构要"减事"、原乡镇事业性机构要与乡镇行政机构分开并改善效率,原乡镇经营性机构要"市场化"运营。现阶段我国乡镇机构职能转换困难,一个非常重要的原因就是乡村经济组织体系发育的不均衡。政府应创造条件,对不同经济组织类型采取不同的改革措施以促进其健康发展,促进乡镇机构职能的转换。②

王晓林等认为,个体经营的小农是市场竞争中的输家。市场倡导追求个人利益,人们却只能有组织地以"集体"即企业方式实现其追求。企业作为手段具有价值中性。营造适当的制度环境,让农民群众以中小企业形式组织起来闯市场,协助他们成为市场经济的自觉参与者,才能尽快实现中国经济社会的全面现代化。③ 马彦丽等指出,集体行动的悖论是农民专业合作社发展缓慢的根本原因;农民收入差距扩大客观上有利于促进农民专业合作社的发展;合作原则修订的根本动因是追求集团利益的实现,它并不必然改变合作社的本质。④

2. 农民组织存在的问题及优化思路

周勇等以重庆市农民合作社为样本的考察认为,传统合作制兼顾公平的优势本身就包含了制度缺陷,损害了组织效率,成为市场竞争中的劣势,这种内在的缺陷构成了合作经济组织发展的最大制约。除此以外,农民合作经济组织的发育和成长还有诸多外部因素的影响,主要包括受到土地细碎、农民分化、合作社企业家和合作社知识缺乏等我国农业农村经济

---

① 侯立平:《合作社:从资本主义脱颖而出的生产模式》,载《经济学家》2006年第5期。
② 吴仲斌:《市场化改革、乡村经济组织分化与乡镇机构职能转换》,载《改革》2006年第6期。
③ 王晓林、沈建明:《组织起来是农民闯市场的有效形式》,载《经济学家》2006年第5期。
④ 马彦丽、林坚:《集体行动的逻辑与农民专业合作社的发展》,载《经济学家》2006年第2期。

发展中固有的一些局限；农村生产要素市场发育不完善、法律制度环境和政策扶持环境不健全等体制方面的弊端；农民合作意识淡薄、农村干部认识滞后等思想文化方面的问题。其中，农民合作经济组织法律地位不明确被认为是最大的制约因素之一。针对农民合作经济组织发展面临的双重制约，政府行为的着力点应该放在合作制的知识普及、试点示范、发展目标模式的规范、优惠和扶持政策设计以及农村配套改革等5个方面的工作上，作为这一系列工作的前提，应尽快完成合作社的立法。同时在推动过程中应最大限度地避免过度的行政干预。为使农民合作经济组织在经济上逐渐自立，各级政府必须给予必要的扶持。①

3. 资金短缺是当前我国农民合作经济组织发展中亟待解决的问题

于华江等认为，缺乏吸引投资的制度基础，组织成员经济实力匮乏，资金基础不稳定，是农民合作经济组织资金短缺的重要原因。从农民合作经济组织内部成员的融资能力入手，探求内发型解决途径，以国家宏观调控手段和法律、政策的完善，探求调动外部投资主体的参与等外援型途径，以及将内发型和外援型途径相结合，对农民合作经济组织资金短缺问题的解决是不无裨益的。② 国鲁来指出，目前世界各国促进合作组织发展的政策援助措施不外是税收优惠、贷款、赠款和业务支持等几个方面。就中国来说，对于合作社的税收优惠已经被起草中的国家《农民专业合作经济组织法》所采纳，并且也已成为付诸实施的《浙江省农民专业合作社条例》的一项内容。所以，需要关注的主要是包括贷款和赠款在内的对于农民合作组织的资金援助问题。③

4. 合作社应走规模型成长之路

应瑞瑶认为，农民专业合作社成长可以分为起步、规模型成长和纵向成长三个阶段。规模型成长是农民专业合作社成长的一般规律，但是，在合作社业务需要大量生产资料情况下可以向产前延伸纵向成长；由于合作社业务向产后延伸市场风险较大，因此，向产后延伸的纵向成长不是合作

---

① 周勇、张涛：《新型农民合作经济组织的制约因素与政府行为：重庆样本》，载《改革》2006年第4期。

② 于华江、魏玮、于志娜：《试论农民合作经济组织资金短缺的解决途径》，载《中国农村经济》2006年第6期。

③ 国鲁来：《农民合作组织发展的促进政策分析》，载《中国农村经济》2006年第6期。

社成长的必然选择。①

五、农业问题

(一) 保证粮食安全的思路

1. 发挥政府的作用

柯炳生认为,粮食安全问题事关国计民生和社会稳定的大局,确保粮食安全是我国农业政策的两大基本目标之一。为此,需要树立正确的粮食安全观,认清制约粮食安全的因素和规律,制定科学的粮食生产与贸易战略。真正要解决保障粮食安全问题,关键在于政府职能的发挥。国家应当通过有效的政策措施,通过市场机制或者补贴机制,让农民有增加粮食生产的主观积极性;通过各种服务和帮助,让农民有增加粮食生产的客观可能性。我国粮食安全的总体思路应当是:加强国内生产能力,提高粮食转化效率,引导消费结构调整,适当进口弥补不足。②

2. 建立可持续的粮食生产投入机制

陈卫平等指出,以 1979 年为分界点,中国主要粮食产出增长的源泉经历了一场以投入增加为主向以全要素生产率增长为主的粮食生产力革命。1997 年以来中国主要粮食产出增长下降的主要原因是投入要素的下降。中国未来要养活自己还主要依赖于粮食生产率的提高,这需要进行政策改革以挖掘生产率增长的潜力;同时要提高种粮的收益,建立起可持续的粮食生产投入机制。③

3. 解决贫困地区农民的粮食安全

陈前恒等就贫困地区农民的粮食安全进行了调查研究,他们指出,农户粮食自给不足的情况比较严重,造成这种情况的主要原因在于人多地少

---

① 应瑞瑶:《农民专业合作社的成长路径》,载《中国农村经济》2006 年第 6 期。
② 柯炳生:《我国粮食安全问题的战略思考及其政策建议》,载《改革》2006 年第 2 期。
③ 陈卫平、郑风田:《中国粮食生产力革命》,载《经济理论与经济管理》2006 年第 4 期。

和农户出于追求利润最大化而导致的种植行为市场化；农户在选择解决家庭粮食自给不足的手段时，市场购买成为主导性手段，贫困地区农户呈现出明显的粮食消费市场化的特征；通过生产、就业、交换和转移四大手段后，绝大部分农户都能解决粮食安全问题，但也有一小部分农户仍然存在粮食不安全问题，这部分家庭中存在阿马蒂亚·森意义上的"家庭内部剥夺"现象。完善贫困地区农民粮食安全，主要有提升型、预防型和应付型三类政策措施。①

（二）农业现代化

王学真等认为，农业现代化体现为农业技术的全面升级、农业结构的现代转型和农业制度的现代变迁，农业国际化对农业现代化具有积极的推动作用，这体现在三个方面：（1）农业国际化通过供给和需求两个方面推动农业技术进步；（2）农业国际化也有利于投入结构的优化、生产结构的升级和品质结构的改善；（3）农业国际化对农业的市场化和现代农业组织的建立具有积极的影响。②

卢荣善指出，农民身份化和职业化有着本质的差别。中国农民至今所代表的还是一种身份，由此阻碍了农业现代化的进程。中国自改革开放以来，经济社会结构的变迁事实上开始推动着农民从身份化到职业化的转换。正确地认识这一趋势并自觉地促进其转换，对于加速中国农业现代化具有重大意义。③

（三）农业补贴

姜少敏指出，1996~1998年，中国的农业支持总量为负值，这说明我国农业支持政策对于农业长期发展极其不利，与发达国家存在很大差距，将不利于农业的可持续发展和农民收入的提高。中国农业补贴政策还存在很多不足之处，我们可以借鉴其他国家农业补贴政策中的积极方面，

---

① 陈前恒、李军培：《贫困地区农民粮食安全状况与政策选择》，载《中国农村经济》2006年第12期。
② 王学真、高峰、公茂刚：《农业国际化对农业现代化的影响》，载《中国农村经济》2006年第5期。
③ 卢荣善：《农业现代化的本质要求：农民从身份到职业的转换》，载《经济学家》2006年第6期。

逐步建立和完善中国的农业补贴政策体系。基本原则是要加大对农业的支持力度，特别是政府对农业的投入。①

王姣等认为，从对粮食产量的影响来看，按计税面积补贴对农户粮食产量没有任何影响，按播种面积补贴的增产效果好于按商品粮数量补贴的增产效果；无论哪一种补贴方式，在当前补贴标准下对粮食产量的影响都不大。随着补贴标准的提高，农户粮食产量以略高于补贴标准提高的幅度增加。从对农民收入的影响来看，按计税面积补贴，农户种植业收入增长的百分比及绝对额远远大于其他两种补贴方式；如果提高补贴标准，三种补贴方式下农户的种植业收入都相应提高。②

李瑞锋指出，直接补贴政策由于自身的许多优点以及外部环境的推动，成为许多国家支持和保护农业的主要方式。就补贴模式而言，发达国家更倾向于脱钩补贴模式，而我国的脱钩模式、部分脱钩模式和挂钩模式和省补贴到县，县补贴到户的两个环节更符合具体实际。发达国家按照"补贴金额＝种植面积×单产×补贴率"进行补贴，不同作物的单产和补贴率是不同的，同一作物在不同地区之间的单产也是不同的，这对我国有很大的借鉴意义，但在具体执行时需要加以创新。③

（四）工业反哺农业

蔡昉认为，实施反哺农业和支持农村的战略，并不意味着实行对农业的保护政策，而是顺应经济发展规律的要求，创造良好的劳动力流动环境，建立有保障的资金向农业、农村流动的机制，增强农业基本资源和生产条件的可持续性，提高农村的生活发展水平，形成一个和谐、平衡的城乡关系格局。④

朱四海指出，反哺有狭义和广义之分。狭义的反哺源于哺育，反哺与哺育存在因果关系。中国的工业化、城市化进程，经历了农业哺育工业、农村支持城市的历史过程。现在工业发展了，城市富庶了，但城乡居民的收入差距却扩大了，因此理应实施工业对农业的反哺。广义的反哺包括哺

---

① 姜少敏：《中国农业补贴政策：不足及对策》，载《教学与研究》2006年第6期。
② 王姣、肖海峰：《中国粮食直接补贴政策效果评价》，载《中国农村经济》2006年第12期。
③ 李瑞锋：《农民直接补贴政策的国际比较及执行效果评价》，载《改革》2006年第4期。
④ 蔡昉：《"工业反哺农业、城市支持农村"的经济学分析》，载《中国农村经济》2006年第1期。

育，它不仅源于哺育，还源于工业化进程中的农业小部门化、农业产业的外部性以及农业的非商品性产出。农业在国民经济中份额不断下降，但作为国民经济基础性产业的地位却没有变，因此需要政府的支持和保护。中国反哺与 WTO 支持和保护既相互区别又相互联系，拓展了农业支持和保护的概念，为涉农政策提供了灵活的制定空间。对于政策性引致的反哺需求，核心是扩大公共财政覆盖农村的范围，推进政府公共服务均等化；规律性反哺需求是由农业的产业特点引致的，反哺成本首先源于农业生产，其核心是保障国家粮食安全和农民的生存安全，期间还包含对地方政府的利益补偿。反哺资金来源主要有进入国民收入初次分配、国民收入再分配向农村农业倾斜、进入国有企业利润分配、企业与公民等社会力量捐赠和金融资源配置向农业、农村倾斜五条渠道。①

王东京认为，工业反哺农业，治本的办法是调节工农产品的比价。现在农产品价格偏低，说到底还是供大于求。若政府在严格保护耕地的同时，补贴农民休耕，减少农产品供给，价格就可涨上去。若如此，工业让利给农业，便有市场机制做保证。②

(五) 农业竞争力

岳书铭等认为要提升我国农业竞争力，关键在于构建与市场经济体制相适应的公平竞争机制。有效提升我国农业竞争力，当前应切实转变发展战略、合理界定农业产业发展目标、强化农民在生产经营中的决策主体地位，以及加快转变政府职能。③

朱应皋等指出，中国农业国际竞争力较强，居全球第 6 位。中国农业在农业生产要素、农产品国内需求和农业生产能力等方面具有竞争优势，特别是农业劳动力、农产品国内需求规模和农业总产值等指标的竞争优势尤为明显。但是中国农业和世界农业发达国家相比，在许多方面几乎不具竞争优势，而且差距较大，即使与印度、俄罗斯和泰国等农业竞争力相对一般的国家相比，我国农业竞争力在某些指标上也有差距，差距最大的是农业生产效率。实现我国由农业大国向农业强国跨越的战略目标，需要运

---

① 朱四海：《工业反哺农业范畴、成本与资金的新观察》，载《改革》2006 年第 7 期。
② 王东京：《工业反哺农业的再剖析》，载《改革》2006 年第 3 期。
③ 岳书铭、杨学成：《提升农业竞争力与公平竞争机制的构建》，载《改革》2006 年第 3 期。

用市场机制及科学的宏观政策引导机制,促进社会经济资源合理有序地流向农业领域,提高农业生产效率;提高农业经营主体的经营管理素质;建立从农田到餐桌的全过程农产品质量管理制度;推进农业产业化经营;加大农村剩余劳动力的转移;增加农村公共产品的投入,不断改善农业生产条件;加大政府对农业的支持和服务力度。①

余子鹏指出,20世纪90年代以来,中美农产品贸易量比较小且增长十分缓慢,在农产品贸易上,中国一直处于逆差状态。美国农产品在中国市场上的显性竞争力普遍高于中国农产品在美国市场上的竞争力,这主要受到资源、技术、国际贸易政策、消费者需求等因素的影响。提升中国农产品在美国市场竞争力,第一,要完善中国农产品对外贸易政策;第二,要加强对农业生产的支持和政策扶持;第三,要提升中国农业技术,破除国外技术壁垒;第四,要发挥资源优势,提高农业技术产品出口的比例;第五,要加强中国农产品对外贸易的管理协调。②

---

① 朱应皋、金丽馥:《中国农业国际竞争力实证研究》,载《管理世界》2006年第6期。
② 余子鹏:《中美农产品国际竞争力比较》,载《改革》2006年第1期。

第四章 资本市场问题讨论综述

一、2006年资本市场问题研究的新特点

连续三年排在中国经济研究热点排名首位的资本市场，在2006年首次降至第二位。这一方面说明中国资本市场仍然备受关注，另一方面也说明中国资本市场发展的根本性问题得到了一定程度的解决，进入了新的发展阶段。

与2005年相比，资本市场问题的研究表现出了一些新的特点：

从研究角度来看，虽然大的关注点与2005年基本类似，但是2006年的研究更多地从操作层面展开。比如，随着股权分置改革的深入，进行股权分置改革的迫切性已经无须讨论，而是转而讨论对价的影响因素等细节问题；上市公司的定价问题受到关注等。

从研究方法来看，2006年除了继续用回归分析方法外，又进一步拓展到实验室法、案例法和调查问卷等方法，以弥补回归分析的不足。在样本选取上，也出现了多样化的趋势，不再局限于针对A股上市公司总量数据的分析，而是把上市公司进行细分，更为深入地研究上市公司的方方面面。最为明显的变化是股权分置改革中的第一、第二批试点公司在2006年的研究中被大量作为样本进行研究。

从研究内容来看，与2005年相比，股权分置改革、上市公司治理结构、资本资产定价等问题持续成为资本市场研究的重点，但对这些问题研究的角度发生了一些新的变化。同时上市公司治理对公司绩效的影响、一级市场、期货市场、投资者保护等成为2006年新的关注点；而保险资金入市、发展和完善资本市场的建议等则逐渐淡出了研究的视野；随着我国资本市场不断规范发展，股权分置改革的迫切性、上市公司盈余管理、资

本市场的操纵现象等也不再是研究的热点。

二、股权分置改革

(一) 股权分置改革的理论依据

"股权分置改革研究"课题组认为,"流通股含权"说、"合同"说等是不能成立的,股权分置改革是一场涉及众多利益关系的改革,也关系股市的未来发展和中国金融体系完善,具有明显的公共性,股市公共性学说是支持股权分置改革的理论依据。① 吴晓求认为,股权分置的危害主要有:一是把上市公司变成股东之间的利益冲突体,而不是利益共同体;二是损害了资本市场的定价功能;三是使中国资本市场不可能形成有助于企业长期发展的科学考核标准和有效激励机制。因此,需要进行股权分置改革。②

(二) 股权分置改革的利益分配

丁志国等认为,股权分置改革整体上存在财富创造效应,流通股股东和非流通股股东均获得了超额收益,实现了提升中国资本市场整体估值水平的初衷;大多数试点公司的非流通股股东获得的超额收益明显高于流通股股东,表明在股权分置改革的对价方案确定过程中,即流通股股东与非流通股股东财富再分配的博弈过程中,非流通股股东是占优方,处于有利地位;流通股股东的超常收益与第一大股东(非流通股股东)的持股比例负相关的事实说明,股权分置改革中绝对优势的大股东利用其有利地位,制定了对流通股股东不利的对价支付方案;公司前五大流通股股东的比例越高,非流通股股东的超额收益越高,说明机构投资人在流通股股东中所占比例的相对集中并没有真正起到保护流通股股东权益的目的。③

---

① "股权分置改革研究"课题组:《股市公共性:股权分置改革的理论根据》,载《中国工业经济》2006 年第 4 期。
② 吴晓求:《股权分置改革的若干理论问题》,载《财贸经济》2006 年第 2 期。
③ 丁志国、闫作远、苏治、杜晓宇:《股权分置改革财富再分配效应》,载《财贸经济》2006 年第 11 期。

赵俊强等认为，在完成股改的公司中，大部分样本公司的两类股东在股改中获得增量收益，实现双赢；在流通股股东和非流通股股东均获得增量收益的公司中，股改的增量收益未能在两类股东间均分；非流通股比重、公司业绩、公司成长性、非流通股转成流通股份额是影响上市公司股改实际对价水平的重要因素，而流通性溢价、流通股股东认可程度和非流通股转成流通股期限等因素未能在实际对价水平的确定上起到关键性作用。①

王辉认为，如果存在投票成本与提案成本的不对称，那么提案权的界定就是至关重要的，当提案成本远小于投票成本，拥有提案权的一方在博弈中将获得更多的利益。具体到股权分置改革，提案权界定给非流通股股东或者界定给流通股股东，能够最终获得通过的股权分置解决方案是有天壤之别的，而最后的利益分配也大相径庭，拥有提案权的一方，即非流通股股东将获得更多的利益，而流通股股东的利益却无法得到保障。②

沈艺峰等认为，股改过程中，随着保荐市场竞争的加剧，证券商为了各自的利益，争夺市场份额，往往会迎合大股东的需要，从而导致市场平均对价水平的降低，对中小投资者利益产生不利影响。另外由于我国股权结构高度集中，往往容易出现大股东剥削中小投资者的行为，我国中小投资者法律保护水平比较低，股权分置涉及股东各方投资利益，如何从法律上保护中小投资者在股权分置改革中的利益非常重要。③

（三）对价的实质及影响因素

1. 对价的实质

徐旭初认为，对价的主要性质不是对流动性溢价的补偿，而是对流通股股东进行的价值补偿。④ 肖正根认为，非流通股的历史超额溢价是股改对价的渊源，因而其非流通股的超额溢价程度也不同，一个公允的股改对

---

① 赵俊强、廖士光、李湛：《中国上市公司股权分置改革中的利益分配研究》，载《经济研究》2006年第11期。
② 王辉：《股权分置改革中投票成本与提案权的界定》，载《经济科学》2006年第2期。
③ 沈艺峰、许琳、黄娟娟：《我国股权分置中对价水平的"群聚"现象分析》，载《经济研究》2006年第11期。
④ 徐旭初：《基于"对价"性质分析的股改后股市运行特征》，载《经济理论与经济管理》2006年第11期。

价补偿标准应该体现公司差异。① 吴晓求认为，支付对价的法律依据是合同法。非流通股股东要获得与流通股相同的流动权就要付出相应的价格。②

陈耿指出，在股权分置改革过程中，对价制定的原则对对价水平高低及股东之间的利益分配关系有重要影响。目前实践中一般采用当事人利益不受损原则，这在事实上维护了非流通股股东权益，在公平性方面有所欠缺；而同股同权同义务原则比较公平合理，真正体现了对中小股东利益的保护，管理层应该推行同股同权同义务的原则并采取相应保障措施。③

2. 对价的影响因素

吴晓求认为，由于上市公司在盈利能力、行业成长性、上市时的政策环境等方面存在较大差异，从原则上不存在一个对所有上市公司都适用的不变的、统一的对价支付标准。但客观上存在一个市场平均对价率，上市公司的具体对价实际上围绕着这个市场平均对价率而上下波动，30%可能是这个市场的平均对价率。其依据来自于配股、增发价格的确定机制。④

吴超鹏等认为，控制力较弱的大股东将减少对价支付，以防控制力下降较多而失去过多的控制权私利；机构投资者在股改中没有起到保护中小流通股股东的作用；非流通股股东与流通股股东共同面临价格压力时会进行博弈；对价不反映流通股股东对历史持股损失的补偿要求；非流通股股东在股改方案中做出的分红和业绩承诺对对价影响较大，而额外锁定承诺、增持承诺和股权激励计划则在降低对价方面作用不大。⑤

肖正根实证研究的结果表明，对价主要受系统性因素的影响，对价水平显现出相当程度的趋同与平均现状。中国股改对价博弈的最基本特征是非理性市场和政府干预。⑥

张俊喜等认为，上市公司的非流通股比例和首次发行（IPO）市盈率对得股率有显著的正面影响，而上市公司当前的盈利水平和流通股股权集中程度则对得股率有显著的负面影响。说明企业在制定股改方案时采取了一

---

①⑥ 肖正根：《非理性市场、政府干预与股改对价博弈》，载《经济评论》2006年第4期。
②④ 吴晓求：《股权分置改革的若干理论问题》，载《财贸经济》2006年第2期。
③ 陈耿：《基于对价制定原则比较的中小股东利益保护》，载《改革》2006年第3期。
⑤ 吴超鹏、郑方镳、林周勇、李文强、吴世农：《对价支付影响因素的理论和实证分析》，载《经济研究》2006年第8期。

定的策略，全面考虑了公司的财务状况、股市表现且平衡了各方利益。①

3. 股改中对价支付存在的问题

沈艺峰等认为，在我国股权分置改革中，对价水平出现显著的10送3股的"群聚"现象，这是因为保荐市场高度集中的结果，由于保荐行业是一个寡头垄断的市场，因此出现了股权分置中对价水平不受各公司财务特征的微观变量影响，却与保荐机构的市场份额以及公司股权集中度等密切相关，这意味着非市场化的其他因素干预较多。②

丁志国等认为，公司在对价支付方案的确定过程中，普遍存在以市净率和市盈率作为对价确定的主要依据的现象，忽视了对价支付比例确定的经济学合理性。尤其是忽视了股本结构，导致对价方案存在明显的片面性，对价支付存在明显支付不足，但是所有方案都以高票通过。这主要是因为相关政策规定，如果公司不进行股权分置改革则会被"边缘化"，甚至退市，从而使流通股和非流通股都遭遇损失。③

三、上市公司治理结构

（一）公司治理结构对公司绩效的影响

上市公司治理与公司绩效之间具有很强的相关性。李维安等认为，公司治理中所涉及的控股股东治理、董事会治理、经理层治理、信息披露、利益相关者治理、监事会治理机制，在很大程度上决定了上市公司是否能够拥有一套科学的决策制定机制与决策执行机制，而这将对公司业绩和公司价值产生直接而深远的影响。④ 李斌等认为，结合公司治理评价技术和

---

① 张俊喜、王晓坤、夏乐：《实证研究股权分置改革中的政策与策略》，载《金融研究》2006年第8期。
② 沈艺峰、许琳、黄娟娟：《我国股权分置中对价水平的"群聚"现象分析》，载《经济研究》2006年第11期。
③ 丁志国、苏治、杜晓宇：《股权分置改革均衡对价》，载《中国工业经济》2006年第2期。
④ 李维安、唐跃军：《公司治理评价、治理指数与公司业绩》，载《中国工业经济》2006年第4期。

公司预警原理，通过关注公司的经营业绩、财务风险等各种治理机制与治理行为等可以预测公司存在的风险和潜在的危机。① 李汉军等认为，现有的公司治理机制与绩效间相关关系的研究，大都不考虑内生性问题，只注重治理对绩效的促进效应，而忽略绩效对治理的反馈效应。从实证来看，上市企业治理机制和经营绩效之间存在着很强的内生性关系，治理不仅对绩效有显著的促进作用，而且绩效对治理也有强烈的反馈作用，两者之间的正相关关系远远大于未考虑内生性时的情况。②

徐二明等认为，董事会的监督机制——领导权结构、董事会构成和董事会所有权结构——的替代效应对上市公司绩效存在影响。公司绩效依赖于一系列董事会监督机制在维护公司整体利益问题上的效率性，而不是任何单一的机制。③

肖作平等认为，管理者持股与代理成本不呈显著关系，第一大股东持股比例在一定程度上与代理成本正相关，少数大股东联盟能在一定程度上减少代理成本，代理成本随着股东数量的增加而增加；董事会规模与代理成本正相关；独立董事和债务融资不能有效地控制代理成本。④

袁萍等认为，从整体上看，董事会对公司业绩有显著影响，而监事会对公司业绩无显著影响；从分项来看，独立董事比例对公司业绩具有显著的正向影响；董事会人数、董事长和总经理两职状态、董事会会议频率、持股董事比率对公司业绩无显著影响；监事会的所有相关变量对公司业绩指标都没有显著影响。⑤

南开大学公司治理研究中心公司治理评价课题组指出，与2003年相比，2004年中国上市公司总体治理水平有所提高，公司间的治理水平差异有所缩小。新上市的公司，其治理状况表现更好。加强完善董事会治理机制、监事会治理机制，改进经理层激励约束机制，提升利益相关者治理水平可能有助于提升公司的盈利能力、股本扩张能力、运营效率和成长能力。⑥

---

① 李斌、孙月静：《公司治理预警——基于ST上市公司的研究》，载《财贸经济》2006年第12期。
② 李汉军、张俊喜：《上市企业治理与绩效间的内生性程度》，载《管理世界》2006年第5期。
③ 徐二明、张晗：《上市公司董事会监督机制替代效应对绩效影响的实证研究》，载《经济理论与经济管理》2006年第10期。
④ 肖作平、陈德胜：《公司治理结构对代理成本的影响》，载《财贸经济》2006年第12期。
⑤ 袁萍、刘士余、高峰：《关于中国上市公司董事会、监事会与公司业绩的研究》，载《金融研究》2006年第6期。
⑥ 南开大学公司治理研究中心公司治理评价课题组：《中国上市公司治理指数与公司绩效的实证分析》，载《管理世界》2006年第3期。

刘昌国认为，我国上市公司再融资的投资决策行为不仅存在股权融资偏好下的过度投资行为，而且表现出自筹资金的过度投资行为更为严重的特征。从整体上来说，我国上市公司的独立董事制度、机构投资者持股和经理人员持股三个治理机制在抑制自由现金流量的过度投资行为上功能较弱。机构投资者不仅没有发挥监控上市公司投资决策的作用，反而加剧了自由现金流量的过度投资行为。法人控股公司的经理人员股权激励机制在抑制自由现金流量的过度投资行为上比国有控股公司的相应机制更有效。①

我国上市公司的审计委员会制度有了很大的发展，据2004年上市公司年报披露的信息显示，已有超过50%的上市公司设立了审计委员会。王跃堂等认为，设立审计委员会的公司更不可能被出具非标准审计意见，审计委员会有效地履行了财务信息质量控制职责和沟通协调职责，这从审计质量层面反映了公司治理制度和治理效率的改进，然而设立审计委员会的公司并没有降低事务所变更的可能性。②

（二）股权结构与公司绩效的关系

徐莉萍等通过实证研究得出，股权集中度和经营绩效之间有着显著的正向线性关系，而且这种关系在不同性质的控股股东中都是存在的。具体来说，在中央直属国有企业和私有产权控股的上市公司中股权集中度所表现的激励程度最高，地方所属国有企业控股的上市公司次之，而国有资产管理机构控股的上市公司最低。同时，过高的股权制衡程度对公司的经营绩效有负面影响。但是，不同性质外部大股东的作用效果有明显差别，而且其在不同性质控股股东控制的上市公司中的表现也不一致。当外部大股东为中央直属国有企业或者外资股份时，正面效果比较显著；其他种类外部大股东的存在基本上不会对公司的经营绩效产生正面影响，而金融机构持股对公司经营绩效起着负面的影响。③

胡洁等认为，中国的上市公司中，股权结构与公司绩效存在着不确定

---

① 刘昌国：《公司治理机制、自由现金流量与上市公司过度投资行为研究》，载《经济科学》2006年第4期。
② 王跃堂、涂建明：《上市公司审计委员会治理有效性的实证研究》，载《管理世界》2006年第11期。
③ 徐莉萍、辛宇、陈工孟：《股权集中度和股权制衡及其对公司经营绩效的影响》，载《经济研究》2006年第1期。

的相关关系，法人股东对公司绩效的作用不明显，这主要是因为我国法人股东的特殊性，一方面与国际相比我国上市公司法人股比例较低，仅占1/3左右，从整体看来制约了法人股的作用；另一方面，大量法人股所具有的国有性质使其更多地体现出国家股东作用的特点，而法人股东的关联性质不利于改善公司治理效率和规范公司经营行为，因此反映出对公司绩效的作用不明显。①

芮世春以农业类上市公司作为样本进行了实证研究认为，其综合绩效与股东的所有权性质即股东是国有股还是法人股的相关度并不大，而与流通股比例存在着较强的线性负相关。另外，公司前五大股东持股比例与公司治理综合绩效之间有着较强的线性正相关。② 黄晓波则不同意上述看法，认为股票的流通性不是影响农业类上市公司绩效的主要因素，提高流通股比例无助于改进公司绩效。他认为，资产负债率对公司绩效有显著的负面影响，减轻债务负担有利于改进公司绩效。③

黄张凯等认为，股权集中与否和股权性质对公司治理的影响并不是非此即彼的，有助于提高独立董事比例的因素往往同时推动着两职合一，反之亦然。而且不同性质股权的比重对公司治理的影响是非线性的。国企上市形成了股权高度集中、国有股比例很大的股权结构，这一特殊的股权结构是一般上市公司不具备的，影响到董事会对经理层的监督和对大股东的牵制。国企上市后虽然表面上具备了现代企业制度的公司治理体制，但是董事会的功能受到很大影响。④

控股股东侵占上市公司和中小股东的利益已成为上市公司内部重要的代理问题。王鹏等指出，从最终控制人的角度，在我国A股市场上，控股股东的控制权有负的"侵占效应"；现金流权（即所有权）则有正的"激励效应"，控制权的"侵占效应"强于现金流权的"激励效应"；随着两者分离程度的增加，公司绩效将下降，并体现出递增的边际效应。在私人控股的公司同样存在这样的现象。与国有控股上市公司相比，在给定

---

① 胡洁、胡颖：《上市公司股权结构与公司绩效关系的实证分析》，载《管理世界》2006年第3期。
② 芮世春：《农业上市公司股权结构与经营绩效关系的实证研究》，载《中国农村经济》2006年第10期。
③ 黄晓波、冯浩：《农业类上市公司股权结构与公司绩效实证分析》，载《中国农村经济》2006年第10期。
④ 黄张凯、徐信忠、岳云霞：《中国上市公司董事会结构分析》，载《管理世界》2006年第11期。

其他条件时，国有控股公司绩效更高，私人控股股东除了资金占用以外，还可能在其他"掏空"上市公司利益方面比国有控股股东更严重，从而导致公司绩效下降。①

周开国等认为，国有股份对公司价值存在一致的负面影响，而且对公司价值越高的公司负面影响越大，并更为显著，这为国有股减持提供了强有力的证据；预算软约束现象不显著，这可能是由于政府给公司提供资金帮助带来的好处与经理层依赖政府和懈怠心理带来的坏处相抵消的结果；外资股份不能提高公司价值，反而起到相反的作用。②

曾庆生等从公司雇员角度研究了控股股东的所有制性质对上市公司社会性负担的影响，他们认为，国家控股公司比非国家控股公司雇佣了更多的员工，并且国家控股公司的超额雇员主要源自上市初的历史遗留冗员；超额雇员和高工资率共同导致国家控股公司承担了比非国家控股公司更高的劳动力成本。在国家控股公司中，国资部门控股公司的超额雇员最多、劳动力成本最高。并且相对其他公司而言，该类公司上市后可能继续超额雇员。③

郝颖等认为，控制权收益驱动了大股东的资本配置行为，并且资本配置的规模与控制权收益水平显著正相关。控制权收益水平越高，则增加等量控制权收益所需的资本配置规模越大。相比固定资产投资，通过股权并购方式取得控制权收益的代价较低，但控制性股东占有被并购公司控制权收益的比例也较低，上市公司资本配置行为在形成控制权收益的同时并没有通过提高公司业绩而增加控制权的共享收益，资本配置决策在很大程度是大股东控制下的自利行为。④

张兆国等认为，第一大股东持股比例和经营者持股比例与公司绩效有较显著的正相关；法人股比例和负债融资比例与公司绩效有不显著的正相关；国家股比例与公司绩效有不显著的负相关；流通股比例和留存收益与外部融资比例均与公司绩效有较显著的负相关。这与西方资本结构契约流

---

① 王鹏、周黎安：《控股股东的控制权、所有权与公司绩效：基于中国上市公司的证据》，载《金融研究》2006 年第 2 期。

② 周开国、李涛：《国有股权、预算软约束与公司价值：基于分量回归方法的经验分析》，载《世界经济》2006 年第 5 期。

③ 曾庆生、陈信元：《国家控股、超额雇员与劳动力成本》，载《经济研究》2006 年第 5 期。

④ 郝颖、刘星、林朝南：《上市公司大股东控制下的资本配置行为研究》，载《财经研究》2006 年第 8 期。

量预期的结果不完全一致,但与目前我国上市公司治理结构的现状相关。因此,完善我国上市公司治理结构从而提高公司绩效的重要途径之一就是要完善资本结构。①

李维安等认为,就监事会的独立性与行为有效性而言,上市公司监事会治理普遍存在着监事会主席兼任党政职务比例过高、外部监事比例过小以及监事会频率较低、监事会行使监督权的有效性较差等问题。股权竞争度对监事会治理指数、监事会的独立性与行为有效性的显著影响,这表明,"一股独大"的体制不利于监事会治理,少数几个大股东的联盟治理更有利于监事会治理绩效的改善。另外,第一大股东性质对监事会的独立性与行为有效性产生了显著的影响。②

张光荣等以托普软件为案例的分析认为,支撑行为与隧道行为是大股东为获得自身利益最大化而采取的方向不同的利益转移行为,支撑行为的目的在于提高上市公司的业绩指标,而隧道行为的目标是实际资源向大股东转移,通常不影响当期业绩,但对公司价值和小股东利益造成长期损害。充分发挥外部治理机制作用,加强投资者权益保护的法制建设是制约大股东行为的有效途径。③

(三) 管理者激励与公司绩效的关系

股权激励机制的有效性指的是该机制能够激励管理人员按照股东利益行动,有效地减少代理成本,改进公司业绩,最终提升公司价值。俞鸿琳认为,对于全部上市公司和非国有上市公司,我国上市公司管理者持股水平和公司价值正相关,但并不显著;对于国有上市公司,管理者持股水平和公司价值负相关。这是由于政府对国有上市公司的控制,影响了上市公司治理机制作用的发挥,因此在我国国有上市公司中管理者股权激励机制可能没有发挥其应有的治理效应。④

夏天等认为,出资者和经营者的信息不对称导致了两者的风险和收益

---

① 张兆国、张庆:《我国上市公司资本结构治理效应的实证分析》,载《管理世界》2006年第3期。
② 李维安、王守志、王世权:《大股东股权竞争与监事会治理》,载《经济社会体制比较》2006年第3期。
③ 张光荣、曾勇:《大股东的支撑行为与隧道行为》,载《管理世界》2006年第8期。
④ 俞鸿琳:《国有上市公司管理者股权激励效应的实证检验》,载《经济科学》2006年第1期。

不对称，市场中不同类型经营者之间信息不对称导致市场激励的失衡，形成了激励过度和激励不足并存，降低了公司盈利能力和市场竞争力。构建风险收益对称安排的激励性契约，有助于优化配置经理人资源，改善我国上市公司的整体业绩。①

郑志刚认为，经理人薪酬合约设计理论研究长期以来形成的最优合约理论仅仅围绕如何降低经理人的偷懒行为展开，既没有考虑经理人对投资者利益的直接掠夺，更没有考虑外部法律环境对薪酬合约制定的影响。他认为，经理人实现持股具有降低经理人掠夺投资者利益的承诺价值，如果法律对投资者利益保护越弱，外部投资者应该允许的经理人最优持股比例越高。②

黄晓波等认为，董事薪酬的提高对公司绩效有显著的负面影响，而经理薪酬的提高对公司绩效有较显著的正面影响，这说明，对经理人员的薪酬激励是农业类上市公司的一种有效的激励机制；降低国有股比例和法人股比例都有利于改进公司绩效；提高农业类上市公司的竞争性，加强对农业类上市公司投资者利益的保护，有助于公司绩效的改进。③

王华等认为，经营者股权激励和董事会组成存在互动的影响关系。首先，经营者股权激励与独立董事比例存在显著的反向互动关系，而经营者股权激励和非执行董事比例存在显著的正向互动关系；其次，无论以独立董事比例还是非执行董事比例表示董事会的影响，经营者股权激励与企业价值之间都存在显著的倒 U 型曲线关系，表明经营者股权激励和企业价值之间存在稳定的关系；再次，董事会组成与企业价值之间存在相互影响，独立董事比例与企业价值间存在显著的负向互动关系，非执行董事比例与企业价值间存在正向互动关系，但是显著性要弱一些。董事会组成和企业价值之间存在相互影响，但是两者之间的关系并不明确和显著。出现上述情况的原因在于，在高科技企业中，独立董事侧重于对经营者进行监督，而非执行董事侧重于对经营决策进行指导和修正。④

---

① 夏天、王宗军：《我国上市公司经营者激励扭曲的内在机理》，载《改革》2006 年第 3 期。
② 郑志刚：《经理人掠夺视角的股权激励设计：承诺价值和外部法律环境的影响》，载《金融研究》2006 年第 12 期。
③ 黄晓波、冯浩：《农业类上市公司股权结构与公司绩效实证分析》，载《中国农村经济》2006 年第 10 期。
④ 王华、黄之骏：《经营者股权激励、董事会组成与企业价值——基于内生性视角的经验分析》，载《管理世界》2006 年第 9 期。

(四) 独立董事制度与公司绩效的关系

独立董事制度至今已经实行了 5 年之久,然而关于独立董事制度的有效性和制度设计的合理性还存在相当多的质疑。

1. 独立董事制度的作用和效果

在董事会和公司绩效的研究框架内,代理理论认为独立董事通过降低代理成本促进绩效,乘员理论则认为董事会效率会因独立董事比例的提高而下降。王跃堂等认为,独立董事比例和公司绩效显著正相关,这种相关性在控制内生性问题后仍然成立,当大股东缺乏制衡时,独立董事比例对公司绩效的促进作用会显著降低,因此代理理论对中国资本市场更具解释力。另外,独立董事声誉和公司绩效正相关,而独立董事的行业专长、政治关系以及管理背景与公司绩效并不相关。[1]

董志强等认为,有效的独立董事市场与投资者法律保护可以相互替代,两者只要有一个成立,就可以使得支付股东报酬给独立董事更合适;但是若两者都不成立,就有必要支付激励报酬给独立董事,以刺激其维护全体股东利益,中国的情况就是如此。同时,股权越分散,大股东越有可能通过较小的股份控制企业,这种企业中独立董事的监督价值更高,更需要对独立董事进行激励。[2]

吴晓晖等指出,引入机构投资者后,独立董事治理效率发生显著的提升,机构投资者持股比例与后一期独立董事比例显著正相关,这证实了机构投资者在促进独立董事制度建设上的积极作用。通过发展机构投资者,从而将建立独立董事制度的强制性要求变为市场效率的自觉要求,可以提高独立董事制度运行效率。[3]

唐清泉等通过问卷调查的方式得出,独立董事在实际履行自己职责的过程中,有一定的能力来表达自己的意见;在独立董事可能承担的潜在风险中,"无法全面了解公司的真实情况而误判"是独立董事任职所面对的

---

[1] 王跃堂、赵子夜、魏晓雁:《董事会的独立性是否影响公司绩效?》,载《经济研究》2006 年第 5 期。
[2] 董志强、蒲勇健:《掏空、合谋与独立董事报酬》,载《世界经济》2006 年第 6 期。
[3] 吴晓晖、姜彦福:《机构投资者影响下独立董事治理效率变化研究》,载《中国工业经济》2006 年第 5 期。

最基础，也是最大的风险；证监会关于董事会中的独立董事比例至少要达1/3 的水平，得到了独立董事的认可；公司关键信息能向独立董事自由流动是独立董事有效履行职责的最重要的条件。①

简新华等认为，独立董事的"独立性悖论"不是不可克服的，独立董事是企业的利益相关者之一，作为企业法人利益的维护者和其他利益相关者利益的协调人，分享企业剩余并不一定会丧失"独立性"。但是要确保独立董事能够处理好自身和企业法人利益的关系，这需要依靠包括独立董事任职资格确定、提名选拔机制、激励约束机制和工作环境的营造等一套有效的制度安排。②

2. 独立董事制度存在的问题

朱茶芬认为，中国上市公司对独立董事的治理需求严重不足，公司主动聘请独立董事并非基于降低代理成本的治理需要，而是为了讨好政府，这种聘请动机的"异化"很大程度上解释了独立董事治理的低效率。③

李海舰等指出，中国现行的独立董事制度体系存在"不公正性"、"不独立性"、"不在状态"、"不匹配性"和"不明晰性"等结构性或制度性问题。为了更加有效地解决目前中国公司治理中存在的"内部人控制"、损害中小股东权益等问题，应该基于独立董事的"广义独立性"，围绕"独立董事协会"的构建，从社会、独立董事和企业三个层面为中国独立董事制度提供一个新的构建框架，对中国独立董事制度体系进行再造。④

何廷玲认为，我国独立董事制度功能上有所缺失，与监事会机构重叠造成监督低效率，推进独立董事制度原则化，由企业根据自己情况自主在独立董事制度和监事会制度之间进行选择。⑤

（五）改进上市公司治理结构的建议

王鹏等指出，中国上市公司治理结构进一步改善的方向之一是适

---

① 唐清泉、罗党论：《设立独立董事的效果分析——来自中国上市公司独立董事的问卷调查》，载《中国工业经济》2006 年第 6 期。
② 简新华、石华巍：《独立董事的"独立性悖论"和有效行权的制度设计》，载《中国工业经济》2006 年第 3 期。
③ 朱茶芬：《发送信号还是讨好政府：关于独立董事聘请动机的经验研究》，载《世界经济》2006 年第 12 期。
④ 李海舰、魏恒：《重构独立董事制度》，载《中国工业经济》2006 年第 4 期。
⑤ 何廷玲：《独立董事制度原则化刍议》，载《改革》2006 年第 2 期。

当降低控股股东的控制权,减少控股股东控制权和现金流权的分离,使得控股股东的激励尽可能与其他股东的利益相一致,以提高上市公司的绩效。①

为加强公司治理,肖作平等提出:(1)提高高层管理者持股比例,加强管理层的股权激励作用,逐步实行管理者股票期权制度;(2)设计代表不同利益主体的股权结构多元化的股权制衡局面,限制控制股东掠夺和抑制"内部人"控制现象;(3)采取多种措施减持国有股,降低股权集中度;(4)加快培养多元化投资主体,大力发展机构投资者;(5)强化董事会的制约机制,制衡管理者对股东利益的损害,保护小投资者;(6)积极发展企业债券市场;(7)完善企业破产法。②

刘兴强等认为,在不同的股票发行政策下,国有企业倾向于采取不同的改制上市模式,而不同的上市模式,导致不同的控制权结构。不同的控制权结构对于公司治理绩效具有显著影响。要从根本上改善未来国有控股上市公司的治理结构,提高公司绩效,可以从完善现行股票发行制度入手。③

黄张凯等指出,照搬西方现有理论,简单地分散股权或实现国有股的全部退出未必一定能在所有方面改善公司治理。④ 但曾庆生等认为,推进上市公司产权多元化改革和避免国家直接控股,对改善公司治理具有积极意义。⑤

刘昌国指出,为了切实加强独立董事、机构投资者和股权激励机制在遏制自由现金流量的过度投资行为上的作用,就必须进行相应制度的变革:优化股权结构,彻底消除我国上市公司股权结构中呈现出的公有产权强势和股权分置特征,逐步实现企业投资决策过程在股权制衡和股权同质基础上的民主化、科学化;健全独立董事制度;完善经理人员股权激励机制;积极壮大机构投资者队伍,培育机构投资者的价值投资理念,逐步形成机构投资者的主动监督机制;大力推进资本市场的制度建设,完善各类

---

① 王鹏、周黎安:《控股股东的控制权、所有权与公司绩效:基于中国上市公司的证据》,载《金融研究》2006年第2期。
② 肖作平、陈德胜:《公司治理结构对代理成本的影响》,载《财贸经济》2006年第12期。
③ 刘兴强、段西军:《国有上市公司的上市模式、控制权结构与企业绩效》,载《金融研究》2006年第5期。
④ 黄张凯、徐信忠、岳云霞:《中国上市公司董事会结构分析》,载《管理世界》2006年第11期。
⑤ 曾庆生、陈信元:《国家控股、超额雇员与劳动力成本》,载《经济研究》2006年第5期。

市场机制，使上市公司的投资决策受到有效的外部约束。① 李冬梅认为，中国独立董事的完善和创新首先要理顺监事会和独立董事之间的关系；其次要使选择、聘任机制体现和保证独立董事的独立性；再次要建立独立董事的激励保护机制；最后要使独立董事制度具有"再监督"和"反向监督"的功能。②

要加强监事会的监督职能，李维安等认为，首先，目前的首要问题就是要通过一定的制度安排，来调整和直接改善不合理的监事会结构，并且要对监事会行为进行必要的制度介入。其次，上市公司若想从根本上提高监事会治理绩效，必须要以优化股权结构为突破口，形成前几位大股东相互制衡的垄断竞争型的股权结构，以强化公司控制权的竞争。再次，有必要在现阶段的国有企业改革过程中，把第一大股东的治理作为重点。③

四、上市公司行为分析

（一）影响上市公司融资选择的因素

胡国柳等指出，上市公司的资本结构受到很多因素的影响，其中资产担保价值与资产负债率和长期负债率显著正相关；非负债税盾与资产负债和流动负债率显著负相关；成长性与资产负债率、长期负债率和银行借款比率显著正相关；盈利能力与资产负债率、长期负债率和银行借款比率显著负相关；企业规模与资产负债率、流动负债率、长期负债率及银行借款比率显著正相关；变异性与资产负债率和流动负债率显著正相关；公司年龄与资产负债率、流动负债率及银行借款比率显著正相关，但与长期负债率负相关。另外，行业效应可能也是影响企业资本结构选择的重要因素。④ 王素荣等认为，所得税税率是影响上市公司资本结构的宏观因素之

---

① 刘昌国：《公司治理机制、自由现金流量与上市公司过度投资行为研究》，载《经济科学》2006 年第 4 期。
② 李冬梅：《中国独立董事制度的完善和创新》，载《经济理论与经济管理》2006 年第 6 期。
③ 李维安、王守志、王世权：《大股东股权竞争与监事会治理》，载《经济社会体制比较》2006 年第 3 期。
④ 胡国柳、黄景贵：《资本结构选择的影响因素》，载《经济评论》2006 年第 1 期。

一，上市公司资产负债率、流动比率与所得税税负存在正相关关系，在负债率为20%~80%的区间内，负债率越高，税负越高。①

才静涵等认为，资产市净率的变化与公司财务杠杆负相关，财务杠杆较低的公司很有可能是那些在其股票价格较高时增发权益资本的企业。历史资产市净率对财务杠杆的解释能力远远超过包括当前资产市净率在内的其他解释变量，这一效应不但明显，而且长期持续，说明中国上市公司择时行为的存在。②

牟晖等实证发现，可转换债券的发行对上市公司股东价值产生显著负面影响，中国市场公告效应与可转债的股性强弱成反比，债性可转债表现了最为负面的效应，而股性可转债的负效应最小，反映了中国市场特有的"股权融资优于债券融资"的融资顺序选择。这主要是因为中国上市公司特有的"二元"股权结构和上市公司红利支付水平低造成的。③

宋建江等通过调查得出，债务融资比率根据企业的规模大小、所有制性质的不同而存在明显的变化。从企业的不同规模来看，大、中、小型企业的债务融资比率由高到低，其融资比率则由低到高；从所有制结构来看，国有、集体、私营企业的债务融资比率依次由低到高。④

我国上市公司的融资结构与西方发达国家存在较大差别，我国上市公司以外源融资特别是股权融资为主，内源融资所占比重较小。周勤等实证研究发现，中国上市公司的规模与债务融资关系存在正相关关系，公司规模越大，公司的债务融资越多。不同行业上市公司的债务融资比率存在差异，建筑业、房地产业、综合类等较高，采掘业、传播与文化产业、交通运输仓储业等产业较低。⑤

（二）上市公司的国际化经营

邱红等指出，在全球化条件下，企业要解决的已不是能否跨国化的问

---

① 王素荣、张新民：《资本结构和所得税税负关系实证研究》，载《中国工业经济》2006年第12期。
② 才静涵、刘红忠：《市场择时理论与中国市场的资本结构》，载《经济科学》2006年第4期。
③ 牟晖、韩立岩、谢朵、陈之安：《中国资本市场融资顺序新证：可转债发行公告效应研究》，载《管理世界》2006年第4期。
④ 宋建江、李巧琴：《宁波市企业资本结构研究》，载《金融研究》2006年第12期。
⑤ 周勤、徐捷、程书礼：《中国上市公司规模与债务融资关系的实证研究》，载《金融研究》2006年第8期。

题，而是在全球化的市场竞争中如何赢得优势的问题。我国高新技术上市公司的国际化经营优势是由其核心能力即资源创新性组合能力决定的，要受到外部信息供给、技术进步的方式、人才的培养和创新机制以及融资能力等诸因素的制约。①

程惠芳等指出，中国上市公司的跨国并购时间发生前后20天内具有比较显著的股东财富效应。按行业细分后，电子信息行业的股东财富效应显著大于家电行业的股东财富效应；并且被收购公司所在国的宏观经济情况和并购支付方式对跨国并购的股东财富有影响，收购公司所在国的经济增长率比并购前一年的经济增长率越低，则中国上市公司的财富获得越多，以现金作为对外并购支付方式时，财富获得也越多。②

（三）上市公司的多元化经营

姜付秀认为，我国上市公司是否多元化以及多元化的程度受多种因素影响，就主观动机而言，经济理性动机、组织理性动机以及个人理性动机不同程度地影响着我国上市公司多元化经营模式的选择，但更多的是基于组织理性动机（降低公司风险）和个人理性动机（公司高管处于利己动机的考虑）。在客观条件方面，公司规模、股权结构、公司上市时间长短以及公司所处的行业等因素也对上市公司多元化及其程度产生显著影响。③

汪建成等研究发现，业务多元化与中国上市公司的绩效呈负相关关系，地域多元化程度与绩效也呈负相关关系，即随着地域多元化水平的提高，企业的绩效逐渐降低。该结论与西方主流观点存在较大的不一致，这主要是因为我国企业与西方发达国家企业所处的发展阶段完全不同，我国上市公司历史都比较短，而且规模、成长阶段、扩展经验等都与西方国家存在巨大的差别。④

李善民等认为，我国上市公司多元化并购具有明显的行业特征，多元

---

① 邱红、林汉川：《高新技术上市公司国际化经营优势的评价》，载《改革》2006年第4期。
② 程惠芳、张孔宇：《中国上市公司跨国并购的财富效应分析》，载《世界经济》2006年第12期。
③ 姜付秀：《我国上市公司多元化经营的决定因素研究》，载《管理世界》2006年第5期。
④ 汪建成、毛蕴诗：《中国上市公司扩展的业务、地域多元化战略研究》，载《管理世界》2006年第2期。

化并购公司股东在并购 1~3 年内财富损失达到 6.5%~9.6%，政府可能更多地支持了无效率的并购，政府关联与公司管理能力之间存在显著的替代关系，与公司资源之间则存在互补关系。公司管理能力和公司资源之间存在显著的互补关系，说明企业多元化发展只有在能力和资源的结合下才具有较好的绩效。他们指出，企业多元化发展是企业发展到相当规模，积累了丰富的内生性资源、品牌、技术等优势后，才能寻求的快速扩张战略行为，上市公司的内外在激励共同导致了我国上市公司可能过早地寻求多元化发展，长期来看却有损股东利益。[1]

五、资本市场的运行

（一）中国股市运行的特点

蔡珞珈等认为，我国股票市场在长期内存在过度反应，而在短期内不存在，或者说不显著。因此，我国投资者可以利用已有的信息获得超额收益。[2] 林树等通过试验证明，在中国资本市场上，具有较高教育程度的个人投资者或潜在个人投资者在股价连续上涨的情况下，随着上涨时间加长，他们认为下一期股价下跌的可能性越来越大，从而卖出的倾向增大，而买进的倾向变小；反之，投资者认为下一期股价上涨的可能性越来越大，从而买进的倾向增大，卖出的倾向减小。表现出"赌徒谬误"效应对股价序列变化的作用要强于"热手效应"。同时，这些投资者也存在着明显的"处置效应"，即股价上涨时倾向于卖出，股价下跌时则倾向于继续持有，该效应在女性及专业投资知识与经验程度较低的投资者身上更加明显。[3] 谭松涛等认为，股民过度交易是股票市场当中非常普遍和稳定的现象，在不同时段、不同资金规模投资者、不同交易频率投资者都存在过度交易现象。市场低迷时投资者过度交易程度比市场繁荣时低。男性投资

---

[1] 李善民、朱滔：《多元化并购能给股东创造价值吗?》，载《管理世界》2006 年第 3 期。
[2] 蔡珞珈、朱昊：《我国证券市场过度反应的实证研究》，载《经济社会体制比较》2006 年第 2 期。
[3] 林树、俞乔、汤震宇、周建：《投资者"热手效应"与"赌徒谬误"的心理实验研究》，载《经济研究》2006 年第 8 期。

者过度交易程度高于女性,这主要是因为男性过于自信引起的。因此,中国股票市场上过度交易问题与投资者过度自信是相关的。①

肖峻研究表明,以规模、益本比率及净市值比率进行风格划分,国内股市存在显著的中期风格动量,风格动量策略对于大型机构投资者具备实际可操作性。传统风险因子对风格动量缺乏解释力,风格动量反映了股价的可预测性。②

行为金融学的研究发现投资者在市场上的投资行为存在非理性的成分,经常会受到心理等因素的影响。赵龙凯等发现,在上证综合指数中存在着以50的整数倍点为标志的心理关口,充当着阻力位与支撑位的作用,股指停留在这些点周围几率较小。当股指向上跨越这些心理关口时,上升幅度显著高于其他位置;而向下跌破这些心理关口时,下降幅度也偏大。这说明在我国存在着一定数量的非理性投资者,他们将投资决策部分依赖于心理上对于某些特定整数的偏好。③

张月飞等认为,香港股市是半强式有效,大陆股市在时间序列方面的非平稳性、对事件反应的超额投资收益,呈现了弱式有效市场的特征,这既与大陆市场股票偏小、易于被人操纵的新兴市场有关,也与大陆市场的封闭性、缺乏成熟投资理念的机构投资者有关,更与我国上市公司股权被人为分割为流通股、非流通股、A股、B股等股权分置有关。④

汤光华等发现,行业因素对系统风险和会计风险都有明显的影响。随着时间的推移,系统风险和会计风险之间的联系程度在加强。红利支付率、规模和收益的符号三个会计风险指标与贝塔系统关系具有稳定对应关系;收益的变异程度、财务杠杆、利息保障倍数前期与对系统风险的预期不符,后期相符,表明中国股市对这几个指标的反应逐步理性;流动性、营业收入的变异程度、市净率、现金流量、成长性对不同时段的系统风险具有解释力,具有特殊关系;而营业杠杆与系统风险没有相关性。⑤

屈文洲运用高频数据对我国股票市场的委托报价指令、收益率的变动、买卖价差和市场深度进行实证研究,结果表明,新报价委托指令的模式呈现出"U"型模式,在交易所收盘时的新报价委托量十分巨大,部分

---

① 谭松涛、王亚平:《股民过度交易了么?》,载《经济研究》2006年第10期。
② 肖峻:《关于中国股市中风格投资与风格动量的研究》,载《经济科学》2006年第6期。
③ 赵龙凯、岳衡:《关于我国股指心理关口的实证研究》,载《金融研究》2006年第2期。
④ 张月飞、史震涛、陈耀光:《香港与大陆股市有效性比较研究》,载《金融研究》2006年第6期。
⑤ 汤光华、赵爱平、宋平:《系统风险与会计风险》,载《金融研究》2006年第4期。

原因可能是由交易所回报系统引起的；每日收益率没有明显特征，这与美国的发现一致；股票市场开盘后收益率波动很大，收盘时波动没有增加，这也与美国研究结果类似；一天中相对买卖价差的变化呈现"L"型模式，在开盘时最大，随后逐渐减少，美国则呈"U"型模式；最小买卖报价变动单位不是决定买卖价差的重要因素，但对那些交易活跃的股票来说却是重要的；限价委托报价和申报数量的斜率接近线性，随着买卖报价价差的向外扩大，申报数量逐步增加。①

杨晓兰等通过实验室试验的方式检验了资金约束放松与证券市场泡沫的关系，他们认为，充裕的现金为价格上涨提供了源动力，每单位流动性价值的上升会带来 1.066 单位的市场价格泡沫。资金约束放松为交易者非理性情况下价格泡沫的产生和膨胀创造了必要条件，表明中央银行货币供应量、资本流动性等宏观经济变量对实体经济和证券市场都有着重要的影响。②

胡奕明等认为，中国的证券分析师已有"声誉"意识，但关注的层面不同。分析师在公司内部的声誉和机构投资者层面的声誉会通过私人信息的收集、分析手段的运用来积累，但对市场声誉却未发现这种主动性。分析师非常看重信息资源的优势，私人信息已构成分析师获得声誉的基础。分析师在积累自身声誉时，对技术面甚至形象面的考虑较多，而对投资者利益保护等道德层面重视不够。这表明中国缺乏分析师声誉回报机制，无论是证券公司内部还是市场，都没有将分析师声誉与其回报联系起来。③

基于历史回报率的投资战略可分为两类：一类是反向投资战略，即根据股票过去一段时期的收益率大小来对股票进行排序，并建议买进过去的输家，并卖空过去的赢家；另一类是动量投资战略，即作一个与反向投资战略同样的排序，但是建议买进过去的赢家，并卖空过去的输家。徐信忠等认为，中国股票市场动量效应的确存在，但期限明显要短于西方发达国家，大约为半年左右的时间，当超过半年时逐渐呈现收益反转现象。出现这种情况的原因一定程度上可以通过预期收益的横界面差异进行解释，另

---

① 屈文洲：《股票市场微观特征：中国现状与国际比较》，载《金融研究》2006 年第 5 期。
② 杨晓兰、金雪军：《资金约束放松与证券市场泡沫：一个实验检验》，载《世界经济》2006 年第 6 期。
③ 胡奕明、金洪飞：《证券分析师关注自己的声誉吗?》，载《世界经济》2006 年第 2 期。

外，风险、规模、账面价值与市值之比、流通股比例和换手率也都对动量效应进行解释。①

赖步连等认为，异质预期导致的异质波动对我国上市公司并购后投资者长期财富水平下降的现象提供了一种新的解释。在大多数情况下，中国股市的投资者对上市公司的并购预期收益存在分歧，在没有做空机制的市场，较高的意见分歧会推动股票价格上升，使股票在高位被相对乐观的投资者持有，从而降低了收益率。②

刘爱东等认为，审计诚信与资本市场效率具有价值相关性。除个别年份外，盈余反映系数大小严格按照审计诚信度得分高低排列，且研究假设中的CPA失信责任、会计事务所规模和独立董事制度与我国资本市场运行效率具有显著相关性。③

易宪容等认为，大量国内企业的海外上市，在促进企业自身发展和国有资产保值增值的同时，也对国内资本市场造成一定的影响，是带动国内股市走出困境的机会。首先，国内外资本市场对上市资源的竞争会导致良性循环的出现。各个市场为了争夺优质上市资源，必然会采取措施降低本市场交易成本，简化上市程序，完善上市制度。其次，国内企业海外上市是促进国内金融市场重组和改革的动力。优质资源的流失必然会倒逼资本市场完善各项制度，恢复市场融资功能、扩容市场，进而推动国内的证券市场、监管机构、监管体制以及金融市场基础性制度的重建和完善。再次，促使国内资本市场健全合理的价格形成机制，保护投资者利益，吸引国内优质企业在国内上市。④

（二）资本市场的机构投资者

孙立等认为，QFII在内地证券市场具有鲜明的投资风格，可以归纳为：在确保资产安全性与稳定性的主基调下，实行组合投资、主动投资与被动投资相结合的策略；遵循价值投资理念，但又存在不断适应境内市场而频繁换股的倾向；平均投资期限较长，但也不乏短线进出的个案。QFII

---

① 徐信忠、郑纯毅：《中国股票市场动量效应成因分析》，载《经济科学》2006年第1期。
② 赖步连、杨继东、周业安：《异质波动与并购绩效》，载《金融研究》2006年第12期。
③ 刘爱东、郭立业：《审计诚信与我国资本市场运行效率的相关性分析》，载《金融研究》2006年第4期。
④ 易宪容、卢婷：《国内企业海外上市对中国资本市场的影响》，载《管理世界》2006年第7期。

的这种风格是与内地证券市场的特征紧密相连的。可见，QFII 适应陌生市场的能力非常强，也反面迫使境内市场各方面条件必须不断完善。①

祁斌等认为，不同投资者主导的股票子集表现出截然不同的特征。机构投资者持股比例较低的股票存在着比较明显的反转现象，说明个人投资者更倾向于反应过度，而机构投资者持股比例较高的股票存在着比较明显的惯性现象，这并非是因为炒作产生的惯性，而是说明机构投资者更倾向于反应不足。无论个人投资者还是机构投资者在交易行为上都存在不完全理性，惯性和反转的普遍存在说明中国股票市场的有效性还处在较低的水平。②

祁斌等的实证研究结果显示，在控制了公司规模的前提下，机构投资者持股比例与股票波动性之间存在显著的负相关关系。从 1999～2001 年到 2002～2004 年两个时间段之间来看，高机构持股股票波动率在两个阶段之间有明显下降，低机构持股股票的波动性下降不够显著。这说明机构投资者具有稳定市场的功能。③

程书强指出，盈余信息及时性与机构持股比例正相关，公司治理结构合理，盈余信息及时性强，是吸引机构投资的动因；机构持股比例与盈余管理负相关，机构持股比例越高，越能有效抑制操纵应计利润的盈余管理行为，增强盈余信息真实性，说明机构持股参与公司治理能够改善公司治理结构，使上市公司的经营更加规范、有效。④

（三）上市公司的信息披露

在股票市场的机制设计中，透明度即交易信息的披露程度是一个非常重要的方面。合理的透明度可以优化市场中相关信息的传递方式，并改善交易者的信息结构，有利于证券形成更加合理的价格，并进而提高市场的整体质量。2003 年 12 月 8 日，中国股市信息披露规则发生变化，市场透明度显著提高。董锋等认为，透明度提高之后，市场的流动性明显上升，交易成本和市场波动性则显著下降，市场的信息传递效率也有所提高。这

---

① 孙立、林丽：《QFII 投资中国内地证券市场的实证分析》，载《金融研究》2006 年第 7 期。
② 祁斌、黄明、陈卓思：《机构投资者与市场有效性》，载《金融研究》2006 年第 3 期。
③ 祁斌、黄明、陈卓思：《机构投资者与股市波动性》，载《金融研究》2006 年第 9 期。
④ 程书强：《机构投资者持股与上市公司会计盈余信息关系实证研究》，载《管理世界》2006 年第 9 期。

一切都表明，透明度的提高显著地改善了股票市场的整体质量。①

江世银认为信息对于预期的形成非常重要，有无信息、信息的多少和对信息的利用程度往往使投资者预期相差很大。资本市场投资预期的形成，实际上就是投资者之间的博弈过程，在支付了信息成本后，投资者会产生两种不同的预期，资本市场的投资均衡就是使投资者得到的预期收益最大化。要发挥预期对资本市场投资的积极作用，政府为投资者所能做的是为投资者提供和保证充分的信息。②

屈文洲研究得出，对投资者行为产生影响程度从强到弱的次序依次为交易持续期、流量信息和存量信息。交易持续期对投资者行为有正的影响；流量信息的出现会加快投资者的反应，影响投资者对证券市场的分析和判定；存量信息对投资者行为的影响方向有些模糊，有时会加快投资者行为，有时会减慢投资者行为。因此，我国在证券交易所信息披露建设方面应该有所侧重，在保持目前存量信息披露程度下，进一步加强报价委托和成交委托等方面对流量信息的披露。③

企业的环境保护问题越来越受到社会公众、企业财务信息使用者的关注，要求企业必须更多地披露环境信息特别是环境会计信息。汤亚莉等认为，披露了环境信息的上市公司与没有披露环境信息的公司在资产规模、公司绩效方面存在显著差异，这意味着上市公司规模、公司绩效与环境信息披露水平正相关，因为规模较大、盈利能力较好的上市公司为减少外部对企业的误解、改善企业的公共关系会披露更多的环境信息。④

王燕认为，如果以交易的信息环境和交易规模作为对非对称信息的度量，则交易的价格效应与不对称信息正相关；以价差和报价深度作为流动性的测量指标，交易对流动性的影响与非对称信息正相关。信息披露的价格效应和流动性效应都表明，在我国股票市场上，私有信息和公开信息存在互补效应，信息披露并没有减少非对称信息，仅通过增加信息披露并不能减少信息不对称，还需要通过减少信息披露前的信息泄露、提高信息披

---

① 董锋、韩立岩：《中国股市透明度提高对市场质量影响的实证分析》，载《经济研究》2006年第5期。
② 江世银：《支付信息成本后的资本市场投资预期收益》，载《改革》2006年第2期。
③ 屈文洲：《行情公告牌信息对交易者行为的影响——基于自回归交易持续期模型的分析》，载《管理世界》2006年第11期。
④ 汤亚莉、陈自力、刘星、李文红：《我国上市公司环境信息披露状况及影响因素的实证研究》，载《管理世界》2006年第1期。

露质量等措施降低信息风险。①

曾颖等认为，在控制 β 系数、公司规模、账面市值比、杠杆率、资产周转率等因素的条件下，信息披露质量较高的样本公司边际股权融资成本较低，说明我国上市公司的信息披露质量会对其股权融资成本产生积极影响。其中盈余平滑度和披露总体质量是影响股权融资成本的主要信息披露质量特征。②

辛焕平等认为，公司治理结构与信息披露质量正相关，公司治理结构良好的上市公司信息披露质量较高，对投资者利益的保护更好，能为投资者或债权人带来更好的投资回报。③

于李胜等研究发现，信息质量是盈余公告后漂移现象（PEAD）产生和持续的重要原因之一，它既可以通过影响未预期盈余的大小间接影响盈余公告后的漂移现象（PEAD），也可以直接对 PEAD 产生影响，即在盈余公告后，信息质量差的投资组合，平均累计超常收益大于信息质量好的投资组合。但是随着时间推移，投资者对盈余公告中相关信息的解读，信息不确定性下降，风险逐步释放，信息质量差的投资组合的超常收益下降幅度较大，而信息质量好的股票有较少的信息不确定性，超常收益下降较少。④

（四）上市公司的股利政策

李礼等在问卷调查的基础上采用结构方程模型研究了我国非国有上市公司股利政策的决策以及股利政策选择的动因。他们指出，西方股利代理成本理论适用于我国的非国有上市公司，公司所有者比公司经营者对股利政策具有更大的影响，"未来投资机会"、"再融资的能力"、"公司股票价格"和"未来偿债能力"四个因素是我国非国有上市公司制定股利政策时所考虑的重要因素，其中"再融资的能力"表现得尤为突出；而我国非国有上市公司制定股利政策时不太考虑"公司盈利水平"。⑤

---

① 王燕：《中国股票市场公开信息与私有信息的互补效应》，载《金融研究》2006 年第 6 期。
② 曾颖、陆正飞：《信息披露质量与股权融资成本》，载《经济研究》2006 年第 2 期。
③ 辛焕平、和丕禅、娄权：《农业类上市公司治理结构与信息披露——基于农业产业化视角的实证研究》，载《中国农村经济》2006 年第 10 期。
④ 于李胜、王艳艳：《信息不确定性与盈余公告后漂移现象（PEAD）——来自中国上市公司的经验证据》，载《管理世界》2006 年第 3 期。
⑤ 李礼、王曼舒、齐寅峰：《股利政策由谁决定及其选择动因》，载《金融研究》2006 年第 1 期。

张景奇等认为，分析股利贴现模型、自由现金流量贴现模型及剩余收益模型对我国股票价格几乎没有解释力，这与成熟资本市场有较大差异，但剩余收益模型对股票内在价值具有较强的解释力，这与成熟资本市场类似。这一结果一方面说明了剩余收益模型对计算我国股票内在价值的有用性，另一方面也说明我国资本市场的效率有待提高。①

黄海沧指出，中国上市公司的股利分配政策与美国公司相比存在较大的缺陷，在股利支付率上，美国绝大多数公司采取高额分配的政策，而中国绝大多数上市公司则是少分配或不分配；在分配方式上，美国主要以现金派发为主，而中国公司则少派现多送转（股）；在股利政策稳定性方面，美国公司明显强于中国上市公司。中国上市公司股利分配情况存在的缺陷主要由股权结构、筹资方面的管制、政策法规、公司治理和股东投资理念等造成的。我国应该借鉴美国股利分配政策，尽早解决一股独大的股权结构，改善公司治理机制；不断完善市场融资体制，努力拓宽筹资渠道；以符合国际惯例的高度，规范上市公司股利分配的法律法规、规范上市公司内部管理，减少短期行为和倡导正确投资理念，做到管理层、上市公司和投资者共同维护股利分配行为理性化。②

六、证券市场的投资者保护

王艳艳等认为，法律环境、审计独立性与投资者保护之间存在动态关系。加大法律对内部人和审计师的惩戒力度，不仅可以直接降低内部人的侵占行为，而且可以提高审计独立性，通过审计的监督作用间接降低侵占行为；当法律惩戒力度较小时，对高质量审计的需求较大；合谋被发现的概率增大时，内部人侵占投资者资产的比例下降；审计合谋被发现的概率越大，会计师合谋的动机越小，审计独立性越高。③

股权分置改革以后，由于非流通股股东占主要控股地位，因此股权集中度变化受到大家关注。贺宏认为，单纯改变股权集中度并不能解决控股

---

① 张景奇、孟卫东、陆静：《股利贴现模型、自由现金流量贴现模型及剩余收益模型对股票价格与价值不同解释力的比较分析》，载《经济评论》2006年第6期。
② 黄海沧：《中国上市公司股利分配政策的合理性分析》，载《经济学动态》2006年第2期。
③ 王艳艳、于李胜：《法律环境、审计独立性与投资者保护》，载《财贸经济》2006年第5期。

股东与中小股东之间的代理问题,因为不论是一股独大还是制衡的股权结构,控股股东都面临着公开收益与私有收益的制衡。在我国文化因素的影响下,股权制衡模式可能并不适合我国现实情况。伴随股权分置改革,进一步限制控股股东掏空中小股东的动机需要通过优化公司治理去实现。①

LLSV 认为法律渊源影响投资者的保护程度,进而影响一国金融市场发展的观点受到了很多学者的质疑,他们从文化、政治等角度分析了对投资者保护的差异。张勇认为,法律和社会规范的执行机制不同和对信息机构的要求不同,意味着它们可以在对投资者保护的不同层面发挥作用,国家不可能替代社区,法律也不可能消灭社会规范。②

李心丹等认为,通过投资者关系管理,上市公司能够提高信息披露的质量,增强与投资者之间的相互信任,提高投资者的满意度和忠诚度,降低融资成本,实现公司价值最大化,从而建立一个稳定而有效率的资本市场。因此,提升上市公司投资者关系管理水平,是上市公司自身的理性行为,但是,推动上市公司实施投资者关系管理、提升投资者关系管理水平对重建中国资本市场诚信度和重树投资者信心意义重大,迫切要求证券市场各参与方携手努力,致力于全面改进我国的投资者关系管理状况。③

吴晓晖等认为,监管效率对投资者保护而言是一种动态监管行为的考察,能够在更大程度上及时实现投资者利益保护。独立董事和机构投资者作为新兴的治理力量,对于资本市场的实际监管效率较高。实证研究表明,独立董事比例较高或机构投资者持股比例较高的样本,出现违规行为或信息披露不完全、不真实的概率较低,但在抑制关联交易或以"圈钱"为目的的配股增发行为中,两者的作用并没有显现。独立董事、机构投资者在监管有效性中起着积极作用,独立董事的作用更为明显,监事会作用不显著。④

解学成认为,美国通过的 SOX 法案(Sarbanes-Oxley Act)强化了上市公司内部控制责任,加重了对违法行为的处罚力度,但也给上市公司造成了成本负担,导致许多中小公司退市,给美国证监会执法带来了挑战。中国证券市场发展可以从该法案中得到多方面的启示,包括:严格证券市

---

① 贺宏:《最优股权结构与保护中小投资者利益》,载《财贸经济》2006 年第 9 期。
② 张勇:《法律还是社会规范:一个关于投资者保护的比较分析》,载《经济社会体制比较》2006 年第 3 期。
③ 李心丹、肖斌卿、王树华、刘玉灿:《中国上市公司投资者关系管理评价指标及其应用研究》,载《管理世界》2006 年第 9 期。
④ 吴晓晖、姜彦福:《我国资本市场新兴治理力量监管有效性的实证研究》,载《金融研究》2006 年第 12 期。

场监管、完善信息披露制度、强化公司内部控制和借鉴其他国家的法律精髓加强和完善金融立法,明确市场参与各方权利义务,保护投资者合法权利,并完善司法制度,加强司法对证券投资者的保护。①

七、证券投资基金

我国很多封闭式基金初次发行之后,就进入折价交易阶段,起初折价幅度并不大,近些年来折价幅度越来越大。董超等认为,市场的无效性应该是导致我国封闭式基金折价的一个直接原因。在影响我国封闭式基金折价率的因素中,机构投资者的持有份额、基金经理流动率和同一家基金管理公司中开放式基金数量与封闭式基金数量的比例,对折价率有显著的影响。基金的持股集中风险不是产生折价的主要因素;规模因素和发行方式虽然与折价率有数量上的相关性,并不存在更深层次上的必然联系,噪声交易因素影响不显著。②

谢赤等认为,在交易策略上,证券投资基金整体采用惯性交易策略,但倾向于买过去表现好的股票,尤其是收益率高于同期上证综合指数收益率的股票,不倾向于卖出过去表现差的股票,即采用高买高卖的策略。惯性估计 M 值在考虑有新股票进退时,显著大于其他各种情况,这表明基金经理在选择新股进入投资组合时倾向追涨,M 值在考虑股票完全退出的情况下,所有的 M 值均为负值,说明基金在进行投资组合调整时,都倾向采用完全退出并投资新股的策略。可见在偏股型证券投资基金中,基金投资跟风、同质现象依旧存在。从开放式基金和封闭式基金的比较来看,开放式基金从投资策略上而言,更倾向于采用惯性投资策略,这是因为开放式基金短期业绩考核压力更大,因此更有强烈的动机采用追涨的惯性投资策略。③

徐捷等实证研究认为,与市场一般预期不同,基金总体上并不表现为"追涨杀跌"的正反馈交易者,其建仓或买入时表现为动量交易者,而清仓或卖出时表现为反转交易者。不同投资风格基金广泛采用动量及反转交

---

① 解学成:《美国 SOX 法案对证券市场影响的评估及启示》,载《经济社会体制比较》2006 年第 2 期。
② 董超、白重恩:《中国封闭式基金价格折扣问题研究》,载《金融研究》2006 年第 10 期。
③ 谢赤、禹湘、周晖:《证券投资基金惯性反转投资行为实证研究》,载《财经研究》2006 年第 10 期。

易策略,然而价值型基金较成长型基金表现出更强烈的动量交易行为。基金倾向于买入价值相对低估个股,卖出价值相对高估个股,并且其建仓股未来6个月表现出价格持续性(动量),而清仓个股表现出一定的价格反转趋势,显示基金投资活动有助于加速个股的价值发现过程。①

益智认为,目前我国的偏股型开放基金市场中,基金的规模和绩效存在着随规模扩大先实现一个规模经济的阶段,达到最高点后再呈现一个随着规模的扩大出现规模不经济的阶段。中等规模的偏股型开放式基金(如规模在10亿~20亿元之间)业绩最好,风险波动最小。②

胡赫男等认为,我国的投资基金存在明显的羊群行为,大规模基金的羊群行为比小规模基金更严重,盈利能力强的基金的羊群行为比盈利能力弱的基金更显著;羊群行为的影响因素主要有时间、季节、盈利能力、市场规模、基金群体规模、市场态势。其中羊群行为在熊市期间比在牛市期间更频繁发生,这一特征体现了羊群行为的本质,越是在压力性或不确定性的环境中,人们越是寻求群体一致性,力图通过从众的力量重新获取对环境的控制感和安全感;基金的羊群行为测度和基金/市场的相对规模正相关,即随着市场容量的扩大而递减,随着基金数量的扩大而递增;羊群行为测度与基金的盈利水平正相关,表明羊群行为作为一种盈利策略,与基金的收益互为依存。我国基金的羊群行为与投资环境和投资者心理因素有关。③

徐琼等认为,投资基金业绩不具有持续性,这与西方学者的研究结论不吻合,其原因一方面在于样本选择的差异;另一方面在于我国证券市场还不成熟,真正能够长期投资的价值类蓝筹类上市公司还比较少,市场投机气氛和坐庄现象比较浓。此外,基金经理业绩考核的不合理和缺乏激励性,以及基金经理频繁的更换导致基金经理投资能力的不稳定也是基金业绩难以持续的原因。④

在中国封闭基金市场,基金经理更换非常频繁,封闭式基金经理的平均在职年限不到2年。这种现象是否与基金经理的业绩有关呢?姚正春等认为,封闭式基金经理的任职期限长短与业绩无关,基金经理面临的竞争压力并不是主要来自业绩方面,而且基金的业绩也没有持续性。⑤

---

① 徐捷、肖峻:《证券投资基金动量交易行为的经验研究》,载《金融研究》2006年第7期。
② 益智:《我国偏股型开放式基金合理规模分析》,载《财贸经济》2006年第8期。
③ 胡赫男、吴世农:《我国基金羊群行为:测度与影响因素》,载《经济学家》2006年第6期。
④ 徐琼、赵旭:《封闭式基金业绩持续性实证研究》,载《金融研究》2006年第5期。
⑤ 姚正春、邓淑芳、李志文:《封闭式基金经理的竞争压力》,载《金融研究》2006年第9期。

第五章 经济增长与发展问题讨论综述

一、2006年经济增长与发展问题研究的新特点

2006年,我国经济理论界对经济增长与发展问题的研究非常活跃,这与我国亟待选择新的发展道路有关,也与融入全球经济之后影响我国经济增长与发展的因素增加有关,更与我国区域经济差异日渐受到学者们的重视有关。与2005年相比,2006年的研究表现出了新的特点:

一是在研究角度上更加注重将中国经济增长与发展问题置入全球经济结构革命和全球经济一体化的背景之中进行分析。

二是在研究方法上更加强调实证研究要建立在坚实的理论分析基础之上,比如对人力资本对经济增长和地区经济差异的影响进行分析的文献,基本上都是先通过理论分析提出需要检验的假说,然后再利用计量经济分析方法对其进行检验。

三是在研究内容上,2006年对经济增长与发展问题的研究仍然继续了2005年所研究的问题,比如转变经济增长模式、全要素生产率对经济增长和地区经济差距的影响、金融发展对经济增长的影响等,但是新的发展道路的选择、人力资本对经济增长和地区经济差距的影响、公共投资对经济增长的影响、经济增长转型中的居民收入分配调节等问题则成为2006年关注的新热点。

二、我国发展道路的选择

(一) 促进和谐发展的大国发展道路

王永钦等以现有的经济学文献为基础，从非常广阔的角度分析了当代中国的发展道路。他们认为，迄今为止，中国的经济改革基本上延续了改革之前的城乡分割、经济分权和关系型社会几个特征。中国政治和社会结构中的这些特征性因素，在经济发展的早期对资本的积累、激励的改善和合约的履行产生了一定的积极作用，但也付出了一些代价，这集中体现为收入差距的扩大。由于收入差距的持续扩大不利于经济增长、削减贫困和提高社会流动性，这就使得中国经济的持续增长和社会和谐发展面临巨大的挑战。当改革的代价日益积累至其临界点时，就需要通过渐进式的政治和社会结构调整来应对种种挑战。如果这些调整能够维持经济持续增长和社会和谐发展，那么中国将可能走出一条独特的大国发展道路。[①]

(二) 知识经济条件下的发展道路选择

与其他分析中国经济发展道路选择的研究不同，黄泰岩等观察到了知识经济的形成对发展道路选择的影响。他们指出，在知识经济已经成为一个新的独立的经济形态之后，它就与传统的农业经济、工业经济相对立，从而在已经完成工业化的发达国家中与工业经济构成新二元经济结构；在尚未完成工业化的发展中国家中与农业经济、工业经济构成三元经济的新结构。在经济结构发生深刻革命的条件下，发达国家和发展中国家面临着新的发展任务：就发达国家来说，面临的发展任务就是从工业化向知识化转型；对于发展中国家而言，面临的发展任务就不仅是工业化，而是工业化和知识化同时发展，这就需要发展中国家探索三元经济新结构下的发展道路。他们认为，作为世界上最大的发展中国家，我国三元经济结构下的

---

① 王永钦、张晏、章元、陈钊、陆铭：《十字路口的中国经济：基于经济学文献的分析》，载《世界经济》2006年第10期。

发展模式,就其基本内容而言,首先必须推进和实现工业化。但是,在实现工业化的过程中,不能沿袭传统的工业化发展模式,而是要以信息化和知识化来推进工业化。①

(三) 印度发展道路对中国的启示

许多人认为,同样是第三世界一员的印度近年来出色的经济表现,值得中国借鉴其发展经验。任佳从印度的产业结构入手,分析了印度产业结构演变的轨迹和发展道路及其对中国的启示。他指出,印度发展道路对中国的启示主要体现在以下几个方面:第一,对于发展中的人口大国,经济发展应主要依靠国内市场需求的拉动,要极大地提高国内需求,就要解决大量中低收入阶层的就业问题,尤其要解决大量农村劳动力的就业问题,以提高广大人民的收入水平,从而拉动国内经济快速增长;第二,印度发展道路的成功在于,第三产业的发展从传统服务业到现代服务业的过渡和升级衔接得很好,使第三产业自始至终处于良性发展的状态;第三,印度软件与信息服务产业的发展是在开放的条件下,大量利用国际上的资金、技术、人才和管理,利用与大型跨国公司合作的机会,与本国高技术人力资源相结合,充分实现了优势互补,强化了其竞争优势,实现了软件和信息服务产业的跨越式发展。②

三、转变经济增长方式的必要性、障碍和手段

(一) 转变经济增长方式的必要性

金碚认为,从大多数国家的经济发展历史看,工业化从粗放型增长方式起步是一个共同现象,而"血拼"式竞争和政府直接参与的地区竞赛成为 20 多年来中国经济发展的两大显著特点。转变增长方式,以资源节约和环境友好的可持续方式推进中国工业化,才能实现中国经济和社会的

---

① 黄泰岩、张培丽:《知识经济条件下的发展道路选择》,载《党政干部学刊》2006 年第 9 期。
② 任佳:《印度发展模式及对中国的启示》,载《财贸经济》2006 年第 6 期。

现代化。①

姚先国等认为，中国经济面临着人与自然之间的矛盾、人与人之间的矛盾和国与国之间的矛盾等三大矛盾以及资源和需求的双重约束。他们认为，不管是资源短缺，还是需求不足，其根源都在于粗放型的经济增长方式。② 林吉双指出，我国宏观经济运行存在着经济增长方式粗放、社会贫富差距拉大和"三农"问题进一步加重等问题。其最主要的原因是我国在经济社会等方面所进行的制度改革存在着诸如制度变迁目标函数的单一性，制度变迁进程的不及时性、非均衡性和不配套性，变迁的制度缺乏正义性和公正性等问题。③

（二）转变经济增长方式的障碍

臧跃茹等认为，我国经济增长方式转变滞后受工业化阶段和二元经济结构约束，同时，发展中国家的问题与转型经济的问题交织在一起，更加大了经济增长方式转变的困难。要以调整和优化产业结构为主要途径，大力发展有突破性带动作用的高技术产业，积极促进经济增长方式的转变。④

（三）转变经济增长方式的手段

刘世锦认为，为了正确地看待并应对我国增长模式转型所面临的重大问题，应当优先和重点关注以下问题：第一，被扭曲的要素价格的纠正；第二，继续推进国有经济的战略性结构调整，重点加快垄断性行业国有企业的改革；第三，改进对政府经济社会发展实绩的考核指标和机制；第四，继续创造和维护公平竞争环境，改进政府管理经济的方式；第五，加强政府的公共服务，改善经济发展的外部环境；第六，培育有利于创新的制度和环境政策。⑤ 刘伟也提到，经济增长方式的转变首先在于技术创新，而技术创新的根本又在于制度创新。技术创新和制度创新推动下的经

---

① 金碚：《科学发展观与经济增长方式转变》，载《中国工业经济》2006年第5期。
② 姚先国、盛乐：《转折关头的中国经济》，载《经济学动态》2006年第8期。
③ 林吉双：《我国宏观经济运行的制度解析》，载《改革》2006年第6期。
④ 臧跃茹、刘泉红：《经济增长方式转变滞后的原因与路径前瞻》，载《改革》2006年第1期。
⑤ 刘世锦：《增长模式转型：我们需要转变什么》，载《经济学动态》2006年第8期。

济增长方式转变,关键是使效率提高成为增长的首要动力。①

中国经济增长与宏观稳定课题组从分析"干中学"的演进机制入手,得出了赶超型的供给曲线,然后针对"干中学"引起的套利型一哄而起的低成本竞争模式进行探讨,从理论和典型事实上解释了中国经济增长的内生演进机制和技术要素组合方式。他们指出,要通过供给政策和深化市场改革来推进经济增长方式转变。②

王东京指出,我国经济要保持15年的高速增长,以往的经济改革思路必须做适当的调整:第一,支持社会主义新农村建设,公共财政应覆盖农村;第二,扩大内需的重点应从刺激投资转向刺激消费为主;第三,西部大开发应在加大财政转移支付的同时进一步拓宽融资渠道;第四,国企改革继续完善治理结构,必须改组股东会;第五,政府改革应先易后难,以职能归位为突破口。③

四、影响我国经济增长的主要因素

(一) 人力资本与经济增长

殷德生等将人力资本的外部效应与内部效应结合起来去分析人力资本效应、产业内贸易与经济增长之间的理论联系。他们指出,贸易不仅通过人力资本规模的扩大,而且通过差异产品之间替代弹性的增强实现世界差异产品种类的增加和市场规模的扩大,来促进经济增长。产业内贸易引起的竞争效应和人力资本外部效应对最终产品部门、资本品部门和研发部门中的人力资本配置状况产生影响,并且还会通过这种渠道影响人力资本内部效应和长期经济增长。④

杨建芳等把教育和健康看做两种资本,人力资本由教育资本和健康资

---

① 刘伟:《经济发展和改革的历史性变化与增长方式的根本转变》,载《经济研究》2006年第1期。
② 中国经济增长与宏观稳定课题组:《干中学、低成本竞争和增长路径转变》,载《经济研究》2006年第4期。
③ 王东京:《我国现行经济政策思路的调整建议》,载《改革》2006年第4期。
④ 殷德生、唐海燕:《人力资本效应、产业内贸易与经济增长》,载《世界经济》2006年第6期。

本按照科布—道格拉斯生产技术组合生成。以此为基础，他们构建了一个内生增长模型，在此模型中人力资本积累速度和存量都会影响经济增长。经济增长既有人力资本积累的贡献，也有人力资本存量的贡献。他们以此内生增长模型为基础设定计量模型，实证分析了人力资本的积累和存量以及人力资本的形成要素——教育和健康——对中国经济增长的影响。研究结果显示，虽然人力资本积累比物质资本积累对经济增长的边际影响更大，但是由于物质资本积累速度远远快于人力资本，所以人力资本积累对增长的贡献仅为物质资本贡献的28.8%。[①] 余长林同样也采用科布—道格拉斯生产技术将教育资本和健康资本组合成人力资本，并在扩展曼昆—罗默—维尔模型的基础上，构建了一个内生经济增长模型分析人力资本投资结构与经济增长之间的关系。研究结果表明，人力资本投资结构制约着经济增长，人力资本投资结构和数量（存量）都会对经济增长产生重要影响。[②] 张烨卿认为，从长期来看，投资率的变化不会影响中国的资本产出比，FDI 的增长提高了资本产出比，而人力资本的增长则有助于降低资本产出比，所以维持我国经济持续高速增长的源泉是人力资本和自主创新的内生技术力量。[③]

罗凯使用我国最近三次人口普查以及对应时点的其他社会经济指标的省际数据，运用混合最小二乘法和广义最小二乘法对我国的人口健康与经济增长之间的关系进行了实证分析。结果表明，在我国，健康人力资本与经济增长之间有显著的正相关关系，预期寿命每延长1岁，GDP 增长率相应提高 1.06%~1.22%；而另一度量指标——健康指数——对经济增长的弹性约为 0.08。[④]

（二）投资与经济增长

1. 固定资产投资的宏观效率

改革开放以来，尤其是20世纪90年代中后期以来，我国投资规模迅速

[①] 杨建芳、龚六堂：《人力资本形成及其对经济增长的影响——一个包含教育和健康投入的内生增长模型及其检验》，载《管理世界》2006年第5期。

[②] 余长林：《人力资本投资结构与经济增长——基于包含教育资本、健康资本的内生增长模型理论研究》，载《财经研究》2006年第10期。

[③] 张烨卿：《资本形成、内生技术进步与中国经济持续增长——基于资本产出比视角的实证研究》，载《经济科学》2006年第6期。

[④] 罗凯：《健康人力资本与经济增长：中国分省数据证据》，载《经济科学》2006年第4期。

膨胀、投资率持续上升引发了学术界对我国宏观投资效率变动的广泛争论。国家发改委宏观经济研究院课题组就我国固定资产投资的宏观效益所做的实证分析表明，如果以最常用、最为学术界认可的边际资本产出率来衡量固定资产投资的宏观效益，那么1998年以来我国固定资产投资的宏观效益并没有明显恶化。与东南亚金融危机国家进行比较就会发现，1998~2004年间，尽管我国出现了固定资产投资规模迅速增长和投资率快速上升的现象，但我国固定资产投资的宏观经济效率，以及其对经济增长的作用，都要好于1994~1996年间的东南亚国家。但是，与日本1952~1973年间的数据和韩国1962~1992年间的数据相比，在经济高速增长时期，我国固定资产投资的宏观经济效益低于日本和韩国。[①]

2. 外商直接投资与经济增长

王永齐认为，当人力资本由外资生产部门转向国内生产部门或建立新企业时，FDI内生的技术溢出将成为可能，而新企业的建立需要向国内金融市场进行融资，因此，金融市场将起到FDI溢出与经济增长的重要联结作用，其效率的高低将直接影响到FDI溢出的效果进而影响到经济增长。[②] 姚树洁等指出，FDI有利于减小国内生产的非效率，是提高生产技术效率的推动器；同时，FDI有利于加快国内技术进步，是生产前沿的移动器。[③]

刘文勇等认为，FDI对中国经济发展的影响主要表现在以下几个方面：第一，外商投资企业劳动力的就业增量对于经济增长的负效应要小于其他类型企业的就业增量对经济增长的负效应；第二，FDI规模扩大对就业具有直接的创造效应，但对其他类型企业的就业具有一定的负面效应；第三，外商投资企业的出口与世界经济增长和我国的经济增长具有很强的相关性，但与FDI只有较弱的相关性；第四，FDI对于内资企业模仿和学习先进技术具有明显的溢出效应，但对内资企业自主创新能力的提高的溢出效应不大。[④]

[①] 国家发改委宏观经济研究员课题组：《我国固定资产投资宏观效益的实证分析与国际比较》，载《经济学动态》2006年第12期。

[②] 王永齐：《FDI溢出、金融市场与经济增长》，载《数量经济技术经济研究》2006年第1期。

[③] 姚树洁、冯根福、韦开蕾：《外商直接投资和经济增长关系的研究》，载《经济研究》2006年第12期。

[④] 刘文勇、蒋仁开：《FDI对中国经济发展影响的实证分析与政策建议》，载《经济理论与经济管理》2006年第4期。

代谦等在一个两国内生增长模型中研究了发达国家FDI产业选择与发展中国家经济增长和技术进步问题。分析表明，发达国家FDI产业的选择依赖于发展中国家的技术能力和竞争能力，发展中国家技术能力和竞争能力越强，发达国家则倾向于将更多更先进的产业转移到发展中国家；FDI能否给发展中国家带来技术进步和经济增长依赖于发展中国家的人力资本积累，只有辅之以较快速度的人力资本积累，FDI才能给发展中国家带来技术进步和经济增长。因此，普及和改善教育、提高国民的人力资本水平应该成为发展中国家提高自身技术能力、吸引FDI、促进技术进步和经济增长的核心政策。① 他们利用我国1979～2003年间的相关数据检验FDI对中国经济增长的效应时发现，在控制了每年的实际投资和人力资本变量之后，回归的结果开始符合理论分析结论。在FDI对中国经济增长的效应中，国内投资以及人力资本起着相当重要的作用。②

3. 高投资、低消费下的长期经济增长

战明华等针对转轨时期中国经济一直呈现高投资、低消费但却相对平稳增长这一有悖于标准理论的事实，在对Ramsey-Cass-Koopmans模型进行修正的基础上，对这一现象给出了一个解释框架。研究结果表明：资本边际产出的非递减特征与渐进的利率市场化改革是保证中国高投资、低消费条件下仍可保持经济长期平稳增长的两个必要条件，而更新改造投资、非国有与集体投资占总投资比重以及政府的非消费性支出都是导致资本边际产出非递减的因素。因此，从政策实践的角度讲，对于长期的经济增长，如何对资本边际产出与利率变化进行政策协调以及根据资本边际产出背后的控制因素变化适时地制定新的产业政策就变得非常有意义。③ 方军雄认为，虽然高投资率是我国经济的一大特征，但是在转轨过程中，随着市场化进程的深入，我国资本配置的效率得到了持续的改善，所以高投资率所带动的经济增长还可以维持一段时间。④

---

① 代谦、别朝霞：《FDI、人力资本积累与经济增长》，载《经济研究》2006年第4期。
② 代谦、别朝霞：《外国直接投资、人力资本与经济增长：来自中国的数据》，载《经济评论》2006年第4期。
③ 战明华、许月丽、宋洋：《转轨时期中国经济增长的可持续性条件及其转换路径：中国高投资、低消费经济增长模式的一个解释性框架》，载《世界经济》2006年第8期。
④ 方军雄：《市场化进程与资本配置效率的改善》，载《经济研究》2006年第5期。

4. 地方政府行为与投资过热

郭庆旺等建立了一个三阶段序贯博弈模型来研究地方政府行为对宏观经济稳定的冲击。分析表明，地方政府在财政利益和政治晋升的双重激励下，总是有利用违规优惠政策进行引资的强烈动机，从而引发企业投资冲动，导致投资过热，进而对宏观经济稳定产生巨大冲击。中央政府可以通过加大行政查处力度来有效遏制投资过热，但面临着力度不够则调控效果不佳，力度太大则经济"硬着陆"的两难困境。[①]

祝青从地方政府行为角度着手分析地方政府行为影响资本深化和经济增长的微观传导机制，并解释中国改革以来资本深化的原因及其过程中的投资效率变化。他利用一个包含地方政府行为、资本深化和金融发展的动态框架分析了这种资本深化对经济增长和经济波动的影响。经验证据表明，地方政府通过进入管制和信贷干预影响了资本深化路径，进而影响了投资储蓄转化机制，最终影响了经济波动，以及经济增长的长期态势。[②]

（三）金融发展与经济增长

范学俊以1992年第一季度至2004年第三季度的数据为基础，运用最大似然协整分析法研究了中国金融发展与经济增长之间的动态关系。结果表明，虽然银行部门与股票市场在长期都对经济增长有积极的影响，但股票市场对经济增长的影响大大强于银行部门对经济增长的影响。因此，从长期经济增长的角度看，加强股票市场在中国金融体系中的作用，将会对中国经济的可持续发展产生重要影响。[③] 陈会荣利用我国28个省份1995~2004年的经验数据，对我国金融中介的发展与经济增长之间的关系进行实证研究得到的结论与此一致。他认为，我国的金融中介发展与经济增长之间没有显著的关系，银行的贷款总额对各省份经济增长没有显著的促进作用。[④]

---

① 郭庆旺、贾俊雪：《地方政府行为、投资冲动与宏观经济稳定》，载《管理世界》2006年第5期。
② 祝青：《地方政府行为——资本深化和经济波动的另一种解释》，载《经济科学》2006年第4期。
③ 范学俊：《金融体系与经济增长：来自中国的实证检验》，载《金融研究》2006年第3期。
④ 陈会荣：《金融中介与经济增长：中国跨省数据的实证分析》，载《中南财经政法大学学报》2006年第5期。

陈刚等利用我国1979~2003年的省际面板数据，检验了我国金融发展对经济增长的影响。结果显示了金融发展对经济增长具有显著的正向影响，但金融部门和实体经济部门之间并不存在良性互动关系。① 至于金融部门和实体部门之间的关系，林毅夫等从理论上进行了阐述。他们认为，如果金融结构、银行业结构与经济结构相匹配，那么它们就有利于经济的发展和增长；反之，则会对经济的发展和增长起阻碍作用。②

梁琪等运用多元近似向量自回归方法对我国1952~2003年间的经济增长、金融发展以及影响经济增长的其他指标之间的关系进行了实证分析。研究结果显示，在样本期内，我国金融发展与经济增长间存在着由经济增长到金融发展的单向因果关系。③ 冉光和等指出，我国东部和西部地区的金融发展与经济增长关系有明显差异：西部地区金融发展与经济增长之间具有金融发展引导经济增长的单向长期因果关系，但没有明显的短期因果关系；东部地区金融发展与经济增长之间具有明显的双向长期因果关系和双向短期因果关系。④

李钊等分析了金融发展与经济增长关系的微观基础和关联机制，通过两部门模型揭示了金融发展影响经济增长的两个途径：外部性和边际生产率差异。他们运用我国1978~2002年间的相关数据进行的实证研究表明，以 M_2 为测度指标的金融发展与经济长期增长之间存在显著的正相关关系，而且金融发展是促进经济增长的因素之一。⑤

潘士远等构建了一个简单的内生经济增长模型来研究民间金融对经济增长影响和内生民间金融问题。研究结果表明：民间金融可以有效地把储蓄转化为投资，改善宏观经济效率，促进民营经济发展。也正是由于此，民营经济发展会内生出民间金融。他们指出，民间金融创新程度与民营经济发展水平成倒"U"型关系：即在民营经济发展的初级阶段，民间金融创新程度会随着民营经济的发展而不断上升；在民营经济比较发达之后，

---

① 陈刚、尹希果、潘杨：《中国的金融发展、分税制改革与经济增长》，载《金融研究》2006年第2期。
② 林毅夫、姜烨：《经济结构、银行业结构与经济发展——基于分省面板数据的实证分析》，载《金融研究》2006年第1期。
③ 梁琪、滕建州：《我国金融发展与经济增长之因果关系研究》，载《财贸经济》2006年第7期。
④ 冉光和、李敬、熊德平、温涛：《中国金融发展与经济增长关系的区域差异——基于东部和西部面板数据的检验和分析》，载《中国软科学》2006年第2期。
⑤ 李钊、李国平、王舒健：《金融发展与经济增长：基于两部门模型的中国实证研究》，载《南方经济》2006年第4期。

民间金融创新程度会随民营经济的发展而不断下降。①

(四) 劳动力比较优势与经济增长

梁俊伟测算了 1990~2004 年我国显示性比较优势指数，并利用测算结果对传统的劳动力比较优势与经济增长之间的关系进行了实证分析。研究结果表明：第一，"十五"期间，我国在资源密集型产品上已经从比较优势转变为比较劣势，显示出我国在相当程度上存在资源匮乏的局面；在技术资本密集型产品上逐渐显现出一定的比较优势；劳动力密集型产品自始至终都是我国的比较优势，但是已经开始呈现弱化的趋势；第二，简单劳动力的比较优势在长期经济增长中会在一定程度上导致贸易利益损失，也就是说，劳动力要素的福利会使经济增长出现恶化的趋势。②

(五) 城市化与经济增长

战明华等在将城市化通过经济规模与产业结构关联效应内生的基础上构造了一个内生增长模型，通过这个模型分析了产业结构关联与经济规模增大对经济长期动态增长的含义，并利用我国转轨时期的样本数据进行了实证检验。研究结果表明：第一，资本与城市化的动态变化的理论分析表明，经济增长随着城市化和资本水平的提高而提高，而城市化水平则随着产业结构关联效应的增大而增大，但其随经济规模变化的方向并不确定；第二，我国城市化进程对经济增长具有积极的影响，但与资本和劳动等生产要素相比，城市化水平对经济增长的作用较小。③ 李金昌等利用 1978~2004 年的时间序列数据，对我国城市化水平与经济增长的关系进行动态计量分析的结果也表明，城市化对经济增长的作用不大。这主要是因为，第三产业不发达、城市规模效应没有充分发挥等因素限制了城市的扩散辐射及创新溢出效应，使得城市化对经济增长的促进作用并不强烈。④

---

① 潘士远、罗德明：《民间金融与经济发展》，载《金融研究》2006 年第 4 期。
② 梁俊伟：《劳动力比较优势、贸易利益与经济增长——基于中国的数据》，载《经济科学》2006 年第 4 期。
③ 战明华、许月丽：《规模和产业结构的关联效应、城市化与经济内生增长——转轨时期我国城市化与经济增长关系的一个解释框架与经验结果》，载《经济科学》2006 年第 3 期。
④ 李金昌、程开明：《中国城市化与经济增长的动态计量分析》，载《财经研究》2006 年第 9 期。

（六）自然资源与经济增长

徐康宁等以中国的省际面板数据为样本，对"资源诅咒"假说进行了实证检验。计量结果显示，该命题在我国的地区层面是成立的，多数省份丰裕的自然资源并未成为经济发展的有利条件，反而制约了经济增长。自然资源的丰裕以及对这种资源的依赖，主要是通过资本投入的转移机制制约了经济增长，劳动投入的转移机制也存在这种效应，但不如前者显著。他们选择山西为典型省份，进一步揭示"资源诅咒"的作用机制。结果表明，密集而过度的资源开采引致的制造业衰退和制度弱化是制约经济增长的主要原因。① 彭水军等则强调，人力资本积累和较高的研发效率是资源约束条件下长期经济增长的重要动力机制。②

孟昌指出，资源的竞争性应反映在国民收入核算中，而核算的难点在于找到一个市场化的方法来扣除经济活动对自然资源和环境的负面影响。可转让排污权的界定、拍卖和市场化交易是解决这一问题的有效机制。应通过排污权交易将环境污染外部性的价值内部化，准确反映环境资源价值，深化绿色 GDP 核算。③

（七）环境质量与经济增长

改革开放以来我国快速的经济增长不可避免地加剧了对资源消耗、环境保护的压力，环境质量与经济发展之间的两难冲突日益受到关注。于峰等在 Stern 模型的基础上，以二氧化硫排放量表征环境污染水平，对 1999～2004 年间除西藏、山西和贵州以外的中国内地 28 个省份的面板数据进行回归分析，以探讨我国经济发展与环境之间的关系。研究结果显示，经济规模扩大、产业结构和能源结构变动加剧了我国环境污染，生产率提高、环保技术创新与推广降低了我国环境污染。在对影响环境质量的各个要素对环境污染的实际贡献率进行估算后，他们指出，经济增长是

---

① 徐康宁、王剑：《自然资源丰裕程度与经济发展水平关系的研究》，载《经济研究》2006 年第 1 期。
② 彭水军、包群：《资源约束条件下长期经济增长的动力机制——基于内生增长理论模型的研究》，载《财经研究》2006 年第 6 期。
③ 孟昌：《外部性、可转让排污许可证与绿色 GDP 核算》，载《改革》2006 年第 7 期。

我国环境污染的最重要源泉,绝大多数的环境污染来自经济规模的扩大。① 刘渝琳等的研究表明,环境污染损失与出口同步增长,人均 GDP 与人均环境污染损失遵循倒"U"形曲线关系。② 彭水军等的实证研究结论与此一致。他们指出,经济增长是影响我国污染排放的重要原因,人均 GDP 是解释各类污染排放的预测方差的重要变量。③ 杜希饶等的研究表明,在经济增长受到环境质量变化和污染排放的约束条件下,消费者环境保护意识的加强将有助于提高长期稳态增长率;而环境污染的增长效应则取决于消费者的跨期消费模式偏好。④

(八) 汇率与经济增长

魏巍贤建立了中国可计算一般均衡模型来研究人民币升值对中国经济的影响。结果表明,人民币升值对中国实际 GDP 增长的影响不是线性变化的,对进出口影响的模拟结果与直观判断一致;人民币升值对就业不利,但下降幅度也是随着升值幅度的上升而提高。升值对城乡居民消费的影响不同,会加大城乡差距。人民币升值对不同部门的影响不同,受冲击较大的是劳动密集型的制造业。⑤

张斌等在一个贸易品/非贸易品两部门模型中,讨论了真实汇率外生条件下部门之间全要素生产率变化对产业结构与贸易余额的影响。他们发现,在保持名义有效汇率固定与国内物价水平稳定的货币政策组合下,市场经济体制改革所带来的贸易品部门相对非贸易品部门更快的全要素生产率进步所带来的不仅是经济增长,还会造成:工业/服务业产业结构扭曲;贸易顺差扩大;工资水平下降,并阻碍了农村劳动力向城市转移;工资下降与利润率上升,收入分配恶化。而解决上述问题的关键在于人民币汇率水平调整与非贸易品部门市场化改革和全要素生产率提高。⑥

---

① 于峰、齐建国、田晓林:《经济发展对环境质量影响的实证分析——基于 1999~2004 年间各省市的面板数据》,载《中国工业经济》2006 年第 8 期。
② 刘渝琳、温怀德:《环境污染损失的货币化估算与政策建议》,载《改革》2006 年第 9 期。
③ 彭水军、包群:《中国经济增长与环境污染——基于广义脉冲响应函数法的实证研究》,载《中国工业经济》2006 年第 5 期。
④ 杜希饶、刘凌:《贸易、环境污染与经济增长——基于开放经济下的一个内生增长模型》,载《财经研究》2006 年第 12 期。
⑤ 魏巍贤:《人民币升值的宏观经济影响评价》,载《经济研究》2006 年第 4 期。
⑥ 张斌、何帆:《货币升值的后果——基于中国经济特征事实的理论框架》,载《经济研究》2006 年第 5 期。

（九）信息不对称与经济增长

林毅夫等构建了一个内生经济增长模型来分析产品质量信息的不对称对知识增长和经济发展的影响。分析表明：产品质量信息的不对称，不但会导致最终产品市场的萎缩，而且会降低知识产品的定价，减少研发投入，从而阻碍知识增长。根据内生增长理论，知识增长率决定了长期经济增长率，所以质量信息的不对称对知识创新的阻碍将会对长期经济发展产生严重的负面影响。与此同时，由于信息不对称会降低社会福利水平，因此社会会内生出一些制度安排来解决信息不对称问题，从而促进经济发展。[①]

[①] 林毅夫、潘士远：《信息不对称、逆向选择与经济发展》，载《世界经济》2006年第1期。

第六章　产业结构与产业政策问题讨论综述

一、2006年产业结构与产业政策问题研究的新特点

2006年，我国理论界对产业结构与产业政策问题的研究非常活跃，这与我国制造业在全球化生产中发挥着越来越重要的作用有关，也与我国政府强调要加快发展服务业有关，更与理论界开始重视对房地产业和文化产业的研究有关。与2005年相比，2006年的研究表现出了新的特点：

一是在研究角度上更加注重从全球化的大背景下展开分析，比如在研究中国制造业的国际竞争力时，都是从全球竞争的角度切入分析。

二是在研究方法上既强调实证研究的理论基础，又突出了实证分析的数据基础，例如在分析中国制造业的国际竞争力时，垂直专业化分工理论贯穿其中，而在研究制造业和服务业的全要素生产率的增长时，大部分文献都使用了数据包络分析方法这种对数据要求较高的方法去进一步探求全要素生产率增长的源泉。

三是在研究内容上，2006年仍然继续关注2005年所研究的问题，如制造业全要素生产率增长、服务业发展、产业结构升级、产业集聚等，但中国制造业的国际竞争力、生产性服务业的作用及其发展、房地产业和文化产业的发展等问题则成为2006年关注的新热点。

二、中国制造业的国际竞争力

（一）中国制造业国际竞争力的总体评价

金碚等利用最新的统计数据对我国加入WTO之后制造业国际竞争力的现状和变化趋势进行了实证研究。分析结果显示：加入WTO之后我国制造业的国际竞争力有较大幅度的提升，而且这主要是由于我国制造业的竞争优势在不断上升，即制造业产品的国际市场占有率、市场渗透率和贸易竞争指数等指标值上升较快。但是，我国制造业的比较优势在加入WTO之后并没有得到很好的发挥，这主要体现在制造业产品出口额占我国出口总额的比例、出口增长率优势指数、显示性比较利益指数等指标值上升幅度并不大。[①]

张小蒂等分析了1990年以来中国产业国际竞争力的变化趋势。通过分析显性比较优势指数和贸易竞争指数，他们发现近15年来中国具有较强国际竞争力的产业主要分布在劳动密集型产业。但是，从动态的角度看，劳动密集型产业的国际竞争力呈下降趋势。中国工业制品的国际竞争力在稳步上升，尤其是电子通讯设备和机械运输设备等技术（资本）密集型产业的国际竞争力有明显提升。其研究表明，中国制造业国际竞争力的这种变化与垂直专业化分工在中国的发展密切相关。从20世纪90年代中期以来，中国的技术密集型产业通过承接发达国家的技术（资本）密集型产业的劳动密集型生产环节的国际转移而获得了良好机遇。垂直专业化分工程度不断提高，对中国这类产业的国际竞争力的提升产生了良好的静态效应和动态效应。[②]

毛日昇通过对中国与主要贸易伙伴的制造业贸易专业化竞争力和实际竞争力的对比分析，从贸易竞争力的数量和质量两个方面全面揭示中国制造业贸易竞争力的特征和状况，并在此基础上利用面板数据模型分析了中

[①] 金碚、李钢、陈志：《加入WTO以来中国制造业国际竞争力的实证分析》，载《中国工业经济》2006年第10期。
[②] 张小蒂、孙景蔚：《基于垂直专业化分工的中国产业国际竞争力分析》，载《世界经济》2006年第5期。

国不同技术密集度的制造业在 26 个 OECD 国家市场竞争力水平的决定因素。分析结果表明，制造业的专业化竞争力和实际竞争力存在显著的区别，在专业化竞争力较高的部分低技术和高技术行业，相对实际竞争力却较低；在专业化竞争力很弱的中高技术行业，却对包括许多发达国家在内的贸易伙伴表现出较强的实际竞争力。从市场竞争力的决定因素来看，贸易专业化水平、劳动生产率，以及外国直接投资的流入对绝大多数制造业行业的市场竞争力提升表现出显著的正相关关系，而资本深化程度和创新能力对不同技术密集度的制造业行业的市场竞争力水平的影响存在显著差异。[1]

范爱军等将以进出口数据为基础的国际竞争力评价法和利润评价法结合起来，对 1980~2003 年间中国工业品国际竞争力及贸易模式变化进行研究。结果表明，中国工业品国际竞争力有所增强，但出口仍然具有典型的粗放型增长特征，价格优势构成了国际竞争力的重要来源。所以，通过自主创新来提升工业品国际竞争力，改善出口绩效是十分必要的。[2]

（二）外商直接投资对中国制造业国际竞争力的影响

赵果庆建立了外商直接投资对先导工业、主导工业、支柱工业和劣势工业部门的贡献指标体系，分析了外商直接投资对我国工业结构竞争力的影响。结果表明，外商直接投资主要是通过进入我国主导工业群来提升我国工业结构竞争力。但是，由于跨国公司控制了我国的高技术型主导工业，从而导致我国工业结构竞争力"空心化"的潜在风险加大，所以就需要采取有效措施，调整不同工业部门群的外资准入导向，并同时加强我国主导产业的核心竞争力建设。[3]

（三）提升中国制造业国际竞争力的建议

中国企业如何塑造国际竞争力，有人主张，为了避免陷入"比较优势陷阱"，中国政府应该综合运用产业政策和技术政策创造竞争优势。但陈立敏认为，关于比较优势和政府作用的片面理解，将对产业竞争力的塑

---

[1] 毛日昇：《中国制造业贸易竞争力及其决定因素分析》，载《管理世界》2006 年第 8 期。
[2] 范爱军、林琳：《中国工业品的国际竞争力》，载《世界经济》2006 年第 11 期。
[3] 赵果庆：《跨国公司对我国工业结构竞争力的影响研究》，载《财贸经济》2006 年第 6 期。

造和国家产业政策的制定形成危险的错误导向。他通过对我国激光视盘播放机工业的发展经验进行研究说明,技术相对落后国家的企业要在开放市场条件下获得竞争优势,特别需要充分利用自己现阶段具备的与自然资源和劳动力等方面有关的比较优势。中国 DVD 工业目前被征收专利费的处境清楚地表明,即使是新科等领头企业现在也不能定义自己的核心竞争力为技术能力和产品持续创新能力,所以需要进一步发挥比较优势来打造竞争优势。创造一个自由、开放和充分竞争的环境,让遵循客观规律的企业获得强大的自生能力,则是各国政府在塑造本国产业竞争优势方面需要发挥的首要作用。①余为丽等也认为,政府只能以间接的方式营造良好的内外部环境,而行业协会则需要直接对企业进行管理和服务以维持产业的良性运转,进出口商会应加强"商会外交"作用,主动应对国外的贸易保护主义。②

三、制造业的发展

(一)制造业全要素生产率增长评价

涂正革等认为,经济持续增长的基础是生产效率的提高。他们运用增长核算法系统地研究了中国大中型工业企业 1995~2002 年 37 个工业行业的全要素生产率增长趋势。研究发现:第一,全要素生产率增长逐渐成为经济增长的主要源泉,这表明中国大中型企业的增长是可持续的;第二,全要素生产率的提高与资本深化紧密相关,工业产出高速增长的同时,伴随着资本增长放缓及从业人数的绝对减少;第三,开放程度高、竞争激烈的行业的全要素生产率增长速度更快,而高垄断、开放程度低的行业的全要素生产率增长缓慢,甚至出现了下降的现象。③

为了进一步探求中国大中型工业企业全要素生产率增长的源泉,涂正革等运用非参数生产前沿方法,将中国大中型工业企业 38 个行业的劳动

---

① 陈立敏:《企业能力、产业竞争力、比较优势与政府作用——也论中国激光视盘播放机工业的发展启示》,载《财贸经济》2006 年第 3 期。
② 余为丽、王治:《纺织业发展的路径依赖与战略选择》,载《改革》2006 年第 2 期。
③ 涂正革、肖耿:《中国经济的高增长能否持续:基于企业生产率动态变化的分析》,载《世界经济》2006 年第 2 期。

生产率的增长分解为资本深化、技术进步和技术效率改进三个成分。分析结果表明：第一，1996~2002年大中型工业企业劳动生产率的年均增长速度为15.9%，并呈逐年上升的趋势；第二，资本深化（人均固定资产净值）对劳动生产率增长的贡献平均每年为12.9个百分点，但呈下降趋势，从1996年的23.2%下降到2002年的6.9%；第三，技术进步对劳动生产率增长的贡献平均每年为7个百分点，总体低于资本深化的贡献，但技术进步上升势头强劲，对劳动生产率增长的贡献在2001年和2002年分别达到19.8%和29%，显著高于同期资本深化的贡献；第四，行业间技术效率差距拉大导致整体工业劳动生产率平均每年下降4个百分点，2001年、2002年的下降幅度更分别达到14%和16.8%。这些实证研究结果显示：中国工业劳动生产率的增长，至少在大中型企业这个层面，已经由转轨初期的单一资本扩张驱动模式，开始转向以技术进步为主和资本深化为辅的多引擎推动模式，即由粗放型向集约型增长模式转变。而且，中国大中型工业企业增长方式转变发生在1999年。[①]

王争等利用省级面板数据研究转型过程中中国地区工业生产绩效的动态表现时将全要素生产率增长分解为四个因素的变化。结果发现：（1）自1988年以来各地区工业部门的全要素生产率的增长率都出现了增长的趋势，其首要推动力在于技术进步率的不断提高；（2）与此同时，技术效率和要素配置效率出现了恶化，而规模效率则从恶化走向了改善；（3）20世纪90年代末的国企改革对各地区的工业生产绩效的构成造成了普遍的冲击，而民营化程度较高的东部地区受到的冲击最小；（4）通过分析绩效差异的源泉，他们进一步确认20世纪90年代末国企改革的制度性冲击促成了工业规模效率的提高，却导致了要素配置效率的短期下降，而劳动力教育水平和非国有经济比重的提高，则促进了工业技术进步、改善配置效率。[②]

吴丹等运用基于数据包络分析的Malmquist生产率指数对我国制造业各行业全要素生产率、技术效率和技术进步进行了测算，发现产业的技术密集度越高，技术进步、技术效率和全要素生产率指数增长越高。在对具有较高研发密度的高技术产业中的各种研发活动的作用进行考察后发现，企业内部的研发会提高技术进步的速度，而公共研发则通过技术进步对高

[①] 涂正革、肖耿：《中国工业增长模式的转变——大中型企业劳动生产率的非参数前沿动态分析》，载《管理世界》2006年第10期。
[②] 王争、郑京海、史晋川：《中国地区工业生产绩效：结构差异、制度冲击及动态表现》，载《经济研究》2006年第11期。

技术产业的要素生产率提高产生了积极的影响。与通常的分析结论相反，她们的研究表明，外商直接投资只对技术效率的提高产生了影响，而没有带来显著的技术扩散效应。①

(二) 制造业的具体行业发展状况评价

白雪洁等利用数据包络分析法对我国汽车行业中的12家主要轿车生产企业2001～2004年的生产经营效率进行了总体分析和评价，并利用Malquist生产力指数对这些企业的效率变动进行了分析。研究结果显示：中国主要轿车企业的生产经营效率在总体上呈现逐年提高的态势；动态效率分析的结果表明中国轿车行业总体上还处在依靠规模扩张的量的增长阶段，行业技术进步对效率提升的作用很微弱。这也就意味着，要从根本上提高中国轿车行业的生产经营效率，必须推进行业技术进步，提高技术对全要素生产率改善的贡献率。②

王燕梅利用机床行业统计数据，通过估计生产函数的参数计算了机床行业的全要素生产率。她的分析表明，1998年以来，中国机床工业的高速增长伴随着很高的全要素生产率的贡献率。但是，全要素生产率的贡献率之所以会很高，主要是因为要素利用率的提高，而不是因为技术进步较快。而中国机床行业技术进步速度不快的主要原因是，机床行业的技术创新、企业制度、规模经济、企业网络和行业外部支持系统等还无法对技术进步提供足够的支持。③

(三) 我国制造业的优化升级

改革开放以来，中国制造业已有多年为跨国购买商和生产商"贴牌"或"代工"生产的经历，积累了丰富的经验并提升了生产技能，但整体上仍然处于"微笑曲线"的谷底，获得的只是少量的加工费，利润微薄。中国制造业能否在嵌入全球价值链的基础上，实现产业升级，变"中国制造"

---

① 吴丹、王娅莉：《基于Malmquist生产率指数的R&D投入对制造业影响评价》，载《管理学报》2006年第9期。
② 白雪洁、戴小辉：《基于DEA模型的中国主要轿车企业生产效率分析》，载《财经研究》2006年第10期。
③ 王燕梅：《中国机床工业的高速增长：技术进步及其贡献分析》，载《中国工业经济》2006年第10期。

为"中国创造",赢得更多的利益,是中国经济面临的全局性挑战。张辉认为,在回答如何融入全球分工体系和融入该体系后如何发展这些问题之前,需要对全球价值链的动力机制有一个充分的认识。他指出,全球价值链片断化的驱动类型有生产者、购买者和混合型等三种动力机制。不同驱动模式下产业集聚形成方式、市场竞争规则和升级轨迹都是不一样的。① 黄永明以我国纺织服装企业山东亚光纺织集团和雅戈尔集团的产业升级实践进行案例研究之后指出,在全球价值链视角下,我国外向型企业发展需要注意以下三点:第一,要重视中国企业在全球价值链上的攀升问题;第二,对嵌入全球价值链的企业而言,要依据各自条件,选择适当的升级路径;第三,政府应该为中国企业嵌入并实现在全球价值链上的攀升创造良好的环境。②

刘晓宁分析了承接国际外包业务对我国制造业产业升级的影响。他采用 Feenstra 的模型分析了外包对各参与人的产业升级效应。分析结果表明,在全球制造业转移的大背景下,承接制造业外包业务推动了国内产业的发展,促进了制造业的产业升级。③ 戴宏伟认为,在当前世界经济融合加深、国际产业转移加快的大背景下,我国制造业的发展必须利用国际产业转移规律,加快实施"产业双向转移",在积极、合理承接国外相对先进的产业转移的同时,还要主动加快向国外的产业转移,从"引进来"与"走出去"两方面提高我国制造业结构和水平。④

四、服务业的发展

(一) 服务业的发展状况

1. 服务业全要素生产率的总体增长状况

经济发展的实践表明,产业结构转变的高级阶段是现代服务业成为国

---

① 张辉:《全球价值链动力机制与产业发展战略》,载《中国工业经济》2006 年第 1 期。
② 黄永明、何伟、聂鸣:《全球价值链视角下中国纺织服装企业的升级路径选择》,载《中国工业经济》2006 年第 5 期。
③ 刘晓宁:《承接国际外包对我国的产业升级效用——基于制造业的分析》,载《科技和产业》2006 年第 12 期。
④ 戴宏伟:《产业梯度、产业双向转移与中国制造业发展》,载《经济理论与经济管理》2006 年第 12 期。

民经济的主导产业。当前我国产业结构中存在的一个突出问题是服务业发展滞后,产业结构和就业结构都相对落后。杨向阳等采用非参数 Malmquist 指数方法实证分析了我国服务业全要素生产率的增长状况,并将其分解为技术效率和技术进步。结果表明,1990~2003 年我国服务业全要素生产率的平均增长率为 0.12%,主要原因是技术进步水平的提高,但技术效率下降产生的负面影响也不容忽视。不同时期技术效率和技术进步对我国服务业全要素生产率增长的贡献存在一定差异。同时,东、中、西部地区之间和地区内部服务业全要素生产率的增长也存在显著差异,主要原因是技术进步水平不同。① 顾乃华等借助随机前沿生产函数模型,使用面板数据,分析了我国服务业技术效率的区域差异及其对劳均服务业增加值区域不均衡的影响。研究表明,东、中、西三大区域的服务业技术效率存在显著差异,这加剧了我国服务业区域发展失衡现象。我国各省以及东、中、西三大地区的服务业技术效率之所以不均衡,关键原因在于其市场化进程不一致。②

2. 生产性服务业的发展状况

程大中采用投入—产出分析法,对中国生产性服务业的增长、结构变化及其影响进行了实证分析。研究结果显示:1981 年以来,我国生产性服务业在国民经济中的地位逐步上升,服务业的生产者服务功能逐步显现,但与英美等国相比,我国生产性服务业总产值占国民生产总值比重偏低;我国服务业及其有关分部门与国民经济其他产业部门的前后向关联效应相对较弱,这说明我国服务业的增长不仅不能对国民经济产生应有的带动作用,而且其本身受其他部门的需求拉动作用也不大。③ 顾乃华等以我国 31 个省份 2000~2002 年间的面板数据为基础,运用数据包络分析法实证研究了我国生产性服务业发展与制造业竞争力之间的关系。他们指出,在我国经济转型时期,发展生产性服务业有利于提升制造业的竞争力;相对于中部和西部地区而言,东部地区的生产性服务业发挥的作用最充分;与交通运输仓储及邮电通讯业、科学研究和综合技术服务业相比较,金融

---

① 杨向阳、徐翔:《中国服务业全要素生产率增长的实证分析》,载《经济学家》2006 年第 3 期。
② 顾乃华、李江帆:《中国服务业技术效率区域差异的实证分析》,载《经济研究》2006 年第 1 期。
③ 程大中:《中国生产者服务业的增长、结构变化及其影响——基于投入—产出法的分析》,载《财贸经济》2006 年第 10 期。

第六章 产业结构与产业政策问题讨论综述

保险业最能发挥提升制造业竞争力的功能。①

（二）推动服务业发展的思路

1. 影响服务业发展的主要因素

郭文杰从经济发展和结构转变的角度对 1978～2004 年我国的相关数据进行的计量分析结果表明：城市化是推动服务业发展的重要动力，服务业发展是经济发展水平提高的必然结果。② 不过，陈凯的研究表明，影响服务业发展的各种因素对服务业内部的不同部门的影响是一样的。我国城市化水平的提高对服务业中的流通部门、为提高科学文化水平和居民素质服务的部门以及为社会公共需要服务的部门等三个部门的发展有较强的带动作用，而对为生产和生活服务的部门发展的带动作用就比较弱。市场化水平的提高则有利于为生产和社会服务的部门比重的提高，并降低为社会公共需要服务的部门的比重。同时，服务业开放水平和人们的收入水平对流通部门的比重则有负面影响。③

2. 加快服务业发展的建议

李磊等介绍了国内外产业结构变动的趋势，并在详细分析我国服务业的发展特点的基础上，提出了促进我国服务业发展的政策建议：第一，发挥市场在服务业资源配置中的基础性作用；第二，以政策引导拉动居民消费；第三，加快社会事业市场化和产业化改革；第四，扶持新兴服务业的发展；第五，注重服务业专业人才的培养；第六，发挥中心城市的服务功能。④

金碚等认为，我国生产性服务业发展主要存在以下一些瓶颈：第一，改革步伐缓慢，市场化程度较低，缺乏发展动力；第二，工业生产方式落后，生产性服务需求不足；第三，外资制造业与本地生产性服务业关联程度较低；第四，工业布局相对分散，城市化相对滞后，生产性服务业没有形成有效集聚；第五，缺乏有效的区域分工和协作机制；第六，生产性服

---

① 顾乃华、毕斗斗、任旺兵：《中国转型期生产性服务业发展与制造业竞争力关系研究——基于面板数据的实证分析》，载《中国工业经济》2006 年第 9 期。
② 郭文杰：《服务业增长、城市化与经济发展——改革开放后中国数据的经验研究》，载《当代经济科学》2006 年第 9 期。
③ 陈凯：《中国服务业内部结构变动的影响因素分析》，载《财贸经济》2006 年第 10 期。
④ 李磊、赵旭：《我国第三产业发展的特点分析》，载《经济学动态》2006 年第 12 期。

务业发展还存在一定的政策性歧视。为了促进我国生产性服务业快速发展，他们建议：（1）消除制约服务业发展的体制性障碍，积极引入和强化市场竞争；（2）加大政策支持力度，强化专业化服务企业的分工；（3）加强产业关联，构建生产性服务业与制造业的互补发展机制；（4）推进生产性服务业自主创新，塑造核心竞争力；（5）优化产业布局，大力推进生产性服务业的集聚式发展；（6）加强区域协调，构建只能划分合理、比较优势突出的层级区域分工格局。①

五、房地产业的发展

（一）房地产市场是否存在泡沫

梁云芳等对1998年第1季度到2005年第三季度的相关数据进行计量分析，结果表明：我国房地产市场价格的偏离确实受到了部分地区的影响，即存在"局部泡沫"。而且房地产市场与宏观经济之间的互动关系有一个结构性的变化。由于利率缺乏弹性，通过利率来调控房地产市场，可能很难取得成效。但是，信贷规模的变化对房地产投资有较大的影响。由于房地产投资对经济增长具有长期影响，而且对相关行业的拉动作用也比较大，所以在利用信贷规模的调整来调控房地产市场时，必须谨慎考虑其整体影响。② 杨永华认为，由于我国房价和房价收入比的地区差异都非常大，所以不能把长江三角洲地区房地产市场可能存在泡沫的现象夸大为全国所有地区都存在泡沫。③

（二）导致房地产价格快速上涨的主要因素

1. 土地储备制度

杜超等以武汉市的地价房价变化情况为基础，实证分析了土地储备制

---

① 吕政、刘勇、王钦：《中国生产性服务业发展的战略选择——基于产业互动的研究视角》，载《中国工业经济》2006年第8期。
② 梁云芳、高铁梅、贺书平：《房地产市场与国民经济协调发展的实证分析》，载《中国社会科学》2006年第3期。
③ 杨永华：《论房价和房价收入比》，载《经济学家》2006年第2期。

度对房地产市场的影响。他们认为，与过去以协议出让为主的方式相比，土地储备制度有利于规范土地市场行为、凸现土地资源价值，使土地的真实价值得到了完全的体现，不仅能使政府获得绝对地租，而且能使政府获得以前由开发商赚取的因土地区位差别和投入差别所产生的土地增值收益。但是，在土地储备制度实行后，地方政府片面强调土地储备作为城市建设资金的一种来源的功能，而忽视土地储备作为改进居民住房条件，增加社会总福利的功能。于是，土地储备制度成了地方政府"与民夺利"的基础。这使政府形象受到损害，居民生活成本急剧上升，社会总福利大幅度下降。① 与杜超等的观点不同，冯邦彦等运用格兰杰因果关系检验方法对1998～2005年间的"普通住宅销售价格指数"和"普通住宅用地交易价格指数"的季度数据进行实证分析，得到了房价上涨拉动地价的结论。② 严金海的研究结果也表明，在短期内房价决定地价，但在长期内两者相互影响。他同时指出，与协议出让方式相比，土地储备制度下的"招拍挂"出让通过土地市场的买方竞争、降低房地产增量市场的垄断性，在显化土地价格的同时，降低了地价对房价的影响程度。③

2. 金融支持程度

房地产是资金密集型产业，其供给和需求都离不开金融支持。恰当的金融支持能推动房地产业健康发展，但是过度的金融支持却很可能会导致房地产泡沫的形成。周京奎在房地产市场局部均衡的框架下，探讨了金融过度支持与房地产泡沫生成与演化的过程，提出了金融过度支持假说。他认为，如果房地产开发商和置业者都可以从银行取得贷款，当房地产市场存在群体投机行为时，房地产价格将高于基础价格形成泡沫，而且随着金融支持力度的增加，泡沫会不断膨胀。此时，如果房地产借款者违约行为迅速蔓延，房地产泡沫将随之破灭，并有引发金融危机的风险。对我国房地产金融支持程度的实证分析表明，从全国整体来看已经出现了金融支持过度现象，并且成为导致房价大幅上涨的主要因素。④ 梁云芳等的分析也

---

① 杜超、卢新海：《从城市地价变化看土地储备对房地产市场的影响——以武汉市为例》，载《特区经济》2006年第4期。
② 冯邦彦、刘明：《我国房价与地价关系的实证研究》，载《统计与决策》2006年第2期。
③ 严金海：《中国的房价与地价：理论、实证和政策分析》，载《数量经济技术经济研究》2006年第1期。
④ 周京奎：《房地产泡沫生成与演化——基于金融支持过度假说的一种解释》，载《财贸经济》2006年第5期。

支持这一观点。她们的研究结果表明，与其他因素相比，资本的可获得性对住宅价格的波动具有更强的影响。①

3. 人民币升值

由于房地产市场运行受货币供应状况的影响，所以开放经济条件下，可能会影响到货币供应量的汇率冲击与房地产泡沫之间的关系。高波等认为，人民币升值预期诱使国际资本大规模流入中国房地产市场，而人民币升值压力的货币化又致使货币供应量增加，这确实加剧了房地产泡沫。②

4. 房地产市场结构

李宏瑾等强调了房地产市场结构对房价上涨的作用。他们认为，由于我国政府对房地产企业的管理实行严格的行业准入制度，市场的进入壁垒也相当高，所以我国房地产市场垄断程度相当高。在这样的不完全市场结构下，作为市场供给方的房地产企业必然无法满足居民的实际需求，房价持续上升就是很自然的结果了。③

（三）房地产业中的金融风险

全国工商联不动产商会房地产金融课题组通过对房地产业中资金循环的购房者环节、房地产开发企业环节和为房地产业提供贷款的金融机构环节这三个环节以及影响房地产金融风险的宏观经济因素和制度因素的分析，研究了存在于我国房地产业中的宏观金融风险。通过与国际经验的比较，发现存在于我国房地产业中宏观金融风险主要集中在开发企业环节，不过仍处在比较合理的范围之内。④ 张晓晶等的研究则表明，本轮房地产周期对金融稳定的影响主要体现在房地产信贷风险暴露、政府担保风险以及长存短贷的期限错配风险等三个方面。⑤

---

① 梁云芳、高铁梅：《我国商品住宅销售价格波动成因的实证分析》，载《管理世界》2006年第8期。
② 高波、毛中根：《汇率冲击与房地产泡沫演化：国际经验及中国的政策取向》，载《经济理论与经济管理》2006年第7期。
③ 李宏瑾、徐爽：《供给刚性、市场结构与金融——关于房价的 Carey（1990）模型扩展》，载《财经问题研究》2006年第8期。
④ 全国工商联不动产商会房地产金融课题组：《我国房地产宏观金融风险研究》，载《财贸经济》2006年第5期。
⑤ 张晓晶、孙涛：《中国房地产周期与金融稳定》，载《经济研究》2006年第1期。

六、文化产业的发展

(一) 我国文化产业竞争力评价

随着经济的不断发展,文化也在以前所未有的影响力和亲合力逐步渗透进整个经济社会和大众生活。经济、社会和文化的不断互动和融合,使得经济文化化和文化经济化逐渐凸现为社会经济发展的新特征,从而使文化产品和服务有了更广阔的市场前景。而以数字化、网络化和多媒体化为代表的信息革命,则带来了崭新的文化产品形态——数字文化产品、网络文化产品和多媒体文化产品。传播文化的新媒体、新载体的出现,以及以高科技为支持的信息生产和复制技术,使得文化产品和服务的产业化成为现实,文化产业应运而生。文化产业竞争力已逐渐成为国家竞争力的重要组成部分。赵彦云等从7个维度对中国各省市的文化产业竞争力进行了综合评价,分析结果表明,中国各省市文化产业的竞争力表现为四个梯队的水平分布格局。上海、广东、浙江和北京为竞争力最强的第一梯队,但多数省市的文化产业竞争力并不均衡。竞争力优势分布呈两极分化的态势,广东、浙江等第一梯队的省市基本上集中了大部分优势要素,而另外一些文化产业竞争力较弱的省份则集中了大部分劣势要素。他们指出,提升我国文化产业竞争力的主要途径是:注重培养高素质的文化经营队伍;大力发展公共类和艺术类文化产业;强化行业协会的协调管理作用;推进管理体制改革;培育大型文化企业集团。[①]

(二) 文化产业与经济增长方式转变

厉无畏等介绍了文化产业的概念和内涵,并分析了文化产业促进经济增长方式转变的机理、模式和路径。他们指出,文化产业是一个以发挥个人创造力和保障知识产权为基础的产业,其核心构成元素为:以创意为产

---

① 赵彦云、余毅、马文涛:《中国文化产业竞争力评价和分析》,载《中国人民大学学报》2006年第4期。

品内容、利用符号意义创造产品价值、知识产权受到保障。它已经超越一般创意产业的含义，不仅注重文化的经济化，更注重产业的文化化，更多地强调文化产业与第一产业、第二产业、第三产业的融合和渗透。就促进经济增长方式转变而言，文化产业在积极开发知识与信息的同时，将大量符号与象征元素（如品牌等）运用在产品的生产与消费过程中，让产品成为文化意义的承载者，其积极意义在于文化产业所提倡的通过消费推动经济增长方式转型的新模式，在于它是一种集约型增长的发展新理念。它可以通过资源转化、价值提升和结构优化三种方式来促进增长方式转型。他们认为，文化产业促进经济增长方式转变的路径和对策主要是：第一，构建文化生态，缔造全景产业链；第二，激发消费欲望，培育新型产业群；第三，融入城市发展，提升区域竞争力。[①]

（三）文化资源产业的开发思路

吕庆华指出，文化资源产业开发的实际生产力的形成必须依靠投资，其投资具有以创意和无形资产为重点、投资延伸链长、讲究经济与社会效益相统一等特质。从传统以企业为中心的投资价值链思维向以客户为中心的现代投资价值链思维转变，是文化产业开发投资获得成功的前提，其作为文化资源产业开发的现代投资思维模式的思想基础是具有现实性和可操作性的顾客价值管理理论。[②]

七、产业结构升级

（一）区域产业结构的优化升级

1. 西部欠发达地区产业结构的优化升级

聂元贞等指出，我国西部省区当前的进出口模式与产业结构的关系存

[①] 厉无畏、王慧敏：《文化产业促进经济增长方式转变——机理·模式·路径》，载《中国工业经济》2006年第11期。
[②] 吕庆华：《文化资源产业开发及其运作模式》，载《改革》2006年第3期。

在两方面的重大缺陷：一方面，现有产业结构与自然资源禀赋高度相关，产业链条短，没有形成真正体现比较优势的产业结构；另一方面，现有的进出口贸易模式既不完全适合当地经济发展的实际需要，也不利于基于比较优势的产业结构的形成。由于在开放经济条件下，贸易模式与产业结构之间存在着以比较优势原则为基础的互动关系，所以结合西部地区现有贸易模式存在的问题，应该建立起具有以下特征的有利于基于地区比较优势的核心产业的形成和成长的目标贸易模式：一是贸易规模要与经济发展的实际需要相适应，尤其要扩大以国外先进设备和技术为核心的资本品进口，以便为有色金属深加工和精加工工业体系的建立提供必要的设备和技术；二是从促进基于比较优势的产业结构形成角度看，目标贸易模式中的产品结构特点是进口贸易以资本和技术产品为主，而出口贸易则以资源深加工和精加工产品为主；三是从经济发展的实际需要出发，贸易收支是否平衡不应成为这种贸易模式追求的主要目标。[①] 曹阳认为，欠发达地区的发展需要以差异化的特色产业为依托。由于存在缺乏统一规划、资金投入不足、支持服务体系不健全等政府职能不到位的问题和产业链条偏短、配套能力差、营销能力薄弱等市场缺陷，阻碍了欠发达地区特色产业的发展。因此，欠发达地区特色产业的发展，需要发挥市场的基础性作用，重视政府的引导和推动作用。[②]

2. "中部崛起"中的产业选择与城市化发展

陈甬军等认为，导致"中部塌陷"的主要原因是生产要素禀赋与主导产业选择的差异，形成了中部与东部地区不同的资本积累及工业化、城市化演进机制，进而导致了中部与东部地区经济发展水平的差别。因此，必须选择合适的主导产业，打破现有的经济运行机制，形成良性循环的工业化与城市化演进机制，才能推动中部地区崛起。为了推动"中部崛起"，在主导产业选择上，中部地区应该大力发展产业技术含量相对较高的技术劳动力密集型产业、知识劳动力密集型产业等；在产业组织方式选择上，产业组织方式主要采取产业集聚模式，加强产业之间的联系，将具有相互关联的同一类企业及辅助企业在空间上集中起来，实现资源和信息

[①] 聂元贞、孟燕红：《中国西部地区贸易模式转型与产业结构升级》，载《财贸经济》2006年第8期。

[②] 曹阳：《欠发达地区特色产业发展：市场基础与政府作用》，载《改革》2006年第10期。

共享，延伸产业链条；在产业增长方式选择上，资源型产业以及资源加工型产业在未来一段时期内仍然是中部地区的重要产业，要解决人口、资源与环境之间的矛盾，实现可持续发展的目标，就必须选择集约型经济增长方式。①

（二）外商直接投资对产业结构升级的影响

裴长洪认为，改革开放以来，伴随着外商直接投资流入而带来的先进技术和现代化管理知识及其产生的溢出效应，促进了我国工业部门的技术进步和劳动生产率的提高，直接推动了产业结构的优化升级，从而成为我国产业结构转变的重要影响因素。同时，在外商直接投资的推动下，我国出口产品结构也发生了很大变化。但是，外商直接投资在推动我国产业结构优化升级中也产生了一些负面影响。这一方面表现在我国企业对外商直接投资的技术溢出产生了依赖性，自主创新精神受到影响，自主知识产权和自主品牌的增加不是很快；另一方面表现在我国企业引进技术的消化吸收不理想。为了在新的竞争环境下加快产业结构优化升级的步伐，就需要做好以下工作：第一，正确认识和处理引进技术和自主创新的关系，在扩大外资利用中提高技术吸收与创新能力；第二，抓住国际直接投资和产业跨国转移的新机遇，进一步优化吸收外资的产业结构；第三，进一步推进服务领域对外开放，促进服务业吸收外资和发展；第四，改变外资企业普遍优惠制的政策，实行能促进产业结构优化升级的差别化的税收优惠政策。②

农业产品结构的调整和优化是实现传统农业向现代农业转变的必由之路。李泳从需求和供给两个方面对农业利用外商直接投资促进农业产业结构的演化进行了理论和实证分析。从供给角度进行的实证分析表明，农业外商直接投资与农、林、牧、渔产业结构的优化具有密切关系。同时，它与农作物种植结构的改善也有显著的相关性。从需求角度展开的实证分析显示，农业外商直接投资对农产品贸易组织的推动效应十分显著，对农产

---

① 陈甬军、景普秋：《"中部崛起"中的产业选择与城市化发展》，载《财贸经济》2006年第10期。

② 裴长洪：《吸收外商直接投资与产业结构优化升级——"十一五"时期利用外资政策目标的思考》，载《中国工业经济》2006年第1期。

品出口结构的改善效应也很明显。①

(三) 产业结构升级的路径

对于产业升级路径的分析,既可以从产业结构梯度转移、产业组织、政府政策激励等宏观视角来展开,也可以从产业集聚的内部微观结构和产业集聚中关联企业的相互行为等角度来展开。张杰等以江苏戴南不锈钢制品产业集聚为例,实证分析了核心企业领导型企业网络对地方产业集聚升级的重要性及其推动作用。他们指出,地方产业集聚的转化和升级是组织架构、外向关联度、社会资本和企业家创新精神的协同转化过程。②

梁琦等以长三角制造业为对象,利用长三角地区 16 个城市 1998~2003 年间的相关数据实证分析了地方专业化、技术进步和产业升级的关系。研究结果表明:地方专业化能促进产业从劳动密集型向资本密集型升级,推动技术进步;地方专业化行业的技术进步增长率和技术对经济的贡献率都明显高于非地方专业化行业,地方专业化有弱化垄断而强化竞争的倾向。③

---

① 李泳:《国际直接投资与中国农业产业结构升级》,载《中国农村经济》2006 年第 5 期。
② 张杰、刘东:《我国地方产业集聚的升级路径:基于组织分工架构的一个初步分析》,载《中国工业经济》2006 年第 5 期。
③ 梁琦、詹亦军:《地方专业化、技术进步和产业升级:来自长三角的证据》,载《经济理论与经济管理》2006 年第 1 期。

第七章 区域经济发展问题讨论综述

一、2006年区域经济发展研究的新特点

与2005年相比，2006年中国区域经济发展问题的研究表现出如下新的特点：

第一，在研究内容上，理论界的研究开始更多地关注以下问题：(1) 区域经济的资源与可持续发展问题逐渐受到重视，这主要是由于当前可持续发展和绿色GDP的理念受到重视，学者普遍认识到区域经济的发展受到资源约束的程度逐渐提高。(2) 区域经济的收敛性问题开始受到关注。(3) 区域金融环境问题受关注的程度提高，金融在现代经济体系中具有重要地位，区域经济的发展与投融资活动关系密切，所以金融环境与区域经济的关系必然受到重视。(4) 区域经济发展中的产业问题的研究显著增加，随着区域间的合作不断加深，以产业链为纽带的区域产业集聚和转移日益深化。

第二，在研究方法上，在继续了一贯的实证研究和经验研究的基础上，2006年的有关研究比较重视比较研究的方法，如通过比较研究发现不同地区在经济发展中的比较优势，探寻未来发展路径。

第三，在研究视角上，2006年的研究有进一步的拓展，如以往对区域经济发展差距的认识主要是选择某一特定阶段、选取以GDP为主要指标来量化分析区域经济发展的差距，缺乏比较静态分析和动态分析，2006年相关研究的动态特征显著，更侧重于在不同的时间跨度和发展趋势中把握区域经济发展差距的问题。

二、区域经济的横向比较

(一) 自然资源的比较

1. 对"资源诅咒"假说的中国验证

"资源诅咒"是发展经济学的一个著名假说,即自然资源丰富的地区经济发展速度却低于自然资源欠丰富的地区,这一假说在国别比较中屡屡得到验证。徐康宁等以中国的省际面板数据为样本,对这一假说在中国内部进行了实证检验,计量结果显示,该命题在我国内部的地区层面同样成立。从中国整体来看,自然资源与经济发展呈同步上升的趋势,自然资源支持了中国经济的高速增长,从内部各省区来看,1995~2003 年的省级面板数据显示出自然资源丰富的山西、辽宁、黑龙江等地的经济增长率低于全国平均水平,而自然资源贫乏的福建、广东、浙江等地,经济增长率位居全国前列,对此计量分析的结果表明资源通过资本转移渠道排挤制造业和技术产业,从而制约经济增长。这就可以解释像山西这样的资源丰富的地区虽然自然资源丰富却没有转化为本地区的经济增长。①

2. 耕地保有量的省际差异

在众多自然资源中,土地资源是生产性活动不可或缺的自然资源,具有供给有限的特性,所以供给弹性几乎为零。对农业生产而言,农耕用地具有保障农作物生长的自然肥力,中国幅员辽阔,地跨多个气候带,各地区的气候情况、土地质量和耕地利用方式差异较大,各地区的耕地综合生产力不同,所以耕地保有量也存在诸多差别。张效军等认为影响区域耕地保有量的因素主要有区域耕地综合生产力、人口、消费水平和粮食自给率,在对这些影响因素的分析基础上,计算并预测了 2002 年和 2010 年全国及各个省区市的耕地最低保有量和耕地赤字/盈余。结果发现,在确定

---

① 徐康宁、王剑:《自然资源丰裕程度与经济发展水平关系的研究》,载《经济研究》2006 年第 1 期。

区域最低耕地保有量时，只有吉林、黑龙江、安徽、云南、西藏和新疆在400千克、450千克和500千克粮食消费标准条件以及95%、90%的自给率水平下都有耕地盈余；北京、天津、上海、浙江、福建、广东和青海无论在哪种情况下都存在耕地赤字；其余省、自治区和直辖市在不同生活标准和自给率水平下情况不同。随着人口和消费的增加，现有的耕地保有量已经不足以保障人口对粮食的消费。为缓解耕地紧张压力，必须通过技术手段提高耕地的综合生产力，拓展可耕地的面积，同时合理规划土地用途，保护耕地，限制和禁止建设占用耕地，尤其是占用优质农田。[1]

（二）区域经济发展的比较

黄泰岩等对东北地区、长三角地区、珠三角地区和京津冀地区从六个不同的角度进行了综合比较研究。研究发现，从企业竞争力来看，东北地区的大企业分布数量最低，民营企业在区内分布不均衡，且总体经济实力仍有待提高，这表明东北地区的企业竞争力总体较弱，不符合当前以重化工业为主要特征的工业化发展趋势；从装备制造业竞争力来看，来自中国制造业五百强的数据表明，新中国成立初期具有优势的东北地区已经被其他地区赶超；从利用外资来看，2003年全球500家大跨国公司中共有252家在中国内地设立子公司，其中进入上述四个地区的跨国公司子公司有429家，但主要分布在长三角和京津冀，东北三省也远远落后于珠三角；从城市经济、县域经济实力来看，全国15个城市群排名中，长三角、珠三角、京津冀位列综合排名三甲，东北地区的辽中南、哈尔滨、长春三个城市群综合排名分别为第5、12、14位；从金融环境看，东北地区的金融环境远低于其他三个地区，比如只有3家商业银行进入标准普尔最新公布的2005年中国50家大商业银行；从软环境来看，在社会环境、人文环境、经营环境以及创新环境等诸多方面，东北地区的实力最弱，其他三个地区各有优势。[2]

区域经济增长取决于区域特有的创新模式。张一力综合比较温州、西安和深圳三地的情况，认为创新模式的差异主要由人力资本结构决定，按

---

[1] 张效军、欧名豪、李景刚、刘宏鲲：《中国区域耕地赤字/盈余预测》，载《经济学家》2006年第3期。
[2] 黄泰岩、窦乐、杨洪波：《从经济区域比较看东北经济的振兴》，载《经济理论与经济管理》2006年第8期。

照其功能，人力资本可以分为企业家人力资本和专业人力资本，而区域制度创新主要依靠企业家人力资本，区域技术创新主要依靠专业人力资本。据此区域创新模式表现为企业家人力资本集中的制度创新密集模式、专业人力资本集中的技术创新密集模式、双密集模式和创新双陷阱等四种类型。研究发现温州是典型的制度创新密集模式，企业家推动了区域经济的腾飞，而技术创新方面有所欠缺，西安在科研技术方面优势明显，但企业家资源严重稀缺，制度创新能力弱，深圳走了一条制度创新和技术创新并举的发展道路。从三地经济发展的现实来看，要使区域创新模式升级，最关键的是要改善区域人力资本结构，并向双高型区域人力资本模式演化。[1]

（三）发展外向型经济的比较

谢健从区域经济国际化的角度比较了区域经济发展的前沿性代表——苏南模式、温州模式和珠三角模式。研究发现，珠三角地区最早走上国际化道路，从加工贸易到现在的"走出去"与"引进来"相结合；苏南地区继而也实施了加工贸易和"引进来"为主的国际化战略，而温州地区却是一种内源型的发展模式，可见前两者的国际化程度都比后者高。但从区域经济国际化的实践效果来，温州地区的出口要高于进口，外贸依存度低，贸易对 GDP 的贡献更大。从区域经济国际化的特征来看，三地区在经济国际化的宏观背景、微观基础、体制上的推动力和发展路径选择上都存在着或多或少的差别。[2]

伴随着中国经济的高速发展，我国港口建设也进入了高速成长期。庞瑞芝利用数据包络分析法（DEA）对我国 50 家主要沿海港口 1999～2002 年的经营效率进行总体分析与评价。通过比较分析我国各主要港口的规模效率、技术效率和各区域港口效率，并利用 Malmquist 生产率指数对我国沿海港口的动态效率评价的研究发现，各地区港口的效率存在一定差异，总体上看，环渤海和江浙及长三角地区沿海港口的总体经营效率较高，福建和广东地区沿海港口的经营效率相对较低。广西和海南地区港口的纯技

---

[1] 张一力：《人力资本结构与区域创新模式——基于温州、西安、深圳的实证比较》，载《经济社会体制比较》2006 年第 3 期。

[2] 谢健：《区域经济国际化：珠三角模式、苏南模式、温州模式的比较》，载《经济理论与经济管理》2006 年第 10 期。

术效率相比较高,而规模效率在四个区域中最差。各港口之间必须加强互相的协作和与外部系统的协调才能从根本上提高港口经营效率。[①]

(四) 劳动力权益保障的比较

长三角和珠三角虽然同属于东部的经济发达地区,但在劳动力的工资福利、权益保障、人身安全以及外部环境等方面,两地差异显著。通过比较分析两地外来工人的基本状况,万向东等发现珠三角外来工人的状况远不如长三角。原因有二:一是人力资本结构的差异。长三角的人力资本(包括年龄、受教育程度等)总体上比珠三角更有优势。二是由企业结构等因素造成的制度性差异。珠三角企业大多是依靠早期港台企业带动而发展起来的中小企业,处理劳资关系的基本模式是"市场型",对外来劳动力的权益保障不足,而长三角的企业主要由后来的欧美外资、国有企业、乡镇企业组成,企业规模较大,处理劳资关系的模式是"人情型"和"法治型",对外来劳动力的权益保障比较充分。[②]

三、区域经济发展的差距

(一) 区域经济发展差距的再认识

1. 区域经济差异的长期波动

管卫华等人对中国 1953～2002 年区域经济发展差异波动进行了分析。研究发现,50 年来中国区域经济差异波动主要以 60 年尺度、17.5 年尺度和趋势为主。从 60 年尺度上看,20 世纪 60～90 年代区域间经济发展水平的差距呈缩小的趋势,而 90 年代以后却在逐渐扩大;从 20 年左右尺度上看,区域间经济发展水平的差距自 1984 年以后逐渐扩大,但差距不显著;从更小的尺度上看,区域间经济发展水平的差距有一定的波动性。可

---

① 庞瑞芝:《我国主要沿海港口的动态效率评价》,载《经济研究》2006 年第 6 期。
② 万向东、刘林平、张永宏:《工资福利、权益保障与外部环境——珠三角与长三角外来工的比较研究》,载《管理世界》2006 年第 6 期。

见，在中长期趋势上，改革开放以来的区域间差距在不断扩大。这种侧重于观测动态分析的方法也表明，单一的且不变的区域经济发展政策可能在短期缩小区域差距，但却在长期强化了区域经济发展差距。①

2. 财政税收的区域差距

经济增长是税收增长的基础，区域经济增长的差距导致了区域税收贡献的差别。张伦俊的研究表明，随着各地区经济的高速增长，各地区的税收都有大幅度增长，但是中西部地区的绝对量仍远低于东部地区。通过比较各地区的税收贡献，可以发现东部地区在税收增额的绝对量上与西部地区的差距经历了先增后减的过程，而从边际税负来看，东高、中低，西部地区近年来快速增长，所以东部地区的税收贡献要高于中西部地区。对税收水平的进一步考察也证实了我国发达地区和欠发达地区在税收增长、税收贡献和税负水平方面的差异，一般而言，东部省区市的税收增长规模大、税收贡献比较高、税负水平也比较高，但是值得注意的是，云南、新疆、内蒙古等中西部省区在这三方面也有突出的表现。

3. 对外贸易的区域差距

赵伟等运用 σ、β 收敛和俱乐部收敛理论检验了中国各地区的对外贸易发展差异的收敛性，考察了各地区贸易发展水平的差距。研究表明，1978~2005 年，中国对外贸易发展地区差异不存在 σ 收敛，其中以 1986 年为分界，σ 从收敛区域发散；1978~2005 年，中国对外贸易发展地区差距存在 β 绝对收敛，但收敛速度很小，其中以 1986 年为界，从显著的 β 收敛到显著的发散，对两方面的综合考察表明原本落后的地区有更快的增长率，但发达地区和落后地区之间的绝对差异并未下降。与此同时，中国对外贸易发展出现了一定程度的俱乐部收敛特征。中部地区和西部地区内部对外贸易发展出现了显著的收敛趋势，但东部地区内部不存在收敛趋势。之所以出现这种情况，可以从区域总体经济情况、经济体制和区域自身找到原因。② 严兵等则更为具体地从出口的角度考察了区域出口竞争力的差距。研究构建了 ECI 指数分析各地区的出口竞争力，指数结果表明，

---

① 管卫华、林振山、顾朝林：《中国区域经济发展差异及其原因的多尺度分析》，载《经济研究》2006 年第 7 期。
② 赵伟、何莉：《中国对外贸易发展地区差异的收敛性分析》，载《财贸经济》2006 年第 9 期。

东部地区的出口竞争力最强,历年均为1.55以上,其中最高的广东省历年的指数均在3以上,而西部次之,中部最弱,后两者的竞争力指标连年下降,到2004年分别为0.205和0.177。进一步的实证研究表明,外资企业在东部地区的出口总额中所占的份额连年上升,外资的进入在推动东部地区的外贸竞争力方面具有积极作用,而西部地区的外资在推动地区出口竞争力方面的贡献较弱。[1]

沈能等从金融深化的角度解释了地区国际贸易的发展。研究认为,金融发展有利于区域国际贸易的发展,这种作用是通过对企业利用资金、规模经济以及金融发展对资本积累与技术创新以改善贸易商品结构的影响来实现的,并且金融抑制特别是地方政府干预会扭曲资源配置,同样也会扭曲对外贸易。计量模型的分析表明,中国财政分权体制使得各地区地方政府在不同的时期采取了不同的金融安排,限制了中小企业和出口企业获得信贷的规模,这导致了出口水平下降,同时研究发现非正规金融在鼓励企业对外贸易的发展中有积极作用。综合来看,各地区地方政府不同的目标函数导致了不同的金融安排,而金融因素又进一步导致了各地区在国际贸易发展方面的差距。[2]

4. 工业化进程的区域差距

陈佳贵等人采用第一次经济普查数据,构建了一套地区工业化综合评价体系,从经济发展水平、产业结构、工业结构、就业结构、空间结构等多方面对我国大陆所有省级区域的工业化水平进行评价。研究发现:第一,在2004年这个时间截面上,中国工业化进程体现在不同地区上差异很大,总体上形成一个典型的金字塔型结构(少数地区工业化水平高,大部分地区工业化水平低),并有向橄榄型形状演变的趋势(中国绝大部分省市区将处于工业化中期和后期);第二,从中国地区工业化进程的速度特征来看,1995~2004年中国绝大部分地区都在加速工业化,但东部地区的加速度要远远大于其他地区,中国地区之间工业化进程的差距继续加大;第三,从中国工业化的阶段性表征来看,工业化进程经历了人均收入的持续增长、产业结构变化和工业结构升级等阶段,地区间的差距意味

---

[1] 严兵:《FDI与中国出口竞争力——基于地区差异视角的分析》,载《财贸经济》2006年第8期。

[2] 沈能、刘凤朝、赵建强:《财政分权、金融深化与地区国际贸易发展》,载《财贸经济》2006年第1期。

着中国的全面工业化是一个长期过程。①

5. 服务业发展的区域差距

顾乃华等从供给的角度借助随机前沿生产函数模型，使用面板数据，分析了我国服务业技术效率的区域差异及其对劳均服务业增加值区域不均衡的影响。分析发现，造成我国服务业生产率区域失衡的一个重要原因就在于，各省服务业市场化程度参差不齐所导致的服务业技术效率差异，而东部地区在服务业技术效率方面的优势明显，所以导致了我国服务业劳动生产率区域间的发展差距。②

6. 旅游业发展的区域差距

张梦等通过构建区域旅游业竞争力评价指标体系，运用因子分析法和主成分分析法等经济计量学方法，比较分析了市场竞争力、核心竞争力、基础竞争力和制度竞争力等四大类指标，研究发现旅游资源丰富的西部地区的旅游业竞争力远低于东部地区，而且在各子要素方面，东部地区的指标也高于西部地区。这说明，旅游业的竞争力不仅与旅游资源的数量有关，更与其质量有关。当然，研究也发现，虽然当前地区间的旅游业竞争力差距明显，但是这种差距正在不断缩小，导致差距缩小的原因是核心竞争力的变化。③

敖荣军等通过分析20世纪90年代以来中国区域旅游业发展差异及其变迁，并对这种差异进行了地区分解，发现东中西三大地区间的旅游业发展的差异显著，中西部落后于东部地区。经济计量学的研究结果表明：旅游资源与旅游业发展水平存在一定的相关性，但并不是影响区域旅游业发展的惟一因素，区域基础设施、服务设施以及经济发展水平等也是区域旅游业发展差异的主要影响因素。中西部地区旅游业的较快增长缩小了全国区域旅游收入的相对差异，然而旅游业发展水平仍没有达到与其旅游资源相称的程度。④

---

① 陈佳贵、黄群慧、钟宏武：《中国地区工业化进程的综合评价和特征分析》，载《经济研究》2006年第6期。
② 顾乃华、李江帆：《中国服务业技术效率区域差异的实证分析》，载《经济研究》2006年第1期。
③ 张梦、叶红：《东西部区域旅游业竞争力的比较与评价》，载《财贸经济》2006年第5期。
④ 敖荣军、韦燕生：《中国区域旅游发展差异影响因素研究——来自1990~2003年的经验数据检验》，载《财经研究》2006年第3期。

（二）区域经济发展差距形成原因的新解释

1. 从结构分析角度的新解释

改革开放以来我国地区间的发展水平呈现了区域差距和区域收敛并存的情况，两方面不同力量的综合作用导致了二者并存趋势的形成，这说明我国当前的区域差距是结构性的差距，挖掘其形成原因也需要采用结构性的分析方法。郭庆旺等利用 1978～2004 年间我国区域经济数据，采用趋同核算（Convergence Accounting）分析框架和时变参数模型度量各种因素的贡献，研究发现两方面的因素共同作用导致了当前中国区域经济发展差距的变化趋势，其中，引发我国区域经济差异增大的主要因素按其重要性的先后次序可排列为劳动力市场表现、物质资本投资、人力资本投资、中央财政支出；促使我国区域经济差异缩小的主要因素则是资本边际收益递减和技术扩散引发的趋同效应；同时，地方财政支出对我国区域经济趋同与差异基本上没有影响。[①] 许召元等的研究也表明：基尼系数所度量的地区差距经历了一个先缩小后持续扩大的过程。1978～1990 年期间，现价人均 GDP 计算的基尼系数快速减小，区域差距在缩小；20 世纪 90 年代以来，基尼系数先经历了快速扩大，然后增长速度有所减缓，2000～2004 年，我国的地区差距仍然在持续扩大，但趋势相对平稳；2004 年出现了地区差距缩小的迹象。之所以出现这种趋势是两方面原因造成的：一是不同地区的地理位置、经济环境差别、受教育水平、基础设施水平以及城市化水平等因素加剧了地区经济差距；二是市场经济体制不断完善、要素流动放宽限制以及区域经济一体化程度不断提高等因素提高了地区间经济增长的条件收敛性，限制了区域经济差距进一步扩大。[②]

2. 从要素积累与全要素生产力角度的新解释

影响经济发展差距的关键因素究竟是要素积累差异还是全要素生产率差异，这引起了学界的争论。李静等借鉴增长核算的分析框架估计中国各省份 TFP，对省际劳均产出进行了不同形式的方差分解，并对 a 不同取值

---

① 郭庆旺、贾俊雪：《中国区域经济趋同与差异的因素贡献分析》，载《财贸经济》2006 年第 2 期。

② 许召元、李善同：《近年来中国地区差距的变化趋势》，载《经济研究》2006 年第 7 期。

进行了敏感性检验，计量分析的结果显示：不论采用哪种分解方式，TFP 的差距都是解释中国地区差距最主要的因素，特别是在取不同的 a 值时，TFP 的作用仍很稳健，即使特定条件下表明 TFP 的作用已经让位于要素投入，但包含着 TFP 与要素投入的相互作用的交叉项仍然能够说明 TFP 在解释地区差距中的决定性作用。这意味着我国地区之间经济发展差距的根本性原因不在于各种要素的积累量的差异，而关键在于各地区要素的生产效率存在着差距，其政策含义是缩小地区差距的最重要手段是提高全要素生产率。[①]

傅晓霞等不赞同这种分析，指出李静等采用的核算方法和资本弹性设定都不符合中国经济增长现实，从而高估了全要素生产率的作用。她们在详细探讨资本产出弹性的基础上，发现修正索洛法会高估全要素生产率的作用，进而决定采用索洛余值法对中国改革开放以来的经济增长进行核算，并以此对地区差异进行了方差分析。结果表明，虽然全要素生产率对区域经济差距的作用在不断增大，但要素投入和全要素生产率对地区差距的贡献分别为 60%~75% 和 25%~30%，资本等生产要素的差异仍是造成中国地区发展不均衡的主要原因，而全要素生产率对区域经济发展差距在动态趋势上的解释力更强。[②]

3. 从人力资本角度的新解释

李亚玲等的研究认为，人力资本的概念不仅是以教育水平度量的数量指标，更不应当是同质性的指标，而是一个反映结构变化的质量上的指标，尤其是人力资本分布结构。人力资本分布结构是指人力资本总量在一个社会中不同人群间的分配状况，它说明人力资本分布的不平等性。通过对我国 29 个省份 1993~2004 年的人力资本基尼系数的测算和比较，并利用各年截面数据对其与人均 GDP 相关关系检验发现，区域间的人力资本不平等性的差距是区域经济差距的重要原因。具体而言，我国各区域的人力资本基尼系数比较高，各区域之间的基尼系数差距大，各区域人力资本的差距主要表现在人力资本分布结构方面，尽管各地区的人均受教育年限不断提高，但是各区域之间人力资本不平等性的差距决定了地区经济发

[①] 李静、孟令杰、吴福象：《中国地区发展差异的再检验：要素积累抑或 TFP》，载《世界经济》2006 年第 1 期。

[②] 傅晓霞、吴利学：《全要素生产率在中国地区差异中的贡献：兼与彭国华和李静等商榷》，载《世界经济》2006 年第 9 期。

之间的差距,特别是对人均 GDP 的影响更大。①

陈秀山等也反对人力资本同质性的假定,他们在一般人力资本经济增长模型的基础上,引入异质型人力资本构建理论框架,利用面板数据模型分别对两种模型进行估算,并依据估算结果对我国区域经济差异的人力资本特征以及人力资本的相对边际收益率进行分析,发现包含异质型人力资本的增长模型的估算结果高于同质型模型 3 个百分点,这说明人力资本同质性的假定低估了人力资本在经济增长中的作用。在我国人力资本构成中,中级人力资本对区域经济增长的贡献最为显著,除高等教育以外,初、中级人力资本初始水平的非均衡性,将刺激区域经济差异的扩大,而高级人力资本由于存在极化效应,其初始水平差异将导致区域经济进一步发散,从而强化了区域经济发展差距。②

以往主要是以教育资源和受教育水平度量人力资本水平,但刘文革等认为,人力资本的范畴应当进行扩展,比如企业家才能就是一项重要的人力资本。他们通过对比浙江与黑龙江两省经济差异发现,黑龙江在教育资源方面要比浙江丰富,但在企业家资源方面黑龙江却远远落后于浙江。如果我们用传统的以教育资源和受教育水平来度量人力资本的理论来解释区域经济差异就会得出与现实不符的结论。在扩展的人力资本范畴框架下,企业家经验能力积累才是形成区域经济差异的重要因素,而不是传统的人力资本理论所主张的教育水平决定区域经济差异。③

姚林如等从劳动力流动的角度认为,农村剩余劳动力的跨地区流动,将会为东部地区提供充足的劳动力供给,加速先前具有优势地区的产业集聚,这就导致了地区产业发展之间的差距,从而拉大了地区间的贫富差距。劳动力跨地区转移与地区收入差距之间的关系呈正相关关系,当劳动力跨地区转移率逐渐增大时,产业集聚能直接导致沿海地区和内陆地区的收入差距呈扩大趋势。④

4. 从二元经济结构角度的新解释

石磊等基于二元经济结构转变在经济增长中的关键作用,实证研究了

---

① 李亚玲、汪戎:《人力资本分布结构与区域经济差距——一项给予中国各地区人力资本基尼系数的实证研究》2006 年第 12 期。
② 陈秀山、张若:《异质型人力资本在区域经济差距中的贡献研究》,载《经济学动态》2006 年第 3 期。
③ 刘文革、潘鹏杰、朱兴龙:《人力资本理论的扩展及对区域经济差异的解释——以浙江与黑龙江两省经济差异比较为例》,载《经济学动态》2006 年第 1 期。
④ 姚林如、李莉:《劳动力转移、产业集聚与地区差距》,载《财经研究》2006 年第 8 期。

中国 31 个省份 1978~2004 年地区经济差距的演变及其结构性原因。结果显示：以 1990 年为拐点，地区经济差距有一个先缩减、后增加的"U"型变化轨迹。之所以在 1978~1990 年之间，区域经济发展差距会缩小，是因为东部高收入地区出现了内部收敛的情况；之所以 1990~2004 年之间，区域经济发展差距会扩大，是因为中部中等收入地区和东部高收入地区出现了省际发散的情况。在二元经济结构的框架下，计量结果表明在发达地区二元经济结构转化更能导致经济增长，地区间的二元经济转化程度的差异导致了区域经济发展方面的差距。[①]

5. 从金融环境角度的新解释

张企元从区域金融调控的角度对区域经济发展差距进行了解释。金融调控从调控方式划分，可分为直接调控和间接调控；从调控内容划分，可分为总量调控和结构调控，结构调控又包括地区结构调控、产业结构调控等。研究表明，在针对经济周期的总量金融调控对区域差距的影响方面，在经济收缩期，政府采取扩张性货币政策，经济发达地区凭借其较高的利润率率先获得信贷资本；当经济过热期，政府采取紧缩性货币政策，欠发达地区因其低利润率而失去信贷支持，这种逆经济周期的宏观调控政策加剧了区域经济的发展差距。在针对地区结构的金融调控对区域差距的影响方面，国家宏观调控经历从支持东部发展到西部大开发的过程，1997 年后为西部地区的发展金融做出了贡献。[②]

四、区域经济发展的收敛性

2006 年有关区域经济收敛的研究，既包含区域间经济增长的长期收敛性，也包括区域内部经济收敛，甚至也有行业经济收敛的研究，所以这里的"收敛"一词是一个比较广义的范畴。

（一）从人均产出看区域经济收敛

通过采用随机收敛和 β 收敛的研究方法，滕建州等研究了 1952~

---

① 石磊、高帆：《地区经济差距：一个基于经济结构转变的实证研究》，载《管理世界》2006 年第 5 期。
② 张企元：《区域差距与区域金融调控》，载《金融研究》2006 年第 3 期。

2003年间我国东、中、西部地区和27个省份的相对实际人均产出增长动态以及收敛问题。研究表明，我国东部地区的相对实际人均产出随机收敛于其高于全国的补偿差异均衡水平，长期内呈现出越来越富的态势，而中部地区和西部地区随机发散，但协整分析表明两个地区存在着共同的长期随机趋势。深入到省份层面的分析表明，最小LM单位根检验结果显示27个省份中有23个的相对实际人均产出是围绕着1个或2个结构断点的分段平稳，即人均实际产出随机收敛于其各自的补偿差异均衡水平，并且有11个省份在最后一次持久性冲击后呈现β收敛。同时，在第二次持久冲击后，呈现越来越穷态势的5个省份从改革开放中受益相对较少。①

陈晓玲等采用空间统计指标计算并描述了我国省际经济增长的空间相关性。结果表明，1978年以来，我国经济的空间依赖性逐渐增强，地区经济的集聚性提高，东部发达地区经济增长迅速，是高经济水平的集聚区，中西部欠发达地区是经济落后聚集区，这种类似俱乐部收敛的模式导致了东西部发展差距显著。通过空间权重矩阵和经济空间权重矩阵的空间面板数据模型研究发现，总体而言，1978~2004年我国地区经济增长存在β收敛，我国地区经济增长的空间关联性在逐渐增强，尤其是2000年以后，地区经济的空间聚集性更加凸显。从各子时段地区经济发展差距来看，改革开放之后1978~1997年，地区经济增长收敛，但收敛速度变慢，直到1997~2004年，地区经济差距又出现扩大趋势，尤其是2000年以后，地区经济差距进一步扩大。②

通过采用主成分分析的研究方法，彭国华得出了与上述研究不同的结论，他以1952~2004年长达53年时间的长期视角分析了我国各地区经济的收敛状况。研究同样以人均实际收入（在均衡状态下，人均实际收入等于人均实际产出）为主要指标考察地区经济的收敛性，结果表明，1952~2004年间，我国地区收入差距没有出现强收敛性，东、中、西三大地区内部也不存在类似俱乐部性质的强收敛，但是全国总体和三大地区都显示出了一定程度的弱收敛性；在1952~1977年的子时段内，中部地区人均实际收入出现了强收敛性，全国总体、东部地区和西部地区都只有弱收敛性；从1978~2004年的子时间段内，东部地区出现了强收敛性，

---

① 滕建州、梁琪：《中国区域经济增长收敛吗？——基于时间序列的随机收敛和收敛研究》，载《管理世界》2006年第12期。
② 陈晓玲、李国平：《我国地区经济收敛的空间面板数据模型分析》，载《经济科学》2006年第5期。

全国总体、中部地区和西部地区都只有弱收敛性。可见,改革开放前后,东部和中部地区在强收敛性方面出现了转移,东部地区的收敛性渐强,中部地区减弱,而西部地区一直是弱收敛性,而且收敛程度——缩小地区差距的动力在改革开放后进一步降低。①

(二) 从劳动力流动看区域经济收敛

在传统的二元经济理论和收敛性研究方面,要素自由流动是一个基本前提,只有当要素自由流动时,经济的收敛才有可能在逻辑上得到证明。在这一假设下,李晶等利用巴罗的收敛性分析框架研究了我国东、中、西三大地带间的增长差异。结果显示,地区间的初期经济发展水平和经济增长率自东向西递减,而三大地带内部各省份间的经济增长却出现较为明显的收敛迹象。当考虑到劳动力跨区域流动后——特别是产出能力更强的人力资本的流动,人力资本的高回报将吸引人力资本从不发达地区流向发达地区,加速发达地区的经济增长,人均收入更高,继续吸引人力资本的流入,区域经济的差距被强化了,出现了俱乐部收敛的现象。可见,缩小或消除区域经济差距的有效措施就是采取合适的经济手段,提高不发达地区的人力资本水平,或者是扭转人力资本流动方向,通过人力资本的回流促进不发达地区的经济增长,达到整个经济的趋同。②

(三) 从行业层面看区域经济收敛

与大多数以人均实际 GDP 为主要标准来研究区域经济收敛问题不同,朱发仓等侧重于研究区域经济的行业收敛性。他们选取了国民经济中的 6 个主要行业,利用 1985~2003 年间的面板数据研究这 6 个行业在东、中、西部是否存在收敛性。系统广义矩估计(SYS - GMM)的结果显示,除中部工业不存在收敛性,其余各行业在东、中、西部都存在条件收敛性,而且东部的收敛速度最低,说明东部地区渐趋稳态,是改革开放中最大的受益者,经济发展水平最高,而中西部较高的收敛速度说明其正在以行业

---

① 彭国华:《我国地区经济的长期收敛性——一个新方法的应用》,载《管理世界》2006年第9期。

② 李晶、汤琼峰:《中国劳动力流动与区域经济收敛的实证研究》,载《经济评论》2006年第3期。

逼近稳态的方式追赶经济发达地区，同时不同的收敛速度也反映了不同地区各行业的成熟度。值得注意的是各地区收敛的稳态水平是不同的，与经济发展水平一致，基于比较优势发展战略的行业技术选择指数可以解释各行业产生收敛的原因。

五、区域经济的金融环境

（一）区域金融生态环境的现状

与经济发展水平相似，金融发展水平也存在着区域之间的差异，崔光庆等描述统计发现各地区在金融发展方面的差异：第一，储蓄资源的分布，1990~2004年之间，东部地区的存款绝对额超过了中西部之和，而且在1990~1997年存款相对差距不断拉大，这与我国区域经济差距产生于20世纪90年代初相吻合，说明储蓄和经济增长之间的相关关系；第二，贷款的分布，三大地区的金融机构贷款规模显著扩张，2003年东、中、西地区的贷款规模比1990年扩张12.0、7.6、10.1倍，从以金融机构贷款相对规模为标志的相对指标方面来看，东部地区控制经济资源的能力显著上升，中部地区则显著下降，而西部地区基本保持不变；第三，证券资源的分布，从股票市值的地区分布来看，东部地区的市值绝对值和相对值都远高于西部地区，这是由上市公司数量和个股估价两方面原因造成的，东部地区的上市公司数量绝对多于西部地区，而且由于企业经营绩效较好，股价也比西部地区的企业具有优势。造成这一现象的根本性原因是，中央政府不同时期采取不同的金融制度安排，并且地方政府采取不同的经济发展战略，二者共同作用的结果使区域金融发展差异显著。①

张企元的研究也同样发现：第一，从金融相关比率、货币化比率角度衡量，东部与中西部差距扩大，中部金融相关比率和货币化比率不但低于东部，甚至低于西部；第二，从金融保险业增加值角度衡量，东部地区在GDP占全国的比重、金融保险业增加值占全国的比重、金融保险业增加

---

① 崔光庆、王景武：《中国区域金融差异与政府行为：理论与经验解释》，载《金融研究》2006年第6期。

值占 GDP 比重以及金融保险业增加值占第三产业比重等方面都显著高于中、西部地区，而中、西部地区之间则各有特点；第三，从银行资产角度衡量，东部金融机构存贷款占比持续提高，中、西部下降，中部下降幅度最大；第四，从股市融资来看，中、西部股市融资占比低于其贷款占比，更低于其 GDP 占比，而东部地区的股市融资高于其贷款占比和 GDP 占比；第五，从金融机构效益水平角度衡量，中部金融机构效益水平最低，2004 年东部各省银行类金融机构实现当年收益 1 440 亿元，西部为 163 亿元，而中部地区仅 103 亿元，从不良贷款率情况看，中部地区远远高于东部地区。①

（二）区域金融生态环境评价指标体系

中国人民银行洛阳市中心支行课题组建立了一套定量分析与定性分析相结合的指标体系。在定量分析的框架下，区域金融生态环境的质量指标体系由经济发展水平、金融资源水平、社会信用及法制环境等 3 个目标层、14 个准则层和 90 项指标层组成。在经济发展水平目标层中，反映经济发展水平的公式计算生成的值越高，意味着区域经济发展水平相对越高，区域金融生态环境质量状态相对越好，也越有利于金融机构生存和发展；反之亦然。在金融资源水平目标层中，反映金融资源水平的公式计算生成的数值越大，表明区域金融资源越丰富，区域金融生态环境质量状态相对越好，也越有利于金融机构生存和发展；反之亦然。在社会信用及法制环境目标层中，反映社会信用及法制环境公式生成的数值越大，表明区域社会信用程度及法制环境越差，区域金融生态环境质量状态相对越差；反之亦然。在这三个目标层面上可以总结出一个综合评价的模型进行定量分析。在定性分析的框架下，指标体系主要通过专家、学者以及一线实务工作者对金融法律法规的完善程度和执行状况、政策对金融活动的支持程度、信用机制的健全程度与政府对金融业的支持及干预程度等四方面进行打分，从而评价金融生态环境。②

汪祖杰等同样也用层次分析法设计指标体系，但与上述方法不同的是，他们在目标层和准则层之间引入了领域层的范畴，各种具体指标在指

---

① 张企元：《区域差距与区域金融调控》，载《金融研究》2006 年第 3 期。
② 中国人民银行洛阳市中心支行课题组：《区域金融生态环境评价指标体系研究》，载《金融研究》2006 年第 1 期。

标体系的框架内被划分为微观金融子系统、金融机构子系统和宏观金融子系统三个领域。在微观金融子系统中，从社会信用状况、法制化程度和地区企业发展三个角度评价微观金融子系统的综合水平。在金融机构子系统中，从金融机构的资本金水平、安全性、流动性和盈利性四个角度评价金融机构子系统的综合水平。在宏观金融子系统中，从宏观经济增长、通货膨胀和经济金融化程度三个角度评价宏观金融子系统的综合水平。他们运用这种方法建立的指标体系具体评价了安徽省的金融生态环境，发现安徽省 1999～2003 年间金融生态环境质量稳步上升，但整体水平不高。①

（三）金融生态环境的改善思路

（1）从观念、政策、制度等层面改善金融生态，支持区域经济发展。支大林等特别针对东北地区融资渠道单一、资金外流、金融不良资产多、金融有效供给不足等影响区域经济发展的问题，提出首先要从观念上认识到金融支持对东北振兴的作用，并且切实解决历史上的财务问题；其次，要从政策层面上，除支持国企改制外，要改善对中小企业、非国有企业及农业的金融服务，给予政策倾斜，特别是在传统经济体制下无法切实得到金融支持的部门和企业能够获得信贷支持，从而推动东北经济的全面振兴；再次，要从制度体系层面加强金融业对东北振兴的支持，强化信用意识和信用体系的建设，并且不断完善和深化投资融资体制改革，建立和完善适合的金融组织体系，为区域经济的发展提供有力的保障。②

（2）建设和完善区域资本市场，推动区域经济发展。杨慧声等从城市建设债券市场的角度，指出与全国其他地区相比，在西部地区内部财政实力较强、资金缺口较大、地方债务结构良好的城市发行城市建设债券具有特殊的意义和作用，有利于以特定资本手段推动区域经济发展。一直以来，西部大部分地区的财政实力较弱，特别近年来，西部财政收支的缺口继续扩大，而东部财政收入盈余却逐年扩大，区域之间资金不平衡的格局愈加严重。可见，建设资金的短缺限制了西部地区的发展，仅仅依靠西部地区自身的财政力量投资建设地方基础设施、基础产业和支柱产业是远远

---

① 汪祖杰、张轶峰：《区域金融生态环境质量评估指标体系研究》，载《金融研究》2006年第5期。

② 支大林、刘贵清：《振兴东北老工业基地金融支持的路径选择》，载《经济学动态》2006年第3期。

不够的，必须借助于其他手段解决经济发展的资金缺口。以往的以商业信贷为主的金融体制限制了西部地区获得建设资金，而大力发展地方债券市场，推动并完善区域资本市场体系，将有效弥补金融体制的不足。①

六、区域经济发展中的产业

(一) 区域产业竞争力的源泉

曾国宁认为，根据比较优势理论，区域产业比较优势主要应该表现为各个区域在市场竞争中所处的有利地位，其优势的判断可以简单化为商品货币成本或市场价格的比较，这实质上是静态上的产业分工和产业定位；在竞争优势框架下，产业竞争的优势要以企业竞争优势为基础，而企业竞争优势主要体现为企业在价值链上某些特定的战略环节上的优势，所以提高产业竞争力的核心要从区域产业价值链条中寻找企业发展定位，提高区域产业竞争力。比较优势与竞争优势的内在统一是区域产业竞争力的源泉，这是因为：首先，竞争优势必须以比较优势为基础。比较优势决定了区域产业定位，而竞争优势要在明确定位的基础上才能提高区域产业竞争力。其次，比较优势必须通过竞争优势来体现。竞争优势是通过整合地区资源来体现自身价值的，没有竞争优势的话，区域比较优势就无法在产业链中发挥效力。再次，比较优势和竞争优势本质上都是生产力水平的比较，比较优势是不同区域生产力水平的比较，而竞争优势是不同地区相同产业的生产力比较。② 陶军等以西部地区为例进一步验证了区域产业竞争力的来源。他们认为，目前西部地区产业竞争力比较低下，这主要是由于不适当的产业政策引起的。在西部地区特定的资源禀赋和战略位置条件下，中央政府的战略意图将在很大程度上影响西部地区的经济发展和主导产业演进，地方政府自主选择主导产业，或按照产业演进的内在规律决定产业结构的空间范围非常有限。这样就导致了两方面后果：第一，国家战略意图催生出来的主导产业和产业结构演进趋势违背了西部的比较优势；

---

① 杨慧声、何德旭、姚战琪：《西部地方债券市场：模式选择与制度设计》，载《经济学家》2006年第3期。
② 曾国宁：《区域产业竞争力的来源》，载《经济学动态》2006年第6期。

第二，由于主导产业群中长期大量存在的国有企业不具有自生能力，西部地区的主导产业群在开放的竞争性市场中缺乏竞争优势。二者的共同作用导致了当前西部地区产业竞争力较低，进而决定了经济发展绩效。①

（二）区域产业转移

1. 国内产业转移对区域经济的影响

贾彦利以纺织业和电子及通信设备制造业为例实证分析了东部地区产业转移对中部地区区域经济的影响。来自《中国工业经济年鉴》的数据表明近年来东部地区出现了产业结构二元性问题，即传统产业（如纺织业）与高新技术产业（如电子业）在产业发展中均占据着重要地位，而不是按照传统经济学理论中所描述的传统产业衰落退出，新兴产业发展壮大。研究发现，我国东部地区二元产业结构中，电子业处于迅速发展的产业集聚阶段，纺织业则已经开始出现产业转移，而实证分析显示出中部地区的电子和纺织产业均处于发展和集聚阶段，中部地区正在承接东部地区的纺织业转移，这种产业转移对中部崛起有着积极作用。②

2. 国际产业转移对区域经济的影响

韩晶认为，从成本—收益分析来看，国际间的产业转移是跨国企业与东道国双赢的利益模式，跨国公司可以利用东道国的要素成本较低或市场价格较高的优势开拓产品市场，而东道国可以通过利用国际产业资本的乘数效应推动地区经济的发展，并且这种投资将对承接产业资本转移的区域带来很强的正外部性，比如就业增加、官员考评优势。通过对东道国成功承接国际产业资本转移的两阶段分析，韩晶建议，在耦合性阶段，集聚经济应建立承接国际产业资本转移的地方协力生产体系，以强化地区与跨国公司的经济联系；在产业升级阶段，集聚经济应克服锁定效应，在产业链中获得更有利的定位提升和区域竞争力的提升。③

---

① 陶军、孙早、刘靠柱：《西部地区产业竞争力的来源及其政策含义》，载《财贸经济》2006 年第 2 期。
② 贾彦利：《我国东部地区二元产业结构对"中部崛起"影响实证研究——以纺织业和电子及通信设备制造业为例》，载《财经研究》2006 年第 4 期。
③ 韩晶：《国际产业资本转移与区域经济发展路径选择》，载《经济评论》2006 年第 4 期。

七、区域经济发展的新思路

(一) 东部现有区域经济发展模式的转型

改革开放以来一些地区形成了独特的区域经济发展模式，比较典型的有"珠三角模式"、"温州模式"和"苏南模式"，这些模式在一定时期推动了本地区的经济发展，但是随着时代的发展，这些比较经典的模式也面临着继续发展的瓶颈，有必要进行转型。

1. 珠三角模式向"泛珠三角"发展思路的转变

从实践来看，在泛珠三角框架下，珠三角和周边地区的经济通过产业链和外向型扩展而获得了高速发展。丁任重在总结泛珠三角地区的发展历史和战略意义的基础上，指出泛珠三角的未来发展态势：第一，国内市场与国外市场并举，凭借其独特的地理位置，泛珠三角可以推动内地与港澳等地的人员往来加强经济交流，并利用港澳的优势加强与欧盟及各国的经济联系；第二，沟通国内经济和周边经济，泛珠三角成员与东南亚等地的经济往来愈加频繁，有利于扩展海内外市场；第三，软硬件建设不断加强，一方面区域基础设施不断完善，另一方面区域合作制度、行政体制、法律法规等软环境也在不断优化。①

2. 温州模式的转型与发展

中国社会科学院课题组指出"以民引外，民外合璧"战略的实施，赋予了温州模式新的内涵。温州模式以往是一种以内源人脉为特色的内源拉动模式，新战略的实施促进了区域中内外资经济的互动发展，对民营企业和区域经济的提升作用显著，从而打造了温州经济"内源拉动"和"外源拉动"相结合的"双引擎"发展机制。在新的经济环境下，这种注重内外结合的发展战略有利于区域经济在国际产业链中的定位，并且通过

---

① 丁任重：《泛珠三角：一个区域经济的分析框架》，载《经济理论与经济管理》2006年第11期。

有进有出的思路加强了区域经济与国际市场的新型结合。①

3. 苏南模式的转型与发展

随着时代发展,苏南模式已经逐渐被新苏南模式所取代。曹宝明认为,新苏南模式最值得关注的就是其对发展路径的选择,从工业化路径来看,在实现了城乡工业的融合后,苏南地区开始了新型工业化进程,运用现代科技改造传统工业,选择了信息化、工业化与高技术并举的发展道路;从国际化路径来看,苏南地区选择以开发区为依托,"走出去"与"引进来"并重的发展路径;从城市化路径来看,苏南地区迈进了以大中城市为主导、以小城镇为纽带的城市现代化、城乡一体化的时代;从县域经济发展路径来看,苏南地区的主要特色是在创新中竞争,在竞争中发展,在发展中协调;从经济和社会协调发展的路径来看,苏南地区强调以人为本、经济社会和谐发展,社会事业发展与经济发展相适应;从城乡一体化路径来看,苏南地区按照"城市统农村"取消了对农业农村和农民的各种不利限制,走出了一条新型一体化道路。②

(二) 东北振兴的新思路

王洛林等在分析东北地区现存问题并且评价国家援助政策及效果的基础上,提出了进一步完善振兴东北老工业基地的政策建议:首先,要重视区域经济发展中的规划问题,特别要重视长期规划;其次,要对区域中的各种类型区别对待,比如有的是资源型基地,有的是装备制造业基地;再次,要重视国有企业在东北老工业基地中的地位;最后,继续加大对东北地区的财政、金融方面的支持,发展资金的缺乏和财务状况的恶化是东北老工业基地面临的棘手问题,财政金融的支持将有利于为东北老工业基地的产业升级创造有利条件。③ 支大林等人则就东北振兴中的金融支持问题进行了深入研究,并指出仅靠项目资金支持是远远不够的,关键的是在东北地区建立全方位、多层次完善的金融体系,而这需要中央政府、银行监

---

① 中国社会科学院课题组:《"温州模式"的转型与发展——"以民引外,民外合璧"战略研究》,载《中国工业经济》2006 年第 6 期。
② 曹宝明、顾松年:《"新苏南发展模式"的演进历程与路径分析》,载《中国农村经济》2006 年第 2 期。
③ 王洛林、魏后凯:《振兴东北地区经济的未来政策选择》,载《财贸经济》2006 年第 2 期。

管部门和地方政府通力合作为东北地区金融业的长期发展制定合理的政策。①

黄泰岩等的研究表明,东北地区在企业竞争力、装备制造业竞争力、利用外资、城市经济、县域经济实力以及软环境与长三角、珠三角和京津冀等经济区相比存在一定的差距,这就决定了东北经济的振兴必须打破惯常思维,走出一条新的发展道路:第一,放弃全面赶超,实施重点突破;第二,放弃单打独斗,实施区域内的产业整合;第三,放弃盲目做大,实施大中小产业组织的优化;第四,放弃自我封闭,实施区域的全面开放;第五,放弃自我中心,实施区域的宏观协调。②

(三) 中部崛起的新思路

1. 中部塌陷的原因

刘乃全等进行的 Granger 因果关系检验表明,西部经济增长与东部经济增长之间存在着互相促进的关系,西部经济增长对中部经济增长的作用不大,东部经济增长与中部经济增长之间不存在协整关系,而中部不是东部和西部经济增长的葛兰杰原因,这说明我国不同地区的经济增长并没有形成相互促进的协调发展状况,反而出现了中部塌陷现象。究其原因,首先,非均衡发展战略下东部沿海地区的发展主要是以外部市场为主,并没有拉动中西部的增长;其次,与其他地区相比,中部地区的改革比较滞后;再次,由于地区间的产业发展没有形成完善的产业链,产业分工和产业融合状况较差,中部地区没有从产业协调中获利;最后,要素自由流动使得大量的优质要素流向东部沿海地区,中部地区的发展缺乏必要的要素支持。③ 陈甫军等则从工业化和城市化的角度对中部塌陷的原因做出了解释,由于中部和东部地区的资源存量和结构都存在着差别,所以在主导产业选择方面中部地区选择了资源密集型产业,而东部地区则走上了劳动密集型的工业化道路,为后来工业化的发展进行了资本积累。随着改革的深

---

① 支大林、刘贵清:《振兴东北老工业基地金融支持的路径选择》,载《经济学动态》2006 年第 3 期。
② 黄泰岩、窦乐、杨洪波:《从经济区域比较看东北经济的振兴》,载《经济理论与经济管理》2006 年第 8 期。
③ 刘乃全、陶云、张学良:《中国区域经济增长协整分析与区域政策选择——兼论"中部塌陷"现象》,载《财经研究》2006 年第 4 期。

入，东部地区在产业升级的同时并未放弃劳动密集型产业，但中部地区继续巩固资源密集型产业以致劳动密集型产业下滑，这就导致了不同资本积累机制以及不同的工业化和城市化进程。[1] 张秀生等则从产业结构的角度对中部塌陷的原因做出解释，研究认为，中部地区的产业结构总体水平不高，低于全国平均水平，较低的产业竞争力限制了中部地区的发展。从中部三次产业结构的纵向比较来看，自1990年中部地区已经从农业主导的金字塔形产业结构转变为第二产业为主的鼓型结构，并且第二、三产业中就业人数在不断增加。从中部三次产业结构的横向比较来看，中部地区的农业比重明显高于其他地区，第二产业的比重仅高于西部地区且总体滞后，第三产业的发展则明显落后于其他地区，同时三次产业的就业比重也反映出以上特征。从第一产业内部结构来看，由于技术进步，中部地区的农业比重在不断下降但是劳动生产率在不断提高，但也存在着种植业比重过大的问题。从第二产业内部结构来看，中部地区的工业总体实力不强且存在着轻重比例失调、非公有制发展滞后和产业结构趋同等问题。从第三产业内部结构来看，中部地区在金融、物流等新兴第三产业方面发展相对滞后。[2]

2. 超越比较优势，推进中部崛起

李彦亮在分析了中部地区在自然资源、农业发展、劳动力和产业等方面的比较优势基础上，指出区域经济的发展要超越比较优势，转而在比较优势的基础上，通过创新来提升自己的竞争优势，优化自己的产业结构，将潜在的比较优势转化为市场的竞争优势。具体而言要从以下几个方面提升竞争优势：第一，加强制度建设，培育良好的市场环境；第二，调整农业产业结构，通过品牌效应，把农业优势变成产品优势、把产品优势变成商品优势，把商品优势变成市场优势，最终把农业比较优势转化为竞争优势；第三，优化区域布局，实施城市群战略，提高中部地区的城市化水平；第四，大力发展旅游业，它具有优化地区经济结构、合理利用地区环境资源的功能。[3]

---

[1] 陈甬军、景普秋：《"中部崛起"中的产业选择与城市化发展》，载《财贸经济》2006年第10期。

[2] 张秀生、雷武科：《中部产业结构：现状与对策》，载《管理世界》2006年第6期。

[3] 李彦亮：《竞争优势、比较优势与中部崛起》，载《经济学动态》2006年第6期。

(四) 西部大开发的新思路

1. 西部大开发新阶段的新任务

刘世庆认为,工业化和城市化加速是西部大开发新阶段和战略转型的主要标志和迫切要求,其工业化的特色可总结为"五个基地一个屏障",即国家能源资源基地、重化工业基地、国防科技工业基地、农副产品加工基地、高新技术产业基地、江河上游生态屏障。这种新型的工业化特色是与西部地区特殊的资源禀赋基础和技术条件共同决定的。新阶段的西部大开发要着力对三个战略重点区域进行开发和建设,第一,成渝和关中等优势地区加快发展,利用已有的优势和基础实现起飞;第二,西部生态脆弱地区和民族地区面临特色产业、生态建设、少数民族地区发展三大机遇;第三是沿边疆大开放,利用地缘优势发展边疆地区与各国的交往与合作。① 魏后凯针对新阶段西部大开发提出了如下政策建议:第一,要重视富民项目,促进社会全面发展,这与国家倡导的以人为本的发展观相适应;第二,积极推进西部工业化和城市化进程,并且必须是一条符合科学发展观的新型工业化道路;第三,大力推进特色优势产业,比如现代畜牧业、特色装备制造业、旅游业等产业;第四,积极引导非公有资本投资于西部大开发。② 刘朝明等则提出了将成渝地区建设成西部地区增长极的具体步骤:第一,从因素条件分析来看,按"短板"原则消除落后因素的制约;第二,从需求条件分析来看,按"开放"原则满足输出性需求;第三,从产业基础分析来看,按"同轨"原则建立产业集群体系。③

2. 实现西部大开发进程中的可持续发展

李周等选择了县域作为农业可持续性评价的尺度,采用资源模型、环境模型和经济模型,对西部地区 604 个县(市、区)的农业可持续性进行了评价。研究表明,在西部地区农业可持续发展的不同阶段上,处于不

---

① 刘世庆:《西部大开发的新阶段与战略转型》,载《经济学动态》2006 年第 12 期。
② 魏后凯:《"十一五"时期我国西部大开发的政策取向》,载《经济学动态》2006 年第 1 期。
③ 刘朝明、董晖、韩斌:《西部增长极与成渝经济区战略目标定位研究》,载《经济学家》2006 年第 2 期。

可持续阶段的县与处于强可持续阶段的县较多；多数县都可以保持原有的农业可持续性，部分县的可持续性也会发生变化；大多数国家重点扶持贫困县，由于发展模式不当对资源环境造成了破坏，可持续性发展受阻。①杨东升则通过实证检验人口压力假说和人口库兹涅茨曲线假说，考察了西部地区的生态自然环境的可持续性问题。研究估计我国西部地区代表负的生态环境状况的森林覆盖率、水土流失与人口增长和农村经济发展水平之间的经验关系，发现单纯的人口压力会导致自然环境的退化，但是植树造林、水土流失治理等措施能够富有弹性地改善自然环境，人口压力假说不能被证实。研究也表明即使对于存量型资源或污染，EKC 关系仍然有可能成立，库兹涅茨曲线假说成立。可见，生态环境的可持续性与经济发展并不矛盾，经济建设和环境保护可以并行发展。②

（五）海峡经济区的提出及其发展思路

1. 海峡经济区的定义

在 2006 年的文献中，一个新的经济区概念受到了重视，这就是海峡经济区（或称海峡西岸经济区）。在地理上，海峡经济区包括台湾海峡两岸毗邻的闽台两省及粤东、赣南和浙南的部分地区所组成的地域，核心主体是福建和台湾，主要特点是在"一国两制"的政治框架下，以经济为纽带将台湾纳入了海峡地区协调发展的范畴，是基于海峡西岸经济区的一个内涵更为丰富的战略构想。③

2. 海峡经济区的定位

陈朝宗等人将海峡西岸经济区定位为中国区域经济发展的第四级。从构建海峡西岸经济区的必然性来看，将有利于加强该地区与内陆地区、台湾和海外的经济联系，服务于中国未来发展的长期趋势。从构建海峡西岸经济区的可能性来看：第一，内部条件十分有利，海峡西岸独特的地理位置有利于连接海内外市场，并且可以利用区域内的资源和产业特色进行优

---

① 李周、于法稳：《西部地区农业可持续性评价》，载《中国农村经济》2006 年第 10 期。
② 杨东升：《中国西部地区的农村经济发展与自然生态环境的可持续性研究》，载《经济科学》2006 年第 2 期。
③ 张作兴：《区域经济合作模式与推进机制研究》，载《经济学动态》2006 年第 10 期。

势互补；第二，外部条件渐趋成熟，海峡西岸建设的最终目的是与海峡东岸——台湾构建起一个海峡经济区，台湾岛内的政治经济环境表明海峡东岸也有着与西岸进行合作的愿望和前景，而且历史和文化的渊源特别有利于海峡两岸的合作发展，建立起大的海峡经济区概念。从构建海峡西岸经济区的现实性来看，以上的种种优势如何转化为现实的经济合作与发展是一个迫切需要解决的问题，这就要求必须走中央与海峡西岸地方政府互相配合的发展道路，在加大政策和资金支持力度的基础上，全方位开展区域内的经济合作，从而为海峡经济区的构建奠定坚实的基础。①

3. 海峡经济区发展的突破口

海峡经济区的概念要放在台海关系的框架下进行分析，所以在海峡经济区的建设过程中，政经互动是一个重要命题。张作兴认为，在这一框架下，必须为海峡经济区的建设找到突破口，打开区域合作的局面。大陆方面要加快海峡西岸基础设施建设，逐步实现海峡两岸基础设施的共建共享，特别是海上交通和港口建设，这是两岸政经合作的基础。海峡两岸加强科技方面的合作，促进知识界和技术界等社会各界的交流和往来，增进了解，是经济发展有共同的基础。海峡两岸民营经济发展迅速，是经济的主导力量，在海峡经济区的建设进程中，要积极发挥民营经济的作用。两岸拥有同一的文化构成，这既是区域合作的一个重要的非经济基础，也是可以将文化作为一个产业来开发利用，优化区域产业结构。②

---

① 陈朝宗、王秉安：《我国区域经济发展的第四个增长极：海峡西岸经济区》，载《经济学动态》2006 年第 8 期。
② 张作兴：《区域经济合作模式与推进机制研究》，载《经济学动态》2006 年第 10 期。

第八章 商业银行问题讨论综述

一、2006年商业银行问题研究的新特点

2006年商业银行问题的排名从2005年的第3位下降到第5位,说明商业银行进行股份制改革并成功上市后,过去的许多争论热点基本达成共识。与2005年同类文献相比,2006年对商业银行的研究出现以下新的特点:

一是从研究内容看,2006年的研究内容更加丰富。在2005年的基础上增加了银行业务、银行风险管理的研究,尤其是研究风险管理的文章较多,说明在放松管制、全球化和金融创新的背景下,风险管理已成为银行业关注的焦点。其中不少学者对存款保险制度进行了研究,表明在我国存款保险制度呼之欲出时,学者们对存款保险制度设计的全方位思考。学者们还对商业银行引进国外战略投资者进行了争论。

二是从研究方法看,2006年更加注重实证研究,且研究方法多样化。许多文章在统计数据的基础上,利用计量模型、博弈论、效用函数、最小二阶法、DEA法、Grange因果分析法等,对商业银行经营效率、成本管理、风险管理等问题进行了探讨。

三是从研究的角度看,2006年更多地从微观的角度进行分析。不少文章以某一地区或某一银行为案例对信用风险、信贷风险、海外上市等进行了深入的研究。

二、商业银行的经营状况

(一) 商业银行的经营效率

1. 技术进步与经营效率

朱超对我国 13 家商业银行 2000～2004 年 5 年间的经营数据进行了 DEA 方法测算。研究结果表明，我国银行存在 13% 的投入资源浪费，规模效率低影响了整体效率，原因是技术效率变动与技术水平变动均退步 0.01。提高银行效率的途径主要在调整规模上。虽然存在改革的调整成本，但技术创新的退步对于提高中国银行业效率却是巨大的阻碍。银行经营者及政府监管者都应注意这种短视行为，并注重技术进步与创新带来的银行经营效率的提高。[①]

2. 银行改革与经营效率

胡援成等也运用 DEA 方法，使用 C^2R 模型，评价我国商业银行的改革成效，得出如下结论：(1) 我国国有商业银行改革取得了一定成效，但平均效率水平仍然偏低，资源利用效率不高。(2) 我国国有商业银行改革取得的成效主要来源于政府的政策推动和扶持。(3) 国有银行的商业化改革、股份制改造以及引进外资等举措可有效提升银行效率。(4) 我国国有商业银行绩效提高存在较大空间，必须坚持和加快股份制改造。[②]

3. 规模经济与经营效率

潘正彦认为，规模经济与范围经济是现代银行业发展的基本条件，中

[①] 朱超：《中国银行业效率动态变化的 Malmquist 指数研究：2000～2004》，载《经济科学》2006 年第 5 期。

[②] 胡援成、肖德勇、肖永明：《国有商业银行改革过程中的经营效率评价》，载《财贸经济》2006 年第 6 期。

国银行业存在规模经济倾向和范围不经济现象。中国规模银行应该充分发挥规模优势，进而提高整体效率。[1] 王付彪等基于数据包络分析，对我国商业银行1998～2004年的技术效率进行了实证研究，并将技术效率分解为纯技术效率、规模效率、投入要素可处置度。分析发现，我国商业银行效率整体上呈现上升趋势，技术效率损失主要源自于规模效率损失，说明我国商业银行存在与其规模不相适应的管理能力。[2]

但郑兰祥的研究却得出了不同的结论。他通过对中国商业银行机构规模、人员规模及其效率之间关系的 Granger 因果检验发现，扩大规模无法取得商业银行效率的提升，原因是随着规模扩大，银行内部竞争将会加剧，从而阻碍了效率的提升。要达到规模与效率正向促进的目的，必须妥善解决好我国商业银行在内部竞争方面存在的问题，具体措施是：(1)按照"经济、合理和效率"的原则积极进行分支机构的重新布局和调整。(2)重塑商业银行的业务职能部门，树立起"前后台"的观念。(3)建立纵向与横向相结合的科学绩效考核体系。(4)加强商业银行企业文化建设，树立以价值最大化和以客户为主导的经营理念，以核心竞争力的提高来消除商业银行规模与效率不对称的现象。[3] 刘玲玲等也提出，资产规模大的银行其成本浪费程度高，且不容易盘活存量资产，因此降低了利润效率。高风险的银行经营模式非但不利于提升利润效率，反而会降低利润效率。一方面，大比例的贷款会通过成本浪费降低利润效率；另一方面，贷款越多形成的呆坏账也会越大，处置不良资产所需的费用也就越大，利润也就越低。资产费用率越高，虽然能够产生成本效率，但会直接降低利润，产生利润无效率。因此，银行的资产费用率既不是越低越好，也不是越高越好，管理层需要根据实际情况确定一个最优值。[4] 周翔翼等则利用双头寡占市场结构下价格竞争的混合寡占模型分析认为，国有银行应该停止盲目存款扩张而着重追求效率。[5]

---

[1] 潘正彦：《中国银行业规模经济与范围经济比较》，载《财政金融》2006年第2期。
[2] 王付彪、阚超、沈谦、陈永春：《我国商业银行技术效率与技术进步实证研究（1998～2004）》，载《金融研究》2006年第8期。
[3] 郑兰祥：《基于 Granger 因果检验的商业银行规模与效率关系研究》，载《经济理论与经济管理》2006年第10期。
[4] 刘玲玲、李西新：《银行利润无效率及其影响因素的实证研究——以中国主要商业银行及其战略投资者为例》，载《金融研究》2006年第12期。
[5] 周翔翼、侯晓辉、姬升良：《策略性竞争、管理授权与国有股份制商业银行经营目标》，载《经济科学》2006年第4期。

4. 银行规制与经营效率

潘霁等在世界各国银行绩效和制度截面调查数据的基础上，对银行规制与银行业整体绩效进行了经验研究，结果表明，对银行的运营成本与净利息利润率有显著影响的制度因素包括：进入银行的要求、国内资产分散程度、引发矫正能力以及民间监控能力等。① 高雷等在研究了国家控制、政府干预及银行债务对控股股东资金侵占的影响后发现：（1）国家控制及政府干预加剧了控股股东对上市公司的资金侵占；（2）仅当上市公司受国家控制时，政府干预越多就越加剧控股股东对上市公司的资金侵占；（3）银行债务占总债务的比率与控股股东的资金侵占之间有显著的正相关关系；（4）只有当上市公司受国家控制且受政府干预多时，控股股东才通过侵占更多的上市公司资金的方式损害银行债权人利益。可见我国国家控制及政府的频繁干预显著地加剧了控股股东与小股东及银行债权人之间的利益冲突。因此，在确保公有产权为主导地位的前提下，尽量减少政府对企业的干预才是提高社会经济效率的选择。② 王馨根据产业组织学理论的 SCP 分析范式，认为市场绩效最终取决于实际的市场结构，而不是名义上的垄断集中程度。国内银行业的实际市场结构由完全垄断转向垄断竞争，推动了市场绩效的提升。基于市场竞争取得垄断优势意味着获取超额利润，是商业银行共同谋求的目标。近年来，股份制银行相对国有银行的绩效由翘楚变为平庸，源于同质化的竞争策略。因此，股份制银行应发挥优势立足于差异化的市场谋取超额利润。③

（二）商业银行零售业务

陈伟等认为，随着国内银行业竞争的日趋激烈，零售银行业务的战略地位日益明显。但与国外优秀同业相比，国内商业银行在零售银行业务上还存在很大差距，集中体现在客户偏好分析能力上。在零售银行业务上，外资银行基本都采取差异化营销策略，而在这方面国内商业银行才刚刚起

---

① 潘霁、李子奈、金洪飞：《银行规制和银行业的整体绩效：基于世界银行数据的经验研究》，载《世界经济文摘》2006 年第 7 期。
② 高雷、何少华、仪垂林：《国家控制、政府干预、银行债务与资金侵占》，载《金融研究》2006 年第 6 期。
③ 王馨：《中国银行业竞争效率分析》，载《金融研究》2006 年第 12 期。

步。为了应对未来的竞争，国内商业银行必须提高细分零售客户的能力，实行差异化营销和差异化服务。而对零售客户偏好的研究是实行这一目标的重要手段。① 李曼也指出零售银行业务主要应该针对个人和中小企业提供以消费信贷、银行卡业务、网络银行及个人理财业务为代表的金融服务。随着外资银行进入中国的脚步加快，未来的中外银行竞争将首先在零售银行领域展开。要尽快缩短与国际主流银行的实力差距，"跃迁式"提升市场竞争力，就应把大众服务标准化，中高端顾客服务个性化，全行服务网络化作为突破口。其中，标准化服务是基础，品牌化服务是核心，网络化服务是保证。②

宋雪枫等认为，随着竞争的加剧，金融管制的放松和信息技术的发展，对客户需求的满足能力是商业银行可持续发展的关键所在。商业银行顾客满意度诊断系统是商业银行提高顾客满意度的一个有效工具，在构建和运行该系统时，必须灵活把握以下几种关系：（1）标准化与差异化的协调。（2）总成本与总收益的协调。（3）变与不变的协调。③

陆娟等基于北京市12家国内商业银行的376份顾客调查数据，确定了衡量服务忠诚的4个维度：推荐意向、购买意愿、价格容忍和抱怨行为。数据研究表明，服务质量、顾客价值、顾客满意是驱动服务忠诚的3个最重要因素。顾客满意直接驱动服务忠诚，顾客价值在直接驱动服务忠诚的同时通过顾客满意间接驱动服务忠诚，而服务质量通过顾客价值和顾客满意间接驱动服务忠诚，对服务忠诚的直接驱动不显著；服务质量、顾客价值和顾客满意对服务忠诚不同维度的驱动机理及影响程度各不相同。④

寇宗来等比较分析了跨行费制、额外费制和混合费制三种ATM费制对银行竞争和社会福利的影响，发现银行博弈的结果是跨行费与交换费正相关，额外费与交换费负相关，而混合费则与交换费无关。⑤ 胥莉、陈宏民认为，银行卡产业具有的双边市场特征和网络外部性特征使得银行卡POS交易的定价将是成本、竞争、双边市场需求等多种因素的综合反映。

---

① 陈伟、李一军：《零售银行客户偏好研究》，载《金融研究》2006年第6期。
② 李曼：《论服务营销与零售银行市场竞争力》，载《金融研究》2006年第4期。
③ 宋雪枫、杨朝军：《商业银行顾客满意度诊断系统研究》，载《金融研究》2006年第2期。
④ 陆娟、芦艳、娄迎春：《服务忠诚及其驱动因素：基于银行业的实证研究》，载《管理世界》2006年第7期。
⑤ 寇宗来、王学斌：《ATM收费、银行竞争和社会福利》，载《世界经济》2006年第1期。

我国银行卡 POS 交易定价应该与国际接轨，由现有的单一定价模式转变为三级差别定价和二级差别定价相结合的差别定价模式。①

（三）商业银行成本管理

刘锡良等利用全面成本管理和 RORAC 的理论与方法，对商业银行的经济利润构成进行分解，得出以下结论：（1）我国商业银行的成本管理效率较低，在成本控制方面还大有可为；（2）在成本管理上沿袭传统的成本管理体制和方式，过分依赖财务会计方法，缺少管理会计手段是我国商业银行成本管理能力不足的主要原因；（3）商业银行要赢得竞争优势，就必须以更低的价格提供给客户同样的价值，或者价格略高但提供额外的价值；（4）我国商业银行成本管理的主要着力点是资金成本、营运成本、风险成本、资本成本；（5）商业银行可以从建立完善的内部资金转移定价机制、利用作业成本法进行成本归集与分摊、加强风险管理、控制资本成本等方面入手实施成本领先战略，提升银行竞争力。②

方爱国认为，长期以来，我国银行业逐渐形成了重信贷运作、轻内部管理，重数量增长、轻质量提高，重规模经营、轻效益改善的运行特点。这种运行方式导致的后果之一就是，成本费用观念淡漠，忽视成本与效益的恰当配比，忽视商业银行（含股份制商业银行）作为企业对投入产出率的追求与评价。建立商业银行成本管理模型可以为商业银行经营管理构筑完整的信息平台，是实现我国商业银行经营方式转变的重要途径。新的商业银行成本管理模型框架由成本预测分析子系统、成本核算子系统、成本管理运行子系统和管理绩效评价子系统四部分构成。③

韩冰认为，救助问题银行需要耗费资源，为减少银行救助的随意性，政府、中央银行和监管当局在决定是否救助问题银行时，要估算在救助过程中需要耗费掉的资源成本与实现救助目标后的收益谁大谁小，要权衡救助的道德风险与不救助的传染效应孰轻孰重。因此在干预行动前应进行必要的成本收益分析。④

---

① 胥莉、陈宏民：《银行卡定价理论的新发展——兼论对我国银行卡 POS 交易价格形成机制的启示》，载《中国工业经济》2006 年第 6 期。
② 刘锡良、刘轶：《提升我国商业银行竞争力——成本领先战略视角》，载《金融研究》2006 年第 4 期。
③ 方爱国：《关于商业银行成本管理模型的研究》，载《金融经济》2006 年第 7 期。
④ 韩冰：《救助问题银行的成本收益分析》，载《金融研究》2006 年第 5 期。

(四) 商业银行激励机制

许国平等在对工、中、建、交四行员工费用及高管薪酬水平现状进行分析后，对国有商业银行薪酬体制改革提出了相应的政策建议：（1）完善业绩考核评价制度，彻底取消国有银行的行政级别；（2）董事会应发挥决策职能，使薪酬改革方案更加科学合理；（3）加大薪酬分配的透明度。①

盛松成也认为，深化银行体制改革应塑造银行家文化，努力建立有利于培养职业银行家的激励约束机制。国有银行或国有资本控股的银行要努力改变当前对银行经理层的官员制任命方式，聘任和培养一批有职业素养的银行家，改变频繁调动银行管理人员的做法，建立和完善有利于培养银行家树立长期经营理念的薪酬制度和责任追究制度，废除对银行分支机构和信贷人员"零不良贷款"考核制度。监管部门要建立动态的对银行高管人员任职资格的管理机制，防止高管人员通过岗位流动规避贷款损失责任。②

肖凌等则通过研究国有银行中层管理人员的胜任特征要素及其内在结构，提出了国有银行中层管理者的胜任特征模型。结果表明，国有银行中层管理人员胜任特征模型可归为6个因子：市场应变力、领导力、风险和成本意识、人际关系处理能力、个人特质、规范管理。③

三、商业银行不良贷款及信贷问题

(一) 商业银行的不良贷款

刘澜飚等基于博弈论的分析框架，建立了一个包括政府—企业—银行

---

① 许国平、葛蓉蓉：《国有商业银行薪酬制度改革的现状与问题》，载《金融研究》2006年第12期。
② 盛松成：《商业银行的筛选功能与宏观调控》，载《金融研究》2006年第4期。
③ 肖凌、聂鹰、梁建春：《国有银行中层管理人员胜任特征模型》，载《经济科学》2006年第5期。

的三部门模型,采用新政治经济学的分析范式,对不良贷款在我国国有商业银行体系中的大量积累且必然是内生性处置迟缓的事实进行了阐释。研究结果表明,银行和国有部门占有经济租金的大量机会的存在和政府为寻求政治支持而尽量避免企业大量破产的努力,构成了迅速及时处置国有商业银行所存大量不良贷款的最大障碍。①

韩立岩等用机理分析方法建立由简单到复杂的各级抽象的微分方程模型,描述了违约在给定的贷款组合内的传播过程,提出了预防违约蔓延的手段:(1)科学公正地开展贷前调查,严把贷款审批环节;(2)减小组合内贷款间的违约相依性;(3)严谨、规范地做好贷中管理,强化贷后监督检查;(4)增大对短期项目的投资,多发放短期贷款。②

毛锦等建立基于信息不对称的银行合约设计模型,分析信息不对称状况的变化对银行贷款合约决策的影响。研究结果表明,银行获得企业信息的准确度与对其发放的贷款额呈正相关。银行获得企业信息的准确度与对其要求的抵/质押品价值呈负相关。因此,银行作为一个在风险中赢利的机构,应该高度重视信息不对称状况的变化,将信息搜索和吸取融合到多阶段的动态决策之中。③

(二) 商业银行信贷问题

1. 商业银行信贷制度问题

江曙霞等通过建立地方政府、国有企业、银行三类主体的效用函数及其软预算约束模型,分析三方共谋贷款扩张的制度机理,认为从 2003 年开始,中国经济发生局部过热,银行信贷扩张是地方政府主导型投资过热的重要支撑和扩张加速器,归根结底是软预算约束机制导致银行信贷系统性风险开始积聚。④ 刘西顺则从中观层面和微观层面分析了我国三种产能过剩,即:大中型企业生产资料过剩、中小及民营企业"产能损耗"和

---

① 刘澜飚、王博:《国有商业银行不良贷款处置迟缓现象分析》,载《金融研究》2006 年第 3 期。
② 韩立岩、陈文丽:《贷款组合中违约传染的机理研究》,载《金融研究》2006 年第 7 期。
③ 毛锦、肖泉、蔡淑琴:《基于信息不对称的银行贷款合约分析与设计》,载《金融研究》2006 年第 10 期。
④ 江曙霞、罗杰、黄君慈:《信贷集中与扩张、软预算约束竞争和银行系统性风险》,载《金融研究》2006 年第 3 期。

银行流动性过剩。其研究结果表明，本轮涉及钢铁、电解铝、汽车、焦炭等11个重点行业的产能过剩直接根源于过度投资和扭曲分配，间接增强于由信贷歧视所引发的企业共生系统的损害，而银行的流动性过剩则既是信贷配给导致前两者的重要起因，又是目前经济结构性过剩的货币表现。因而建议加快中小及民营企业信贷支持力度、修复企业共生关系，以较小的成本获得既能扶持中小及民营企业发展、又能解决产能过剩、还能消化银行流动性过剩的多赢局面。① 姜海军等建立了在信息不对称条件下，由激励相容贷款合同构成的信贷市场的信息甄别模型。模型表明，由贷款额度和贷款利率组成的激励相容贷款合同，可以为不同风险借款人带来不同的效用，构成了信贷市场信息甄别的自我选择机制，此时信贷市场上不存在信贷配给，信贷市场可以出清，信贷市场存在稳定的多合同均衡。②

2. 银行信贷与资产泡沫

闵宗陶等利用模型探讨了银行信贷资金在危机性价格泡沫形成中的作用机制，认为在危机前普遍存在着股票、不动产等价格大量上涨产生泡沫，严重偏离其内在价值的现象，而危机又往往是以这种价格的泡沫破裂为先导的。危机性泡沫的形成有许多原因，在一个制度存在缺陷的金融体系下，银行信贷资金介入股市是其中一个重要因素。如果银行本身也存在体制上的缺陷，问题会更加严重。③

3. 银行信贷的所有制差异

江伟提出，作为"政治关系"价值来源的一种普遍形式，国有银行对是否拥有"政治关系"企业的差别贷款行为已经得到国内外学者的验证，但是这些研究都是以单个国家的企业为研究对象，而没有考虑在不同的制度环境下，国有银行的差别贷款行为是否会有所不同，从而也就很难区分出对这种差别贷款行为的不同理论解释。研究结果表明，相对民营上市公司，国有上市公司能获得更多的长期债务融资；在政府干预程度比较低的地区以及金融发展水平比较高的地区，国有银行对不同性质公司的差

---

① 刘西顺：《产能过剩、企业共生与信贷配给》，载《金融研究》2006年第3期。
② 姜海军、惠晓峰：《内生化贷款额度的信贷市场信息甄别模型研究》，载《金融研究》2006年第3期。
③ 闵宗陶、窦玉明、徐涛：《信贷市场与资本市场的互动及其对危机性泡沫的影响》，载《金融研究》2006年第6期。

别贷款行为有所减弱。①

4. 中小企业获贷难问题

吴晓求提出，目前中小企业约占我国注册企业总数 95% 以上，中小企业融资难既有中小企业自身与金融体系特点相冲突的一般性原因，也有源自中国体制转轨时期经济与金融发展不相适应的特殊因素。通过金融创新解决此问题：引入民间资本、发展地区性的中小金融机构；进一步的利率市场化；中小企业板适时向创业板市场完善和发展。同时探索与规范现行的风险投资制度，弱化政府在风险投资的作用。②

5. 农村信贷问题

尹峰等对咸宁市探索大额农贷业务的个案进行了研究并得出以下几点结论：（1）欠发达地区农村信贷市场存在着严重的滞后配置现象；（2）通过政策校正，实施大额农贷，可以推动农村信贷资源优化配置；（3）大额农贷的发展不可避免地面临着一些制度障碍，需从进一步的政策校正加以完善。第一，加大政策扶持力度，提高农村信用社的业务经营能力；第二，加快农村金融基础设施建设，完善农村信用社的服务功能；第三，建立风险防范和化解机制，为大额农贷发展保驾护航；第四，完善信贷管理制度，建立灵活高效的经营机制。③

四、商业银行治理机制

（一）商业银行公司治理的特殊性及治理结构

1. 商业银行公司治理的特殊性

何德旭等指出，与一般企业相比，商业银行公司治理的特殊性表现

---

① 江伟：《制度环境、国有产权与银行差别贷款》，载《金融研究》2006 年第 11 期。
② 吴晓求：《关于当前我国金融改革和资本市场发展若干重要问题的看法》，载《金融研究》2006 年第 6 期（总第 312 期）。
③ 尹峰、马侃、黄绪江：《信贷资源的滞后配置与政策校正：咸宁市大额农贷个案研究》，载《金融研究》2006 年第 2 期。

在：(1) 银行公司治理的目标不仅包括银行价值最大化，还应包括维护金融体系的安全和稳健。(2) 银行公司治理面临的利益冲突和所要解决的问题更加复杂。(3) 外部治理在银行公司治理中的作用有限，主要依靠内部治理发挥作用。(4) 与相同规模的制造企业相比，商业银行在内部治理的股权结构、董事会构成、高级管理层的激励机制等方面均存在着较大差别。① 洪正则认为银行业公司治理的特殊性主要表现在：高杠杆率、资产组合的不透明性、存款挤兑的可能性以及存在外部安全网和严格的监管。② 潘敏认为，银行业的行业特征主要表现为资本结构的特殊性、资产交易的非透明性（Opaqueness）和严格的行业管制（Highly Regulated）等三个方面。在资本结构方面，银行具有其他企业所不具备的三个方面的特征：高资产负债比、债务结构的分散化和资产负债期限的不匹配；银行资产交易的非透明性来自于贷款资产交易的非市场化和非标准化，使缺乏有效监督的银行内部人从事欺诈和关联交易的行为增加。由此导致银行系统具有内在的脆弱性而成为受到最为严格管制的行业。③

2. 银行市场结构

林毅夫等利用中国各省面板数据对要素禀赋、发展战略以及经济结构对银行业结构的影响进行了实证分析。结果表明，各省要素禀赋结构、发展战略以及经济结构的差异能够有效地解释各省银行业结构的差异：赶超越严重的地区，银行业结构越集中；经济结构越偏向于重工业、大型企业和国有企业，银行业结构越集中。他们强调，只有与经济发展水平和经济结构相匹配的银行业结构才能更加有效地为企业等经济主体提供各种金融功能。④ 陈伟光认为，从金融系统、配置效率、生产效率、中小企业融资和金融稳定等多维角度考察银行结构，理论和实证层面都没有具有说服力的理由表明相对分散型的银行市场结构比集中性的结构更有优势。相反，从金融系统的配置规则、效率优势和金融稳定优势等因素判断，集中的银行市场结构可能更为可取，而且从长远来看有利于中小企业融资。⑤ 高

---

① 何德旭、葛兆强：《公司治理与银行成长之关系探讨——兼论我国银行公司治理的建构》，载《财贸经济》2006年第11期。
② 洪正：《论银行业公司治理的特殊性》，载《经济评论》2006年第6期。
③ 潘敏：《银行管制与商业银行公司治理》，载《经济评论》2006年第2期。
④ 林毅夫、姜烨：《发展战略、经济结构与银行业结构：来自中国的经验》，载《管理世界》2006年第1期。
⑤ 陈伟光：《多维视角下的中国银行业结构改革设计》，载《改革》2006年第7期。

蓓、冯宗宪采用双头寡占下数量竞争的混合寡占模型，分析讨论了在国有商业银行股份制改革和利率市场固定的前提下，追求社会福利和经济利润双重目标的国有商业银行与完全追求自身利润最大化的非国有商业银行间互相竞争的问题。研究发现：（1）在所有前提条件相同的情况下，国有商业银行有国家信用作担保，因此更具有竞争力；（2）国有商业银行改革的重点在于建立明确的金融产权结构和完善的法人治理结构；（3）国有商业银行应该停止盲目存款扩张而着重追求效率；（4）国家如果要真正建立明确的金融产权结构和完善的法人治理结构，就必须进一步强化国有商业银行的市场化程度。[①]

（二）商业银行公司治理对策

何德旭等认为，有效的银行公司治理应该具备明显的特征：（1）以清晰的产权界定为基础；（2）银行所有者拥有选择和监督代理人的权力；（3）银行的剩余索取权与剩余控制权相对应；（4）根据银行绩效动态确定经理层的收入水平；（5）在清晰的制度框架下给予经理层以充分的经营自主权；（6）银行所有权在多元化基础上适度集中；（7）具备对银行经营状况变动的开放性和适应性。[②] 洪正针对银行公司治理也提出以下建议：（1）改变国家作为惟一股东的格局，促进银行股东多元化；（2）上市可以改善大型国有银行"内部人"控制和预算软约束的状况；（3）重视债权人的独特治理作用，增加未保险债权人的数量，发展包括银行同业、次级债和股票市场在内的资本市场；（4）建立存款保险制度，实施审慎的银行监管。[③]

苑德军对曾康霖、高宇辉的新作《中国转型时期商业银行公司治理研究》一书进行了评价，认为该书的作者对我国商业银行公司治理的特殊性的论述新颖且颇具启发性。该书作者认为，由于银行面临着四维约束（政府行为约束、监管约束、股东约束和债权人约束）及约束发挥作用的方式与一般企业明显不同，使得我国银行的公司治理不同于一般企业。完

---

① 高蓓、冯宗宪：《商业银行国有化最优比例问题——基于 Cournot 模型的研究》，载《经济科学》2006 年第 6 期。
② 何德旭、葛兆强：《公司治理与银行成长之关系探讨——兼论我国银行公司治理的建构》，载《财贸经济》2006 年第 11 期。
③ 洪正：《论银行业公司治理的特殊性》，载《经济评论》2006 年第 6 期。

善我国银行公司治理有三条路径：一是对银行公司治理实行静态设计与动态优化相结合，实现"有效的公司治理"；二是通过建立高效率的银行分级管理体系来促进银行公司治理的完善；三是构建股东、客户与员工之间良性互动的激励体系。①

盛松成认为，商业银行公司治理应着眼于发挥好商业银行的筛选功能，因为商业银行的筛选功能直接作用于区域经济协调，有助于宏观调控。所谓筛选功能，指的是商业银行基于自身的经济利益或利润最大化的要求，对贷款项目进行评估和选择的过程，这个过程的实质是发现企业价值以决定信贷配给的过程，也是商业银行区别于其他金融中介机构的一个重要功能。通过这种筛选，优势企业得到支持，劣质企业被淘汰，于是商业银行能够发挥经济稳定器和调节器的作用。②

五、商业银行改革

（一）国有商业银行引进外资的争论

针对当前国有银行引进战略投资者及境外上市进程中出现的国有银行股权"贱卖论"，许国平等认为"贱卖论"的核心在于：一是国有银行是否应该出售股权；二是即使出售股权，价格是否偏低。经过投入—产出分析后，他们认为国有银行股权转让后取得了经济收益和制度收益。以建行为例，通过引进战略投资者，建行的股价不仅达到较高水平，国有资产得到保值增值，而且获得制度收益，如提升了制度创新能力、改进了风险管理等。③ 王森也认为，在转轨经济过程中，我国的商业银行在市场不完全和依靠自身实力难以与外资银行进行业务竞争的情况下，借用外力（外资银行的实质性持股）可以尽快改变劣势。这不仅可以改善治理结构，促使商业银行向现代企业制度迈进，而且也可以利用外资银行的营销和管

---

① 苑德军：《银行公司治理研究的力作——评曾康霖、高宇辉新著〈中国转型时期商业银行公司治理研究〉》，载《财贸经济》2006年第5期。
② 盛松成：《商业银行的筛选功能与宏观调控》，载《金融研究》2006年第4期。
③ 许国平、葛蓉蓉、何兴达：《论国有银行股权转让的均衡价格——对"贱卖论"的理论回应》，载《金融研究》2006年第3期。

第八章　商业银行问题讨论综述

理经验促进我国的商业银行实现由传统业务向现代业务的转变。通过必要的制度配合，提高中资银行的效率。在国际经济一体化进程中过分担心外资银行会控制我国的金融命脉是没有必要的。① 刘玲玲等首次实证研究了中国主要商业银行及其战略投资者的利润无效率水平。研究结果发现，虽然在中国主要商业银行及其战略投资者的利润无效率之间并没有一条截然的分界线，但是战略投资者的赢利能力普遍较高，值得前者借鉴和学习；从利润无效率变化的趋势看，中国国有和股份制商业银行的赢利能力在逐年提高，与战略投资者的利润效率有收敛的趋势。②

徐丹丹则提出不同观点，认为国外战略投资者的引进，固然能实现国有银行产权主体的多元化，提高国有商业银行资本充足率和银行业务、产品的创新能力，并对政府干预国有银行经营起到纠正和制衡的作用。但是，从维护国家金融安全的角度看，不能过分强调国外战略投资者，忽视效益好的国有大中型企业，在国有银行的股权结构中应保持合理比例，以避免对国外投资者释放太多的股权，影响我国的金融自主权。对国有商业银行而言，国有大企业的加入，不仅有利于国有商业银行产权主体的多元化，同时也是国有商业银行与国外银行在市场竞争中留住优质客户的有效手段。③

吴晓求也认为引入境外战略投资人、海外发行上市是适合大型国有商业银行改革的方向的，这种改革对于国有商业银行实现股权结构多元化、提升公司治理和经营管理水平、提高银行竞争力将发挥重要作用。但是，吴晓求提出，大型国有商业银行对中国金融安全有举足轻重的影响，任何改革方案都必须确保国家对银行的绝对控制权。（1）公开发行上市前引入战略投资人，应明确单个境外机构持股比例最低5%且少于20%，多个境外机构持股比例合计少于25%；（2）在发行上市后，仍应明确单个境外机构持股比例少于20%，多个境外机构和个人持股合计少于50%，并确保国有股东持股50%以上；（3）大型国有商业银行境外公开发行股票时应明确股份全流通，以防止造成国有股东丧失绝对控制权。④

---

① 王森：《金融一体化：中国的银行改革与金融安全》，载《经济学动态》2006年第11期。
② 刘玲玲、李西新：《银行利润无效率及其影响因素的实证研究——以中国主要商业银行及其战略投资者为例》，载《金融研究》2006年第12期。
③ 徐丹丹：《国有商业银行产融结合的路径选择》，载《经济理论与经济管理》2006年第4期。
④ 吴晓求：《关于当前我国金融改革和资本市场发展若干重要问题的看法》，载《金融研究》2006年第6期。

(二) 商业银行并购与重组

1. 中国商业银行并购的意义及其战略

薛誉华认为,并购是商业银行实现规模经营、增强竞争能力的重要手段,要加快我国银行业并购步伐,有关部门需要创造更加有利的条件,从外部环境和内部条件两方面完善我国商业银行的并购机制。长远来看,随着我国大型商业银行股份制改造的完成,以及银行业并购外部条件与内部机制的完善,我国银行业的并购将具有更大的规模与更强的协同效应,这对实现我国银行业的强强联合,提高我国商业银行业国际竞争能力,都具有重要意义。[①] 董琦也认为,随着后 WTO 时代国际金融行业竞争的加剧,银行间开展并购的热潮将会来临。银行业并购与企业并购存在密切相关性,银行业并购对现代金融产业的建立和发展做出了重要贡献。而中国银行业目前的并购是在产权关系不甚明晰、相关法律法规比较欠缺以及经济金融欠发达的背景下出现的。因此,中国银行业应顺应国际银行业的发展趋势,按照"组织重组—同业整合—混业扩张"的渐进式战略实施并购,且逐步实现"五个转变":一是从政府主导型转向市场主导型;二是从直接并购转向间接并购;三是从强弱并购转向强强并购;四是从横向并购转向纵向并购和混合并购;五是从国内并购转向国内与国际并购并存。[②]

2. 商业银行重组的成本分摊与模式

陈野华等通过分析渐进改革成本与国有银行财务重组的关系,得出如下结论:首先,国有银行财务重组是必要的,它既是被转移的渐进改革成本在国有银行不断累积的必然结果,又在客观上形成了渐进改革成本的发现机制。其次,巨额成本的二次转移及其最终支付问题值得关注,它体现了在我国财政收支的约束条件下财务重组"后摊"与"隐性负债"的渐进改革特点。再次,由政府最终承担渐进改革成本既有现实的必要性,又有理论上的可行性,但由央行承担成本会引起央行的资产损失,由此导致金融体系脆弱性的增加、央行处理突发事件应急能力的减弱。最后,虽然

[①] 薛誉华:《我国商业银行并购前景与机制完善》,载《财贸经济》2006 年第 12 期。
[②] 董琦:《银行并购:后 WTO 时代中国商业银行的战略选择》,载《改革》2006 年第 6 期。

央行的铸币税收益使财政不必承担所有未支付的改革成本,但这并不改变中央财政是成本最终兜底者的角色。陈野华等建议:(1)再贷款与央行票据的使用应该有个"度"的问题;(2)央行要慎重地承担货币政策和汇率政策以外的职责,重组金融机构的方案设计要尽量降低道德风险以提高央行资产的质量;(3)央行应及时对其参与银行财务重组的"估值损失"进行认列和记录亏损的会计操作,中央财政预算要反映央行因参与财务重组而导致的实际资本下降。[①]

3. 商业银行股份制改造的产融结合模式

徐丹丹从产融结合的角度分析商业银行的股份制改造问题。认为产融结合一方面有利于国有商业银行引入产业资本进行股份制改造;另一方面,国有商业银行资本参股、控股产业资本,有利于进行混业经营的探索。同时提出我国国有商业银行产融结合模式只能采取渐进发展的路径,大致经历了三个阶段:第一阶段,以股份制改造为契机,引入产业资本、处置不良资产、充实资本金、实现产权制度和治理制度的变革。第二阶段,以非银行金融机构为媒介,间接进入产业部门。第三阶段,组成金融控股公司或全能银行与产业部门资本相互参股、控股,达到发挥范围经济优势,节约信息成本和交易成本,分散风险,增强银行和企业国际竞争力的目的,实现基于市场原则自主决定的双向产融结合模式。[②]

六、商业银行风险管理

(一) 商业银行系统性风险

1. 系统性风险的特征与识别

范小云等提出,20世纪末,金融全球化迅速发展,全球银行之间相

---

① 陈野华、卓贤:《中国渐进改革成本与国有银行财务重组》,载《经济研究》2006年第3期。
② 徐丹丹:《国有商业银行产融结合的路径选择》,载《经济理论与经济管理》2006年第4期。

互关联并与各国的利率、汇率等经济指标紧密相连，系统性风险日益成为全球银行业关注的焦点。对银行业系统性风险的识别主要有两种途径：特征判断和过程分析。系统性风险的特征可以概括为"外部性"特征、风险与收益的不对称性特征、传染性特征、损害实体经济的特征和与投资者信心有关五大特征。一般来说，在银行业系统性风险的发生过程中，各个特征逐步显现，但是在系统性风险的形成过程中，以传染性特征跨度最大、最为明显。银行业系统性风险的传染渠道主要有三个：被动式传染、实际业务传染和信息传染。对系统性风险的识别主要视其传染途径是否遵循这三条。[①]

2. 系统性风险的形成机制

江曙霞等通过建立地方政府、国有企业、银行三类主体的效用函数及其软预算约束模型，分析三方共谋贷款扩张的制度机理，认为目前我国银行系统性风险存在三个相关表现形式：（1）政府行为企业化、软预算约束与信贷政治性经济周期风险。20世纪80年代以来的行政性分权和财政包干制度强化了地方政府的财政和经济激励，陷入地方官员主导型投资的重复建设的恶性竞争怪圈（囚徒困境）。（2）地方政府信用道德风险及示范效应。近年来金融部门对政府等公共部门已经形成了数额巨大的融资余额，这部分贷款实际变相成为地方政府的财政性支出，造成了政府信用的过度放大和沉淀成本增大，倒逼金融部门进一步加大信贷投放，造成信贷投放总量失控的可能性。（3）羊群效应与信贷的集中度风险。信贷集中和扩张的一个方面是信贷资金投向的行业集中，过度的信贷对象趋同和行业集中、银行羊群效应势必导致银行潜在的系统性风险上升。[②]

（二）商业银行信用风险管理

1. 建立信用风险管理框架

吕长征指出，从国际银行业的经验来看，信用评级体系的发展大体上

[①] 范小云、曹元涛、胡博：《银行系统性风险测度最新研究比较》，载《经济学动态》2006年第1期。

[②] 江曙霞、罗杰、黄君慈：《信贷集中与扩张、软预算约束竞争和银行系统性风险》，载《金融研究》2006年第3期。

经过了四个发展阶段：经验判断阶段、分析模板阶段、打分卡阶段、模型化阶段。新巴塞尔协议中所提出的内部评级法就是专指"模型化阶段"这一较高层次的评级体系。内部评级法是全球领先银行业进行信贷风险管理的主流模式，它不仅可以提高商业银行信息生产效率，还可以有效地扩大银行的经营服务范围，开拓新的市场领域，这一点在大银行增加对中小企业融资方面的效果尤其显著。我国目前实行的贷款五级分类仅仅是银行业风险管理的一个初级阶段，这种分类并不能满足商业银行有效地进行贷款风险管理的需要。在信用风险防范和控制手段上，我国商业银行没有建立起分产品、分部门、分客户的核算机制和以内部资金转移价格为中心的定价体系，缺乏健全的信用风险管理框架。因此，我国商业银行必须有超前意识，借鉴 IRB 法的实质内容，尽早在现行的贷款五级分类基础上对其进行细化，建立起适合国情的内部评级体系。[①]

2. 实行内部评级收费

朱全涛等认为中国银行业必须改变眼前的信贷发放模式。当前模式是，中国银行业在评估客户信贷申请时一般不收取费用。但是，内部信用评级同样需要支付成本——信贷员花了时间、为核实相关信息而支付的各种费用等等。为了弥补这些支出，中国银行业不得不向获得信贷的企业或个人收取高存款利差。其危害在于，它鼓励了高风险、高回报企业向银行融资，阻止了低风险、低回报企业向银行申请信贷；它让获得信贷的企业为没有获得信贷，但申请了信贷的企业买单——支付银行内部评级费用，造成银行内部评级资源配置的扭曲，它甚至鼓励了信贷诈骗。结果提高了中国银行业信贷资产的风险。因此，银行应该单独对内部评级收费。[②]

3. 优化金融生态环境

程昆就金融生态环境的信用风险控制功能提出了两个相关命题：如果信用的信息服务功能缺失，担保机构作用有限，事前风险控制不足，而事后挽救措施也无效，金融机构形成高不良贷款率的可能性就非常大；地区金融业高不良贷款形成率会引起地区资金外流以及降低金融业的经营效率。并以广东为例，从金融生态环境的信用风险控制功能角度揭示广东金

[①] 吕长征：《防范信用风险加速内部信用评级体系建设》，载《金融研究》2006年第7期。
[②] 朱全涛、吴欣望：《银行如何利用信用评级规避风险》，载《财贸经济》2006年第10期。

融业落后的原因,同时提出相应的对策建议:(1)健全社会信用体系,重点加快征信系统建设。(2)建设与完善公平有效的中介服务体系。(3)发挥政府在金融生态环境中的作用。①

4. 管理金融创新

刘少波等认为金融创新的结果之一是衍生出新的金融产品,但新的金融产品甫经产生时,其信用级别通常较低,因此必须对新金融产品的原始信用进行辨析、分离、重组和提升,这一过程即为信用增级。能否实现信用增级,在很大程度上决定新金融产品能否为市场所接受及接受的程度。然而,信用增级过程涉及很复杂的利益结构,市场主体各自的利益如何在信用增级过程中实现均衡,将直接决定能否成功实现信用增级,而这又取决于这一过程中的合理定价。②

(三) 商业银行操作风险

阎庆民等认为,操作风险广泛存在于银行经营管理的各个领域,是银行面临的基础风险之一。新巴塞尔协议首次引入操作风险,并将其视为与信用风险、市场风险并列的三大风险之一。随着我国金融开放步伐的加快,操作风险也必将成为我国金融机构风险防范的重点所在。并对防范操作风险提出如下建议:(1)内控机制。根据银行业务特点和风险控制需要,建立内部控制十大系统,即授权管理系统、资金计划系统、会议控制系统、人事教育控制系统、筹资风险控制系统、信贷资金风险控制系统、外汇业务控制系统、信用卡业务控制系统、计算机风险控制系统和清算风险控制系统。(2)损失数据的收集和分类整理。尽管我国目前还不必依据新巴塞尔协议进行银行风险管理,但我国金融机构目前应做好损失数据的收集和按业务线进行分类整理的工作,为未来过渡到先进的风险管理工具做好准备。(3)加强信息披露和市场约束。银行所披露的信息应具有综合性、相关性、及时性、可靠性、可比性和实质性。而信息披露的范围,应该包括银行的经营业绩、财务状况(包括资产、清偿力和流动性)、风险管理策略和做法、风险暴露、会计准则以及基本的运营、管理

---

① 程昆:《金融生态环境的信用风险控制:广东的证据》,载《改革》2006 年第 1 期。
② 刘少波、张霖:《金融创新中的信用增级及其定价问题——以资产证券化为例》,载《金融研究》2006 年第 3 期。

和该银行管理层等六个方面。(4) 健全和完善内部稽核监督体系。已实行股份制改革的商业银行应在董事会下设立内部稽核（审计）委员会，同时在高管层组织架构系统内实施垂直化管理，建立总行稽核派驻制度。①

孙涛借鉴国内外商业银行操作风险控制的成功经验，构建了我国商业银行操作风险控制模式的基本框架：(1) 操作风险控制目标确定与分解子系统。(2) 操作风险控制中心。(3) 操作风险考核与评价子系统。(4) 操作风险反馈子系统。在这个操作风险控制系统中，以控制目标的确定为基础，控制过程为核心，考核与评价以及信息反馈为手段，降低操作风险为目的。②

(四) 商业银行道德风险与金融犯罪

针对道德风险问题，曾康霖等认为：(1) 道德风险是在不完全合约条件下由于代理人"隐瞒信息"和"隐瞒行为"给委托人带来的风险，它不是道德与风险的简单组合。(2) 违背职业道德不是道德风险，不能用道德风险去进行理论解释，理解道德风险不能简单地以伦理道德去思考，而必须理解它的经济学逻辑。(3) 防范道德风险要降低事前信息的不对称，并应有不同的配套措施，委托人以事后可观察到的信息决定代理人的回报，从而调动代理人的积极行动、避免消极行动，是防范和避免道德风险的途径之一。同时，信任是社会的"资本"，信任的建立必须维护好信誉，合约双方讲求信誉，既能使委托人放心，又有利于调动代理人的积极行动、避免消极行动，所以有利于防范和避免道德风险。(4) 不宜把金融职务犯罪等同于道德风险，如果把金融职务犯罪等同于所谓的"道德风险"，则会使人片面地认为犯罪的主因是缺乏职业道德，而为了防止和杜绝这种犯罪的蔓延，便着力加强思想教育，但加强思想教育是不能完全解决职务犯罪的，因为思想教育是必要的，但不是充分的。(5) 虽然金融职务犯罪不同于道德风险，然而不可否认的是，道德风险同金融职务犯罪存在着相关性。我国在惩治金融职务犯罪的过程中存在着发现的滞后性、调查的迟钝性和惩罚的软弱性等问题，这些问题都与地方

---

① 阎庆民、蔡红艳：《商业银行操作风险管理框架评价研究》，载《金融研究》2006 年第 6 期。

② 孙涛：《商业银行操作风险控制模式及防范策略研究》，载《财贸经济》2006 年第 9 期。

政府、金融企业内部、司法部门以及相关企业关联。①

（五）商业银行风险控制机制

刘晓勇认为，风险控制决定银行竞争优势，但是，我国商业银行在着力提高竞争能力的时候，强调业务发展较多，注重风险控制不够，银行的风险控制大多建立在不完善的制度规定、不健全的内部控制和不完全的信息系统基础之上，还远远没有形成有效的风险控制机制。应按照银行内部管理的需要和外部监管的要求，参照相关国际准则，构建"产权结构明晰、公司治理良好、风险管理健全、内部控制有效、合规功能到位"的我国商业银行风险控制新机制：（1）从组织形式和治理结构着手改进控制动力功能。（2）从治理机制和风险管理着手改进控制传导功能。（3）从内部控制和合规功能着手改进控制工作功能。（4）从风险监管和信息披露着手促进风险控制机制的完善。②

吴栋等运用三阶最小二乘法（3SLS）方法，利用14家商业银行的年度面板数据，分析了最低监管资本要求与我国银行业的资本与风险行为的关系。研究发现，最低监管资本要求能显著地降低我国银行业的风险水平，但不能显著地提高银行资本；我国商业银行风险水平变化对我国银行资本的变化产生显著的正的影响，但反过来，银行资本的变化对银行风险水平的变化影响不大或没有影响；在最低监管资本要求框架下，我国商业银行行为及影响商业银行行为的变量与美国等发达国家银行行为及影响因素存在较大差异，我国银行业改革取向应是改善银行治理或加强内控制度建设，而不是市场结构改革取向。③

唐吉平等构建了一个以产品创新为中心的风险管理框架，认为在资本不够充足的条件下，我国商业银行提高竞争力的一个可行思路是角色的转换，即从原来当事人（principal）的角色转变为代理人（agent）。金融机构应当善于转移自己的资产，转嫁自己的风险，成为一个聚集风险又在全社会分散风险资源的有效率的组织。我国商业银行与外资银行最大的差距就在于产品创新，随着竞争的加剧，金融企业越来越像生产性企业，需要

---

① 曾康霖、刘楹、陈华芳：《道德风险与金融职务犯罪》，载《金融研究》2006年第5期。
② 刘晓勇：《商业银行风险控制机制研究》，载《金融研究》2006年第7期。
③ 吴栋、周建平：《资本要求和商业银行行为：中国大中型商业银行的实证分析》，载《金融研究》2006年第8期。

不断推出新产品迎合客户的需求，创新是利润增长的源泉。当然，创新不光是满足盈利的需要，从信用风险管理的角度看，创新更是规避风险的需要。①

（六）商业银行存款保险制度

1. 存款保险制度的负面影响

陆桂娟认为，存款保险制度是维护金融秩序稳定的重要制度，然而却存在着成本巨大、容易引发道德风险的负面作用，这就需要通过一系列制度设计来防范市场主体的道德风险。如果拓宽视野会发现，银行同业拆借和最后贷款人是存款保险高度相近的替代制度，而资本市场发展导致银行功能的转变也降低了存款保险的重要性。因此，在存款保险制度呼之欲出的时刻，全方位思考有关银行和存款保险制度的相关问题就显得尤为重要。② 张正平等也认为存款保险制度会导致银行产生严重的道德风险，降低存款人和其他债权人监督银行的激励，从而导致银行业更大的不稳定。此外，存款保险制度还存在逆向选择和委托代理问题。如果能给银行制定一个公平合理的保险费率（定价），使之能准确地反映银行的风险状况，就能有效地抑制银行的道德风险、改善市场激励并避免银行间的交叉补贴。③ 何光辉提出中国建成何种存款保险制度模式会直接影响到银行行为和金融稳定。存款保险具有诱发银行从事更高风险经营的制度激励。为此，实践中许多经济体对存款保额人为设定上限，但这种保额的确定在实践中由于并没有充分体现市场化约束的要求，总体上不是降低而是加大了银行体系的不稳定性。因此，在金融业相对稳定的背景下，中国存款保险制度建设应该发挥后发优势，利用市场决定保额以尽量增加市场约束力。④

2. 如何建立存款保险制度

王自力认为，在所有建立存款保险制度的国家中，美国是存款保险制

---

① 唐吉平、郭大勇、陈浩：《论信用风险管理的新内涵》，载《金融研究》2006年第5期。
② 陆桂娟：《存款保险的经济学分析》，载《金融研究》2006年第5期。
③ 张正平、何广文：《存款保险定价理论研究的新进展》，载《经济评论》2006年第2期。
④ 何光辉：《道德风险与存款保险额度的市场决定》，载《财经研究》2006年第1期。

度建立最早，也是运行机制最完善的国家。美国联邦存款保险公司（FDIC）的建立成功地保证了美国银行体系的稳定，其成功运作的经验既有外部环境的有效支持，也有 FDIC 本身良好的制度设计，同时，FDIC、美联储及其他监管机构之间保持良好的协作也是重要因素。借鉴 FDIC 的成功经验，我国建立存款保险制度应注意以下几个问题：（1）在存款保险制度建立初期，存款保险基金不可能根据赔付需要收取大量保费，仍然需要依靠中央银行的稳定性再贷款支持。同时，存款保险机构的独立设置原则，并不排斥在存款保险制度初创时期，由中央银行牵头组织制度设计、拟订存保法规，以及按照确立的法规创建存保体系进行早期运作。（2）赋予存款保险机构必要的监管职能是其发挥作用的关键。（3）存款保险机构对投保机构市场退出的处理，可分为不参与、适当参与和全面参与三种类型。将问题机构的处置工作交由存款保险机构来完成，将加快问题机构处置的速度。（4）现阶段我国建立存款保险制度的内外部条件已基本成熟，各有关方面应不失时机，将存款保险制度建设与金融体制改革结合起来，规范银行业退出机制，维护国家金融稳定。[1]

---

[1] 王自力：《FDIC 经验与我国存款保险制度建设》，载《金融研究》2006 年第 3 期。

第九章 公共经济问题讨论综述

一、2006年公共经济问题研究的新特点

与2005年相比，2006年对公共经济问题的关注度进一步提升，从2005年的第9位上升到第7位，凸显了目前公共管理理论研究仍然不能够满足我国公共经济部门改革与发展的需要。2006年的研究与以前相比，具有以下新特点：

一是在研究角度上，2006年的研究密切关注公共经济和公共管理领域改革过程中出现的新问题、新矛盾，系统分析问题存在的原因，并提出改革建议。与以前研究更多围绕改革的大问题展开不同，2006年的研究更多地立足于具体问题，表现出学者们对民生的关心，研究也更加贴近实践。

二是在研究方法上，2006年有了较大的变化，除了在一些问题上仍然延续了规范分析方法外，例证法、案例法和调查研究的方法成为使用最多的分析方法。

三是在研究内容上，在2005年关注的问题基础上，又有了进一步的拓展。研究内容与我国公共经济领域改革发展的进程密切相关，几乎涵盖所有公共领域的相关问题，比较突出的变化有：农村公共产品的提供、公共投资、公共政策、公共事业的市场化改革、城镇贫困、煤矿安全生产、食品安全等成为2006年学界关注的热点。

二、公共产品的供给

(一) 公共产品的本质

秦颖认为,萨缪尔森提出的非排他性和非竞争性只是对公共产品特征的技术性阐释,公共产品本质上是满足社会共同需要的产物,其决定性因素是基于一定价值判断之后的社会共同需要。公共产品的提供只有全面真实地反映社会共同需求,才是建设和谐社会的根本保证。我国的公共产品提供还存在没有充分反映社会公共需求而产生的财政支出结构性失衡问题,必须完善对政府部门提供公共产品相关的监督约束机制,才能实现公共产品的结构优化和调整,实现资源配置的效率和公平的结合。①

(二) 公共产品供给的制度改革与路径选择

1. 公共产品供给的竞争性改革

陈小安认为,准公共产品供给纵向一体化的政府垄断是公共产品供给的主要问题,解决的出路是竞争性供给改革。在准公共产品供给改革中应打破政府垄断供给准公共产品的神话,在准公共产品供给中树立以竞争促进供给效率的理念。我国准公共产品供给的竞争性改革应从四方面入手:一是建立尽量多的供给主体;二是竞争的前提是平等、公平;三是对确定不能采用多主体竞争的准公共产品,也可以采取组织内竞争的方式来提高组织的效能;四是建立一种退出机制,监督供给者行为。②

2. 推进技术进步和制度创新;增加公共品供给

樊丽明等指出,公共品市场供给的首要条件是公共品必须能够排他,

---

① 秦颖:《论公共产品的本质——兼论公共产品理论的局限性》,载《经济学家》2006年第3期。

② 陈小安:《准公共产品竞争性供给改革分析框架——兼论我国公共产品改革思路》,载《中央财经大学学报》2006年第11期。

即必须是一种准公共品。技术进步不仅可以改变公共品的非排他属性，使排他成本不断降低，而且还可使供给品的供给者得到附加收益，从而吸引私人资本的广泛进入。而公共品产权制度和融资制度的创新又为公共品的私人供给提供了有利的制度保障。她们通过实证分析证明了技术进步和制度创新与基础设施市场供给规模与私人资本规模之间存在明显的正相关关系。①

3. 打破公用事业垄断经营

刘戒骄认为，20世纪90年代以来，我国公用事业垄断经营和政企合一、政监不分的弊端日渐突出，目前我国公用事业正处于规模扩张和制度变革并举的新阶段。这个阶段公用事业改革的核心是处理好非网络环节、网络环节和监管环节之间的关系，在开放竞争、健全监管的基础上推进民营改革。在非网络环节，要引导和推动各类资本进入，加强市场结构评估和监管，着力营造多元投资主体、多家企业相互竞争的格局；在网络环节，要注重发挥政府投资的拉动和引导功能，健全和推行特许经营制度，加强市场行为评估和监管，建立开放条件平等、接入价格合理、设施使用充分的制度；在监管环节，要着力实现政企分离、政监分离，健全中央和地方两级监管机构，科学配置监管权，确保终端用户能够以合理价格取得充分、可靠、满意的公用事业产品和服务。②

4. 公共部门与私人部门之间的伙伴关系

唐祥来系统介绍了公共部门与私人部门之间的伙伴关系（Public Private Partnership）模式的实施背景、理论依据和实践基础以及该模式的优劣势分析，指出了PPP模式是区别于政府供给、私人供给或企业和第三部门供给的第四条道路。PPP模式虽然还存在一些不足，但是在推动公共部门支出改革，提供支出效率方面提供了一条全新的思路。主要包括：政府供给的目的是获取服务而非实物资产；公共部门应从产权关系和政府控制两个角度界定；鼓励私人部门、第三部门对准公共产品供给；实行多

---

① 樊丽明、石绍宾：《技术进步、制度创新与公共品市场供给——以基础设施发展为视角》，载《改革》2006年第2期。
② 刘戒骄：《我国公用事业运营和监管改革研究》，载《中国工业经济》2006年第9期。

元化教育改革战略；基础设施等准公共产品和服务实行 PPP 模式供给。①赵时亮等认为，互联网上存在的以开放源代码软件（Open Source Software，简称 OSS）为代表的免费软件在消费和使用的过程中不存在排他性和竞争性，具备了公共产品的特征，然而由于技术壁垒的原因事实上成为俱乐部产品。软件开发者之所以愿意提供开放源代码软件主要处于满足自身对某种软件的特殊需要、纯粹的个人兴趣或业余爱好、遵循礼物文化的社会规范和作为人力资本价值的信号标志等动机。他们指出，考察开放源代码软件的供给，对公共产品供给具有借鉴意义，从而得出了私人提供公共产品具有可行性和生产关系将出现人与人在生产与消费过程中结成平等互助关系新趋势的结论。② 对于公共服务，政府面临着自身生产还是市场采购的选择，马蔡琛认为，随着公共财政改革的推进，公共服务采购的份额将不断提升。当前我国公共服务的采购份额过低，覆盖范围狭窄，种类单一，相关研究滞后。通过鼓励民间组织参与服务采购和"跨部门"服务采购预算体系的构建，将会改变公共服务的垄断供给结构，实现民间组织发展与预算效率提升的"双赢"目标。③

（三）农村公共产品的供给

1. 农村公共产品供给的特点

陈朋认为，根据农村公共产品的功能和不同发展阶段的需求变化，可以将农村公共产品分为经济发展型、公共服务型、社会保障型和生态保护型四种类型。农村公共产品除了具有公共产品的一般属性外，还具有运行成本高与利用率低并存、高依赖性与低供给率并存、高外在经济性与低内在经济性并存的特殊性。④ 贺雪峰等认为，农村公共物品供给一般有三种方式：一是市场化供给；二是通过发育民间组织的方式；三是借助于以强

---

① 唐祥来：《公共产品供给的"第四条道路"——PPP 模式研究》，载《经济经纬》2006年第1期。
② 赵时亮、陈浪：《公共产品的私人供给——以开放源代码软件开发为例》，载《经济学家》2006 年第 2 期。
③ 马蔡琛：《公共服务采购：政府与民间互动的桥梁》，载《财贸经济》2006 年第 6 期。
④ 陈朋：《农村公共产品的供给模式与制度设计思考》，载《教学与研究》2006 年第10 期。

制力为依托的政府性权力。①

2. 农村公共产品供给存在的问题

贾康等认为,我国农村公共产品和服务存在着供给主体单一、农村公共产品供给"自上而下"的决策机制、基层政府的财权与事权不呼应、基层和社区公共资源筹集和使用不规范、总体投资不足和资金使用效率不高、过剩与不足共存、政府越位与缺位并存等特点。②

3. 农村公共产品供给问题形成的原因

贾康等认为,我国公共产品与服务长期存在着供给不足的问题,其原因一方面是由于财政投资不足,另一方面是在供给机制上也存在问题,即供给由政府包办而利用非政府力量不足。③崔文娟等也认为,我国现行财政体制的缺陷导致县乡财政困难,这是农村公共产品供给不足的重要原因。④陈朋指出,农村公共产品的供给严重不足,既有制度内的原因,也有制度外的原因。一是国家长期实施"重工轻农"、"以农补工"政策;二是受分税制影响,很多基层政权没有财力承担农村公共产品供给责任。从结构来看,由于大多农村公共产品都由各级政府按照自己的意愿提供,农民缺少实质性参与,直接导致供给与需求的脱节。从效率来看,由于信息的不对称和逆向选择导致了农村公共产品供给效率低下。⑤

4. 解决农村公共产品供给问题的建议

(1) 充分发挥政府、市场、社区和第三种力量在农村公共产品供给中的合力作用。陈朋认为,充分发挥政府在农村公共产品供给中的主导作用应是最为根本之策。同时,公共产品供给的"政府失灵"以及供给效率的低下,也要求充分利用"市场之手",市场供给应是我国农村公共产品供给的促进性支撑。随着基层民主建设的推进,农村社区的作用将会日益彰显,其在我国农村公共产品供给中具有重要的补充性作用;随着公民——国家二元社会的逐渐消融,第三种力量的兴起要求充分调动社会各

---

① 贺雪峰、罗兴佐:《论农村公共物品供给中的均衡》,载《经济学家》2006年第1期。
②③ 贾康、孙洁:《农村公共产品与服务提供机制的研究》,载《管理世界》2006年第12期。
④ 崔文娟、郭家虎:《增加农村公共产品供给需要从我国财政体制改革着手》,载《经济纵横》2006年第5期。
⑤ 陈朋:《农村公共产品的供给模式与制度设计思考》,载《教学与研究》2006年第10期。

界的力量，使得第三种力量成为我国农村公共产品供给的重要补充力量。通过充分发挥政府、市场、社区和第三种力量在农村公共产品供给中的合力作用，是有效摆脱我国当今农村公共产品困境的必然和现实选择。同时，也需要通过建立农村公共产品供给需求表达与实现的利益机制体系，明细供给的有限序列的制度安排，建立起多元化的供给模式。① 贾康等指出，传统观念认为政府安排或提供公共产品总是由政府自己生产，政府放弃了生产者的功能，就自然失去了提供者的职能，其实这是一个认识误区。公共产品的提供者不一定要充当生产者的角色，而可以运用政府采购手段完成其职责。在制度安排、机制设计层面，正确区分公共产品的提供者、生产者和消费者，将有利于对不同公共产品合理选择不同的提供方式，从而充分利用市场环境和机制潜力，提高公共资金使用效益和引致民间资金介入，缓解农村公共产品有效供给不足。在提供农村公共产品和服务的过程中，政府充当主要的安排者，但是并非一定是公共产品和服务的生产者，政府应当从那些没有必要成为生产者角色的领域中退出来，以多种方式积极引导私人部门参与生产农村公共产品与服务，充分发挥政府间协议供应机制的潜力。② 在发挥政府作用上，崔文娟等建议，需要进一步改革和完善我国现行的分税制财政体制，加快公共财政体制建设步伐，在各级政府间合理划分职责范围和收入，做到财权与事权相统一，是加强县乡财政、改善农村公共产品供给的体制保障。③

（2）农村公共产品供给的相关制度安排与机制设计。张应良等认为，乡村社区公共产品有效供给是研究农村公共产品供给问题的逻辑起点，乡村社区公共产品供给决策制度、成本分摊制度、监督管理制度的创新和公共产品消费偏好的真实显示机制、实现供给主体多元的组织动员机制与他律制约的监督管理机制的建立构成框架的基本内容，通过相关制度安排与机制设计以保证乡村社区公共产品供给有效则是研究的逻辑归宿。在此基础上，他们建议：第一，改造"自上而下"的供给决策制度为"自下而上"的决策制度，使公共产品的供给真正满足农业农村经济发展和农民生活的需要，其前提条件是构建乡村社区居民公共产品消费偏好显示机

---

① 陈朋：《农村公共产品的供给模式与制度设计思考》，载《教学与研究》2006 年第 10 期。
② 贾康、孙洁：《农村公共产品与服务提供机制的研究》，载《管理世界》2006 年第 12 期。
③ 崔文娟、郭家虎：《增加农村公共产品供给需要从我国财政体制改革着手》，载《经济纵横》2006 年第 5 期。

制；第二，通过建立动员机制引导多元投资主体参与，实现成本的多元分摊，建立一个合理的公共产品成本分摊制度；第三，随着市场机制逐步深入政府与社会、政府与居民、居民与企业关系中时，需要建立强大的他律制约监督机制和相对超脱的监督管理机构实施对乡村社区公共产品供给中各方关系和行为制约的监督和管理。①

蔡晓莉通过案例研究表明，在转轨体制下，即使正式责任制度很薄弱，非官方惯例和规则的约束仍然能够促使当地官员设立并履行其公共责任。而这些非正式责任制度由特定类型的连带团体提供并在全社区发挥其道德权威。在其他条件都相同的情况下，存在这类集团的村庄比没有这类集团的村庄更有可能获得较好的公共品供应，在这种制度下的政府官员所提供的公共品，往往还超过了足够维护社会稳定所需的最低水平。②

（3）农村公共产品供给的国际经验借鉴。陈家刚等通过对德国地方政府的文献分析和实地考察得出，德国各级政府之间在提供公共品方面的责任明晰、权责一致，且来自政府财政支持的建设资金能够保证需求；充分的市场化是对政府支持的公共品建设的补充；完善的监督机制，以及政党、非政府组织，及公民个人的积极参与，对地方政府的公共活动形成了有效制约。借鉴德国的经验，我国需从以下方面进行努力：必须有一套明确规定各级政府权力、责任的完善的法律体系；必须有充足的财力支持地方公共建设；必须尊重并相信地方能够自己独立完成自身应该承担的责任；必须完善独立的监督体系，保证公共服务始终服务于公共利益。③ 刘承礼介绍了匈牙利提供乡村公共品的经验教训，他指出，匈牙利地方基层政府组织的规模过小、能力有限，为了共同的利益需要组成某些联合形式，市政当局之间联合提供公共品；多方参与为地方公共品供给提供了广阔的渠道；匈牙利地方政府的收入来源主要是中央财政转移支付；地方政府依《地方政府法案》行事保证了其行为的合法性和廉洁性；财政资源的充足和可靠是地方政府进行公共品供给的先决条件。④

---

① 张应良、王钊：《乡村社区公共产品有效供给及其制度逻辑：一个分析框架》，载《改革》2006 年第 12 期。
② [美] 蔡晓莉：《中国乡村公共品的提供：连带团体的作用》，载《经济社会体制比较》2006 年第 2 期。
③ 陈家刚：《德国地方治理中的公共品供给——以德国莱茵—法尔茨州 A 县为例的分析》，载《经济社会体制比较》2006 年第 1 期。
④ 刘承礼：《匈牙利乡村治理的模式解读与经验借鉴——基于乡村公共品提供机制的研究》，载《经济社会体制比较》2006 年第 1 期。

三、公共支出与经济增长

(一) 公共支出与经济增长的关系

1. 公共资本投资对经济增长的作用

郭庆旺等建立了一个包含政府公共资本投资的两部门内生增长模型,通过把公共资本投资分为政府物质资本投资和人力资本投资,对公共资本投资的长期经济增长效应进行了理论分析。研究结论显示,两种形式的公共资本投资对长期经济增长都可能具有正效应也可能具有负效应,这取决于民间经济主体消费跨时替代弹性大小。当民间经济主体消费跨时替代弹性较大时,两种形式的资本投资对经济平衡增长具有正效应,反之,具有负效应。另外,他们利用向量自回归分析框架,对我国 1978~2004 年间公共资本投资对长期经济增长的影响做了实证分析。我国两种形式的公共资本投资与经济增长之间存在着长期均衡关系,其中政府公共物质资本投资较公共人力资本投资对长期经济增长的正影响更为显著,且公共人力资本投资在短期内不利于经济增长。[1] 刘卓珺等以中国相关数据为样本分析了公共投资的经济效应,他们认为,公共投资对经济增长具有显著的刺激效应,在合理规模区间内,公共投资与经济增长明显正相关。[2] 缪仕国等通过生产函数和协整检验方法,评价了公共资本对我国经济增长的作用,两种方法得出的公共资本产出弹性分别为 0.434 和 0.37,说明我国公共资本具有明显的"生产性"特征,公共资本的积累对于促进我国的经济增长具有十分重要的意义。[3] 贾俊雪等建立了一个财政分权框架下的两部门内生增长模型,从理论上分析了资本性支出分权和公共物质资本投资比重对经济平衡增长的影响。他们认为,前者对后者的影响较为复杂,既包

---

[1] 郭庆旺、贾俊雪:《政府公共资本投资的长期经济增长效应》,载《经济研究》2006 年第 7 期。

[2] 刘卓珺、于长革:《公共投资的经济效应及其最优规模分析》,载《经济科学》2006 年第 1 期。

[3] 缪仕国、马军伟:《公共资本对经济增长的影响效应研究》,载《经济学家》2006 年第 2 期。

括直接影响机制也包括通过影响均衡人力资本与物质资本比起作用的间接机制，且它们与经济平衡增长之间存在着倒 U 型关系，因此存在着增长最大化的最有资本性支出分权水平和公共物质资本投资比重。[①] 中国公共支出的规模与结构在改革以来的时序变化特征与工业化国家明显不同。付文林等基于协整分析方法，对中国公共支出相关变量的长期增长效应进行了分析。他们研究发现，我国实际经济增长率与政府预算内公共支出的 GDP 占比呈反向变动关系，这显示中国公共支出政策的适应性性质，政府预算内财政支出的扩张或紧缩由宏观经济运行的状况决定，而不是相反；政府经济建设性支出比重增加会提高 GDP 增长率，而文教费和维持性支出比重与 GDP 增长率之间有着负的双向因果关系，这体现了中国经济的粗放型增长特征。研究结果还显示，地方政府支出比重提高与经济增长率具有正相关关系，这说明通过规范化的政府间转移支付可以改善欠发达地区的公共基础设施，从而有利于中国的长期经济增长。[②] 中国经济增长与宏观稳定课题组认为，当前中国的发展出现了以国富与民生关系失衡为本质特征的增长失衡，而与民生状况直接相关的政府社会性支出的不足，是导致增长失衡的重要原因。为此，政府应在提供教育、医疗和社会保障等方面承担起基本的责任，加快财政支出结构转型，增加社会性支出的比重，改善民生状况，纠正增长失衡；并通过社会性支出的增加，促进人力资本积累，推动增长路径的转变，实现经济长期健康发展。[③]

2. 农村公共支出对私人消费的影响

李燕凌等根据布朗—杰克逊估计方法，从农村公共支出影响因素及公共支出对私人消费影响的视角，运用 1994~2003 年的截面数据及 1994~2003 年的面板数据对中国东部、中部和西部地区农村公共支出效果进行了分析。他们指出，从总体上来看，公共支出对农民消费支出的影响，在东部地区比较明显，而在中部、西部地区不显著。从 1994 年截面分析资料来看，支援农业生产支出和农林水利气象等部门事业费支出，对东部地区农民的家庭储蓄、教育消费、卫生消费、文化娱乐消费及其他享受性消

---

① 贾俊雪、郭庆旺、刘晓路：《资本性支出分权、公共资本投资构成与经济增长》，载《经济研究》2006 年第 12 期。
② 付文林、沈坤荣：《中国公共支出的规模与结构及其增长效应》，载《经济科学》2006 年第 1 期。
③ 中国经济增长与宏观稳定课题组：《增长失衡与政府责任——基于社会性指出角度的分析》，载《经济研究》2006 年第 10 期。

费支出都有显著影响，影响最大的是教育消费；但对中部、西部地区农民消费支出的影响作用明显偏弱，只对教育消费及其他享受性消费支出有一定影响。特别值得注意的是，支援农业生产支出和农林水利气象等部门事业费支出，对中西部地区农民家庭储蓄产生负影响，这与中西部地区农业生产边际效率偏低是一致的。①

3. 基础设施投资效应

郭庆旺等认为，基础设施总投资、交通运输仓储和邮电通讯投资以及电力、煤气及水生产与供应投资对产出具有较大、持久的正影响，时滞也相对较短；电力、煤气及水生产与供应投资对产出的正影响更大，并且对交通运输仓储和邮电通信投资也具有较大的正影响。我国基础设施投资效应的这些重要特征，对于我国宏观经济政策的制定、实施时机和基础实施投资领域的选择都具有重要意义。②

4. 政府公共支出被引入生产函数

张桂鸿等对增长理论模型中的政府公共支出研究进行了综述，他们指出，随着研究的进展，经济学者开始改变把政府支出以外生变量形式出现，并一律被视为消费性支出的传统看法，逐渐认识到政府支出的生产性作用，并将其逐步引入生产函数。与此同时，政府消费性支出也不再被视为外生变量，其对经济主体效用的积极作用也在效用函数中得到体现。③

（二）我国公共投资存在的问题

刘卓珺等认为，我国的公共投资存在许多问题，主要包括：一是公共投资范围不合理。一方面直接向竞争性领域投资，造成投资越位；另一方面不断减少基础性和公益性投资，造成投资缺位。二是公共投资规模不合理。一方面因投资越位造成经济建设支出明显偏高；另一方面真正意义上的公共投资显著不足，远远低于最优规模。三是公共投资监督与管理不到

---

① 李燕凌、曾福生：《农村公共支出效果的理论与实证研究》，载《中国农村经济》2006年第8期。

② 郭庆旺、贾俊雪：《基础设施投资的经济增长效应》，载《经济理论与经济管理》2006年第3期。

③ 张桂鸿、姜超：《增长理论模型中的政府公共支出研究述评》，载《经济学动态》2006年第7期。

位，监管水平低下，造成投资重复，浪费严重，效率低下。这些问题严重影响着公共投资的作用和效果。①

贾俊雪等通过实证验证，得出了我国公共资本投资配置不尽合理的结论：首先，公共资本投资构成不尽合理，全国和地方公共物质资本投资比重明显偏低，因而提高公共物质资本投资比重有助于促进经济增长；其次，中央和地方政府间公共资本投资事权划分不尽合理，自闭性支出分权水平过高，地方政府过多地承担了公共资本投资职责，不利于经济增长。②

（三）调整公共投资更好促进经济增长

为使公共投资更好地促进经济增长，刘卓珺等建议公共投资一要合理界定支出范围。公共投资的领域主要是基础性项目，同时要满足公益性项目投资的需要，以弥补市场缺陷，实现资源的最优配置。竞争性项目属于纯粹的市场行为，要交由市场去配置资源，政府不能介入和干预。二要保持合理规模。在社会主义市场经济和公共财政条件下，我国公共投资的最优规模是公共投资支出占 GDP 的比重应为 4.5%，其占财政总支出的比重应控制在 22% 左右；三要明确投资重点；四要严格清理不必要的公共投资支出。③ 缪仕国等指出，政府除了通过财政渠道增加公共资本投资外，还应该多方筹集资金，引导私人和国外资金进入公共资本领域，加快我国公共资本的积累。④ 郭庆旺等认为，政府公共投资一方面要注重人力资本投资，另一方面仍然不能忽视公共物质资本的投资。⑤ 另外还要在我国政府间财政关系日趋理顺和完善的过程中，应采取有效措施改变目前公共资本投资过多依赖于地方政府的局面，由中央政府更多地肩负起公共物质资本投资和公共人力资本投资职责。⑥

---

①③ 刘卓珺、于长革：《公共投资的经济效应及其最优规模分析》，载《经济科学》2006年第1期。
②⑥ 贾俊雪、郭庆旺、刘晓路：《资本性支出分权、公共资本投资构成与经济增长》，载《经济研究》2006年第12期。
④ 缪仕国、马军伟：《公共资本对经济增长的影响效应研究》，载《经济学家》2006年第2期。
⑤ 郭庆旺、贾俊雪：《政府公共资本投资的长期经济增长效应》，载《经济研究》2006年第7期。

四、地方政府行为和改革

(一) 地方政府行为对经济发展的影响

祝青指出,改革开放初期,由于政府开始放松各项管制,资本深化的路径没有偏离技术,随着资本投入的增加,经济增长是有效率的。但是无限供给的劳动力很大程度上抵消了企业技术创新的动力,而地方政府的投资饥渴和投资干预很大程度上抵消了企业的理性复归。20世纪90年代中期以后,财政改革的进行和追求政绩的GDP大战使地方政府又开始通过管制和信贷干预对地方投资进行偏向性干预,致使资本过快深化并将导致中国经济的投资效率下降,长期增长率收敛于低于潜在增长率的水平,同时这种冲动也是导致经济波动的原因。要减少地方政府行为的不利影响,一是要转变政府职能;二要完善资本市场和提高投资效率。一方面要加强金融机构运作的独立性,减少地方政府为政绩工程的冲动投资带来的影响,另一方面要积极兴建中小型商业银行及非银行金融机构,大力发展直接融资,全面推进金融体系深化的进程;三要改进宏观调控,避免经济波动幅度过大。[①]

冯涛等认为,现行政绩考核制度的诱致造成地方政府有更大的积极性对区域内的商业银行进行控制,以扩大本地区的投资规模,争夺更多的金融资源,而不会主动顾及其政策的溢出效应,政府间这种利益博弈所引发的地方投资冲动行为引发了我国周期性通货膨胀。要走出这一博弈困境和避免通货膨胀周期性波动,不仅须依靠宏观调控,还须进一步深化体制改革和加快建立以市场化为主导的投融资体制,在确保商业银行业务独立性的同时,更要以法律约束地方政府的金融行为。[②]

陆巍峰指出,浙江地方政府在支持民营经济发展方面进行了一些探索,但是地方政府对民营经济也存在着片面追求经济增长、公共服务相对滞后和有的政府部门存在寻租行为等一些负面影响,浙江地方政府以后应

---

① 祝青:《地方政府行为——资本深化和经济波动的另一种解释》,载《经济科学》2006年第4期。
② 冯涛、乔笙:《通货膨胀中的地方政府金融行为分析》,载《财贸经济》2006年第2期。

该在民营发展中有所作为,加快推进行政管理体制改革,从政策优惠向改善发展环境转变。①

(二) 经济体制变化对地方政府行为的影响

高鹤指出,对于财政边际分成率较高,同时本地区产出不确定性较大的地区,相对于财政分权因素,地区经济结构是决定地方政府行为的主要因素。实行财政分权以后,产出期望值越高的地区,地方政府越偏好于市场化方向的改革和制度创新。经济转型中财政制度由承包制向分税制的变革,使得勾结型地方政府行为出现的概率增大。给定财政政治制度安排使得地方政府对本地生产者具有掠夺的潜在动机和能力,地方政府选择掠夺型、勾结型和强化市场型行为将主要取决于生产资源的分布情况。若一地区生存者之间很难达成合作共同抵制地方政府的掠夺行为,将可能导致掠夺型地方政府的出现;如果生产资源分布存在显著的不对称性,并且地方政府从不同类型的生产者之间所取得的财政政治收益也不相同,将会导致勾结型地方政府的出现;如果一个地区生产资源分布相对平均、有效,并且该地区生产对于产权保护程度非常敏感,地区生产者之间在界定和保卫产权方面有共同的利益,将导致强化市场型地方政府行为的出现。②

聂辉华从财政收入和财政支出的角度将乡镇政府的行为分为合法增加税费的行为、非法收费的行为和争取转移支付的行为;显性支出行为和隐性支出行为。他指出,取消农业税导致乡镇财政缺口扩大,赤字恶化,从而加大了对合法行为的监督难题。当乡镇政府的各种财政收入行为在努力成本上是相互替代时,为了减少或杜绝乡镇政府的寻租行为,应该取消其直接收费权力,同时将转移支付的拨付制度化。在有限的财力下,当乡镇政府的显性财政支出行为与隐性支出行为是相互替代时,为了确保基本的乡镇公共产品的提供,应当对显性支出行为进行低能激励(Low-powered Incentives),避免"惟 GDP"论,或者提高对隐性支出行为的激励强度,或者由上级政府提供更多的隐性支出。③

---

① 陆巍峰:《浙江民营经济发展与地方政府行为》,载《宏观经济管理》2006 年第 9 期。
② 高鹤:《财政分权、经济结构与地方政府行为:一个中国经济转型的理论框架》,载《世界经济》2006 年第 10 期。
③ 聂辉华:《取消农业税对乡镇政府行为的影响:一个多任务委托代理模型》,载《世界经济》2006 年第 8 期。

陈工认为，新型农村合作医疗能否顺利实施，关键在于农民是否愿意参加合作医疗，地方政府的行为对农民的决策起着重要的作用。目前，地方政府在实施新型合作医疗过程中的确存在缺乏正式立法、不同政府部门的政策存在不协调、地方政府管理方面存在问题，以及补偿上的走后门现象等一些问题。为促进新农村合作医疗，可从增大地方政府及其工作人员选择支付的收益、增加他们选择不支付时的成本和建立透明的管理体制和严格的监督机制等方面来规范地方政府行为。①

（三）地方政府债务

1. 地方政府举债的可行性

刘利刚等认为，地方政府举债有助于深化财政体制改革，缓解年度间支出与需求相差过于悬殊的矛盾，也有助于实现城乡统筹、促进经济稳定和加快民主化进程。但地方政府举债能否最终实施，要充分考虑举债的风险以及举债所具备的基础和条件。他们认为，中国地方政府举债是一种发展趋势，但不宜马上推行。当前要积极创造条件推进各项制度建设，并在"激励加约束"政策的指导下逐步发展地方债券市场。"激励"政策是指从法律上明确授予地方政府举债的权力，"约束"政策则要求省一级政府遵循严格的预算平衡规则，并对地方政府债券发行规模、程序、使用方向进行严格限制。②

2. 地方政府债务的现状及形成原因

陈洁等认为，村级负债现象非常普遍，负债规模庞大，不同地区和不同村级组织之间债务负担轻重不一，大规模的村级负债对农村金融体系发展和农村社会稳定产生了重要影响。绝大多数地区村级组织债务化解能力低下，导致化债困难重重。村级债务的形成具有深层次的体制原因，主要包括以下几个方面：一是当前的压力型体制导致村级组织承担的财务风险过大，公共支出过多；二是政绩考核体制不健全，导致盲目发展冲动和公共支出不合理增加。考核中过于偏重经济发展，考核指标的整体性和协调

---

① 陈工：《新型农村合作医疗与地方政府行为》，载《改革》2006年第7期。
② 刘利刚、陈少强：《中国应允许地方政府举债吗？》，载《世界经济》2006年第4期。

性不够，建设任务过重，村级组织不得不"寅吃卯粮"，离任考核不严，基层政府不怕欠账，也缺乏还账积极性。三是公共财政缺位，这也是村级负债增加的一个关键原因。① 张德勇指出，中国县乡债务规模还没有具体全面的数据，但是从有关政府债务统计资料看，县乡政府债务种类繁多，债务负担沉重，债务投向多种多样，政府各部门都进行举债，造成"债出多门"的现象。中国县乡政府债务产生的原因主要有三个方面：一是财力上移，上级政府转移支付不足和县乡政府事权多，但相应财政资金来源少的体制原因；二是以负债形式不恰当地追求地方经济发展和政府依然是当地基础设施的最主要提供者造成的经济原因；三是表现为机构庞大，财政供养人口多和财政财务管理软约束的管理方面的原因。②

3. 加强地方债务管理的建议

（1）化解存量债务，积极防止新债。陈洁等认为，要化解村级债务需要遵循政府积极引导，合理适度介入、理清债权债务关系，明确责任主体和锁定存量债务，积极防止新债的原则，积极采取有效措施，从多方面着手化解存量债务。一是应当拓展资金来源，提高偿债能力；二是要减少债务额度，降低债务压力；三是通过各种途径理清债权债务关系，对冲部分债务。③

（2）实现地方政府债务合法化。樊丽明等指出，实现中国地方政府债务的合法化已经成为解决当前地方政府债务问题的前提条件，地方政府债务的合法化不仅是债务融资权的界定问题，更是管理责任的归属问题。近年来中国一些地方已经开始自发地探索地方层面上的政府债务权责划分的方法，实行制度创新。国家应尽快制定统一的法规，赋予地方政府合法举债权，但应严格控制债务规模、界定使用范围；在财政部和省市县财政部门设立债务管理机构，明确地方政府的债务偿还及风险管理责任，加大债务监督力度。④ 黄春蕾指出，作为债务人和最直接、最主要的债务管理者，地方政府的债务管理动力是否充足，直接关系着地方政府债务的运行

---

①③ 陈洁、赵冬缓、齐顾波、罗丹：《村级债务的现状、体制成因及其化解——对223个行政村及3个样本县（市）的调查》，载《管理世界》2006年第5期。
② 张德勇：《中国县乡债务：问题与对策》，载《财贸经济》2006年第7期。
④ 樊丽明、黄春蕾：《中国地方政府债务权责划分：实践探索与改革建议》，载《中央财经大学学报》2006年第8期。

状态和债务管理体系的建立。当前，我国地方政府的债务管理总体上看仍存在明显的"弱动力"问题。为强化地方政府债务管理动力，中央政府应授予地方政府合法举债权，将债务管理纳入地方政府绩效考核体系，硬化地方政府的预算约束，并完善对地方政府债务管理的监督机制。①

五、政府治理改革

（一）政府治理改革的目标

陈家泽认为，要在科学发展观引导下符合逻辑地设计出科学的政绩观，把在军事斗争时期有效使用的官员层级结构（各级政府）的纵向委托—代理关系改造为真正快速和有效代表民意的横向委托—代理关系，这是政府的最大化目标与民众的福利效用目标函数趋同的基础条件。设计出代理人"剩余索取机制"，以意识形态的学习和教育过程与治理结构互动，进而追求在经济人范式基础上的激励—约束与个人效用函数中利他主义和自我约束的结合，这是除了法律之外有效防止"政府俘获"、寻租腐败的不可或缺的手段。增强政府行政和决策程序信息流动性、提高透明度对"良政治理"、建设服务型政府具有重要影响。②

汤玉刚认为，我国当前政府职能转型的核心重点不在于公共决策的完全民主化，在于协调政府供给范围调整与市场经济深化的进程和路径。公平竞争、自发扩展的市场经济秩序是市场"内生型"政府供给偏好形成的基础。③

黄如金指出，所谓和合公共管理，就是秉承以人为本与和合价值观准则，服从和合发展战略要求的中国式和合管理在公共管理领域表现的内容。政府生产力是公共管理水平的集中体现，和合公共管理对于社会稳定发展与政府生产力提高具有重要的意义。④

---

① 黄春蕾：《中国地方政府债务管理动力问题研究》，载《经济纵横》2006年第4期。
② 陈家泽：《从政府治理结构看服务型政府的建设》，载《经济学家》2006年第4期。
③ 汤玉刚：《我国政府供给偏好决定的一个经济学解释——政治均衡与经济效率》，载《财经研究》2006年第5期。
④ 黄如金：《论和合公共管理——创新和合公共管理的基本分析》，载《中国工业经济》2006年第10期。

（二）政府治理改革的路径

韩锟等指出，工作任务的多维性使公共部门的激励复杂化，其产出的难以测度性使监督变得至为重要，在公共部门的激励中，团队激励是公共部门的一种有效激励模式，同时公职人员具有较强的内在激励。实证研究认为，公共部门激励的成功主要是新的激励制度提高了绩效，而公职人员的行为背离政策目标则是公共部门激励失败的原因，公职人员的内在激励对公共部门的良性运作具有重要作用。公共部门激励模式的选择不仅取决于公共部门的特征，而且与公职人员所在的部门类型有关。①

程瑜认为，政府预算契约是一种对与交易有关的未来可能出现的状况以及每种状况下双方的责任和义务并未准确规定的不完全契约。政府预算契约是预算博弈的参与人共同遵守的行为规则，在这一规则下各方都会最大限度地实现其自身利益，但当在现行预算制度下其各自的自身利益无法得到满足或由于现行预算制度的低效运行将会损害预算博弈参与人的利益时，就会出现预算制度非均衡状态，预算博弈的各参与人也就会提出对现行预算制度进行优化和改革的要求，以建立起符合参与人利益要求的新的预算制度。②

绩效审计已成为许多国家政府审计关注的焦点和主要的工作内容，齐兴利等认为，目前我国政府绩效审计还存在缺少政府绩效审计依据和执业准则、需求与供给严重失衡、政府绩效审计理论支撑不足和评价标准不确定等问题。要从根本上解决这些问题，必须加速完善政府绩效审计的法律依据，启动政府绩效审计执业准则的制定，明确绩效审计主体的工作职责与权限；提升绩效审计的有效供给，缓解供需矛盾，制定政府绩效审计评价指标体系，探索政府绩效审计创新技术方法，构建独立的绩效审计理论体系，采取多轮推动效应，促进我国绩效审计的发展。③

石英华在介绍发达国家政府财务信息披露经验的基础上，提出我国政府财务信息披露应该首先建立政府充分、规范、定期的预算信息披露机制，其次要建立政府财务报告制度，注重报告信息的可理解性，再次根据

---

① 韩锟、叶小玲：《公共部门激励研究评述》，载《经济学动态》2006年第6期。
② 程瑜：《政府预算的契约经济学研究与评述》，载《经济学动态》2006年第12期。
③ 齐兴利、尹平、徐中华：《推动我国政府绩效审计发展策略研究》，载《财贸经济》2006年第11期。

我国国情，审慎实行权责发生制会计基础。①

贾康等指出，公务用车制度改革一直是公共部门改革的一道难题。大庆车改试点表明，相当长一段时间内，公车改革将具有"双轨制"色彩，但需要积极探索和逐步推进，并以全方位的综合改革相配套。渐近改革中，"双轨制"问题的大体解决，是与我国的行政管理体制配套分不开的。②

曾军平对集体利益进行了理论诠释，他认为集体利益的基础是集团范围内共同的获利机会，集体利益就是与这一共同获利机会相联系的、由个体福利水平来表示的、理想类型意义上的社会状态。具体来说就是在资源配置方面实现了帕累托效率而在利益分配上则做到了平等待人的社会状态类型。清楚地诠释集体利益的概念，对于公共政策制定尤其是对于协调个体利益与集体利益之间的冲突具有重要的规范意义。③

（三）行政事业单位体制改革的建议

王宝库认为，在从传统计划经济体制向市场经济体制转轨的渐近改革过程中，中央和地方的行政事业单位国有资产管理体制改革，明显滞后于以国有企业为代表的经营性国有资产管理体制的改革进程。目前我国行政事业单位国有资产存在资产配置不合理、资产处置效率不高、资产流失严重和使用效率不高等问题。形成这些问题的原因在于对行政事业单位国有资产认识上存在误区，管理体制不顺，管理机制不健全，法制化建设严重滞后等。构建新的行政事业单位国有资产管理体制必须遵循满足社会公共需要、资产保全、效率、法制化和循序渐进的原则，按照社会主义市场经济体制的要求，建立由资产宏观管理部门、二级管理部门和微观管理部门组成的行政事业单位国有资产分级授权管理体系；采用公共预算和政府采购方式，建立配置标准公正、配置手段科学的行政事业单位国有资产形成机制；按照集中化、专业化等原则，建立包括资产使用台账制度、责任制度和管理网络系统等内容的行政事业单位国有资产使用机制；通过市场和

---

① 石英华：《发达国家政府财务信息披露对中国的借鉴与启示》，载《财贸经济》2006年第11期。

② 贾康、阎坤、鄢晓发：《公务车改革"双轨制"考察：从大庆的案例生发》，载《改革》2006年第8期。

③ 曾军平：《集体利益：一种理论解说》，载《财经研究》2006年第9期。

计划相结合的处置手段，建立由资产内部调剂、交易与租赁、报废制度等构成的行政事业单位国有资产处置机制；加强法制化建设，建立包括定期汇报、派驻监管等内容的行政事业单位国有资产监督机制，可以考虑组建行政事业单位国有资产监督委员会。① 田圃德从借鉴国外非营利社会组织的形成、发展的经验角度提出了改革建议：第一，鼓励有条件的事业单位大力开展投资与经营活动；第二，继续不断加大政府对事业单位的资助力度；第三，支持事业单位通过提高服务水平，并收取相应的服务费用；第四，事业单位要避免过分官僚化和过度商业化；第五，逐步建立事业单位混合投资补偿机制；第六，制定适应事业单位性质的财务控制模式；第七，建立有效的非营利事业单位的运作和管理制度。②

庄序莹指出，国有企业改革的基本制度框架已经基本建立，然而作为我国国有资产重要组成部分的事业单位的国有资产管理才刚刚起步。事业单位国有资产改革是一项复杂的系统工程，会牵涉多方面的配套改革，主要包括公共预算改革、建立问责机制、进行人事制度和社会保障制度的改革和防止过度市场化的倾向等。作为规范性的事业单位的主体社会公益型组织，评价其资产管理工作的好坏不是以它们所创造的货币收益多少为指标，而必须研究设计出一套多元的科学指标体系；应在医院、学校等事业单位建立理事会或董事会治理结构；重建成本核算的财务会计制度。③

马晓河等认为，我国农村事业单位存在定性较混乱、布局和设置不尽合理、经费短缺、不能充分提供农民需要的公共服务等问题。剥离农村事业单位的非公共服务性职能、建立以县（市）为主的公共服务体系、鼓励非公有资本进入公共服务领域，以需方补贴和政府购买方式提高资金使用效率、建立和完善经费保障机制、转换政府职能等转型措施的实施，对农村事业单位的改革和农业、农村的发展具有深远的影响。④

---

① 王宝库：《构建我国行政事业单位资产管理新体制》，载《经济学动态》2006 年第 1 期。
② 田圃德：《国外非营利社会组织与我国事业单位改革》，载《财经科学》2006 年第 11 期。
③ 庄序莹：《事业单位国有资产管理的制度设计、治理机制及其他》，载《财贸经济》2006 年第 7 期。
④ 马晓河、崔红志：《我国农村事业单位改革方向及政策选择》，载《改革》2006 年第 8 期。

第十章 自主创新问题讨论综述

一、2006年自主创新问题研究的新特点

自主创新问题在2003~2005年中国经济问题研究热点排名中未进入过前十名，更有甚者，连前二十名也没有进入，而2006年骤然跃升为第八位，这足以说明该问题的重要性。2005年10月8日，党的十六届五中全会审议并通过的《中共中央关于制定国民经济和社会发展第十一个五年规划的建议》，首次突出强调了加强自主创新能力，并提出，"要深入实施科教兴国战略和人才强国战略，把增强自主创新能力作为科学技术发展的战略基点和调整产业结构、转变增长方式的中心环节，大力提高原始创新能力、集成创新能力和引进消化吸收再创新能力"。2006年2月15日国家又颁布《关于实施科技发展纲要若干配套政策的通知》，将发展纲要迅速转化为具体的政策，表明了国家对科技创新的高度重视。与此同时，全面建设小康社会、贯彻和落实科学发展观、走新型工业化道路，推进我国的经济发展和产业结构升级，都对"自主创新"提出了迫切的要求。

在这种背景下，学界自然对自主创新问题的研究特别关注。综合2006年有关自主创新问题的文献来看，在研究角度方面，这些研究对宏观、中观和微观三个层次都有所涉及，广泛分析了国家、行业和企业层面与自主创新相关的问题。在研究方法上，较多地使用了理论分析法、实证分析法、计量分析法和调查分析法等，少部分研究使用了案例分析法。在研究内容方面，自主创新问题的研究相当丰富，首先是企业、国家和政府的自主创新问题，分析了自主创新的意义、影响因素、创新路径、各类企业的自主创新、外资对国内自主创新的影响、政府在促进自主创新中的地位和职能等；其次是技术选择与技术进步问题，计量并考察了技术进步对

我国经济增长和不同产业发展的贡献、产业发展中的技术选择问题、技术进步对地区差异的影响以及技术创新与市场结构问题；最后，许多研究还分析了自主创新中的制度创新和机制创新内容，但角度相对分散，绝大多数是针对某一具体领域进行制度和机制创新的研究。

二、企业的自主创新

（一）自主创新的意义

杨万东综述了自主创新的必要性，指出自主创新是关系我国经济结构调整、经济增长方式转变的重要战略任务；自主创新也是经济发展的需要；推进自主创新由中国国情所决定，要使企业成为技术创新的主体。[①] 鲍步运指出，我国中小企业有效地进行技术创新，是参与激烈国际竞争、保持国民经济持续健康发展和全面实现小康的必要条件。[②]

孙日瑶认为，科技开发不是自主创新的目的，而是创建品牌的手段。因此，自主创新的根本目的是通过自主创新来创建新的品类品牌，从而提升中国的国际竞争力。只有创建新的品类级品牌，我国才能在过剩的市场竞争中摆脱价格竞争，进入良性循环。[③]

叶仁荪认为，科技创新是构建和谐劳动关系的基础。和谐劳动关系在本质上表现为劳资双方在价格博弈上达到一种均衡，劳动关系的调节模式取决于企业科技创新的程度，科技创新为劳动关系调节模式的发展创造了条件。劳动关系不和谐问题在中国还将持续很长一段时间，政府可以干预不和谐的劳动关系，但影响作用有限；只有提高全社会的科技创新水平，才能构建和谐的劳动关系。[④]

[①] 杨万东：《提高自主创新能力问题讨论综述》，载《经济理论与经济管理》2006年第5期。

[②] 鲍步运：《我国中小企业技术创新的深层障碍与突破方略》，载《经济社会体制比较》2006年第5期。

[③] 孙日瑶：《自主创新的品牌经济学研究》，载《中国工业经济》2006年第4期。

[④] 叶仁荪：《科技创新：构建和谐劳动关系的基础》，载《经济理论与经济管理》2006年第12期。

（二）企业自主创新的影响因素

1. "环境规制"的影响

黄德春等在 Robert 模型中引入了技术系数，研究了环境规制对自主创新的影响。结果表明，环境规制在给一些企业带来直接费用的同时，也会激发一些创新，可以部分或全部地抵消这些费用成本。这暗合了迈克尔·波特的观点——环境规制能使受规制的企业受益。企业内生的技术变化会使波特假设变得可行，而外生的环境政策如果产生与波特假设一致的效果，则该政策不一定最佳。海尔通过自主创新，实现了从遵守标准到制定标准，其产品成功地进入了欧美市场，表明全球经济一体化背景下，发展中国家的企业要应对发达国家实施的技术壁垒，只有通过自主创新，才能实现竞争优势。[1]

2. "标准"的影响

朱彤认为，标准一直在工业社会和市场经济中起着重要的基础作用，是经济活动的重要"基础设施"。传统的具有准公共产品性质的标准不含有知识产权的内容。它不仅能够减少交易成本，降低供求双方在交易中的信息不对称程度，而且能够作为企业创新的起点和平台，加快企业创新步伐，刺激系统产品的组件创新。20 世纪 80 年代以来，IT 产业出现了标准"私有化"的趋势。这一趋势既为产业的技术创新提供了新动力，也产生了不利于技术创新的因素。我国作为一个 IT 技术标准使用和引进国家，要避免私有标准的不利影响，需要政府发挥积极作用，充分考虑标准的经济功能、标准的性质变化及其对技术创新的复杂影响，建立一个有利于我国企业进行技术标准创新的外部环境。[2]

3. "专利法改革"的影响

叶静怡等用中国时间序列数据（1989~2003 年）和动态面板数据

---

[1] 黄德春、刘志彪：《环境规制与企业自主创新——基于波特假设的企业竞争优势构建》，载《中国工业经济》2006 年第 3 期。
[2] 《标准的经济性质与功能及其对技术创新的影响》，载《经济理论与经济管理》2006 年第 5 期。

(1995~2003年）检验了我国两次专利法改革引致的技术创新激励效应，发现以产权变革为主要特征的第二次专利法修改，显著促进了企业发明创新的边际产出，并推动了高技术行业的技术创新；国有企业对于我国创新产出的贡献率很小，外资企业存在显著的正向效应。专利制度具有进一步改革和完善的空间。[1]

4. "地方专业化"的影响

梁琦等利用长三角区域内16个城市1998~2003年的相关数据进行了分析，结果表明，地方专业化能促进产业从劳动密集型向资本密集型升级，推动行业的技术进步；地方专业化行业的技术进步增长率和技术对经济的贡献率都明显高于非地方专业化行业，这说明地方专业化能够推动技术进步，并由此推动经济增长。同时，地方专业化的确有弱化垄断而强化竞争的倾向。竞争的强化减少了经济利润，从而使企业很难依靠经济利润支撑R&D活动，必须坚定不移地走技术创新之路。[2]

5. 人力资本对创新的影响

中国企业家调查系统通过"2005·中国企业经营者问卷跟踪调查"，对企业学习的现状、影响企业学习的各种因素、企业学习对创新成效和竞争优势的影响进行了调查和分析。调查结果显示，我国企业经营者越来越重视学习，大部分企业经营者认为其个人学习能力处于中上水平，企业的组织学习能力相对较弱，尤其在获取知识和传递知识能力方面有待进一步提高。个人学习能力和组织学习能力的提升都对企业创新和竞争优势有较大影响，其中组织学习能力的影响更大。企业应重视学习，企业经营者在提升个人学习能力的同时，要有效地将个人学习能力逐渐转化为企业的组织学习能力，重视员工素质提升，加大员工学习培训经费投入，从而提高企业的创新水平和持续发展能力。同时，政府及社会各方面应大力加强企业家成长与企业组织学习的社会支持体系的建设，从而促进企业家健康成长和企业的持续发展。[3]

---

[1] 叶静怡、宋芳：《中国专利制度变革引致的创新效果研究》，载《经济科学》2006年第6期。

[2] 梁琦、詹亦军：《地方专业化、技术进步和产业升级：来自长三角的证据》，载《经济理论与经济管理》2006年第1期。

[3] 中国企业家调查系统：《企业学习：现状、问题及其对创新和竞争优势的影响》，载《管理世界》2006年第6期。

赵曙明等认为，创新型国家的建设离不开作为其微观基础的大量创新型民族企业的崛起，而任何企业创新的实现也都需要培养和造就具有创新能力的人力资源，培训正是企业人力资源管理的核心内容，特别是在我国经济转型时期和国家提出鼓励企业自主创新的政策背景下尤其重要。因此，在我国目前整体企业管理水平不高、自主创新能力不强的条件下，培训作为企业转移与扩散新知识、提高人员素质的基本管理手段必须得到加强。同时，应当转变对企业培训的认识，树立正确的培训理念；提高培训管理水平，系统推进企业培训工作；发挥政府和行业职能，为企业培训创造良好的外部条件。①

6. 社会资本对创新的影响

王勇认为，知识经济的迅猛发展，使企业技术更新更多体现为一种动态的、复杂的社会化知识创造过程。在传统的制度安排下，市场无法实现最优化的知识生产和分配，市场协调专用知识导致较高的定价成本；而科层组织企业在协调专用知识上也存在高激励成本的问题。作为与中间性组织相对应的社会资本，虽然不能改变技术创新固有的不确定性，但它能通过加强经济主体之间的联系促进彼此间的了解，并增加未来交易频率的预期；降低交易成本；解决由有限理性和不完全信心带来的契约缺口问题等促进创新网络中的沟通，扩散企业的技术创新。②

薛靖等采用 Zhou 和 George 对个人创新行为的定义，主要从员工个人在创新想法的产生、内容、推广与发展执行方案的行为过程中所表现出来的创新程度进行探讨。他们指出，团队成员个人所拥有的外部资源关系程度和网络中心性对其创新行为有显著的正向影响，个人外部关系与网络中心性也有显著正相关。因此，团队在进行人力资源管理时，不能忽视团队成员个人所拥有的外部关系资源，要为成员拥有外部关系资源创造有利条件，促进和鼓励其成员拥有更多更好的外部环境关系资源，以提高整个团队的创新绩效。③

---

① 赵曙明、王艳艳：《自主创新条件下的中国企业培训：国际比较及启示》，载《改革》2006 年第 3 期。
② 王勇：《企业社会资本对技术创新的影响》，载《改革》2006 年第 2 期。
③ 薛靖、任子平：《从社会网络角度探讨个人外部关系资源与创新行为关系的实证研究》，载《管理世界》2006 年第 5 期。

7. "发展阶段、民族特征"的影响

金碚等从我国的经济发展阶段、民族文化特性出发，分析我国企业创新不足的历史原因。他们认为，中国企业更倾向于选择低成本竞争战略在很大程度上可以用现阶段中国消费者的行为特征来解释。中国消费者虽然也愿意为高质量产品支付更高的价格，但是如果是在优质高价和价廉物美之间进行选择，更多的消费者会倾向于后者。即中国消费者十分重视产品的性价比，因而其质量—价格曲线表现得比较平缓。我国大多数厂商的质量—成本曲线则比较陡峭，从而决定了大多数产品具有价廉物美的表现，而有时往往是廉价质低的产品。中国企业不积极进行研发也可以用中华民族对风险的态度来进行部分解释。通常认为，中华民族属于对不确定性的高度规避和集体主义倾向明显的民族。尽管我国企业研发投资较少具有一定的合理性，但中国经济发展到目前阶段，领先企业已经必须要注重创新。要提高企业的创新动力就需要采取措施减少企业的短期利润最大化行为；减少企业研发中的风险；保护企业的知识产权，维护企业创新收益；加大人才培养力量，降低企业高层次人才的成本。①

（三）企业自主创新的路径

1. 企业技术创新的演化型和集成型路径

张军认为，企业技术创新活动有演化型技术创新和集成型技术创新两条基本路径，都是技术创新战略实施的可行路径。随着企业的不断发展，企业的市场地位与技术能力会发生一定变化，路径的选择也会随之发生变化。对于任何一个从事技术创新的企业而言，由于两种基本路径各具利弊，也存在一定的条件下技术创新路径的相机选择和综合运用。②

2. 基于产品升级的自主创新路径

毛蕴诗等提出了基于产品升级的自主创新思路，认为基于产品升级的自主创新可以降低创新风险、可以避开直接竞争缓解竞争压力、可以利用

---

① 金碚、李钢：《企业创新与企业竞争力》，载《经济学动态》2006年第10期。
② 张军：《企业竞争战略的技术创新路径及其战略适用性》，载《改革》2006年第11期。

现有资源与能力、可以促进产业结构升级。具体的创新路径是：替代跨国公司产品的产品升级；利用行业边界模糊的产品升级；适应国际产业转移的产品升级；针对行业标准变化的产品升级；加快模仿创新进程的产品升级。①

3. 建立良好的企业生态系统

唐任伍认为，企业要成为创新的主体，关键是要建立良好的企业生态系统。企业生态系统是企业内部生态、外部生态相互融合、相互支撑的综合体。构建分层次的积木式、板块化企业生态系统指数结构，并采取自上而下、逐层复合的方法，依次测算影响企业创新主体地位的"企业生态系统"指数，找出企业创新主体地位未能实现的症结，查找解决问题的途径，可改善我国企业生态系统。为了构建优化企业自主创新的"企业生态系统"，企业要准确定位，建设有利于自主创新的企业文化，培养具有创新精神的企业家队伍，健全企业内部的激励约束机制。②

4. 形成创新战略

韵江等对中国路明集团自主创新战略形成及演化的复杂过程作了深入考察和分析，并构建了一个企业实现自主创新战略的具有启发意义的整合框架，他们认为，企业自主创新战略的形成是一个复杂的动态累积过程，具有战略层次的累积跃升特征，创新只有增强企业能力并实现共同演进才能称之为创新战略的形成；吸收能力的投资作为背景基础推动了创新的成功转型；在中国特定环境下，企业家远见与创新精神、历史压力与随机事件作为影响企业创新战略演化的两类最活跃的外部影响因子也不容忽视，企业家远见与创新精神对于企业创新战略起了"提纲挈领"的作用，历史压力与随机事件在偶然性意义上会导致企业创新出现"锁定"和"突破"现象。③

---

① 毛蕴诗、汪建成：《基于产品升级的自主创新路径研究》，载《管理世界》2006年第5期。
② 唐任伍：《自主创新主体地位的实现与"企业生态系统"构建》，载《改革》2006年第5期。
③ 韵江、刘立：《创新变迁与能力演化：企业自主创新战略——以中国路明集团为案例》，载《管理世界》2006年第12期。

（四）不同类型企业的自主创新

1. 国有企业的自主创新

陈华通过对大型国有企业的实地调研，指出了大型国有企业在自主创新过程中出现的三个问题，缺乏市场激励与支持，企业研发投入不足；缺乏市场竞争策略，企业研发模式过于单一；市场信息不对称，各种研发资源相互脱节。而这些问题的出现依然是源于市场机制的乏力。因此，我国目前亟须从市场机制入手，解决好三个方面的问题：发挥市场机制作用，激励企业研发投入；适应市场竞争环境的多元化企业研发模式；弥补市场失灵，政府与市场共同促进国家创新网络的形成。在国家创新网络的形成中，启动主体应该是政府，而运作主体应该是企业，在营利性科研领域，国家创新网络中各结点的最终目的是自身利益最大化，随着经济全球化的逐步深入，利用国家创新网络来发展国外技术的二次创新显得日益重要。[1]

卢荻等从创新政治经济学的视角，在理论上肯定国有企业的体制有可能具有促进动态规模效益的相对效率特性，而这种体制与追求具有社会主义特色的后进发展道路是相一致的。国有企业始终是中国追求以创新体制为基础的发展道路所能凭借的基本力量，而是否走上这条道路却又是国有企业走向消亡抑或新生的关键。他们认为，中国国有企业的未来发展方向，应该是走创新型企业的发展道路，这里的关键是整体社会经济发展路径的选择：在资本主义全球化的制约和压力下，建设社会主义市场经济的必要选择，是走以创新型体制为基础的后进发展道路。[2]

2. 民营企业的自主创新

朱恒鹏使用 2006 年国内 10 个省市 800 余家民营企业的调查数据，考察了企业规模、市场力量、行业特征和地区差异等因素对企业创新行为的影响。结果表明，企业规模与民营企业研发支出强度之间呈现较明显的倒 U 型函数关系，小型企业更倾向于选择自主创新方式；民营企业拥有一定

---

[1] 陈华：《增强企业自主创新能力的路径探索》，载《经济学动态》2006 年第 7 期。
[2] 卢荻、黎贵才：《中国国有企业发展前景——创新政治经济学视角》，载《经济理论与经济管理》2006 年第 9 期。

的市场力量有助于企业创新强度的提高和自主创新比例的增加；企业所采用的主要竞争手段和其行为特征影响企业的创新方式；民营企业的创新活动存在着明显的地区差异。①

不同的经济发展模式也会对民营企业的创新行为产生不同的影响。郭研等通过对比两个沿海城市——山东和浙江台州的不同经济发展模式下企业研发行为的差异发现，企业的规模、企业产品市场的竞争程度、企业所面临的不同市场需求特征、企业所获得的资金来源和面临的资金约束都与企业的研发支出和研发手段相关。在私营经济发达的台州，市场化程度和竞争程度较高，企业更多样化地利用研发手段，但由于受到资金来源单一和资金量的约束，企业的研发支出受到限制。莱州的私营企业有相对宽松的资金约束，但由于在竞争中这些企业已经处于劣势，尽管研发支出较高，但利用外部资源进行研发的动力降低。②

3. 中小企业的自主创新

鲍步运认为，真正制约中小企业技术创新的障碍，是中小企业对自身地位认识的不足，缺乏强烈的社会责任感和历史责任感；中小企业对市场竞争的残酷性体会不深，认为只要模仿大型企业的技术创新就能生存和发展；中小企业往往认为技术创新是可望而不可即的事情，主观上"排斥"技术创新；中小企业的最高管理层，大多数受教育程度不高，接受新生事物的速度较慢，缺少技术创新的进取精神；中小企业创新资源短缺，优秀技术人才缺乏，难以找到技术创新的有效方式等内在的和深层的原因。突破这一难题的有效方略是，消除中小企业在技术创新上的主客观障碍，实现从"不愿创新"、"难以创新"到"重视创新"、"能够创新"的转变，并找到从"能够创新"到"善于创新"、"成功创新"的方法。③

王洪认为，促进我国中小企业自主创新的有效途径是，提高中小企业自主创新的意识，并以制度创新为保证；要将技术创新与技术引进有效结合；建立激励中小企业自主创新的税收、财政、金融支持政策；建立健全

---

① 朱恒鹏：《企业规模、市场力量与民营企业创新行为》，载《世界经济》2006年第12期。
② 郭研、陶涛：《企业研发、竞争与资金约束比较：山东与浙江个案》，载《改革》2006年第11期。
③ 鲍步运：《我国中小企业技术创新的深层障碍与突破方略》，载《经济社会体制比较》2006年第5期。

提高中小企业自主创新能力的支持服务体系。①

刘友金认为，现代中小企业自主创新能力的提升，不仅有赖于其自身创新能力的提升，而且越来越多地依赖于其产业链创新能力的整体提升。以产业集群为载体的集群式创新可以实现中小企业创新能力的集成，并逐渐成为提升中小企业自主创新能力的重要组织形式。尽管集群式创新能够实现创新能力的集成，但要实现创新能力的有效集成是有条件的，专业化分工、知识共享、网络作用、集群学习、资源可得性都是其中的重要条件。②

4. 知识型企业的自主创新

知识密集型企业的自主创新不仅对自身的发展非常重要，对其他企业的发展也具有相当的影响力。王玉峰从内外部环境出发，分析了我国高新技术企业技术创新面临问题的成因：一是源于企业以外的宏观因素；二是源自企业内部因素。这就要求政府和相关部门采取相应的、切实可行的措施为高新技术企业的技术跨越提供良好的宏观环境。同时，高技术企业自身也应采取措施优化内部的微观环境，共同解决企业自主创新所面临的困境。③

蒋春燕认为，中国知识型企业自身的特点和所处的转型经济的特殊环境，使得自主创新很容易掉入两种陷阱："盲目创新"和"妄自菲薄"，这两种陷阱的根源在于割裂了两种组织学习过程的互补关系——探索式与利用式学习。因此，她用探索式和学习式的系统动力学模型诠释当前知识型企业"自主创新"的思路：第一，知识型企业应该着眼于探索式与利用式学习的动态结合：探索式学习不断地开发原创性的新产品和服务，着眼于未来的发展；而利用式学习充分利用探索式学习开发的新产品和服务，获得大量的现金流，确保企业当前的发展，并且不断积累新的知识和技能加以消化吸收，为下一轮的探索式学习提供更为广泛的知识背景和基础。第二，探索式与利用式学习的动态结合方式还受到企业自身内外部资源——公司企业家精神和社会资本的影响，知识型企业必须根据自身所拥有的资源选择最适合的组织学习动态结合方式。④

---

① 王洪：《促进我国中小企业自主创新的有效途径》，载《经济学家》2006 年第 5 期。
② 刘友金：《集群式创新与创新能力集成——一个培育中小企业自主创新能力的战略新视角》，载《中国工业经济》2006 年第 11 期。
③ 王玉峰：《高技术企业发展环境及技术跨越的实现途径》，载《改革》2006 年第 4 期。
④ 蒋春燕：《中国新兴企业自主创新陷阱的突破路径》，载《中国工业经济》2004 年第 4 期。

（五）外资对国内企业自主创新的影响

FDI 的进入，究竟是刺激了内资企业的自主创新能力，还是使本国企业过分依赖外国的技术，从而丧失了自主研发的能力？这在发展经济学和跨国公司理论的研究过程中始终是一个有争议的问题。王红领等搜集了我国科技开放与 FDI 方面行业层面的面板数据，通过回归分析考察了 FDI 对我国民族企业自主创新能力的影响，结果支持"促进论"的观点。他们认为，可能的解释是，FDI 的进入加剧了市场竞争，竞争压力固然会减少一些内资企业的赢利，但只要能与 FDI 在同一市场展开竞争，就好比一个技艺不高的棋手能不断与高手下棋一样，他们的相对棋艺一定会提高，并最终有打败高手的可能。[①]

薛求知等借鉴 Wang 与 Blomstrom 的内生理论模型，把外商直接投资技术外溢效应放在一个相互作用的系统中，同时引入"距离"因素，更全面地分析了外资企业的技术引入行为和内资企业的技术学习行为。他们指出，为了增强我国企业的自主研发和自主创新能力，需要加强对引进技术的消化吸收能力；拓宽技术引进的来源国家和地区，尤其注意对发达国家的技术引进；培育和扶植我国具有一定科技竞争力的产业和企业；鼓励和吸引高新等先进技术的引进，限制低级技术的引进。[②]

朱平芳等根据上海市大中型工业企业技术引进的实际情况，借助于新古典增长理论的分析框架，研究了技术贸易和 FDI 两种主要的技术引进方式的直接效应。通过对 1998~2003 年上海市大中型工业企业的一个随机样本面板数据的计量经济检验和分析。研究结果显示，近六年来上海市的三资企业的技术先进性不明显，R&D 投入强度不足，各种所有制类型的企业普遍重技术引进轻消化吸收，企业的科技活动机制上的缺陷，都对技术转移效果产生了一定的影响。因此，他们建议，第一，改善外商直接投资来源的结构；第二，通过先进的生产技术和现代化的管理相结合使先进技术发挥出应有的效能；第三，注重消化吸收和研发能力的培养，在技术引进的基础上实现二次创新；第四，改善内资企业目前的科技活动机制、

[①] 王红领、李稻葵、冯俊新：《FDI 与自主研发：基于行业数据的经验研究》，载《经济研究》2006 年第 2 期。

[②] 薛求知、罗来军：《技术引入和技术学习》，载《经济研究》2006 年第 9 期。

促进创新活动与技术创新效率。①

三、政府与自主创新

（一）国家整体创新能力

张义梁等认为，国家自主创新能力是指以保持经济长期平稳较快发展，调整经济结构、转变经济增长方式，建设资源节约型、环境友好型社会，提高国际竞争力和抗风险能力为目标，通过国家层面的制度安排与政策设计，充分发挥各创新参与者在知识的创造、扩散、使用过程中的协调与协同，寻求资源的最优配置以产生创新性技术，并使之产业化且获得商业利益的能力。国家自主创新能力评价指标体系是政府制定国家自主创新能力发展规划、进行政策研究，对现状、未来做出评价从而进行科学决策必不可少的量化评估依据。他们建议将国家自主创新能力指标体系按二级设立。一级指标是综合目标类指标，主要反映国家自主创新能力的宏观发展状况；二级指标则主要根据综合评价指标进行分解以形成具体的指标层指标，分别反映国家自主创新能力建设的具体量化指标。具体而言，又将国家自主创新能力分解为国家自主创新的投入能力、国家自主创新的产出能力、国家自主创新的扩散能力和国家自主创新的支撑保障能力四个一级指标，并将一级指标细分为十六项二级指标。②

李平认为，国际技术扩散是发展中国家和地区技术进步的一个重要来源。国际贸易、外国直接投资、专利申请和专利引用是国际技术扩散的三个主要路径和方式。利用国际技术扩散，不仅可以在静态意义上提高本国的技术存量水平，缩小与发达国家的技术差距，改善本国的技术能力，更为重要的是在动态意义上通过各种渠道和机制促使本国技术创新能力的提高以及创新机制的形成，为赶超发达国家提供了某种可能性。③

---

① 朱平芳、李磊：《两种技术引进方式的直接效应研究——上海市大中型工业企业的微观实证》，载《经济研究》2006年第3期。
② 张义梁、张嵎喆：《国家自主创新能力评价指标体系研究》，载《经济学家》2006年第6期。
③ 李平：《国际技术扩散的路径和方式》，载《世界经济》2006年第9期。

(二) 政府在促进自主创新中的地位和职能

陈清泰认为，在促进企业成为创新主体的过程中，政府应当发挥重要的作用，关键是调整好政府、企业和市场的关系；创造有利于技术创新的市场环境；切实保护知识产权；探索产学研结合的路径，支持科技型中小企业发展。[①] 刘诗白也认为，发展中国家为了能实现技术的跨越式发展，更加需要充分、有效地发挥政府职能。为此，他建议：一是把握当代世界发展大趋势，走依靠科技力驱动的发展道路。二是增大科学、技术积累，强化科技体系的要素互促、互生作用；三是坚持体制创新，构建中国特色的社会主义商品性技术创新体制；四是要加强对当前世界科技发展的理论研究。[②]

毛蕴诗等认为，从政府的角度来提高企业的自主创新能力，必须着力抓好以下几方面的工作：改善技术创新的市场环境；重视基础研究；利用好全球科技资源；加强知识产权保护；大力发展对经济社会发展具有重大带动作用的高新技术，支持开发重大产业技术，制定重要技术标准，鼓励中国企业积极参与行业标准的制定，构建自主创新的技术基础。[③]

肖鹏认为，为了应对技术创新过程中的不确定性和技术创新成果的外溢性所导致的市场失效，政府应从以下三个层次着手：供给面政策工具（财政直接投入、政府基金扶持、政策性融资支持以及税收优惠等）；需求面政策工具，包括合约研究与合约采购；环境面政策工具，包括研发基础设施平台、研发服务体系问题建设、法律法规建设等。[④]

四、技术选择与技术进步

（一）技术进步对经济增长的贡献

1. 技术进步对我国整体经济增长的贡献

徐瑛等将原先笼统地归于索洛余值的技术进步分解成产业结构变动、

[①] 陈清泰：《促进企业自主创新的政策思考》，载《管理世界》2006年第7期。
[②] 刘诗白：《论当代技术创新》，载《经济学动态》2006年第7期。
[③] 毛蕴诗、汪建成：《基于产品升级的自主创新路径研究》，载《管理世界》2006年第5期。
[④] 肖鹏：《技术创新过程的市场失效与财税政策选择》，载《改革》2006年第10期。

资本空间集聚、人力资本积累和狭义的技术进步（纯技术进步）四部分内容，以衡量真正由技术进步带来的产出贡献。他们分析了产业结构、空间集聚及人力资本对产出的影响，重新测算了1987~2003年中国的技术进步状况，发现中国的技术进步贡献率已经开始出现稳步增长的趋势。具体来说，1987~2003年期间，中国经济增长的动力绝大部分来自投入的增加，技术进步的贡献非常小，而且波动很大。但从2001年以后，技术进步率开始出现稳定且明显的上升趋势，中国的技术进步进入了稳定、上升的良性发展轨道。[①]

张烨卿利用中国的经验数据进行实证检验的结果表明，内生增长模型比新古典模型更适用于解释中国经济的持续增长。投资率在中国经济转轨的两个阶段起着不同的作用，长期来看，投资率的变化不会影响中国的资本产出比，FDI的增长提高了资本产出比，而人力资本的增长有助于促进资本产出比的下降，从而得出了维持中国经济增长可持续性的源泉在于人力资本和自主创新的内生技术力量的结论。基于此，他们认为，我国应该要更加重视人力资本的作用，重视科研开发的自主创新能力的培养，要进一步加大教育的投入，使资本形成和内生技术进步能够形成良性互动，从而使得高投资率和高素质人才共同推动下的内生式经济增长生生不息。[②]

陈晓光将R&D人员创新活动的有效时间引入知识的积累方程，发现OECD国家科学家和工程师数量增加伴随着R&D人员创新活动有效时间的减少，两者相互抵消，使得TFP增长率保持不变。通过校准理论模型，他又模拟了49个国家的经济增长率，发现模型对经济增长率跨国数据的解释力明显强于Lucas模型和Romer模型。该模型的政策含义是，要提高经济的长期增长率，不同国家应该采取不同的政策。对于经济增长受到科学家和工程师数量限制的国家，应该首先考虑培养更多的科学家和工程师；对于经济增长受到人力资本积累速度限制的国家，应该首先考虑提高国民整体的教育水平。[③]

2. 技术进步对不同产业发展的贡献

赵芝俊等立足于农业生产中投入要素的弹性变动趋势建立了模型，对

[①] 徐瑛、陈秀山、刘凤良：《中国技术进步贡献率的度量与分解》，载《经济研究》2006年第8期。

[②] 张烨卿：《资本形成、内生技术进步与中国经济持续增长——基于资本产出比视角的实证研究》，载《经济科学》2006年第6期。

[③] 陈晓光：《教育、创新与经济增长》，载《经济研究》2006年第10期。

1986~2003年中国农业技术进步贡献率进行了测算。研究发现，物质投入对农业产出的贡献已经进入平稳增长时期，要持续、稳定地推进这种效应，国家就必须不断加大、加快农业科学技术的研究和推广应用；在过去的20年中，农业技术进步贡献率是一个与政策导向密切相关的指标，主要原因可能是：在中国目前的情况下，农业作为弱质产业，农民是否采用新技术在很大程度上取决于农业整体上是否有利可图，也取决于在政府主导下的农业技术推广服务组织是否获得政府支持，并愿意和能够为农业生产提供技术服务。[1]

李廉水等以35个工业行业为样本，用非参数的DEA-Malmquist生产率方法将广义技术进步分解为科技进步、纯技术效率和规模效率3个部分，然后采用面板技术估算了这3个部分对能源效率的作用。结果表明，1993~2003年期间，技术进步对中国工业增长的作用十分有限，但对工业能源效率具有显著的正向作用；技术效率（纯技术效率与规模效率的乘积）是工业部门能源效率提高的主要原因，科技进步的贡献相对低些。从另一个角度而言，在提高工业部门的能源使用效率的途径上，依靠科技进步依然有较大的潜力；科技进步和技术效率对能源效率的作用随时间动态变化。随着行业的发展和制度的完善，科技进步对提高能源效率的作用逐渐增强，技术效率的贡献慢慢减弱。在尽量改善技术效率的前提下，依靠科技进步提高能源效率应当成为主要努力方向。[2]

王燕梅认为，机床工业的发展和创新行为，对一个国家制造业竞争力的提高有着战略性意义。对全要素生产率（TFP）测算的结果表明，1998年以来，中国机床工业的高速增长伴随着很高的全要素生产率（TFP）贡献率。但估算的TFP高贡献率，在相当程度上源于要素利用率的提高而非技术进步。从技术进步的主要影响因素状况看，目前中国机床工业的技术创新、企业制度、规模经济、企业网络和产业外部支持系统等尚无法形成对产业技术进步的足够支持。要提高挤出"水分"后的TFP贡献率，实现产业技术进步，只能依靠各方面的技术创新和制度创新。[3]

王付彪等人基于数据包络分析，将技术效率分解为纯技术效率、规模

---

[1] 赵芝俊、张社梅：《近20年中国农业技术进步贡献率的变动趋势》，载《中国农村经济》2006年第3期。

[2] 李廉水、周勇：《技术进步能提高能源效率吗？——基于中国工业部门的实证检验》，载《管理世界》2006年第10期。

[3] 王燕梅：《中国机床工业的高速增长：技术进步及贡献分析》，载《工业经济》2006年第10期。

效率、投入要素可处置度，对我国商业银行 1998～2004 年的技术效率进行了实证研究。同时，他们利用 Malmquist 指数计算出我国商业银行生产率改进情况，发现我国商业银行生产率改进大部分来自于技术进步。他们认为，随着近年来的不断改革深化，我国商业银行生产资源配置渐趋合理，市场竞争能力不断提高，改革的成效非常明显，无论是单个年度的相对技术效率变化还是通过 Malmquist 指数计算的效率改进情况，都显示出一个积极的发展趋势。但是，我国商业银行目前还处于追求粗放式经营的阶段，追求外延规模不断扩张的经营理念和方式制约了其效率的提高，规模扩张过程中内部管理水平没有随之提高，导致了效率损失。在业务扩张时及时提高管理能力是我国商业银行需要思考的一个很紧迫的问题。①

（二）产业发展中的技术选择

中国的经济增长模式和工业化道路引起了越来越多的争论。争论的焦点基本上都与工业化过程中的技术选择与技术进步有关。陈勇等人对 1985～2003 年来中国工业行业的技术选择做了评估，用 DEA 法计算期间工业行业的技术进步（TFP）及其分解项技术变化与技术效率，对技术选择与技术进步的关系进行理论梳理和实证检验。结果发现，中国工业部门在 1991～1995 年和 1999～2003 年间两度有重工业化趋势，在 1993～1998 年间发生了加速资本深化，1999 年后，资本深化逐年趋缓。不同产权类型的资本产出比、劳动生产率和资本生产率存在很大差异；工业行业在 1990～1993 年和 1999～2003 年有明显的技术进步，两个期间的技术进步主要分别归因于技术效率和技术变化；国企比例或垄断程度高的行业在技术变化方面表现突出，但技术效率的退化程度令人堪忧，而竞争性强的行业技术效率改善明显，但技术变化方面表现不佳；中国工业行业的技术选择（资本深化）对技术变化具有 Granger 促进作用（反之不成立），但技术变化不是期间技术进步的主要方面，以至于资本深化与技术进步间不存在统计上的稳定关系。②

苏启林认为，Christensen 创立的破坏性创新理论更适合于中国产业成

---

① 王付彪、阚超、沈谦、陈永春：《我国商业银行技术效率与技术进步实证研究（1998～2004）》，载《金融研究》2006 年第 8 期。
② 陈勇、唐朱昌：《中国工业的技术选择与技术进步：1985～2003》，载《经济研究》2006 年第 9 期。

长和发展的研究。按照破坏性创新理论，中国只能通过选择对发达国家产业进行"破坏"来推动产业增长，而不是与发达国家成熟产业进行直接竞争，通过实施新市场破坏，努力发掘被发达国家成熟产业所忽略的非消费市场；在发动新市场破坏的同时，还要启动低端破坏，通过功能简化降低产业创新的综合成本，对发达国家主流市场进行破坏。"中国制造"只是利用廉价劳动力成本的一种生产方式，不是低端破坏的创新方式。应该借鉴印度制药产业的成功经验，对发达国家制药产业技术进行消化吸收再创新，设计出研发成本较低的研发策略，对发达国家主流市场进行低端破坏。①

于同申认为，在网络产业的创新过程中，所谓的网络外部性或网络效应会极大地影响到网络产业自主创新的过程和结果，尤其是可能面临技术选择的困难。在网络经济条件下，由于对哪种新技术将在市场上占据主流地位没有把握，往往对采用新技术犹豫不决，可能出现仍然固守已经过时的技术，没有及时采取措施采用新技术，结果错失了抢占新技术制高点机会的情况。相反，如果贸然强行推行和采用某种并不成熟的新技术和新标准，可能会导致所选技术并不是潜在很有前景的主流新技术，结果当真正的主流新技术出现的时候，原有技术却因为技术的非主流地位而难以形成标准，新技术的市场则会逐渐萎缩，最终造成全面失利的局面。②

黄景章分析了台湾IC产业的发展历程，指出技术进步、制度变迁是促进和保障产业发展的关键，并给出了台湾IC产业发展经验对大陆产业发展的启示。首先，政府对经济发展有重要的影响，但这是有条件的。一方面，应采取比较优势的发展战略，建立和保护市场规则，维持有效的金融、劳动力和产品市场的运作；另一方面，政府应担负起信息传递和社会协调的责任。其次，引进的技术和产业应与自身的要素禀赋条件相适宜。在相当长的时间内，大陆的中西部地区资源禀赋结构仍以劳动力丰富、资本稀缺为特征，因而所采用的技术和产业结构应集中于劳动密集型，即使发展高新技术和产业也应该以劳动密集型的适合技术为主；而东部沿海发达地区应跟踪国际尖端技术，及时发展高新技术和产业，以及开展独立自主的研发。最后，技术和产业升级过程中需要政府进行适当的制度安排来

---

① 苏启林：《破坏性技术、组织创新与产业成长预测》，载《中国工业经济》2006年第11期。
② 于同申：《网络经济条件下自主技术创新的技术选择问题——兼论从2G到3G无线通信的过渡》，载《经济理论与经济管理》2006年第4期。

保障。政府可以通过自己主导的研发机构、科技园区，以及合理的规章制度、政策等激励机制，保证适当的制度安排实现技术进步。①

（三）技术创新与市场结构

杜传忠指出，在当今经济、技术条件下，最有利于实现工业企业技术创新的市场结构是以大企业为主导、大中小企业协作共生的网络型寡占市场结构。网络型寡占市场结构应成为实现中国企业自主技术创新的最有效的市场结构形式。为形成这种市场结构，必须进一步发展有竞争力的大企业；调整和优化企业组织，再造企业流程；加强企业协作，发展企业网络和进行合作创新。②

薛红志等考察了突破性创新对新进入企业和主导企业这一市场结构的影响。如果新技术只破坏了主导企业的技术能力而没有破坏互补性资产的价值，那么主导企业的绩效将会改进；如果新技术同时破坏了主导企业的技术能力和互补性资产的价值，那么主导企业的绩效将会下滑，新进入企业有可能创造新的竞争格局。正是由于大量突破性创新属于前者并且主导企业控制了大部分的互补性资产，所以，开发了突破性创新的新进入企业只能与主导企业建立合作关系，共同分享创新利润。③

---

① 黄景章：《技术进步、制度变迁与台湾IC产业发展》，载《财贸经济》2006年第8期。
② 杜传忠：《网络型寡占市场结构与企业技术创新——兼论实现中国企业自主技术创新的市场结构条件》，载《中国工业经济》2006年第11期。
③ 薛红志、张玉利：《突破性创新、互补性资产与企业间合作的整合研究》，载《中国工业经济》2006年第8期。

第十一章　对外贸易与外贸政策问题讨论综述

一、2006年对外贸易与外贸政策问题研究的新特点

与2005年相比，2006年我国对外贸易与外贸政策问题的研究在热点排名中的位次有所下降，但由于出口对我国经济发展的显著作用，所以仍受到了高度关注，研究反映出如下新的特点：

一是在研究内容上，一些新动向值得关注：（1）对传统贸易理论的创新性研究显著增加，理论界在探寻我国对外贸易发展的根源与动力基础。（2）国际分工与合作的问题受关注程度提高。国际贸易中，不同贸易主体之间不仅是竞争关系，而且在贸易发展中普遍存在着国际贸易合作的可能。特别是随着国际产业转移的深化，产业链条已经打破了空间限制，国际间以产业链为纽带的贸易合作发展迅速。（3）贸易政策的经济效应研究受到重视，2006年的相关研究开始关注于我国对外贸易政策的经济效应，只有通过对以往政策效果进行科学评估，才能为政策调整提出合理的建议。

二是在研究方法上，计量经济学方法得到普遍应用；运用比较分析的研究方法探寻中美、中日、中欧贸易差异。

三是在研究视角上，2006年研究视角多样化特征显著，如从储蓄—投资、汇率、产业转移等多角度，对国际收支不平衡问题做出解释。

二、传统贸易理论的创新发展

2006年的相关研究主要集中于对比较优势理论的认识与拓展。比较

优势理论是国际贸易理论中的基石,是经济学经典体系下解释国际贸易发生机制的最恰当的理论。但是,现实中的经济并不如古典经济学所假设的那样完美,所以学者们尝试从不同角度拓展比较优势理论。

(一) 贸易商品再分类

李卫华从贸易商品再分类的角度分析了比较优势理论的缺陷。认为首先应当放弃传统的仅便于理论推演的加工制造业商品分类法——将加工制造业商品分为劳动密集型、资本密集型和人力资源密集型,而是依据设计和制造的技术水平和技术难易程度进行划分——将国际贸易商品分为技术复杂的高端商品和技术相对简单的低端商品。需要注意的是,商品的高端地位将随着创新活动的不断进行,通过技术扩散逐渐而被普及化,最终降为低端产品,但是技术创新又会推出新的高端商品。这样形成了创新能力较强的发达国家向发展中国家出口高端商品,而发展中国家以低价格向发达国家出口低端商品的国际贸易格局。最终的结果表明,从加工制造业上看,国际分工依据的不是比较成本差异,而是技术实力。[①]

(二) 不完全竞争和规模经济贸易理论

师求恩则从不完全竞争和规模经济贸易理论的角度分析了新贸易理论,对传统的完全竞争和比较优势理论进行了理论批判。新贸易理论在两个方向上得到了拓展——即垄断竞争和寡头垄断,前者拓展了比较优势理论,从规模报酬递增所产生的低成本和多样化角度解释了产业内贸易的发生机制,后者以寡头垄断的伯特兰竞争模型解释了寡头企业产出的决定问题。这两种理论得出了两个与传统贸易理论截然不同的结论:第一,国际贸易问题是一个动态过程;第二,积极的贸易政策是有助于参与国的动态利益的,这对认识当前中国的对外贸易发展是有帮助的。[②] 与此稍有不同的是,李辉文等认为比较优势不仅是产业间贸易的主要原因,也是产业内贸易的主要原因。通过总结大量的已有文献指出,Falvey 模型通过引入产品质量的垂直差异来修正比较优势理论,Kierzkowski 模型则拓展了 Falvey

---

① 李卫华:《贸易商品再分类视角下比较优势理论的缺陷》,载《改革》2006 年第 5 期。
② 师求恩:《贸易理论的新发展引发的思考》,载《经济理论与经济管理》2006 年第 5 期。

工作,在不涉及报酬递增和不完全竞争的条件下,成功地把产业间贸易和产业内贸易置于一个经过修正的现代比较优势模型中进行考察。后续的其他工作则是将新贸易理论与现代比较优势理论相结合,在承认报酬递增和不完全市场的同时,将要素禀赋也作为产业内贸易的重要解释变量。这样,理论上从比较优势的角度对产业内贸易的发生机制进行解释就是可行的。在这种新的框架下,当前国际贸易、跨国公司、外包、代工等诸多形式交织在一起的新型贸易和分工主导形态则可以在现代比较优势的框架内得到解释。值得一提的是,这些理论已经在实证检验方面得到了经验数据的支持。[1]

三、我国对外贸易的现状

(一) 我国对外贸易的技术结构和地区结构

1. 我国对外贸易的技术结构

樊纲等人利用更加完善了的贸易品附加值分布分析法分析了我国对外贸易结构问题,研究表明,中国的出口产品结构已经从低技术附加值为主转变到了以中等技术附加值出口为主,而进口仍然以中高技术产品为主。虽然出口商品的技术高度有所提高,但是仍未达到世界平均水平,而且高技术产品没有成为中国出口的最重要组成部分,对经济增长的贡献有限。从发展趋势上看,欧盟将是中国未来高技术领域真正的竞争对手。[2]

2. 我国出口商品的国际地区结构

魏浩等认为我国出口商品的国际地区的结构优化与结构恶化并存。我国出口商品在部分地区的整体结构和内部地区结构不断优化,比如我国在各洲际地区之间、亚洲、东盟和非洲内部各国家和地区中出口份额的差距

---

[1] 李辉文、石燕:《产业内贸易与比较优势——对产业内贸易根源的重新审视》,载《经济评论》2006年第3期。

[2] 樊纲、关志雄、姚枝仲:《国际贸易结构分析:贸易品的技术分布》,载《经济研究》2006年第8期。

不断缩小,结构不断优化,但是,我国出口商品的地区结构在部分地区存在一定程度的不平衡,比如我国出口严重依赖亚洲、欧洲、北美洲,而在其他大洲的出口份额极低,在北美洲又主要依赖于美国市场。①

(二) 我国三大产业的对外贸易状况

1. 农产品对外贸易

姚海华分析了中国与东北亚主要国家之间的双边农产品贸易问题。通过引入比较优势指数、贸易互补指数和贸易强度指数,研究发现,中国与日本、俄罗斯的双边农产品贸易中的比较优势地位上升,而与韩国的双边农产品贸易中的比较优势地位下降,此外,中国与日本、韩国的贸易互补性较强,其中与日本互补性在增强,与韩国的互补性减弱,与俄罗斯不具有互补性。②

2. 工业品对外贸易

李坤望等分析了中国制造业的贸易开放度问题,通过贸易流的大小间接推测贸易开放度,研究发现,由于估算方法、中国制成品的价格优势和发展中国家的特征等原因,1987~1997年中国制造业的总体进口和出口开放度(以美国为参照)均较低,总体出口开放度高于总体进口开放度,且差距不断扩大;在双边意义上,中国对主要贸易伙伴的贸易开放度低于这些贸易伙伴的对中国的贸易开放度。③

金泽虎以钨业和纺织业为例,分析了我国对外贸易的"贫困化增长"问题。研究发现,我国主要的外贸优势产业(特别是第二产业)正面临着日益恶化的外贸条件,就内部原因而言,我国在这些产业或行业具有丰富的产量优势,产品供给者数量众多,企业往往想降低价格获得贸易优势,但是价格战的结果导致了严重的同业恶性竞争,资源优势没有形成真正的贸易优势,反而恶化了外贸条件;就外部原因而言,我国在纺织业等行业

---

① 魏浩、马野青:《中国出口商品的地区结构分析》,载《世界经济》2006年第5期。
② 姚海华:《中国与东北亚主要国家农产品贸易互补性分析》,载《中国农村经济》2006年第9期。
③ 李坤望、黄玖立:《中国贸易开放度的经验分析:以制造业为例》,载《世界经济》2006年第8期。

面临着外部严重的贸易保护主义的危害,贸易摩擦时常发生,这说明并非贸易强国的中国在国际贸易中急需提升在国际贸易中的影响力和控制力。①

3. 服务贸易

王小平采用增长率直接法、增长率趋势法分析了中国服务贸易的短周期、中周期和中长周期波动,并结合 GDP 长波采用协整分析方法研究了中国服务贸易的长波特征。研究发现,1982 年以来的中国服务贸易经历了 8 次短周期波动;3 次中周期波动,其中目前的第 3 次中周期波动具有适度高位平滑的特征;2 次中长周期波动,从 2000 年起中国服务贸易又进入新一轮长周期的扩张阶段,这与 GDP 的长波特征基本相同。② 严宝玉则重点研究了金融贷款与对外贸易的关系,以北京地区为例,实证研究发现,中资金融机构的贸易融资与贸易逆差正相关,能弥补部分外汇资金的缺口,虽然中资金融机构外汇贷款与对外贸易正相关,但是,与此相比,中资金融机构的人民币贷款是对外贸易增长的格兰杰原因,是人民币贷款有力促进了对外贸易的增长。③

(三) 对外贸易的经济影响

对外贸易以一种复杂的形式对经济产生影响。邹正方等通过将人口因素引入 Feder 模型,发现进口贸易的增长率特别是工业制成品的进口率上升对经济增长有促进作用,但是进口贸易的增长率对经济增长率的贡献则无法确定。④ 李文臣等则认为中国粗放型的外贸高增长在许多方面具有负效应:第一,低端产品利润低下,缺乏发展的动力;第二,低成本战略造成国民福利的净损失;第三,服务贸易结构严重失衡;第四,出口增长较快,但贸易条件加速恶化;第五,贸易结构不合理,经济发展的安全性受到威胁;第六,外部阻力增大,发展不可持续。⑤

---

① 金泽虎:《中国外贸产业层面的"贫困化增长"及其矫正》,载《经济理论与经济管理》2006 年第 11 期。
② 王小平:《中国服务贸易周期波动的实证分析》,载《财贸经济》2006 年第 7 期。
③ 严宝玉:《对外贸易发展金融支持分析——以北京地区为例》,载《金融研究》2006 年第 4 期。
④ 邹正方、杨涛:《中国的对外贸易与经济增长的实证分析》,载《经济理论与经济管理》2006 年第 6 期。
⑤ 李文臣、王珏:《中国外贸高增长的负效应分析》,载《管理世界》2006 年第 8 期。

四、对外贸易中的贸易摩擦与自我保护

(一) 对外贸易面临的反倾销

1. 对反倾销的认识

谢增福指出,国际贸易中的反倾销措施与保障措施存在一定差异,前者针对低于商品内在价值进行倾销的不公正贸易行为而实施的旨在遏制不正当竞争,维护公平的竞争秩序的措施;后者针对进口产品与国内生产相比突然大增导致国内产业严重受损,从而采取的旨在保护本国产业的限制进口的措施。同时,两者在实施条件、衡量标准、法律依据、调查机关、调查程序等方面都有显著差别。①

2. 反倾销威胁的影响

潘悦认为反倾销是非理性的,给进口国带来了严重的福利损失。倾销是因为市场分割导致了国内国外市场价格差才发生的,所以解决倾销的措施应是开放贸易,同时,倾销对各方福利的改善与冲击应该通过社会保障和法律来解决而不应通过反倾销解决。反倾销本身就违背了公平竞争的原则,通过掠夺性定价而非成本定价的方式打击出口国。由于掠夺性定价高于成本定价,进口国消费者的福利必将受损,而且由此引发的贸易摩擦和贸易战影响了各方福利。② 焦知岳等也得出了与此相似的结论,通过采用寡头垄断模型,研究发现在进口国采取反倾销措施时国内外企业的均衡价格最高,这种高价格虽然增加了本国生产者的利润,但同时却使本国消费者的利益受损。③

对出口企业而言,反倾销的实施或潜在威胁将影响企业的出口策略。通过建立一个 Bertrand 模型,郭守亭发现在低价竞销、自愿价格限制、对

---

① 谢增福:《论反倾销措施与保障措施的差异》,载《管理世界》2006 年第 10 期。
② 潘悦:《反倾销的非理性及其趋势展望》,载《财贸经济》2006 年第 3 期。
③ 焦知岳、冯宗宪:《反倾销政策工具下市场均衡价格分析》,载《经济评论》2006 年第 4 期。

外直接投资 3 种策略中，采取何种策略以及采取策略的时机要受到企业对被征收反倾销税可能性大小的预期。这包括：为避免反倾销调查，企业可能会限制产品定价；当自愿价格限制后，企业面临反倾销威胁时不得不更大幅度地进行价格限制。①

彭立志等人发现，在反倾销威胁下，基于完全信息假设的最优出口贸易政策要求出口国政府给予低成本企业更高的出口补贴或更低的出口征税，无效激励机制下出口企业更愿意隐匿自己的真实成本类型，此时的最优出口贸易政策失效；在不完全信息假设下，最优贸易政策要求出口国政府依据进口国国内要求保护压力的大小，采用不同的出口征税和一次性转移支付政策组合，激励出口企业如实报告成本，避免反倾销。②

3. 对反倾销的应诉

从反倾销个案的性质出发，冯巨章进行的统计分析表明我国反倾销应诉率较低，这主要是信息不对称和搭便车行为两方面原因造成的，二者又与涉案企业数量、涉案金额、起诉方和有否商会参与等因素有关，而立案时间和行业属性对应诉率的影响不显著。③

（二）对外贸易面临的贸易壁垒

1. 技术性壁垒

贾海基等发现，从国际范围内来看，技术性壁垒在短期内对进口国具有积极效应，已经成为各国最常使用的贸易壁垒；从美国的数据来看，技术性壁垒无法支持进口国的长期社会福利。④

2. 知识产权壁垒⑤

随着知识产权壁垒在国际贸易中被愈加频繁的应用，这已经成为我国

---

① 郭守亭：《反倾销条件下出口企业的策略分析》，载《财贸经济》2006 年第 3 期。
② 彭立志、王领：《不完全信息、反倾销威胁与最优出口贸易政策》，载《经济研究》2006 年第 6 期。
③ 冯巨章：《中国反倾销应诉率影响因素的实证分析》，载《经济评论》2006 年第 5 期。
④ 贾海基、李春顶：《理论与实证视角的 TBT 对进口国经济效应解析》，载《经济理论与经济管理》2006 年第 8 期。
⑤ 一些研究也视技术壁垒为知识产权壁垒的一种。

第十一章　对外贸易与外贸政策问题讨论综述

对外贸易中的一个主要障碍。曹世华指出，在国际贸易中，以美国为代表的发达国家滥用知识产权保护的权利，将知识产权泛化，并且垄断一些公共信息的供给，这对贸易活动和信息交流均造成了不利影响。一些国家也以保护知识产权为借口，将一些含有知识产权的贸易品生产内部化，这对发展中国家的技术创新构成了极大障碍。当知识产权壁垒通过法律形式被固定化之后，对我国的对外贸易必将产生不利影响。[①]

3. 动物福利壁垒

动物福利壁垒是一个全新的研究领域，它试图赋予家禽业、畜牧业等生产过程中的动物以基本福利保障，这项重要的非关税壁垒近年来对我国对外贸易也产生了一定影响。因为我国目前的生产技术条件相对落后，在动物宰杀过程中往往无法满足一些进口国的动物福利要求，所以畜牧业和家禽业出口受限。周正祥认为，一些国家以动物福利壁垒为手段作为贸易保护的一项措施，主要是因为：第一，在认为出口更重要的理念下，政府倾向于鼓励出口限制进口，而动物福利壁垒的合理性、合法性符合其要求；第二，国家间的动物福利差距是这种壁垒得以实施的前提，像中国这样的发展中国家生产技术往往无法达标；第三，WTO 体系下，有关动物福利壁垒的规则操作性较强，有利于进口国进行贸易保护。[②]

（三）对外贸易中的自我保护

出口补贴是一种有效地进行贸易促进和自我保护的措施。通过两次运用两阶段博弈和逆向归纳法，罗云辉对出口补贴政策、企业技改投资、产量和利润水平决定构成的三阶段博弈进行了因果关系的比较静态分析，他认为，本国政府对本国企业进行技改投资补贴，既有利于提高本国企业在国际市场中的市场占有率，也有利于增加本国社会总福利，这远远优于具有不确定性的出口补贴政策。[③]

关税也是一项重要的贸易保护手段。基于 2004 年的数据，周申等考察了我国关税及配额的有效保护率以及有效保护率对要素替代弹性的敏感

[①] 曹世华：《国际贸易中的知识产权壁垒及其战略应对》，载《财贸经济》2006 年第 6 期。
[②] 周正祥：《动物福利壁垒及我国应对的政策措施》，载《财贸经济》2006 年第 7 期。
[③] 罗云辉：《我国出口补贴转变为技改补贴的有效性分析》，载《财经研究》2006 年第 1 期。

性。与1997年关税调整后相比，我国2004年有效保护率的整体结构变化不大，各行业仍是从上游产品到下游产品逐渐升高，但大多数部门的有效保护率随着名义关税的降低而下降。进一步的研究发现，尽管要素替代弹性对有效保护率的影响不大，但也是一个不能忽视的因素。①

技术性壁垒是一项重要的非关税壁垒，我国不仅要应对发达国家设立的技术性壁垒，还可以充分利用这种政策实行自我保护。鲍晓华等测算了我国包括技术性贸易壁垒在内的各类进口监管措施的保护水平，并进一步测定了技术性贸易壁垒对中国进口贸易的限制效应。计量分析表明，关税和技术性贸易壁垒同进口额显著负相关，这说明两种措施均发挥了抑制和调控进口的作用，前者在我国贸易保护中仍发挥主导作用，但随着关税逐渐缩减，其保护的效果也将逐渐削弱，而技术性壁垒的作用在不断增强。从分组分析结果来看，我国内生与外生技术性贸易壁垒存在着明显的行业差异，而且主要集中于初级产品行业，而外国对我国的限制却涉及到71%的中国企业，这也部分说明了我国技术水平相对落后，保护效果落后于发达国家。② 关于中国技术性贸易壁垒形成的原因，研究认为可以通过"国家利益"和"利益集团"特征指标来解释其政治经济成因。技术性壁垒的保护水平是国家利益最大化的结果，政府更倾向于保护弱质产业，同时这一目标要受到利益集团的影响，各方力量平衡的结果就是在不同行业中有选择地进行保护，而且实证分析的结果也发现正是由于其保护水平受各方利益影响，所以技术性贸易壁垒的决策过程比关税政策具有任意性和隐蔽性。③

五、对外贸易中的国际分工与协作

（一）我国在国际贸易中的地位

徐强认为，2001~2004年间，我国大部分HS2商品的类别出口价格

---

① 周申、杨传伟：《我国关税的有效保护率及其变动——基于2004年数据的考察》，载《财经研究》2006年第9期。
② 鲍晓华、朱钟棣：《技术性贸易壁垒的测量及其对中国进口贸易的影响》，载《世界经济》2006年第7期。
③ 鲍晓华、朱钟棣：《贸易政治经济学在中国的适用性检验：以技术性贸易壁垒为例》，载《管理世界》2006年第1期。

指数低于进口价格指数,表明我国商品交易地位不利,比较效益较差;出口数量与价格的"量增价跌"关系则说明我国商品外贸交易地位和比较效益的不利状况还在恶化;我国部分出口商品虽基准价较低,但数量增长却以"量增价升"发展动态带动所属类别商品国际贸易的交易地位和比较效益趋向改善;我国加工贸易进口过程中竞价地位恶化趋向表现得相对不够确定和强烈。①

(二) 国际分工的发展

1. 国际分工的演化过程

国际贸易中第一个被探讨的问题就是国际分工的形成,由此派生出不同的贸易理论学说。刁莉男等运用一个开放经济模型——ASMEC-O,在不完全竞争的假设前提下,解释了国际分工的演化过程。模拟试验的结果发现:第一,当两国存在资源禀赋差异时,比较优势和规模经济是形成国际分工的自然原因;第二,当两国不存在资源禀赋差异时,路径依赖也是形成国际分工的一个重要原因。②

2. 国际分工的新形式——产业内垂直专业化和贸易一体化

国际分工呈现出一个显著的新特征,即产业内垂直专业化和贸易一体化的趋势不断加强,前者强调产业内部生产流程上国际分工日益细化,后者强调因为分工细化而产生的国际经济合作日益紧密一体化趋势加强,二者是同一问题的两面。

关于新分工形式的发展,北京大学中国经济研究中心课题组采用了垂直专门化比率的方法,测算了 1992 年至 2003 年间中国出口贸易中的垂直专门化与中国对美出口贸易中的垂直专门化程度,这将有助于解释产业内贸易在中美贸易中的比重和影响。实证分析的结果表明,中国对美出口和中国总出口中,垂直专门化的比重连年上升,这反映出中国在国际分工中参与程度的上升,也反映出中国出口贸易中产业内贸易程度的上升。③

---

① 徐强:《中国商品外贸交易地位与比较效益变化实证研究》,载《经济评论》2006 年第 4 期。
② 刁莉男、张世伟:《国际分工演化过程模拟实验研究》,载《财经研究》2006 年第 8 期。
③ 北京大学中国经济研究中心课题组:《中国出口贸易中的垂直专门化与中美贸易》,载《世界经济》2006 年第 5 期。

关于新分工形式的形成机制，徐康宁等采用双边贸易的引力模型对国际分工的变化决定因素进行了计量检验。研究表明，当前国际分工已经呈现出显著的产业内统一生产过程的垂直专业化特征，国际分工已经演化为产品内国际分工，要素禀赋和地理因素共同决定这产品内国际分工演进。长期来看，要素禀赋仍会在国际分工中发挥重要作用，而地理因素的相对作用也将日益显著。① 刘志彪等则认为引力模型对贸易一体化趋势的解释力有限，研究验证了 Feenstra 关于经济全球化的第二个假说，即国家之间的相似程度越高，则贸易一体化程度越高。此外，根据长三角地区的数据，运用 VAS 法和 I－O 法测算了一些地区和行业的生产非一体化程度，发现贸易一体化和生产非一体化（即垂直专业化）存在着内在传导机制——Feenstra 关于经济全球化的第一个假说，这些机制的传导会影响经济体的贸易和生产模式，Granger 检验进一步说明，生产非一体化是贸易一体化的原因，而资本化程度是二者共同的原因。②

3. 国际加工贸易的发展

加工贸易是我国对外贸易中最重要的贸易形式之一，是国际经济合作的具体体现，也是垂直专业化中的一个特例。曾卫锋认为中国劳动力成本较低和技术性资本品相对短缺是加工贸易发展的主要原因。加工贸易的发展解决了部分就业，但是进口技术性资本品在提高我国生产技术的同时也限制了该行业技术创新活动，并且限制了该行业的就业规模增加。因为加工贸易的发展与加工行业的制度变革几乎无关，而与资源禀赋条件有关，所以要鼓励技术创新，发展我国技术性资本品行业的比较优势。③

（三）国际协作的深化

中国与智利于 2005 年签署了自由贸易协定，姜鸿对 Thompson 的特定要素模型做了修改，预测了中国和智利实现自由贸易后中国劳动力和 5 个产业特定资本的收入再分配效应。研究发现，劳动力收入和 3 个比较优势

---

① 徐康宁、王剑：《要素禀赋、地理因素与新国际分工》，载《中国社会科学》2006 年第 6 期。
② 刘志彪、吴福象：《贸易一体化与生产非一体化——基于经济全球化两个重要假说的实证研究》，载《中国社会科学》2006 年第 2 期。
③ 曾卫锋：《中国加工贸易发展机制的实证研究》，载《财贸经济》2006 年第 3 期。

产业（纺织服装、通用设备和塑料制品）的特定资本报酬将增加，而另外 2 个比较劣势产业（纸及纸制品和铜等有色金属）的特定资本报酬将减少。[1]

周曙东等分析了中国—东盟自由贸易区建立对区域农产品贸易的动态影响。研究发现，随着中国—东盟自由贸易区的建立，中国对东盟各国进出口的农产品数量有大幅度增加，并且自由贸易区内各国间的农产品进出口显现出普遍性增长，产生较大的贸易创造效应。进一步的研究发现，在这个自由贸易区框架内，各国的比较优势已经发生变化，这将深刻影响到自由贸易区内各国的资源配置。[2]

六、对外贸易中收支不平衡的成因

（一）从储蓄——投资角度的解释

1. 金融约束

从储蓄来看，金融约束难以减少预防性储蓄，使"非意愿"储蓄增加，由于资本市场的风险控制功能尚不健全，人们更倾向于通过储蓄来维持预防性动机的需要，所以储蓄规模不断增加；从投资看来，我国投资的主体是政府和企业，其中政府所占比重较大，企业投资规模较小，金融体系制约了企业的信贷投资，特别是中小企业的投资，而其他融资渠道的空间相对狭小，所以投资规模较小。在国民收入恒等式的框架（$Y = C + I + G + EX - IM$）下，由于 $S = Y - C - G$，所以，CA（经常项目顺差）$= EX - IM = S - I$，当前的情况是 $S > I$，所以经常项目顺差规模不断扩大。[3]

2. 财政赤字

长期以来，财政赤字与贸易顺差并存。许雄奇等人认为，由于中国的

---

[1] 姜鸿：《中国—智利自由贸易协定与收入再分配——基于特定要素模型的分析》，载《管理世界》2006 年第 10 期。
[2] 周曙东、胡冰川、吴强、崔奇峰：《中国—东盟自由贸易区的建立对区域农产品贸易的动态影响分析》，载《管理世界》2006 年第 10 期。
[3] 王叙果：《金融约束：经常项目失衡分析的新思路》，载《财贸经济》2006 年第 9 期。

高储蓄率问题，投资长期不足，所以为实现经济发展、增加投资，财政赤字得以长期存在。在特殊的国情下，需要在储蓄——投资缺口的框架下认识我国财政赤字与贸易收支之间的变动关系，计量分析的结果说明，贸易差额、财政赤字、利率、汇率及 GDP 等 5 个变量存在长期均衡的协整关系，财政赤字是贸易差额的 Granger 原因，财政赤字的增加导致了贸易顺差。①

（二）从汇率角度的解释

一直以来，人们往往认为正是由于中国较低的汇率估值，商品在国际市场上具有价格优势，所以贸易顺差才会长期存在。但是叶永刚等的研究却发现事实并非如此简单，通过对中美、中日双边贸易收支与人民币实际有效汇率之间的关系进行了协整检验，分析发现，人民币有效汇率与中美贸易收支和中日贸易收支之间存在长期关系，但是影响是不同的。无论长期还是短期人民币有效汇率与中美贸易收支之间均不存在因果关系，中日贸易收支与人民币有效汇率之间互为因果关系——收支对有效汇率作用显著而有效汇率对贸易收支影响甚微；人民币有效汇率对中美贸易收支和中日贸易收支均不存在 J 曲线效应，即有效汇率对国际收支不存在时滞效应。可见，人民币实际有效汇率对双边贸易收支的影响不大。②

陈文玲等对 2005 年顺差激增从汇率角度作出了解释：人民币汇率升值改变了进出口节奏，为规避汇率波动风险，预期汇率升值的出口企业加快履约、尽快结汇，而进口企业则延迟进口、推迟付汇，所以短时间内出口规模扩张而进口规模下降，顺差激增。③

（三）从外资产业转移角度的解释

在国际产业转移中，大量的外资企业进入我国从事加工贸易，将顺差问题扩大化。根据比较优势，邓小华认为，中国应当出口劳动密集型产

---

① 许雄奇、张宗益：《财政赤字与贸易收支不平衡：来自中国经济的经验证据（1978～2003）》，载《世界经济》2006 年第 2 期。
② 叶永刚、胡利琴、黄斌：《人民币实际有效汇率和对外贸易收支的关系——中美和中日双边贸易收支的实证研究》，载《金融研究》2006 年第 4 期。
③ 陈文玲、王检贵：《关于我国进出口不平衡问题的认识及政策建议》，载《财贸经济》2006 年第 7 期。

品，美国出口技术密集型产品，但是由于美国限制高技术产品的出口，导致了贸易结构人为扭曲；而且随着国际产业转移的进行，中国加工贸易中，以外商投资企业主导的高技术产品的生产和出口快速上升，两方面都导致了中国顺差持续扩大。①

陈继勇等认为，美中贸易逆差扩大部分应归因于以加工产业为主的外商直接投资方式，美国的在华直接投资对我国所产生的出口促进效应主要是由美资在华附属机构对美出口产生的，虽然从出口角度看，这是中国的贸易顺差，但实际上，美国企业通过 FDI 而进行的出口返销和贸易转移形式才真正获得了经济利益。②

从对外资的优惠政策来看，大量的 FDI 涌入对国内投资产生了"挤出效应"和"替代效应"，投资更低于储蓄③，而且 FDI 在华投资往往享受"超国民待遇"，加之前面提到的产业转移中的获利，所以外资投资热情更高，对我国国内投资更为不利，导致顺差加大。④余永定等也认为中国经常项目和资本项目的双顺差是长期推行优惠政策吸引 FDI，特别是加工贸易型 FDI 优惠政策的结果，研究细化了 FDI 的种类——技术导向型、出口导向型和市场寻找型，这三种类型的 FDI 和本土企业的收支格局共同决定了我国目前的国际收支格局，三类企业在不同发展阶段对我国国际收支格局产生了不同影响，而我国 FDI 参与下的加工贸易模式使得双顺差已经成为持久的结构性问题。⑤

七、我国的对外贸易政策及其影响

（一）贸易政策的经济效应

黄娟创立了评估出口鼓励贸易政策经济效率的指标体系，研究发现，我国出口鼓励贸易政策的经济效率在下降，出口对 GDP 的拉动作用不断

---

① 邓小华：《中美贸易逆差的原因》，载《经济理论与经济管理》2006 年第 5 期。
②④ 陈继勇、刘威：《美中贸易的"外资引致逆差"问题研究》，载《世界经济》2006 年第 9 期。
③ 王叙果：《金融约束：经常项目失衡分析的新思路》，载《财贸经济》2006 年第 9 期。
⑤ 余永定、覃东海：《中国的双顺差：性质、根源和解决办法》，载《世界经济》2006 年第 3 期。

减弱，而且仅有的贡献也是以牺牲结构效益为代价的。出口外溢指数表明贸易政策引致的结构性问题影响了出口外溢性的实现；国际市场占有率指数与出口比重不协调，出口产业升级的速度较慢；价格贸易条件恶化，我国出口鼓励贸易政策下单位商品的交换能力和贸易收益在下降。进一步的研究发现，在当前的出口鼓励贸易政策下，出口信贷政策的效率最高，消耗的财政资源最少，也是 WTO 允许的鼓励方式，其次是出口退税，最后是出口补贴。①

吉缅周以中国彩电制造业为研究对象，考察了 1989 年至 2003 年间政府干预的贸易政策是如何通过改变厂商成本的动态调整机制，进而对长期中彩电的数量和价格、彩电厂商的利润和国民福利造成影响的，比较分析了不同政策工具的实施效果。对贸易政策实施效果进行的多期模拟表明，自由贸易政策下中国的彩电制造业也会逐步发展壮大，但干预政策确实可以起到促进发展的作用，并且政府的干预政策使国产彩电厂商成本下降得更快。②

（二）贸易政策的调整

1. 积极应对反倾销

彭立志等认为当前现实可行的一种激励相容的出口贸易政策，就是设立一种虚报成本惩罚机制，这样一种惩罚机制可以通过引入审计制度得以实现，即通过设计一种随机审计机制及其相应的惩罚额度，以最小的审计成本，确保企业如实报告成本。③ 对进口国政府而言，焦知岳等认为在选择使用哪种工具时要随政府选择不同的目标而变化，生产者福利和消费者福利都应受到重视，制定政策的核心目的应当是，采取适度的反倾销政策和补贴政策应该能使国内外厂商的利润保持在竞争性利润水平上，同时在对本国消费者提供低价基础上保护本国企业的利益。④

---

① 黄娟：《中国出口鼓励贸易政策的经济效率问题》，载《财贸经济》2006 年第 10 期。
② 吉缅周：《贸易政策的长期影响：经验分析》，载《世界经济》2006 年第 9 期。
③ 彭立志、王领：《不完全信息、反倾销威胁与最优出口贸易政策》，载《经济研究》2006 年第 6 期。
④ 焦知岳、冯宗宪：《反倾销政策工具下市场均衡价格分析》，载《经济评论》2006 年第 4 期。

2. 加大财政金融支持

严宝玉认为应当加大金融对对外贸易的支持力度,具体而言,第一,大力发展股票融资、债券融资等融资方式,拓展外贸企业的融资渠道,在非银行金融机构或体系中获得更多的融资;第二,商业银行应理性转变市场定位,逐步减少对大企业的依赖和追逐,开始对中小企业有所倾斜,满足中小外贸企业的资金需求。①

3. 加强制度建设

潘镇认为良好的制度是经济长期和持续增长的推动器,在发展对外贸易中,加强制度建设对我国对外贸易的良性发展具有促进作用。具体而言,要进一步完善社会主义市场经济体制,各级政府要学会用市场手段而非行政手段来处理经济事务;健全和切实执行法律法规,加强产权保护;提高货币政策、贸易政策和外资政策的有效性,履行加入WTO后的各项承诺,逐步放松金融管制。②

4. 改善结构性矛盾

裴长洪等人认为,长期来看,我国外贸依存度仍将会缓慢上升,达到相对稳定,然后逐步下降。当前首先要认识到我国对外贸易中的结构性矛盾,对加工贸易进行战略性调整,具体而言,外贸增长要摆脱粗放式经营的发展思路,确立集约式发展理念,增加进出口贸易对经济增长方式和质量的贡献。③

---

① 严宝玉:《对外贸易发展金融支持分析——以北京地区为例》,载《金融研究》2006年第4期。
② 潘镇:《制度质量、制度距离与双边贸易》,载《中国工业经济》2006年第7期。
③ 裴长洪、彭磊:《对外贸易依存度与现阶段我国贸易战略调整》,载《财贸经济》2006年第4期。

第十二章 货币政策问题讨论综述

一、2006年货币政策问题研究的新特点

作为政府宏观调控的重要手段，货币政策一直得到持续广泛的关注。2003~2005年，货币政策均进入了热点前20名，分别排在第15、12、17名，2006年则首次进入前10名，这与我国加强和改善宏观调控的实践密切相关。在2006年的宏观调控中，货币政策手段得到充分运用，这标志着我国宏观管理体制向社会主义市场经济新体制迈出了一大步，也为理论界探讨适合中国国情的宏观管理新体制以及中国现阶段货币政策的有效性问题，提供了实践基础和广阔空间。具体说，2006年货币政策问题研究表现出以下新特点：

一是研究视角更加深入，货币政策实施是为实现其目标服务的，如何提高货币政策的有效性，是货币政策问题研究的归宿。2006年的研究突出表现了这一点，如以往讨论有效性主要集中在中介目标选择、传导机制等问题上，2006年则从地区性差异等角度扩展了货币政策有效性的分析。

二是研究方法更加注重规范与实证相结合，与2005年相比，更多的文章在规范分析的基础上加强了实证研究，通过规范与实证研究的结合，使得出的结论更令人信服，也更有建设性。

三是在研究内容上更加贴近中国现实情况的变化，货币政策的研究，不仅需要借鉴国外既有的研究成果，更需要基于我国国情，关注货币政策实施环境出现的新情况新变化。比如，国际经济失衡背景下我国出现的流动性过剩，对利率工具的运用提出了新的挑战，理论界就给予了足够的关注。这从一个侧面表现出我国经济学研究正日益回归到"致用性"的轨道上，这也正是创建中国经济学派的必由之路。

二、货币政策实施面临的新挑战

最近几年，国内外经济环境发生变化，货币政策的实施面临着新情况，这些都对货币政策带来了新的挑战。这些新情况主要有以下几点：

(一) 开放经济下的流动性过剩

王胜等以中国的实际经济数据进行了实证研究，表明在开放经济环境下，一国的最优利率水平同时还受到外国经济发展状况的影响。因此，在经济交往日益密切的今天，我国货币当局在实施货币政策时不能忽略外国经济，特别是美国经济发展状况对中国的深远影响。[①]

胡乃武等通过建立中国开放经济条件下的宏观经济模型，预测"十一五"期间我国会出现央行的正常基础货币增加无法满足外汇储备增加的局面，甚至会迫使央行只有通过持续发行央行债券来抵补国外资产与基础货币之间的差额，而持续的央行债券发行，未来只能通过央行发行货币来偿付，这势必会导致恶性的通货膨胀。为此，建议我国应逐渐扩大人民币汇率的浮动空间，逐步取消对人民币汇率的管制，在适当时候考虑实现资本项目下的完全可兑换。[②]

和萍通过实证分析认为我国在事实上执行着钉住美元的固定汇率制度和较为严格的资本管制的制度，实行着较为独立的货币政策，1980～2003年间蒙代尔"不可能三角"是适用于我国的经济实践的，但货币政策的独立性遭受着越来越大的挑战。[③]

康立从理论上阐明了开放经济条件下外汇储备与货币政策的内在逻辑关系，从实证角度剖析了外汇储备变动对我国货币政策的影响：首先，外汇储备增加导致货币供给量扩张，并且增强了货币的内生性，改变了货币供给的结构，因此加大了货币政策操作的难度；作为外汇政策和货币政策

---

① 王胜、邹恒甫：《开放经济中的泰勒规则——对中国货币政策的检验》，载《统计研究》2006年第3期。
② 胡乃武、刘睿：《开放经济下的我国货币政策工具分析》，载《经济理论与经济管理》2006年第4期。
③ 和萍：《渐进资本开放下中国货币政策的独立性》，载《经济理论与经济管理》2006年第11期。

的一个重要结合点,外汇储备变动引起货币政策和汇率政策之间的冲突,要保持我国货币政策的独立性,货币当局必须进行外汇体制的重大调整。①

刘雪梅认为人民币升值和我国较高的利差导致国外"热钱"涌入我国,对货币政策造成冲击:一是强制结汇制下"热钱"结汇影响了货币政策的收缩效果并提高了央行公开市场操作的成本;二是"热钱"炒作房地产冲击了我国货币政策的独立性,使得央行难以同时稳定汇率和利率。②

陈远志等从实证的角度深入探讨了2001年以来我国的外汇盈余结构与货币政策调控压力之间的相关关系,分析表明:就三类外汇盈余与我国当前基础货币和广义货币的扩张压力、货币政策的冲销干预压力的相关性而言,热钱流入的相关最高,外贸顺差次之,外商直接投资最弱,并且因果检验结果显示,三类外汇盈余中只有热钱流入是我国近年来货币扩张的格兰杰原因。③

方先明等通过构建模型,对2001年第1季度至2005年第2季度的统计数据进行实证检验发现:2001年后我国的外汇储备增加具有明显的通货膨胀效应,中央银行为此实行的货币冲销政策总体上是有效的,但在货币冲销弹性等方面还不尽如人意。④

田素华分析了外资银行对我国货币政策的影响,认为外资银行对东道国货币政策的影响取决于东道国央行实施货币政策过程中,外资银行和东道国央行对东道国企业贷款业务的相互替代关系,以及东道国央行选择的货币政策工具类型。在我国资本项目还没有完全开放的条件下,差别法定存款准备金制度使得外资银行可能在我国实行紧缩性货币政策期间,运用存量外汇资金替代中资银行贷款业务。因此,在外资银行不断进入的情况下,为提高货币政策的实施效果,我国央行需协同多个部门完成货币政策操作过程。⑤

---

① 康立:《中国外汇储备对货币政策的影响》,载《中南财经政法大学学报》2006年第1期。
② 刘雪梅:《当前"热钱"对我国货币政策的冲击及应对策略》,载《商业研究》2006年第5期。
③ 陈远志、谢智勤:《外汇盈余结构与我国货币政策调控压力相关性的实证研究》,载《南方金融》2006年第10期。
④ 方先明、裴平、张谊浩:《外汇储备增加的通货膨胀效应和货币冲销政策的有效性——基于中国统计数据的实证检验》,载《金融研究》2006年第7期。
⑤ 田素华:《外资银行对我国货币政策影响的实证分析》,载《上海金融》2006年第7期。

(二) 资本市场发展及资产价格变化

徐璋勇认为,资本市场的发展对货币政策的冲击效应在实践中越来越明显,货币当局在货币政策操作时必须将虚拟资本市场的发展状况作为一个因素予以考虑。第一,虚拟资本市场对以货币供应量作为货币政策的中间目标造成冲击,主要表现在货币供应量的范围难以界定,引发了各层次货币供应相对量和绝对量的改变;还导致实际货币供应量和名义货币供应量的不一致。第二,对货币政策的传导机制产生冲击,主要表现在传导主体出现多元化趋势,传导链条更加复杂,传导渠道增加,增加了货币政策传导的时滞(认识时滞、决策时滞、内部时滞)。第三,对货币政策的效果产生冲击,主要表现在金融技术的快速发展和电子货币的产生使中央银行货币发行垄断权受到挑战,削弱了货币供求的稳定性,打破了货币供应量与物价之间的稳定关系,资本市场泡沫也会影响到利率调控的结果,这些都使得货币政策的效果大打折扣。[①] 齐宏伟也提出,传统货币政策传导机制中,银行体系处于关键作用,但随着资本市场发展,出现了中央银行—资本市场—企业(居民)这样一种新的传导机制。在这种机制下,资本市场处于中介地位,资产价格是关键变量。由于资本市场对中央银行货币政策的变动会迅速做出反应,并通过金融资产价格的变化影响企业与社会公众的消费与投资行为,因此政策时滞较短,政策传导效率较高,但金融资产价格传导渠道的增加,又使得经济主体的行为选择更加多样化、间接化,有可能和中央银行的货币政策意图相左,致使货币政策传导渠道更加复杂,并具有不可测控性。[②]

郭田勇认为,一方面,虽然资产(股票、房地产)价格波动使得货币政策的最终目标、中介目标、传统政策工具都受到挑战,而且使货币政策传导机制复杂化,但由于资产价格决定的基础难以把握、央行难以提前预期资产泡沫的到来、资产价格的测量也存在难度等因素,央行还没有必要将资产价格"内置于"其所盯住的价格指数中去。另一方面,由于资产价格的变化与金融体系的稳定关系密切,资产价格的过度波动,常常会

[①] 徐璋勇:《虚拟资本市场发展对货币政策的冲击效应》,载《经济学家》2006年第2期。

[②] 齐宏伟:《资产价格对货币政策传导的有效性分析》,载《当代经济研究》2006年第6期。

引起实体经济的损失,因此,央行需保持对资产价格的密切关注。① 徐宝林在综合梳理国外文献的基础上,也提出资产价格的波动给货币政策的决策和执行带来了极大的难题,迄今为止比较一致的共识是货币政策不应该以任何直接的方式将资产价格纳入货币政策目标体系,而是应该致力于物价的稳定并保证金融体系足以应付资产价格的波动。②

(三) 金融创新及货币电子化

李慧认为,金融创新扩大了货币供给主体,使货币定义和计量复杂化,金融创新放大了货币乘数;同时,金融创新减少了货币需求量,改变了货币内涵和需求结构。从政策工具看,金融创新降低了存款准备金机制的作用,削弱了再贴现政策的效用,强化了公开市场业务的作用。从中介目标看,金融创新对利率、货币供应量、汇率都产生了复杂的影响。从传导机制方面看,金融创新部分地改变了货币政策的传导机制,央行执行货币政策的难度加大,增大了货币传导时滞的不确定性等。③

胡海鸥等认为,随着IT技术的发展及其在金融中的运用,货币电子化和电子结算系统的发展大大减少了基础货币需求,其原因主要有:第一,银行间支付体系的技术变化减少了商业银行的准备金需求;第二,银行间票据市场的发展提供了必要的基础货币补充;第三,中央银行角色变化(充当经纪人)帮助商业银行获得所需准备金;第四,国债已经演变成商业银行的准备资产;第五,商业银行对准备金的规避,以及准备金制度的局限导致准备率的下降,甚至是准备金制度的取消;第六,市场的完善和未来可预见性的提高减少商业银行准备金需求;第七,现金漏损率的下降减少了商业银行准备金需求。由于基础货币需求量的减少,使得加拿大等国的中央银行放弃货币量调控而转向"利率走廊"调控。④

周光友将电子货币引入货币政策的分析框架,深入分析了电子货币发展对货币政策传导机制带来的影响:由于电子货币使得央行货币发行权和

---

① 郭田勇:《资产价格、通货膨胀与中国货币政策体系的完善》,载《金融研究》2006年第10期。
② 徐宝林:《资产价格波动、通胀预测和货币政策规则》,载《求索》2006年第12期。
③ 李慧:《现代金融创新对凯恩斯货币政策有效性的影响分析》,载《华中师范大学研究生学报》2006年10月第13卷第3期。
④ 胡海鸥、季波、贾德奎:《"利率走廊"调控含义、机理与机制——无基础货币供给量调控的启示》,载《当代经济科学》2006年第1期。

铸币税收入减少，并改变了商业银行的存款结果，因此降低了中央银行对基础货币的控制能力；削弱了传统货币政策传导途径（利率、信贷等）的效用；增大了货币政策传导时滞的不确定性。[①]

杨炘等分析了金融衍生工具对货币政策传导机制的影响，认为由于衍生产品市场比现货市场对货币政策的反应更快，金融市场价格面对货币政策冲击做出更加及时和迅速的调整。金融衍生工具还使得货币总量发生了变化，大大降低了统计广义货币量的准确性。另外，作为一种证券，金融衍生产品还可以作为央行公开市场操作工具。[②]

胡碧认为，金融工程的应用使得传统的货币政策操作方式的效力逐渐减弱，主要是：第一，从货币需求方面看，金融工程的应用改变了货币需求的结果和动机，降低了狭义货币需求的稳定性；第二，从货币供给方面看，金融工程的应用不仅使货币供给的定义及计量变得困难，而且扩大了货币供给主体，增强了金融机构的货币创造能力；第三，从货币政策操作方面看，金融工程的应用强化了公开市场业务工具的政策效果，而且增加了货币政策传导机制的复杂性。[③]

（四）资产证券化

沈炳熙认为，资产证券化有利于健全货币政策的传导机制，这主要是因为：第一，资产证券化有利于改善融资结构，健全金融体系和金融市场体系，扩大货币政策工具的选择空间，使货币政策通过各种渠道加以传导；第二，资产证券化还使银行的运行模式发生变化，中央银行可以通过商业银行直接的市场交易传导货币政策意图，而且商业银行即使未与央行直接交易，由于金融市场受货币政策的影响，这种影响也必然会传导到在整个市场上进行运作的每一家商业银行。第三，随着资产支持证券的发行，金融市场上固定收益类证券的总量增加，金融市场的广度和深度都得到发展，这就扩大了中央银行运用市场化工具进行货币政策操作的平台。[④]

刘莉君等的研究表明，虽然资产证券化有利于改善银行资产质量，理

---

① 周光友：《电子货币发展对货币政策传导机制的影响》，载《工业技术经济》2006 年第 11 期。
② 杨炘、张哲：《金融衍生工具对货币政策传导机制的影响》，载《金融与经济》2006 年第 3 期。
③ 胡碧：《金融工程应用对货币政策操作效应的影响》，载《理论导刊》2006 年第 10 期。
④ 沈炳熙：《资产证券化与货币政策》，载《南方金融》2006 年第 3 期。

论上而言能有效地促进货币政策的传导,但从我国目前现状看,资本市场不健全、银行信用评级体系不完善、投资者风险意识薄弱等问题制约了资产证券化充分发挥其效能,引起金融市场的"混沌",即无论利率水平怎样变动,都很难发生资本成本效应,投资利率弹性会减少。另外,资产证券化抑制了货币政策传导的流动性效应。①

(五) 货币流通速度变化

李洁从货币流通速度变化的角度分析了货币政策的有效性,认为近年来货币供应量的增长率持续超过经济增长率与物价变动之和,但货币政策效果仍然不佳,一个可能的解释是经济转轨过程中货币流通速度出现下降。从整体关系上看,金融发达程度对货币流通速度的影响是正相关的,而经济货币化与利率对货币流通速度是负相关的,储蓄率对利率的影响则不明确。未来我国货币流通速度的变化存在着一定的不确定性。中央银行要通过有效的措施,引导货币流通速度向着有利于实现自己政策意图的方向发展。当前的重点是在保持货币供应量稳步增长的情况下,通过外生变量来影响和控制货币流通的速度,同时防止因货币流通速度的非正常加快而引发的通货膨胀问题。②

三、货币政策中介目标选择

选择什么变量(货币供给量、利率,还是实行通货膨胀目标制,抑或其他目标?)作为货币政策的中介目标,这直接关系到货币政策的有效性,因此成为货币政策研究的一个重点问题。

(一) 是否应继续以货币供给量为中介目标

徐瑞忠等在对各种中介目标对我国的适用性进行分析后认为,选择货

---

① 刘莉君、岳意定:《市场利率对货币政策的传导是有效的吗?》,载《统计与决策》2006年12月(下)。
② 李洁:《关注货币流通速度的变化——提高货币政策有效性的重要环节》,载《中央财经大学学报》2006年第9期。

第十二章 货币政策问题讨论综述

币供应量作为目前货币政策的中介目标是一个次优选择。当前,应进一步完善货币供应量的统计口径和准确性,加强基础货币的投放能力,以公开市场操作投放为主,多渠道、有效地投放基础货币。[①] 陈利平的研究也表明,由于货币政策对通货膨胀、产出和货币存量的影响存在着时滞,而这些宏观经济变量并不是同一时间被观察到的,因此货币政策中介目标的引入可以提供当前冲击的一个信号,带来了额外的信息,使得中央银行和公众可以对自己的预期做出调整,提高了货币政策的效率,但也同时发现,如果货币政策的传导机制不畅通,则货币存量中介目标制无法对经济中的扰动做出意愿的响应,因此无法避免货币政策的低效率问题。当前我国将中介目标定为一个综合目标,重点看 M2 和贷款量,同时参考货币市场利率,虽然是一种权宜之计,但不失一种明智的选择。在这种制度下,中央银行可以将货币供应量、贷款量和市场利率作为参考变量,从中得到额外的信息,以修正预期,做出最优响应,同时中央银行不必承诺要达到某个中介目标,不会导致信誉丢失。[②]

刘明志提出,我国的货币供应增长率变化对通胀有着明显影响,因此现阶段使用货币供应量作为货币政策中介目标仍具有一定程度的合理性。但货币流通速度变化比较大,而且事前难以精确预测,表现为货币供应增长率与经济增长率和通货膨胀率之间的关系不稳定,因此可以继续使用货币供应量增长率作为中介目标,一旦年度中间发现货币流通速度的变化超出了事前预期,则进行动态化修订。在利率形成机制尚不完善、银行间利率变动与经济景气变化之间的互动关系非足够强的情况下,银行间利率作为中介目标是否可行还需要进一步观察。应加快利率市场化进程,为使用银行间利率作为中介目标创造条件。[③] 黄安仲等也认为:货币流通速度不稳定不能成为否定货币供给量作为货币政策中介目标的依据。其理由是,影响货币供给量作为货币政策中介目标的主要因素是流动速度的可预测性以及货币当局对货币流通速度的预测能力,货币流通速度不稳定并不必然意味着货币供给量作为货币中介目标是无效的。只要货币当局能够准确预测货币流通速度变化的方向和幅度,货币供给量就仍然可以作为货币政策

---

① 朱瑞忠、林赛燕:《论我国货币政策中介目标的选择》,载《社会科学战线》2006 年第 1 期。
② 陈利平:《货币存量中介目标制下我国货币政策低效率的理论分析》,载《金融研究》2006 年第 1 期。
③ 刘明志:《货币供应量和利率作为货币政策中介目标的适用性》,载《金融研究》2006 年第 1 期。

的中介目标。①

冯涛等研究了双重调控（即我国对货币供应量实行间接调控、对存贷款利率实行直接调控）下我国的货币政策绩效，并用 VAR 脉冲检验证明：由于货币供给量与利率之间存在内生联动效应，双重调控导致了这两个目标之间的冲突性，央行在一定程度上使自己陷入了一个顾此失彼的两难境地，降低了货币政策的绩效。因此，央行只能优择其一作为中介目标，而不能同时有效地控制货币量和利率。在我国目前的金融制度安排下，利率市场化的条件并没有完全具备，我国还应该坚持以货币总量政策为主导，逐步放宽对利率的控制和约束，为加快利率市场化创造必要的条件。②

索彦峰将金融创新因素纳入基本普尔分析之中，得出两个基本结论：第一，在金融创新发展的初期，总需求冲击方差相对于货币需求冲击方差仍然较大，同时 IS 曲线相对 LM 曲线会变得更加陡峭，此时中央银行将优先选择货币供给量作为中介目标。第二，在金融创新的快速发展阶段，货币需求函数将变得极不稳定，以至于货币需求冲击远远超过总需求冲击时，无论 IS 曲线和 LM 曲线的斜率如何，选择利率充当中介目标将变得更加有吸引力。就我国而言，目前处于金融创新的初级阶段，还应继续以货币供给量作为中介目标；长远看，利率市场化的完成也为中央银行通过利率调节经济运行提供了现实基础，客观上存在着中介目标向利率转变的趋势，但这又带来新的问题：反映微观主体投资成本的是实际利率，但中央银行监控的却是名义利率，通货膨胀预期的不可测性最终就影响到了利率作为中介目标的可测性。从国际经验看，通货膨胀目标制度应成为我国货币政策的发展方向。③

但王晓芳等以普勒规则理论为基础，以1998年为界把1994～2005年分为两个阶段利用季度数据对我国货币政策中介目标选择的适当性进行了实证分析，研究发现：货币供应量作为中介目标仍具有理论上的合理有效性，但有效性在逐步降低。这主要是因为：根据普勒基本分析，如果必须以货币供给量作为中介目标，则应当使利率能够内生地自行调整，但我国

---

① 黄安仲、毛中根：《货币流通速度不稳定不能成为否定货币供给量作为货币政策中介目标的依据》，载《经济评论》2006年第3期。
② 冯涛、乔笙、苑为：《双重调控下的货币政策绩效研究》，载《金融研究》2006年第2期。
③ 索彦峰：《金融创新、基本普尔分析与我国货币政策中介目标选择》，载《中央财经大学学报》2006年第10期。

目前尚未实现完全的利率市场化；而且公众预期变化导致预防性动机的货币需求增加，使得储蓄增长和贷款投放速度减慢，相应导致货币政策传导机制失灵。①

（二）是否应转向以利率为中介目标

封思贤运用向量自回归（VAR）模型、脉冲响应函数（IRF）、方差分解分析等经济统计方法，对我国现行货币政策中介目标进行了实证分析并得出结论：第一，货币政策冲击造成了实际产出的短期波动，但长期看货币总量冲击不能有效地刺激实际产出，同时货币供给量与物价非正相关，这表明即使实现了货币量目标，也很难实现物价稳定的最终目标。这验证了我国货币政策效力较弱这一现实。第二，实际利率冲击对实际产出呈持续的正向放大效应，对物价是持续的负向放大效应，在对实际产出和物价的方差分解中，实际利率占有较大比例。实际利率对物价的因果关系强于对实际产出的因果关系，且实际利率在物价的方差分解中占的比例大于其在实际产出中所占的比例，因此，与货币供给量相比，实际利率更适合做货币政策的中介目标。但由于目前利率市场化改革尚未完成，因此现在还不能取消货币供应量而选择利率作为中介目标；而且，我国 1998 年以来实行的严格利率管制使得央行没有足够的独立性将货币供应量有效控制在目标范围之内，且即使央行有效控制了货币供应量，严格的利率也将极大地干扰货币需求，货币供应量与利率之间相互作用的内生关系已被破坏，因此也无法将利率和货币供应量构成的组合作为货币政策的中介目标。因此，近期宜在完善货币供应量可测性、可控性和相关性的基础上，继续使用货币供应量作为中介目标，同时必须加快利率市场化进程和配套的金融改革，时机成熟时再由货币供应量转为利率。②

谭小芬对国外流行的利率规则——泰勒规则进行了评述，认为泰勒规则描述了短期利率如何针对通胀率和产出变化调整的准则，成功地模拟了西方国家的货币政策实践，并已成为美联储等中央银行货币政策操作的理论依据和参考基准。泰勒规则有助于实现宏观经济的稳定，能够简便易行

---

① 王晓芳、景长新：《普勒规则视角下的我国货币政策中介目标评价》，载《上海金融》2006 年第 9 期。

② 封思贤：《货币供应量作为我国货币政策中介目标的有效性分析》，载《中国软科学》2006 年第 5 期。

地指导货币政策的制定工作,并为开展政策讨论提供了便捷的交流工作。但从我国货币政策的实施环境看,泰勒规则的应用还受到一定条件的限制。不过,随着我国利率市场化机制的形成,利率可能比货币供应量更适宜作为中国货币政策的中介目标。[1]

王建国则依据泰勒规则对我国 1993~2003 年期间货币政策进行了实证检验,发现我国利率水平与产出缺口的变化基本没有相关关系,而对通货膨胀的反应较为显著,同时利率变动带有明显平滑性的特点。特别是 1993 年以来,货币政策的执行大体分为两个阶段,1997 年之前,名义利率缺乏足够弹性,难以形成较为稳定的实际利率,整体经济的波动性较大,而在 1997 年之后,货币政策灵敏性有所提高,名义利率的弹性显著增强,这也许可以部分地解释两个时期经济波动的显著差异。[2]

但黄安仲基于法定准备金操作的研究表明,由于现阶段我国 IS 曲线斜率的正负性是不稳定不确定的,导致法定准备金操作与利率之间的关系是不确定的,但和货币量之间存在确定的关系,因此利率不适合作为货币政策的中介目标。[3]

(三) 是否应转向通货膨胀目标制

胡列曲对 20 世纪 90 年代以来世界范围内货币政策中介目标的选择进行分析后得出以下结论:一是价格型目标逐渐取代数量型目标;二是实践中有的国家单独采用某一种指标作为中介目标,有的国家则综合使用两种制表组合作为中介目标;三是最近几年越来越多的国家认同一个观点,即货币政策首要的、长期的目标是提高价格的稳定性,因此通货膨胀目标制备受各国央行青睐。具体到我国,尚不具备采用通货膨胀制的条件,世界主要发达国家选择通货膨胀制有其特定的国情背景,即经济总量已经达到相当规模、社会福利水平已经较高、物价稳定已成为社会各界特别关注的问题,因此目前我国还不能由货币供应量目标制向通货膨胀目标制全面转变。对于货币供应量目标使用绩效欠佳及治理通货膨胀和通货紧缩中效果

---

[1] 谭小芬:《泰勒规则及其在中国货币政策中的适应性》,载《中央财经大学学报》2006 年第 7 期。
[2] 王建国:《泰勒规则与我国货币政策反应函数的实证研究》,载《数量经济技术经济研究》2006 年第 1 期。
[3] 黄安仲:《货币政策工具与中介目标选择:基于法定准备金操作的研究》,载《当代财经》2006 年第 10 期。

的非对称性，建议设立货币政策中介目标组合，包括货币供应量、利率、汇率等指标。①

高见结合国外相关文献，在对通货膨胀目标制的定义、特征、优劣、国际经验、实施前提和实施要点等进行了系统梳理的基础上，分析了我国实行通货膨胀制的可行性，认为在有效的短期货币政策工具、名义锚、问责机制、透明度和沟通三个方面将很快具备条件，唯一的关键障碍是人民银行工具独立性这一条件还不具备，因此，我国现行并不完全具备实行通货膨胀目标制的条件，但基本可以先内部试行，在正式实行之前，把通货膨胀目标制在内部以"影子政策"的方式试运行，即公开政策与影子政策并行且不断调整，直至最终转向通货膨胀目标制。若中国实行通货膨胀目标制，现行的 CPI 基本可用，建议目标区域定为 1% ~4% 之间，政策时限定为两年。②

王宇等认为，通货膨胀目标制具有的优点不仅为思考和执行货币政策提供一个有益的参考框架，也为克服我国货币政策存在的央行独立性弱、货币政策多重目标、利率市场化程度低等问题提供了一个备选的解决方案。为此，要从以下几方面入手完善货币政策框架：一是随着汇率灵活性增加，汇率作为货币政策名义锚的重要性降低，把管理浮动汇率制度和通货膨胀目标制结合起来；二是明确货币政策与汇率政策的主从地位，避免由于过多地关注汇率波动造成以汇率取代通货膨胀目标制作为名义锚的问题。在两者发生冲突时，以货币政策为主。三是增强中央银行独立性，以及对宏观经济的分析预测能力和水平。四是解决央行过多地承担最后贷款人而造成的通货膨胀隐患。五是完善通货膨胀目标制下的技术准备工作，如在分析测算并提出我国价格指数中受供给冲击影响较大的能源、食品等价格基础上，建立核心通货膨胀指标。③

曹华通过构建一个基于信息不完全基础上的动态预期形成模型，对七个发达国家实行通货膨胀目标制能否引起菲利普斯曲线发生结构性变化进行实证研究，发现政策声誉的建立是一个学习过程，通货膨胀目标制实行的时间越长，该政策对降低通货膨胀率、实现经济稳定增长越有效。④

---

① 胡列曲：《货币政策中介目标选择的发展与中国实践》，载《经济理论与经济管理》2006 年第 8 期。
② 高见：《论通货膨胀目标制在中国的可行性》，载《经济科学》2006 年第 5 期。
③ 王宇、吴先红：《通货膨胀目标制的政策内涵及其应用》，载《财贸经济》2006 年第 1 期。
④ 曹华：《信息不完全、通货膨胀目标制与货币政策声誉：跨国经验》，载《南开经济研究》2006 年第 5 期。

四、货币政策效应的地区性差异

(一) 货币政策效应是否存在地区性差异

宋旺等的研究表明，我国作为人民币单一货币区并不满足最优货币区标准。按照最优货币区理论，在不满足最优货币区标准的国家/地区实行单一货币政策将导致货币政策区域效应的出现。实证分析结果也表明，我国确实存在显著的货币政策区域效应。[①]

丁文丽运用协整关系检验和格兰杰因果关系检验两种计量经济学分析方法对我国20世纪90年代以来货币政策效力的区域非对称性进行了检验。结果显示，各区域信贷供给量和货币供给量与经济增长之间的影响关系确实存在着较为显著的差异，从而为证实"中国货币政策效力存在区域非对称性"这一命题提供了经验支持。[②]

卢盛荣从货币政策地区效应的微观基础进行研究，从价格刚性、利率敏感性、信用状况以及银行贷款的可得性等方面提出衡量地区效应的相关指标，进而建立测度地区效应的相对指数，并应用于1998~1999年省际货币政策效应的分析，结果发现，货币政策在通货紧缩的1998~1999年仍然有效，而且货币政策效应从大到小依次为东部、中部、西部。[③]

刘玄等根据1997年1月至2004年8月的样本数据对货币政策传导的地区差异问题进行了实证研究，利用向量自回归（VAR）模型和冲击响应函数的计量分析手段，分别对全国层面、区域层面以及省级层面的货币政策传导效果进行估计和比较。结论表明，东部地区在货币政策传导速度和深度上都大大优于中西部地区，东部地区的绝大部分省市对货币政策表现出高度的敏感性，而中西部地区大部分省市的反应则相对迟钝。[④]

[①] 宋旺、钟正生：《我国货币政策区域效应的存在性及原因》，载《经济研究》2006年第3期。

[②] 丁文丽：《转轨时期中国货币政策效力区域非对称性实证研究——基于VAR模型的经验分析》，载《经济科学》2006年第6期。

[③] 卢盛荣：《测度货币政策地区效应：相对指数及其应用》，载《中南财经政法大学学报》2006年第5期。

[④] 刘玄、王剑：《货币政策传导地区差异：实证检验及政策含义》，载《财经研究》2006年第5期。

(二) 为什么货币政策效应会存在地区性差异

焦瑾璞等认为,货币政策执行效果差别的根本原因是货币政策传导机制的地区差异,具体表现在两个方面,一是货币政策传导路径和部门环节的地区差异,包括货币市场发育程度、金融机构状况、企业部门情况、居民个人投资消费倾向等;二是货币政策传导渠道(主要是信贷渠道)的地区差异,包括信贷可得性的地区差别、信贷对投资和消费进而对经济产生影响的地区差别。在我国,有些政策工具的使用会强化地区差别,有些工具的使用则在一定程度上弥补了地区差别(如再贷款、信贷政策)。我国货币政策执行效果的地区性差异不能作为实施地区性货币政策的依据。[①]

宋旺等认为,我国央行在制定货币政策时主要是针对全国的宏观经济状况,而我国东部地区在全国经济总量中所占比例很高,因而东部地区的经济状况在很大程度上决定了全国的经济走势,从而影响了央行制定货币政策的方向,这进一步拉大了我国东中西部地区在经济发展水平上的差异。从货币政策传导机制的角度看,利率渠道和信贷渠道是导致我国货币政策区域效应的重要原因,而汇率渠道对我国货币政策区域效应的产生没有解释力。[②]

丁文丽通过计量经济分析得出两点结论:第一,在我国经济和金融市场化改革进程中,存在着金融抑制和金融深化在时间和空间上的并存,这使得传统的信贷供给渠道仍有其既定的重要性,同时,不同地区金融市场化程度的差异又使得货币供给表现出日益增强的内生性,并使得货币政策的效力下降,因此,央行既要巩固信贷渠道的现有调控作用,也需要更多地关注其他货币政策传导渠道。第二,我国货币政策效力区域非对称性的根源在于各区域经济与金融发展水平的非对称性,因此,改善货币政策总体绩效的治本之策是更大程度地推进中西部欠发达地区经济与金融的发展,实现区域经济与金融的协调。[③]

[①] 盛朝晖:《中国货币政策传导渠道效应分析:1994~2004》,载《金融研究》2006 年第 7 期。
[②] 宋旺、钟正生:《我国货币政策区域效应的存在性及原因》,载《经济研究》2006 年第 3 期。
[③] 丁文丽:《转轨时期中国货币政策效力区域非对称性实证研究——基于 VAR 模型的经验分析》,载《经济科学》2006 年第 6 期。

刘玄等认为，金融发展水平、工业内部结构、企业规模、企业产权性质、地区开放程度的地区差异是导致货币政策传导存在地区差异的主要因素。①

丁文丽认为区域金融非均衡发展与统一的货币政策产生矛盾：一是金融深化程度的区域差异与货币政策传导渠道单一（主要依靠银行信贷渠道）的矛盾；二是经济金融总量与结构的区域差异与统一货币政策调控的矛盾，这主要体现为货币政策扩张或收缩的区域不同步性；三是经济金融对外开放程度的区域差异与统一基础货币投放的矛盾，产生货币投放效果的区域差异；四是金融内生成长能力的区域差异与单一货币金融调控政策的矛盾，导致区域金融发展差异进一步强化的可能。②

卢盛荣等使用面板数据从省际居民的消费储蓄行为这一微观角度对货币政策地区效应进行了实证研究，结果发现：时间贴现因子、风险厌恶系数、跨期替代弹性、综合效应因子等影响居民消费储蓄行为的参数在我国地区间存在较大差异，总的来看，居民的预防性储蓄动机从强到弱依次为西部、中部、东部，进而使货币需求的利率弹性呈东中西梯度递减趋势，因此，从全国范围看货币政策的有效性有所下降。③

赵平从我国区域经济层面上存在着"高（低）负债率、低（高）信贷增长"这一现象出发，提出企业负债率是我国货币政策区域效果差异存在的重要因素之一。东部沿海发达省区企业负债水平较低，信贷增长却较高，而中西部落后地区的情况则相反。这是因为，在我国货币政策传导以信贷渠道为主的情况下，各区域的企业负债水平差异，会通过对当地信贷投放的反向制约机制，致使全国统一的货币政策产生不同的区域效应。提高中西部地区企业的允许效率，是降低其资产负债率水平、改善货币政策效果的关键。④

（三）如何解决或缓解货币政策效应的地区性差异

焦瑾璞等认为要提高货币政策的有效性，首先是要加强欠发达地区的

---

① 刘玄、王剑：《货币政策传导地区差异：实证检验及政策含义》，载《财经研究》2006年第5期。
② 丁文丽：《统一货币政策须关注区域金融非均衡发展》，载《金融理论与实践》2006年第5期。
③ 卢盛荣、邹文杰：《货币政策地区效应的微观基础研究：我国省际居民消费储蓄行为的实证分析》，载《经济科学》2006年第5期。
④ 赵平：《企业负债率：形成我国货币政策区域效果差异的重要因素》，载《上海金融》2006年第8期。

金融生态环境建设，改善货币政策传导机制。①

卢盛荣等从省际居民的消费储蓄行为这一微观角度提出解决货币政策效应地区性差异的建议：一要提高中西部地区居民收入水平和未来支出的确定性，降低预防性储蓄，进而提高货币需求的利率弹性；二是制定货币政策要考虑地区的异质性，对货币政策数量型工具如信贷规模以及定性工具如"窗口指导"等实行区域差别。②

五、货币政策透明度

（一）为什么要关注货币政策透明度

贾德奎对国外关于货币政策透明度的理论研究进行了梳理，认为货币政策透明度是指非对称信息在政策制定者与其他经济主体之间的披露程度，它包括中央银行对政策相关信息的披露程度以及公众对政策信息的理解程度两层内涵。从纯经济学的角度看，对于是否要保持或提高货币政策透明度的惟一原因应该是政策的有效性，如果通过隐秘的政策操作也能使得货币政策更为有效，那么政策制定者就有责任采取更为隐秘的方式。近年来大多数西方国家在提高货币政策透明度方面都不遗余力，主要表现为货币政策操作理念的转变及货币政策工具的创新。③

徐亚平认为，标准的"时间不一致"理论假定经济主体能使用所有可获得的信息形成与经济系统相一致的、无偏的估计，认为货币政策是否透明对货币政策的效应是没有影响的，因为在这类理论中，经济主体能够使用所有可获得的信息形成与经济系统相一致的、无偏的估计。但问题的关键是，这类假设在实践中并不完全成立。当考虑到经济主体对经济运行结果和经济运行过程并不完全认知时，货币政策透明性对于促进经济主体的学习过程，稳定和引导公众的通胀预期，进而提高货币政策的有效性起

---

① 焦瑾璞、孙天琦、刘向耘：《货币政策执行效果的地区差别分析》，载《金融研究》2006年第3期。
② 卢盛荣、邹文杰：《货币政策地区效应的微观基础研究：我国省际居民消费储蓄行为的实证分析》，载《经济科学》2006年第5期。
③ 贾德奎：《西方经济学界货币政策透明度理论研究述评》，载《财经理论与实践》（双月刊）2006年第139期。

着至关重要的作用。通过将货币政策的透明性的四大关键因素（具体包括货币政策目标透明性、经济信息资料透明性、货币政策决策透明性、中央银行有关预测的透明性）进行量化，计算出我国货币政策透明度指数为2.5分，与满分8分相比有较大差距。未来我国应提高货币政策目标的透明性、货币政策决策的透明性、提高央行有关预测的透明性。①

徐筱雯等通过建立一个引入预期成本的简单模型，得到以下两个结论：一是提高货币政策透明度可以降低通货膨胀率，提高透明度可以降低形成预期的信息成本，激励公众支付信息成本来观察货币政策，限制中央银行的相机抉择行为；二是如果中央银行是比较"保守的"，那么相机抉择的通胀结果会较低，导致观察货币政策的成本相对于收益来说太高，公众会选择不支付该成本，则中央银行决定的通胀水平虽然较低，但仍为相机抉择的结果而非零通胀。中央银行要使公众相信他对既定政策的承诺，主要取决于透明度而不是依赖保证中央银行官员绝对独立于政治干预。因此，为了减少由动态不一致所导致的通胀偏差，中央银行越保守，就应该越透明。②

（二）如何提高货币政策的透明度

肖崎认为，提高货币政策的透明度正在成为一种国际趋势，我国要从以下几方面努力：一是建立健全有关法律和法规，明确规定我国货币政策的最终目标，明确授权中央银行独立地制定和实施货币政策，强化人民银行行长负责制，使之真正拥有决策权并承担相应责任；二是提高货币政策的透明度和公众的政策反应能力，建立定期信息发布制度，加强银行与公众的信息交流，引导金融机构和公众的预期行为，增加预测性报告的市值内容；三是加强和完善我国通货膨胀统计和金融统计，考虑对外公布核心通货膨胀指标，密切关注涵盖投资品的批发价格指数；四是增强货币政策委员会的作用，考虑在将来条件成熟时把货币政策决策权划归人民银行时，应适时把货币政策委员会从目前的政策咨询机构提升为决策机构；五是提高金融市场有效性，应进一步推进货币市场利率的市场化，促进货币

---

① 徐亚平：《货币政策有效性与货币政策透明制度的兴起》，载《经济研究》2006年第8期。
② 徐筱雯、高艳：《货币政策透明度、通胀偏差与预期成本》，载《南开经济研究》2006年第4期。

市场基准利率的行程，提高交易市场工具的流动性和市场的有效性，并通过完善资本市场强化货币市场与资本市场的联动机制。[1]

范方志专门就完善货币政策委员会提出建议：尽快修改《银行法》和《中国人民银行货币政策委员会条例》，将货币政策委员会从目前的咨询议事机构提升为决策机构，淡化其官方色彩，增加学术界代表，对委员实行比例更换制度，增强货币政策委员会的专业性、科学性和权威性，加强委员会的统计调研工作等。[2]

贾德奎认为，我国货币政策透明度现状还不容乐观，而从世界各国近年来的货币政策实践看，未来央行对宏观经济的调控，将较少使用直接控制货币供应量或利率水平的方式，而更多地通过引导和管理公众的市场预期来实现。[3]

六、货币政策的影响

（一）货币政策对资本市场的影响

货币政策能否影响股票市场，对这一问题的回答涉及到央行是否有能力以及如何干预股票市场。朱树山认为，货币政策对资本市场的影响主要表现在三个方面：第一，国外的多数实证结果表明，货币政策会间接影响资本市场，还对资本市场的股票价格有着直接和持续的影响；第二，货币政策通过影响资金供求的成本，进而影响资金供求的数量和资本市场的规模。如果货币政策长期紧缩，资本市场很难吸引到大量资金，市场资金供给趋紧，同时较高的利率也会抑制企业的投资行为，资本市场的规模很难扩大；第三，货币政策的变化通过作用于价格而对资本市场产品的供求产生巨大影响，而产品的变化又与资本市场的流动性和风险分散等功能密切相关，从这个意义上说货币政策会间接影响资本市场的功能。[4]

---

[1] 肖崎：《关于货币政策透明度评估指标体系的研究》，载《财贸研究》2006年第5期。
[2] 范方志：《货币政策制度国际比较与我国货币政策制度完善》，载《东南学术》2006年第5期。
[3] 贾德奎：《货币政策透明度指数：理论方法与实证检验》，载《财经研究》2006年第11期。
[4] 朱树山：《大力发展资本市场，完善货币政策传导机制》，载《南方金融》2006年第10期。

杨新松等通过计量分析得出：货币供应量与股市流通市值存在双向因果关系，利率是股市流通市值的 Granger 原因。因此，中央银行可以通过调控货币供应量和利率影响股票市场，具体来说，考虑到股市会影响货币供应量，中央银行使用货币供应量调控股票市场面临的不确定性增加，难度加大，因而对央行执行货币政策的能力是一个巨大考验；相对货币供应量来说，央行利用利率调控股票市场更为有效。①

段进等通过实证研究表明，货币供给量对股价指数的影响很小，而且影响的方向不确定；我国的股价指数对利率不敏感，我国还没有形成通过利率水平来影响股价指数的机制。因此，现阶段我国还不具备通过货币供给量或利率手段来调控股市的能力。②

潘明霞等运用 VAR 模型、脉冲反应、方差分解等计量分析方法，考察了货币政策能否有效影响股市。结论表明，我国货币政策对股市有一定程度影响，但相对于频繁的股市波动来说显得微不足道，货币政策还不是解释我国股市波动的有效变量，也并非是应对股市"泡沫"和低迷的最佳工具；但当央行意图影响股市时，经验表明选择利率工具要好于货币数量工具。建议货币政策因关注而不是盯住股票市场，货币政策也不需要转向以诸如股价之类的资产价格为主的传导机制。③

杨继红等针对我国的实际情况，对泰勒规则进行了扩展，用货币供应量代替利率，同时在泰勒规则中引入股市泡沫，以检验货币政策是否对股市泡沫进行响应。结果表明，我国的货币政策并未将股市泡沫纳入视野，中央银行对 1996～2005 年期间股市泡沫的急剧膨胀及随后的泡沫破裂，都采取了容忍和观望的态度。④

（二）货币政策对房地产市场的影响

谢赤等对国内外关于货币政策对房地产市场的传导效应的研究进行了综合比较式的分析，发现：国外学者从多个角度、多个层面研究了货币政

---

① 杨新松、龙革生：《货币政策是否影响股票市场：基于中国股市的实证分析》，载《中央财经大学学报》2006 年第 3 期。
② 段进、龙薇、朱静平：《我国货币政策对股市的影响力研究》，载《农村金融研究》2006 年第 6 期。
③ 潘明霞、周莉凡：《我国货币政策对股市的调控能力》，载《西南金融》2006 年第 7 期。
④ 杨继红、王浣尘：《我国货币政策是否响应股市泡沫的实证分析》，载《财贸经济》2006 年第 3 期。

第十二章 货币政策问题讨论综述

策与房地产市场之间的复杂关系,而国内学者是最近两年才开始关注宏观经济环境,尤其是货币政策对房地产市场的影响这一问题,而且在分析方法上主要是理论研究,没有相关的数量实证研究,也没有对中央银行进行一系列市场化前后的货币政策传导的有效性进行相关的研究,从而缺乏一定的说服力。[①]

刘传哲等认为货币政策的变量,包括货币供应量、利率、汇率、产出和物价,都能作用于房地产价格,并通过实证研究发现,1998年之前货币政策对房地产价格的影响程度较小,1998年之后这些变量与房价的相关性趋于上升。由于最终影响效果是各变量的综合作用,因此有可能造成政策效应的相互冲销。其中,由于货币供应量在平抑房价时要以让渡一部分经济增长为代价,因而利率是最常用的调控手段。利率是一种需求与供给并重的工具,双重效应的非一致性,可能会导致政策效果的微效。因此,我国对房地产价格进行调控时,除了运用相关的货币政策变量工具外,还必须辅之以其他有效的政策手段,比如信贷政策、住房制度、土地政策等。但是,总的来看,货币政策变量对影响房地产价格是有效的。[②]

段军山以2003年以来房地产市场为例,从调控政策对房地产开发企业、购房消费者、房地产产品结构和房产价格四个方面的影响进行了分析,认为货币政策并非引发泡沫经济的最主要原因,单纯依靠货币政策也不足以防止资产泡沫的出现,监管机构要正确识别过度放贷所伴随的风险。[③]

黄平从房地产财富效应传导货币政策的机制看,货币政策的房地产传导渠道要发挥作用需要以下两个前提条件:一是中央银行操作货币政策工具能有效地影响房地产价格并控制其价格走势,二是房地产价格幅度能有效地影响消费和投资。从实证结果看,我国房地产财富效应十分微弱,即使房地产价格大幅度地变化,对其消费的影响也十分有限,进而对产出的影响也十分有限。因此,想通过货币政策影响房地产价格进而作用于消费和产出必然会事倍功半。[④]

[①] 谢赤、郑岚:《货币政策对房地产市场的传导效应:理论、方法与政策》,载《财经理论与政策》(双月刊)2006年第1期。

[②] 刘传哲、何凌云:《货币政策变量对我国房地产价格的影响分析》,载《中国物价》2006年第10期。

[③] 段军山:《货币政策与资产价格泡沫调控——以我国房地产业为例》,载《价格理论与实践》2006年第8期。

[④] 黄平:《房地产"财富效应"与货币政策关系的实证检验》,载《上海金融》2006年第6期。

(三) 货币政策对投资的影响

我国经济增长依靠投资拉动的特征非常明显，货币政策对经济的调控很大程度上要通过对投资的调控来实现。夏馨等对本轮宏观调控（发端于 2003 年下半年）中货币政策对投资的调控措施和效果进行分析，认为货币政策调控的效果不很显著，其原因主要有：一是作为市场调控手段的货币政策对行政调控有较强的依附性；二是商业银行内部激励和约束机制存在不平衡，经营获利仍显不足；三是作为微观主体的企业尚未形成理性反应货币政策调控的机制和能力；四是市场经济转轨过程中，货币政策自身也有一个逐步适应的过程。[①]

---

① 夏馨、叶兵：《当前我国货币政策对投资的调控机制及效果分析》，载《西南金融》2006 年第 8 期。

责任编辑：吕　萍　于海汛
责任校对：徐领弟　张长松
版式设计：代小卫
技术编辑：潘泽新

中国经济热点前沿（第四辑）
黄泰岩　主编
经济科学出版社出版、发行　新华书店经销
社址：北京市海淀区阜成路甲28号　邮编：100036
总编室电话：88191217　发行部电话：88191540
网址：www.esp.com.cn
电子邮件：esp@esp.com.cn
汉德鼎印刷厂印刷
永胜装订厂装订
787×1092　16开　21.5印张　350000字
2007年6月第一版　2007年6月第一次印刷
印数：0001—5000册
ISBN 978-7-5058-6389-7／F·5650　定价：32.00元
（图书出现印装问题，本社负责调换）
（版权所有　翻印必究）